# Margaret Smiths Tagebuch

# und Geschichten und Skizzen,

# vollständiger

## Band V der Werke von John Greenleaf Whittier

John Greenleaf Whittier

Writat

Diese Ausgabe erschien im Jahr 2024

ISBN: 9789359940472

Herausgegeben von
Writat
E-Mail: info@writat.com

# Inhalt

# MARGARET SMITH'S JOURNAL IN DER PROVINZ MASSACHUSETTS BAY 1678-9.

BOSTON, 8. Mai 1678.

Ich erinnere mich, dass ich meinem freundlichen Cousin Oliver (von dem ich zu Gott bete, dass er ihn immer in seiner Obhut hat) versprochen habe, als ich mich vor fast drei Monaten bei meinem Onkel Grindall von ihm trennte , dass ich, wenn ich in dieses neue Land komme, Führe zu seinertwillen und zur Durchsicht ein kleines Tagebuch über alles, was sowohl mir selbst als auch denen widerfahren ist, mit denen ich zusammen sein könnte; außerdem ein Bericht über das Land und seine Wunder und meine eigenen Überlegungen dazu. So mache ich heute einen Anfang davon; Allerdings, wie mein Cousin wohl weiß , nicht aus Eitelkeit der Autorenschaft oder weil ich mich ungebührlich auf meine schlechte Fähigkeit vertraue, jemanden zu erbauen, der unter den Gelehrten zu Recht einen guten Ruf genießt, sondern weil mein Herz mir sagt, dass das, was ich schreibe, sei es jemals So fehlerhaft, wird es mit dem parteiischen Auge meines Verwandten gelesen werden und nicht mit der kritischen Beobachtung des Gelehrten, und dass es seiner Liebe nicht schwer fallen wird, zu entschuldigen, was sein kaufmännisches Urteilsvermögen beleidigt. Und um mich gleichzeitig zu ermutigen, werde ich nie vergessen, dass ich für meinen alten Versteckspielkameraden im Bauernhaus in Hilton schreibe – denselben, der im Frühling für mich nach Blumen gesucht hat, und der hat im Herbst meine Schürze mit Haselnüssen gefüllt, und der damals, fürchte ich, kaum klüger war als seine immer noch törichte Cousine, die, wenn sie seitdem nicht so viel Neues gelernt hat wie er, sich vielleicht mehr an das Alte erinnert hat . Deshalb werde ich ohne weiteres Vorwort mit meinem Bericht beginnen.

Über meine Reise brauche ich nicht zu schreiben, da ich bereits in meinen Briefen darüber gesprochen habe, und es ärgert mich sehr, daran zu denken. Oh, eine sehr lange, trostlose Zeit der Krankheit und großer Unannehmlichkeiten und vieler trauriger Gedanken an alles, was ich zurückgelassen hatte, und Ängste vor allem, was mir in Neuengland begegnen würde! Ich kann es nur mit einem hässlichen Traum vergleichen. Als wir endlich in Boston ankamen, kam uns der Anblick des Landes und der Bäume, obwohl sie überaus kahl und kahl waren (es war späte Jahreszeit und es war bitterkalt), wie eine Vision einer besseren Welt vor. Als wir an den kleinen bewaldeten Inseln vorbeikamen, die die Bucht sehr angenehm machen, näherten wir uns der Stadt und sahen die Häuser; Und Obstgärten und Wiesen und die Hügel dahinter waren mit dichtem Wald bedeckt, da erhob mein Bruder beide Hände und schrie: „Wie schön sind deine Zelte, o Jakob, und deine Wohnungen, o Israel!" und ich für meinen Teil weinte vor

Freude und Dankbarkeit im Herzen, dass Gott uns sicher in einen so schönen Hafen gebracht hatte. Onkel und Tante Rawson trafen uns am Kai und machten es uns in ihrem Haus sehr gemütlich, das etwa eine halbe Meile vom Wasser entfernt am Fuße eines Hügels liegt, mit einem Eichenwald dahinter, der es vor dem Wasser schützt Nordwind, der hier sehr durchdringend ist. Onkel ist Sekretär des Massachusetts und verbringt einen großen Teil seiner Zeit in der Stadt; Seine Frau und seine Familie sind im Winter bei ihm, die Sommer verbringen sie jedoch auf seiner Plantage am Merrimac River in Newbury. Seine Tochter Rebecca ist ungefähr in meinem Alter, sehr groß und sieht damenhaft aus; Sie ist wie ihr Bruder John, der letztes Jahr bei Onkel Hilton war. Darüber hinaus verfügt sie über einen angenehmen Witz und hat viele nette Gesellschaften gesehen, weshalb sie von den jungen Männern aus Familie und Rang in der Provinz sehr bewundert wird . Sie war sehr freundlich zu mir und sagte mir, dass sie mich wie eine Schwester betrachte. Darüber hinaus wurde ich von vielen führenden Persönlichkeiten, sowohl dem ehrwürdigen Klerus als auch dem Magistrat, höflich bewirtet. Ich darf auch nicht umhin, einen Besuch zu erwähnen, den ich mit Onkel und Tante Rawson im Haus eines alten Richters von hohem Ansehen und Einfluss in dieser Gegend abstattete. Er begrüßte mich höflich und erkundigte sich nach unserer Familie und ob ich in die Kirche aufgenommen worden sei. Als ich ihm sagte, dass das nicht der Fall gewesen sei, runzelte er die Stirn und sah mich sehr streng an.

„Mr. Rawson", sagte er, „Ihre Nichte, fürchte ich, braucht viel mehr spirituellen Schmuck als solchen Schnickschnack" und packte meine Spitzenhalskrause so fest, dass ich hörte, wie die Nähte rissen; und dann zog er meine Ärmel heraus, um zu sehen, wie weit sie waren, obwohl sie nur eine halbe Elle lang waren. Madam wagte es, ein Wort zu sagen, um mich zu ermutigen, denn sie sah, dass ich sehr beschämt und nervös war, doch er beachtete sie nicht, sondern redete weiterhin lautstark gegen die Torheit und die verschwenderische Übermut der Zeit. Die arme Frau ist eine ruhige, kränklich aussehende Frau und scheint nicht wenig Ehrfurcht vor ihrem Mann zu haben, worüber ich mich nicht wundere, denn er hat eine sehr ungeduldige, abweisende Art mit ihm, und ich muss sagen, das schien auch so zu sein verhält sich ihr gegenüber manchmal hart. Onkel Rawson sagt, er habe viel Zeit gehabt, seine Beherrschung auf die Probe zu stellen; dass es sowohl in der Kirche als auch im Staat viele und schwerwiegende Schwierigkeiten gegeben hat; und er hat erbitterte Feinde, in einigen Mitgliedern des Gerichts, die ihn im Vergleich zu den Quäkern und anderen Unruhestiftern und Tiraden für zu streng halten . Ich sagte ihm, dass es zweifellos wahr sei; aber dass ich es für einen schlechten Gebrauch der Züchtigungen des Herrn hielt , seine besten Freunde für das von Feinden begangene Unrecht zu beschimpfen; und dass es eine Art stellvertretendes Leiden sei, für etwas büßen zu müssen, was in der Kirche oder im Staat schief gelaufen sei, und dass ich, wenn ich an Madams Stelle wäre, nicht mit der Hälfte ihrer Geduld und Freundlichkeit ertragen würde.

Ipswitch , in der Nähe von Agawam, 12. Mai.

Wir sind vorgestern zu unserer Reise nach Newbury aufgebrochen. Wir waren zu acht : Rebecca Rawson und ihre Schwester, Thomas Broughton, seine Frau und ihr Diener, mein Bruder Leonard und ich sowie der junge Robert Pike aus Newbury, der wegen seines Vaters geschäftlich in Boston gewesen war Tolle Angelmöglichkeiten sowohl im Fluss als auch im Meer. Er ist, wie ich sehe, ein großer Bewunderer meines Cousins, und zwar nicht ohne Grund; Denn ihr Geist und ihre Persönlichkeit, ihre anmutige Haltung und ihr angenehmes Reden sowie eine gewisse, nicht unangenehme Eigensinnigkeit, wie bei einem fröhlichen Kind, haben das, was ihre Gesellschaft bei allen beliebt macht. Unsere Route am ersten Tag führte durch Wälder und entlang der Grenzen großer Sümpfe und Wiesen am Meeresufer. Wir kamen nach Linne nachts und hielt am Haus eines Verwandten von Robert Pike an, eines Mannes von einiger Bedeutung und Ansehen in dieser Siedlung. Wir waren müde und hungrig, und das Abendessen mit warmem indischem Brot und süßer Milch schmeckte mir genauso gut wie alles, was ich jemals im Alten Land gegessen habe. Am nächsten Tag fuhren wir über eine holprige Straße weiter nach Wenham, durch Salem, eine recht nette Stadt. Hier blieben wir bis heute Morgen stehen, dann bestiegen wir wieder unsere Pferde und erreichten diesen Ort nach einem schönen Ritt von drei Stunden. Das Wetter am Morgen war warm und mild wie unsere Sommertage zu Hause; und als wir durch den Wald ritten, wo die jungen Blätter flatterten und die weißen Blüten der Windblumen und die blauen Veilchen und die gelben Blüten der Schlüsselblumen in den niedrigen Böden zu beiden Seiten zu sehen waren, und die Während die Vögel die ganze Zeit über eine großartige und angenehme Melodie in den Zweigen spielten, war ich als Kind froh im Herzen und dachte, wenn meine geliebten Freunde und Cousin Oliver nur bei uns wären, könnte ich mir niemals wünschen, ein so schönes Land zu verlassen.

Kurz bevor wir Agawam erreichten, als ich ein wenig vor meinen Gefährten ritt, erschrak ich sehr über den Anblick eines Indianers. Er stand dicht am Reitweg, sein halbnackter Körper war teilweise von einer Gruppe weißer Birken verdeckt, durch die er mit Augen wie zwei glühende Kohlen auf mich blickte. Ich weinte um meinen Bruder und drehte mein Pferd um, als Robert Pike auf mich zukam und mich aufmunterte, denn er kannte den Wilden und sagte, er sei freundlich. Daraufhin befahl er ihm, aus den Büschen zu kommen, was er nach einer kleinen Unterredung auch tat. Er war ein großer Mann von sehr schöner und hübscher Statur und trug eine rote Wolldecke , auf der Perlen und kleine Muschelschalen klirrten. Seine

Haut war dunkel, nicht schwarz wie die eines Mauren oder Guinea-Männers, sondern von einer Farbe, die der einer angelaufenen Kupfermünze nicht unähnlich war. Er sprach nur wenig, und das in seiner eigenen Sprache, die für mein Ohr sehr hart und seltsam klang. Robert Pike erzählt mir, dass er der Häuptling der Agawams ist , einst eine große Nation in dieser Gegend, jetzt aber ziemlich klein und zerbrochen. Als wir weiterritten und von der Spitze eines Hügels aus einen guten Blick auf das große Meer im Osten hatten, wies Robert Pike mich auf eine kleine Bucht hin, um die herum ich vier oder fünf kleine, spitze Hütten oder Zelte stehen sah genau dort, wo der weiße Sand des Strandes auf die grüne Linie aus Gras und Büschen des Hochlandes trifft.

„Dort", sagte er, „sind ihre Sommerhäuser, die sie in der Nähe ihrer Fischgründe und Maisfelder bauen. Im Winter gehen sie weit zurück in die Wildnis, wo es reichlich Wild aller Art gibt, und bauen dort ihre Wigwams in warmen Tälern voller Bäume, die ihnen Schutz vor den Winden bieten.

„Lasst uns sie untersuchen", sagte ich zu Cousine Rebecca; „Es scheint nur einen Steinwurf von unserem Weg entfernt zu sein."

Sie versuchte mich davon abzubringen, indem sie sie ein schmutziges, übles Volk nannte; Aber als sie sah, dass ich mich nicht abschrecken ließ, stimmte sie schließlich zu, und wir ritten beiseite den Hügel hinunter, der Rest folgte ihr. Auf unserem Weg hatten wir das Pech, über ihr Maisfeld zu fahren; Daraufhin stießen zwei oder drei Frauen und ebenso viele Jungen einen Schrei aus, der sehr abscheulich anzuhören war. Daraufhin kam Robert Pike und beruhigte sie, indem er ihnen etwas Geld und einen Schluck Jamaika-Spirituosen gab, worüber sie äußerst erfreut zu sein schienen. Ich schaute in eine ihrer Hütten; Es bestand aus Stangen wie ein Zelt, nur war es mit der silberfarbenen Rinde der Birke bedeckt, statt mit Hanf. Eine in vielen überaus leuchtenden Farben geflochtene Rindenmatte bedeckte einen guten Teil des Innenraums; und an den Stangen sahen wir Fische hängen und getrocknete Fleischstreifen. Auf einem Stapel Felle in der Ecke saß eine junge Frau mit einem stillenden Kind; sie sahen beide traurig wild und verwahrlost aus; Dennoch hatte sie ein angenehmes Gesicht, und als sie sich über ihren Kleinen beugte, ihr langes, glattes und schwarzes Haar über ihn fiel und eine leise und sehr klagende Melodie murmelte, vergaß ich alles, außer dass sie eine Frau und eine Mutter war , und ich fühlte, wie sich mein Herz sehr zu ihr hingezogen fühlte. Also übergab ich die Obhut meines Pferdes und wagte mich zu ihr, sprach so freundlich ich konnte und bat darum, ihr Kind sehen zu dürfen. Sie verstand mich und hielt lächelnd ihren kleinen Papu hoch, wie sie ihn nannte, den ich, um die Wahrheit zu sagen, nicht als sehr hübsch bezeichnen konnte. Er schien ein wildes, schüchternes Aussehen zu haben, wie der Nachwuchs eines ungezähmten Tieres. Die Frau trug eine Decke mit bunten Fransen und hatte eine Perlenkette um den Hals. Sie nahm einen aus weißen und roten Weiden geflochtenen Korb herunter und drängte mich, von ihrem Brot zu kosten; was ich auch tat, damit ich ihre Höflichkeit nicht durch eine Weigerung verletzte. Es hatte keinen schlechten Geschmack, obwohl es so hart war, dass man es kaum beißen konnte, und bestand aus ungesäuertem Maismehl, gemischt mit einer getrockneten Beere, was ihm einen süßen Geschmack gab. Sie erzählte mir auf ihre gebrochene Art, dass der gesamte Stamm jetzt nur noch fünfundzwanzig Männer und Frauen zählte, und zählte die Zahl sehr schnell mit gelben Maiskörnern auf der Ecke ihrer Decke ab. Sie sei, sagte sie, die jüngste Frau im Stamm; und ihr Ehemann, Peckanaminet , war der Indianer, den wir auf dem Reitweg getroffen hatten. Ich gab ihr ein hübsches Stück Band und eine Schürze für das Kind; und sie dankte mir auf ihre Weise und begleitete uns auf dem Weg zurück; und als ich ein Stück weitergeritten war, sah ich ihren Mann auf uns rennen; Ich hielt also mein Pferd an und wartete , bis es heraufkam, und dann bot er mir einen schönen großen Fisch an, den er gerade gefangen hatte, meiner Meinung nach als Dank für mein Geschenk an seine Frau. Rebecca und Mistress Broughton lachten und forderten ihn auf, das Ding wegzunehmen; aber ich wollte es nicht dulden, und so nahm Robert Pike es und brachte es zu unserem jetzigen Aufenthaltsort, wo es wirklich ein schönes Abendessen für uns alle war. Diese armen Heiden scheinen nicht so schlimm zu sein, wie über sie berichtet wird; Sie sind wie wir selbst, nur dass ihnen unser Wissen und unsere Möglichkeiten fehlen, die in der Tat nicht unsere eigenen sind, deren wir uns rühmen können, sondern Gaben Gottes, die demütige Dankbarkeit und tägliches Gebet und Wachsamkeit erfordern, damit sie richtig verbessert werden.

Newbery am Merrimac, 14. Mai 1678.

Wir waren gestern kaum auf dem Weg von Agawam, als ein schneidiger junger Galant sehr schnell hinter uns her ritt. Er war ziemlich in edle Stoffe gekleidet und besaß einen guten Mut. Er begrüßte uns mit großer Leichtigkeit und Höflichkeit und machte besonders Rebecca ein Kompliment, bei der er wohl bekannt zu sein schien und die meiner Meinung nach sowohl froh als auch überrascht über sein Kommen war. Als ich näher kam, sagte sie, dass es ihr eine große Freude sei, Sir Thomas Hale, einen guten Freund ihres Vaters, und ihre Cousine Margaret, die wie er selbst neu angekommen war, einander bekannt zu machen. Er erwiderte, er solle jeden mit Wohlwollen betrachten, der ihr in Freundschaft oder Verwandtschaft nahestehe; und als er den Namen meines Vaters erfuhr, sagte er, er habe ihn vor vielen Jahren bei seinem Onkel, Sir Matthew Hale, gesehen und könne für ihn als würdigen Mann bürgen. Nach einigen angenehmen und fröhlichen Gesprächen mit uns unterhielten er und mein Bruder sich über die Lage in der Kolonie, den letzten beklagenswerten Krieg mit den Narragansett- und Pequod-Indianern sowie über die zunehmende Ketzerei und Spaltung in den Kirchen, die letzteres betraf Er scheute sich nicht, die schlechte Politik der heimischen Regierung anzuprangern, die die gesunde Strenge der hier gegen die Intriganten und Scherzkekse erlassenen Gesetze überprüfte . „Ich stimme voll und ganz mit Mr. Rawson überein", sagte er, „dass sie zehn hätten aufhängen sollen, wo sie einen gemacht haben." Cousine Rebecca sagte hier, sie sei sicher, dass ihr Vater jetzt froh sei, dass die Gesetze geändert worden seien, und dass er ihr oft gesagt habe, dass die Verurteilten zwar ihre Strafe verdienten, er aber nicht sicher sei, ob dies der beste Weg sei, die Ketzerei niederzuschlagen. Wenn sie Herrscherin wäre, fuhr sie auf ihre fröhliche Art fort, würde sie alle Intriganten und Schwätzer und alle mürrischen, mürrischen, geschäftigen Leute in den Kirchen nach Rhode Island schicken, wo allerlei Torheit, sowohl in Spirituals als auch in Spirituals Temporals waren erlaubt, und ein verrückter Kopf konnte einem anderen keinen Vorwurf machen.

Als ich mich ein wenig zurückzog und darauf wartete, dass Robert Pike und Cousin Broughton auftauchten, stellte ich fest, dass sie sich über das Kommen des jungen Herrn wunderten , der sich in dieser Gegend offenbar nicht besonders interessierte, abgesehen von seiner Bekanntschaft mit Rebecca und seinem Wunsch ihres Unternehmens. Robert Pike betrachtet ihn, wie es natürlich ist, nicht mit großer Voreingenommenheit, dennoch gibt er zu, dass er gut erzogen ist und über viel und vielfältiges Wissen verfügt, das er sich sowohl durch Fernreisen als auch durch Studium angeeignet hat. Ich muss sagen, dass mir seine selbstbewusste und kühne Art und sein Auftreten gegenüber meiner schönen Cousine nicht gefallen; und er gleicht eher einem verlassenen Hofgänger als einem bescheidenen und anständigen Landedelmann, einem biederen und wohlgeordneten Haus. Mistress Broughton sagt, dass er zunächst nicht in Boston akkreditiert war, aber dass ihr Vater, Mr. Atkinson und die heutigen führenden Leute dort ihn nicht nur für das hielten, was er bekennt , was seine herrschaftliche Abstammung anbelangt , sondern dass er auch gelehrt und gelehrt war genial und mit der Heiligen Schrift und den Werken gottesfürchtiger Schriftsteller sowohl der Antike als auch der Neuzeit bestens vertraut. Mir fiel auf, dass Robert während der restlichen Reise sehr still war und in der Gegenwart des fröhlichen Herrn beschämt und beunruhigt wirkte; Denn obwohl er ein schöner und hübscher Jüngling ist, aus guter Familie und gutem Stand stammt und über sein Alter hinaus als solide und vernünftig gilt, mangelt es ihm dennoch sehr an der Leichtigkeit und dem schnellen Witz, mit denen dieser sich meiner süßen Verwandten empfiehlt . Gegen Mittag überquerten wir einen breiten Bach in der Nähe des Meeres, der sehr tief und schlammig war, so dass wir unsere Hosen und Röcke etwas durchnässten; und bald erblickten wir zu unserer großen Freude die angenehmen, geräumten Felder und Behausungen der Siedlung, die sich über eine beträchtliche Strecke erstreckten; während über allem das große Meer blau und kalt unter einem starken Ostwind rollte. Über einen breiten Pfad mit gut bestellten Feldern auf beiden Seiten, auf denen Männer damit beschäftigt waren, Mais anzupflanzen, und junge Mädchen die Saat ausbrachten, gelangten wir schließlich zu Onkel Rawsons Plantage, die fast so schön und weitläufig aussah wie die Ländereien von Hilton Grange , mit einem guten Fachwerkhaus und großen Scheunen darauf. Als wir in die Gasse einbogen, trafen wir auf die Haushälterin, eine angesehene Verwandte, die uns mit großer Höflichkeit empfing. Obwohl Sir Thomas zum Bleiben gedrängt wurde, entschuldigte er sich für die Zeit, versprach, morgen vorbeizukommen, und ritt weiter zum Normalzustand. Ich war traurigerweise müde von der Reise und freute mich, dass mir ein Zimmer und ein bequemes Bett gezeigt wurden.

Ich wurde heute Morgen von der angenehmen Stimme meiner Cousine geweckt, die mit mir im Bett lag. Sie war aufgestanden und hatte das Fenster geöffnet, um auf den Sonnenaufgang zu blicken, und die Luft kam weich und warm herein und war beladen mit den Süßigkeiten von Blumen und grün wachsenden Dingen. Und als ich mich fertig gemacht hatte, saß ich mit ihr am Fenster, und ich glaube, ich kann sagen, mit einem Gefühl des Lobes und der Dankbarkeit wanderten meine Augen auf und ab über die grünen Wiesen, Maisfelder und Obstgärten meines neuen Zuhauses. Wo, dachte ich, Dummkopf, sind die Schrecken der Wildnis, die deine täglichen Gedanken und deine nächtlichen Träume beunruhigten! Wo sind die düsteren Schatten und die öden Berge und die wilden Tiere mit ihrem düsteren Heulen und Toben! Hier sah alles friedlich aus und strahlte Komfort und Zufriedenheit aus. Sogar die großen Wälder, die in der Ferne die Hügel hinaufkletterten, sahen dünn und weich aus, mit ihren schwachen jungen Blättern in einem gelblich-grauen Farbton, vermischt mit blassen, silbernen Farbtönen, was, wie mein Cousin sagt, auf die verschiedenen Arten von Bäumen hindeutet, von denen einige Sie lassen wie die Weide früh ihre Blätter fallen, andere später, wie die Eiche, von der es in der ganzen Gegend reichlich gibt . Es war ein süßes, ruhiges Bild, mit einer warmen, sehr hellen und klaren Sonne, die darüber schien, und dem großen Meer, das im überragenden Licht glitzerte und den Blick meiner Augen einschränkte, aber meine Gedanken wie schnelle Schiffe trug das Land meiner Geburt und vereinte so sozusagen die Neue Welt mit der Alten. Oh, dachte ich, der barmherzige Gott, der die Erde erneuert und sie mit Grün und Blumen in verschiedenen Farben und Düften fröhlich und mutig macht und seine Südwinde wehen lässt und seine Regenfälle fallen lässt, damit die Saatzeit nicht vergeht, Auch hier, am Ende seiner Schöpfung, verschönert und verschönert er das Werk seiner Hände, indem er die Wüste zum Jubeln und die Wildnis zum Blühen bringt wie die Rose. Wahrlich, seine Liebe erstreckt sich über alles – sowohl über die indischen Heiden als auch über die englischen Christen. Und was für ein Grund zum Dank habe ich dafür, dass ich sicher an einem so schönen und

angenehmen Ufer gelandet bin und an einem so süßen Maimorgen meine
Augen in Frieden und Liebe öffnen konnte! Und mir fiel ein Vers ein, den
ich als Kind von meiner lieben und verehrten Mutter gelernt hatte:

> *„Lehre mich, mein Gott, deine Liebe zu erkennen,*
>
> *Dass dieses neue Licht, das ich jetzt sehe,*
>
> *Mögen sowohl die Arbeit als auch der Arbeiter zeigen;*
>
> *Dann werde ich durch die Sonnenstrahlen zu dir klettern.*

Als wir nach unten gingen, fanden wir auf der Fensterbank, die auf die
Straße blickte , einen großen Strauß vieler Blumen, wie ich sie in meinem
eigenen Land noch nie gesehen hatte, sehr frisch und glitzernd im Tau. Als
Rebekka sie nun aufnahm, sagte ihre Schwester: „Nein, sie sind nicht das
Geschenk von Sir Thomas, denn der junge Pike hat sie gerade verlassen."
Wobei sie, wie ich dachte, verärgert und unbehaglich aussah. „Dann gehören
sie dir, Cousine Margaret", sagte sie und sammelte sich, „denn Robert und
du sind den ganzen Weg von Agawam beiseite geritten, und er hat den
ganzen Tag kaum mit mir gesprochen . Ich sehe, ich habe meinen alten
Liebhaber verloren, und Mein kleiner Cousin hat ein neues gefunden. Ich
werde Cousin Oliver alles darüber schreiben.

„Nein", sagte ich, „alte Liebhaber sind besser als neue; aber ich fürchte,
meine süße Cousine hat nicht so darüber nachgedacht." Sie errötete und
schaute zur Seite, und eine Zeit lang vermisste ich ihr Lächeln, und sie sprach
wenig.

20. Mai.

Wir hatten kaum gefrühstückt, als er zu uns kam, wie sie Sir Thomas
nennen, und mit ihm kamen auch ein Mr. Sewall und der Pfarrer der Kirche,
Mr. Richardson, die beide meine Cousins herzlich zu Hause willkommen
hießen und höflich waren mein Bruder und ich. Herr Richardson und
Leonard unterhielten sich über den Zustand der Kirche; und Sir Thomas
unterhielt sich auf seine lebhafte Art mit uns. Nach einigem Zögern bat Mr.
Sewall uns, mit ihm nach Deer's Island zu gehen, ein kleines Stück
flussaufwärts, wo er und Robert Pike einige Männer hatten, die Dauben für
den Bermuda-Markt spalteten. Da der Tag klar und warm war, stimmten wir
bereit zu gehen und machten uns sofort auf den Weg zum Fluss, wobei wir
fast eine halbe Meile durch den Wald fuhren. Als wir zum Merrimac kamen,
fanden wir, dass es sich um einen großen und breiten Bach handelte. Wir
nahmen ein Boot und ruderten den Fluss hinauf und genossen die schöne
Aussicht auf die grünen Ufer und die über dem Wasser hängenden Felsen,
die mit leuchtenden Moosen bedeckt und mit hellen, weißen Blumen übersät
waren. Herr Sewall machte uns auf die verschiedenen Arten von Bäumen

sowie auf ihre Natur und Verwendung aufmerksam, insbesondere auf den Zuckerbaum, der in seinem Blatt und seiner Form sehr schön ist und aus dem die Menschen dieses Landes fast einen Saft schöpfen süß wie der Saft des indischen Zuckerrohrs, ergibt guten Melassesirup und Zucker. Deer's Island hat raue, felsige Ufer, die sehr hoch und steil sind, und ist gut mit einem großen Baumbestand bedeckt, hauptsächlich immergrüne Kiefern und Hemlocktannen, die sehr alt aussahen. Wir fanden einen guten Sitzplatz auf dem moosbewachsenen Stamm eines dieser großen Bäume, der aufgrund seines extremen Alters oder eines heftigen Windstoßes umgestürzt war, von wo aus wir sehen konnten, wie das Wasser auf den Felsen in weißen Schaum zerbrach, und das hören konnten melodisches Rauschen des Windes in den Blättern der Kiefern und immer wieder das Singen der Vögel; Und damit dies nicht zu traurig und einsam wirkte, konnten wir auch die Geräusche der Äxte und Käfer der Arbeiter hören, die nicht weit entfernt das Holz spalteten. Es dauerte nicht lange, bis Robert Pike auftauchte und sich uns anschloss. Er trug seine Arbeitskleidung, und sein Gesicht und seine Hände waren vom Schmutz der verbrannten Baumstämme stark verfärbt, was Rebecca scherzhaft bemerkte. Er sagte, es gäbe keine Spiegel im Wald, und das müsse seine Entschuldigung sein; dass es außerdem nicht zu einem einfachen Mann wie ihm gehörte, der sein eigenes Glück in der Welt machen musste, um zu versuchen, diejenigen nachzuahmen, die nur ihren Mund öffnen mussten, um wie junge Rotkehlchen gefüttert zu werden, ohne Ärger und Mühe . Solche könnten so mutig sein, wie sie es täten, wenn sie nur seine Notwendigkeit entschuldigen würden. Ich hatte das Gefühl, dass er mit einer gewissen Bitterkeit sprach, was allerdings nicht ohne Grund darauf zurückzuführen war, dass das Verhalten unseres fröhlichen jungen Herrn ihm gegenüber viel Stolz und Verachtung ausstrahlte. Meine geliebte Cousine, die ein gutes Herz hat und die, wie ich glaube, abgesehen vom Reichtum und der Familie von Sir Thomas eher ihrem alten Freund und Nachbarn zuneigt , sprach fröhlich und freundlich mit ihm und bat mich privat, etwas zu tun um ihr zu helfen, seinen Ärger zu beseitigen. So haben wir viele Dinge sehr angenehm besprochen. Als Herr Richardson Rebecca sagen hörte, dass die Indianer die melancholischen Geräusche der Kiefern im Wind für die Stimmen der Geister der Wälder hielten, sagte er, dass sie ihm immer die Geräusche in den Maulbeerbäumen ins Gedächtnis riefen, die die ... Der Prophet sprach von. Daraufhin zitierte Rebekka, deren Gedächtnis mit verschiedenen Lektüren von Dichtern und anderen Schriftstellern gut ausgestattet ist, sehr passend einige geniale Zeilen, die das berühren, was die Heiden über den heiligen Baum von Dodona erzählen, dessen Blätter die Negerpriesterinnen rascheln galt als die Sprache der Götter. Und ein verstorbener Schriftsteller, sagte sie, hatte in einem seiner Stücke etwas, das durchaus von dem alten und toten Baumstamm sprechen könnte, auf dem wir saßen. Und als wir alle ihre Bedeutung wissen wollten, wiederholte sie sie so:

*„ Sicher, du blühtest einst und viele Quellen,*

*Viele helle Morgen, viel Tau, viele Schauer,*

*Über deinen Kopf hinweggegangen; viele leichte Herzen und Flügel,*

*Die jetzt tot sind und in deinen lebendigen Türmen untergebracht sind.*


*„Und immer noch singt und fliegt eine neue Folge,*

*Frische Haine wachsen und ihre grünen Zweige sprießen*

*Dem alten und immer noch anhaltenden Himmel entgegen,*

*Während das niedrige Veilchen an ihrer Wurzel gedeiht .*

Diese Zeilen, sagte sie, wurden von einem gewissen Vaughn geschrieben, einem walisischen Mediziner aus Brecknockshire , der vor nicht allzu vielen Jahren ein kleines Buch gedruckt hatte. Herr Richardson sagte, die Zeilen seien gut, aber er halte das Lesen von Balladen und die Einbildungen von Reimen für Zeitverschwendung, um nichts Schlimmeres zu sagen. Sir Thomas sagte hier, dass, soweit er es beurteilen könne, die würdigen Leute von Neuengland keine große Versuchung zu dieser Sünde von ihren eigenen Dichtern gehabt hätten, und wiederholte dann in einem drolligen Ton einige Verse des 137. Psalms, den er sagte, es seien die besten, die er im Cambridge Psalm Book gesehen hatte:

*„Die Flüsse Babylons,*

*Als wir uns dort hinsetzten,*

*Ja, schon damals haben wir getrauert*

*Wir erinnerten uns an Sion.*


*Unsere Harfe haben wir dazwischen gehängt*

*Auf dem Weidenbaum;*

*Denn da haben sie uns weggeschmissen*

*In die Gefangenschaft geführt!*


*Von uns wurde ein Lied verlangt, und so*

*Fragte uns vor Freude, wer lag,*

*Singt uns ein Zion-Lied*

*Zu uns, wie sie damals sagten.*

„Nein, Sir Thomas", sagte Mr. Richardson, „es ist nicht angebracht, über das Wort Gottes zu scherzen. Die Verfasser unseres Buches der Psalmen im Versmaß hielten zu Recht fest, dass Gottes Altar nicht poliert werden muss; und sie haben es wahrhaftig wiedergegeben." Worte Davids mit großer Treue in englische Verse übersetzt.

Unser junger Herr, der nicht bereit war, einem so geschätzten Mann wie Mr. Richardson das Missfallen zu bereiten, entschuldigte sich hier für seinen Scherz und sagte, dass die Cambridge-Version tatsächlich wahr sei; und dass es nicht den uninspirierten Männern zum Vorwurf gemacht wurde, dass ihnen die Schönheit und der Reichtum des Psalmisten des Herrn fehlten. Da es schon fast Mittag war, überquerten wir den Fluss, wo sich eine süße Quelle mit sehr klarem und hellem Wasser befand, die am grünen Ufer ergoss. Als wir nun durstig dastanden, keinen Becher zum Trinken hatten und einige Leute in der Nähe sahen, riefen wir ihnen zu, und alsbald kam eine junge, bescheidene Frau auf uns zugerannt, mit einem hellen Zinnkrug, den sie füllte und uns gab. Ich fand sie süß und schön, wie einst Rebecca am Brunnen ihres Vaters. Sie wollte gerade gehen, als Mr. Richardson zu ihr sagte, es sei eine schreckliche Schande für jemanden wie sie, den Schimpftiraden der Quäker Beachtung zu schenken, und riet ihr, ein braves Mädchen zu sein und zu der Versammlung zu kommen.

„Nein", sagte sie, „ich war oft dort, mit geringem Gewinn. Der Geist, den du verfolgst ." zeugt gegen dich und deine Versammlung.

Sir Thomas fragte sie scherzhaft, ob der Geist, von dem sie sprach, nicht einer sei, der Maria Magdalena besessen habe.

„Oder die Schweine der Gadarener?" fragte Herr Richardson.

Ich lächelte zwar mit den anderen, aber es tat mir gleich leid; denn die junge Magd antwortete darauf kein Wort, sondern wandte sich an Rebekka und sagte: „Dein Vater war hart zu uns, aber du scheinst gütig und sanft zu sein, und ich habe von deiner Barmherzigkeit für die Armen gehört. Der Herr behüte dich." , denn du gehst an schlüpfrigen Orten; es gibt Gefahr, und du siehst sie nicht; du vertraust auf das Hören des Ohrs und das Sehen des Auges; der Herr allein sieht die Täuschung und die List des Menschen; und wenn du willst, schreie mächtig zu Ihm, Er kann dich richtig leiten."

Ihre Stimme und ihr Auftreten waren sehr ernst und feierlich. Ich spürte, wie mich Ehrfurcht überkam, und Rebeccas Gesichtsausdruck war beunruhigt. Als die Jungfrau uns verließ, sagte der Pfarrer, der uns um sie kümmerte: „Unter der Messe außerhalb des Schiffes befindet sich eine Menge Gift, das, fürchte ich, zur Zerstörung geeignet ist."

„Peggy Brewster ist in der Tat einer Wahnvorstellung", antwortete Robert Pike, „aber ich weiß nicht, dass ihr etwas Böses passieren könnte. Sie ist freundlich zu allen, sogar zu denen, die sie böse anflehen."

„Robert, Robert!" rief der Pfarrer, „Ich fürchte, Sie werden Ihrem verehrten Vater folgen, der sich durch seine Bevorzugung dieser Leute einen schlechten Ruf erworben hat." – „Die Quäkerin hat ihn vielleicht mit ihren strahlenden Augen verzaubert", sagte Sir Thomas. „Ich wünschte, sie hätte eine unhöfliche Zunge, von der ich wusste, mit einem Zauber belegt", antwortete Robert wütend. Daraufhin schlug Herr Sewall vor, dass wir zurückkehren sollten, und als wir uns fertig machten und zum Boot gingen, wurde die Angelegenheit fallen gelassen.

NEWBURY, 1. Juni 1678.

Heute verabschiedete sich Sir Thomas von uns und wollte nach Boston zurückkehren. Cousine Rebecca ist, wie ich sehen kann, von seinem äußerlichen Mut und seiner Höflichkeit sehr angetan, dennoch hat sie mir gestanden, dass ihr nüchternes Urteil sie stark zu ihrem alten Freund und Nachbarn Robert Pike neigt. Sie hat sogar gesagt, dass sie nicht daran zweifelte, dass sie mit ihm ein ruhigeres und glücklicheres Leben führen könnte als mit jemandem wie Sir Thomas; und dass die Worte des Quäkermädchens, das wir an der Quelle am Flussufer trafen, sie nicht wenig beunruhigt hatten, da sie ihre eigenen Befürchtungen und Bedenken zu bestätigen schienen. Aber ihre Fantasie ist so überwältigt von der schönen Erscheinung ihres Verehrers, dass ich sehr fürchte, er könnte sie für sich gewinnen, zumal ihr Vater, soweit ich weiß, ihn sehr bevorzugt. Und tatsächlich würde sie aufgrund ihres liebenswürdigen Benehmens, ihrer witzigen und angenehmen Art, ihrer hervorragenden Erziehung und ihrer Würde die Wahl eines Mannes, der an Stand und Rang weit über diesem jungen Herrn liegt, nicht in Misskredit bringen.

10. Juni.

Ich bin heute Morgen mit Rebecca zu Elnathan Stone gefahren, einem jungen Nachbarn, der seit langer Zeit schwer krank ist. Als Junge war er der Spielkamerad meines Cousins, und als er zum Mann heranwuchs, galt er als vielversprechend; Doch als er sich in den Krieg mit den Heiden verwickelte, wurde er verwundet und von ihnen gefangen genommen, und nach viel Leid wurde er vor einigen Monaten in seine Heimat zurückgebracht. Als wir das Haus betraten, in dem er lag, fanden wir seine Mutter, eine besorgte und traurige Frau, die sich im Zimmer neben seinem Bett drehte. Ein sehr großer und bitterer Kummer zeichnete sich auf ihren Gesichtszügen ab; Es war der ängstliche, unversöhnte und unruhige Blick einer Person, die das Gefühl hatte, dass ihre Geduld über ihre Grenzen hinausging und die sich möglicherweise nicht trösten ließ. Denn wie ich erfuhr, war sie eine arme Witwe, die miterlebt hatte, wie ihre kleine Tochter von den Indianern mit dem Tomahawk getötet wurde; und nun lag ihr einziger Sohn, die Hoffnung ihres Alters, auf dem Sterbebett. Sie empfing uns mit einiger Höflichkeit und erzählte Rebecca, dass ihr Sohn in den Kriegen an der Vernachlässigung der Machthaber gestorben sei, da es nicht an seinen Wunden, sondern am Mangel an angemessener Ernährung und Kleidung gelegen habe. was ihn in seinen jetzigen Zustand gebracht hatte. Da Onkel Rawson nun einer der obersten Richter ist, wusste mein süßer Cousin, dass das arme, geplagte Geschöpf ihm Vorwürfe machen wollte; aber ihr gutes Herz entschuldigte und vergab die Unhöflichkeit und Schande von jemandem, den der Herr hart gezüchtigt hatte. Also sprach sie freundlich und liebevoll und gab ihr verschiedene schöne, köstliche Früchte und beruhigende Liköre, die sie aus Boston für den kranken Mann bekommen hatte. Als sie dann an sein Bett trat und liebevoll seine Hand nahm, dankte er ihr für ihre vielen Freundlichkeiten und betete zu Gott, er möge sie segnen. Er muss gesundheitlich ein hübscher Junge gewesen sein, denn er hatte eine helle, glatte Stirn, die von braunem, lockigem Haar beschattet wurde, und große, blaue Augen, die sehr süß und sanft aussahen. Er erzählte uns, dass er spürte, wie er schwächer wurde und dass sein körperliches Leid zeitweise groß war. Aber durch die Gnade seines Erlösers hatte er großen Seelenfrieden. Er gab sich damit zufrieden, alles in seiner Hand zu lassen. Um seiner armen Mutter willen, sagte er, mehr als um sich selbst willen würde er gerne noch einmal umherreisen; Es gab viele Dinge, die er gerne für sie und alle, die mit ihm befreundet waren, tun würde; Aber er wusste, dass sein himmlischer Vater mehr und besser für sie tun konnte, und er fühlte sich seinem Willen ergeben. Er habe, sagte er, allen vergeben, die ihm jemals Unrecht getan hätten, und er habe nun keine Gefühle mehr von Wut oder Unfreundlichkeit gegenüber irgendjemandem, denn alle schienen ihm gütiger zu sein, als er verdiente, und wie Brüder und Schwestern. Er hatte sogar großes Mitleid mit den armen Wilden, obwohl er durch ihre Hand schwer gelitten hatte; denn er glaubte, dass sie oft misshandelt und betrogen und auf andere Weise provoziert worden waren, um gegen uns zu den Waffen zu greifen. Daraufhin drehte Goodwife Stone sehr gehässig ihre Spindel und sagte, sie würde den Teufel genauso schnell bemitleiden wie seine Kinder. Der Gedanke an ihr verstümmeltes kleines Mädchen und an ihren sterbenden Sohn schien sie zu überwältigen, und sie ließ den Faden fallen und schrie mit überaus bitterem Schrei: „Oh, diese verdammten Heiden! Oh, meine arme ermordete Molly!" Oh, mein Sohn, mein Sohn!" – „Nein, Mutter", sagte der Kranke, streckte seine Hand aus und ergriff die Hand seiner Mutter, mit einem süßen Lächeln auf seinem blassen Gesicht, „was sagt uns Christus über das Lieben?"

unseren Feinden und denen Gutes tun, die uns Schaden zufügen? Lasst uns unseren Mitgeschöpfen vergeben, denn wir alle brauchen Gottes Vergebung. Früher ging es mir wie der Mutter", sagte er und wandte sich an uns; „Denn ich bin mit der Absicht in den Krieg gezogen, weder Jung noch Alt vor dem Feind zu verschonen.

„Aber ich danke Gott, dass mein Herz selbst in dieser dunklen Jahreszeit beim Anblick der armen hungernden Frauen und Kinder, die wie Rebhühner von Ort zu Ort gejagt wurden, nachgab. Sogar die indianischen Kämpfer hatten, wie ich feststellte, ihre eigenen Sorgen und schmerzliches Unrecht." zu rächen; und ich glaube, wenn wir sie von Anfang an wie arme, verblendete Brüder behandelt hätten und uns so sehr bemüht hätten, ihnen Licht und Wissen zu geben, wie wir sie im Handel betrügen und ihnen ihr Land wegnehmen müssten, hätten wir es tun sollen sind vielen blutigen Kriegen entkommen und haben viele kostbare Seelen für Christus gewonnen."

Ich erkundigte mich bei ihm nach seiner Gefangenschaft. Er erzählte mir, dass er zwei Jahre zuvor bei einem Kampf mit den Sokokis -Indianern verwundet worden sei. Es war ein heißes Gefecht im Wald; Die Engländer und die Indianer rannten jetzt vorwärts und zogen sich dann zurück, wobei sie hinter den Bäumen aufeinander feuerten. Er hatte all sein Pulver abgefeuert, und da er aufgrund einer Wunde am Knie kurz davor stand, in Ohnmacht zu fallen, setzte er sich am liebsten an eine Eiche, von wo aus er mit großer Trauer und schwerem Herzen sah, wie seine Gefährten überwältigt wurden nach der Zahl ihrer Feinde flohen sie und überließen ihn seinem Schicksal. Die Wilden kamen bald mit schrecklichem Geschrei auf ihn zu und schwangen ihre Beile und Schälmesser. Daraufhin schloss er die Augen und rechnete damit, einen Schlag in den Kopf zu bekommen und sofort getötet zu werden. Doch gerade in diesem Moment kam ein bekannter Häuptling in großer Eile herbei und bat ihn, guten Mutes zu sein, denn er sei sein Gefangener und dürfe nicht getötet werden. Er erwies sich als der berühmte Sagamore Squando , der Anführer der Sokokis .

„Und wurden Sie von diesem Chef freundlich behandelt?" fragte Rebecca.

„Wegen meiner Wunde habe ich sehr gelitten, als ich mit ihm an den Sebago-See gezogen bin", antwortete er; „Aber der Häuptling tat alles in seiner Macht stehende, um mich zu trösten, und er teilte mir oft seine spärliche Kost mit, da er es vorzog, selbst den Hunger zu ertragen, als zu sehen, wie sein Sohn, wie er mich nannte, nichts zu essen hatte. Und eines Nachts Als ich mich tatsächlich über seine Freundlichkeit wunderte, erzählte er mir, dass ich ihm einmal einen großen Dienst erwiesen hätte. Er fragte mich, ob ich nicht im Sommer zuvor auf einem Fischereifahrzeug in Black Point gewesen sei? Ich sagte ihm, dass ich es war. Dann erinnerte er mich an die schlechten Seeleute, die das Kanu einer Squaw umgeworfen und ihr kleines Kind beinahe ertränkt hätten, und dass ich sie dafür gedroht und geschlagen hätte; und auch daran, wie ich der Squaw einen warmen Mantel gegeben habe, um die arme Nässe einzuwickeln Papoose. Es waren seine Squaw und sein Kind, mit denen ich mich angefreundet hatte; und er erzählte mir, dass er oft versucht hatte, mit mir zu sprechen und seine Dankbarkeit dafür zum Ausdruck zu bringen; und dass er einmal zur Garnison in Sheepscot kam , wo er mich sah; Doch als er beschossen wurde, musste er trotz seiner Zeichen des Friedens und der Freundschaft in den Wald fliehen. Er sagte, das Kind sei wenige Tage nach seiner schlechten Behandlung gestorben, und der Gedanke daran machte sein Herz bitter; dass er versucht hatte, friedlich mit den Weißen zu leben, aber sie hätten ihn in den Krieg getrieben.

„Einmal", sagte der kranke Soldat, „als wir Seite an Seite in seiner Hütte am Ufer des Sebago-Sees lagen, begann Squando gegen Mitternacht sehr ernsthaft zu seinem Gott zu beten Daraufhin sagte er, er sei sehr im Zweifel, was er tun solle, und habe um ein Zeichen des Willens des Großen Geistes für ihn gebetet. Dann erzählte er mir, dass er vor einigen Jahren in der Nähe des Ortes, an dem wir damals lagen, sein Wigwam zurückgelassen habe Nachts konnte er wegen großer Schwere und Geistestrübung nicht schlafen. Es war Vollmond, und als er hin und her ging , sah er einen schönen, großen Mann in einem langen schwarzen Kleid, der im Licht stand das Ufer des Sees, der mit ihm redete und ihn beim Namen rief.

„'Squando ', sagte er, und seine Stimme war tief und feierlich, wie der Wind in den Bergkiefern, 'der Gott des weißen Mannes ist der Gott des Indianers, und er ist wütend auf seine roten Kinder. Er allein ist es." Er ist in der Lage, den Mais wachsen zu lassen, bevor der Frost einsetzt, und im Frühling die Fische die Flüsse hinaufzuführen und die Wälder mit Hirschen und anderem Wild und die Teiche und Wiesen mit Bibern zu füllen. Bete immer zu Ihm. Jage nicht weiter Sein Tag, noch lass die Squaws den Mais hacken. Koste niemals das starke Feuerwasser, sondern trinke nur aus den Quellen. Weil die Indianer ihn nicht anbeten, hat er die weißen Männer unter sie gebracht; aber wenn Sie werden beten wie die Weißen, sie werden sehr groß und stark werden, und ihre in diesem Mond geborenen Kinder werden erleben, wie die Engländer in ihren großen Kanus zurücksegeln und den Indianern alle ihre Fischgründe und Jagdgründe überlassen. '

„Als der fremde Mann so gesprochen hatte, erzählte mir Squando , dass er sofort auf ihn zugegangen sei, aber an der Stelle, an der er gestanden hatte, nur den Schatten eines zerbrochenen Baumes vorfand, der im Mond über dem weißen Sand des Ufers lag. Dann wusste er es Es war ein Geist, und er zitterte, war aber froh. Seitdem, sagte er zu Nee, habe er täglich zum Großen Geist gebetet, keinen Rum getrunken und auch am Sabbath nicht auf die Jagd gegangen.

„ Er sagte, er habe sich lange Zeit geweigert, sein Kriegsbeil auszugraben und Krieg gegen die Weißen zu führen, aber er könne nicht untätig in seinem Wigwam herumsitzen, während seine jungen Männer ihren Kriegspfad eingeschlagen hätten. Sein Geist." Außerdem sprach das tote Kind aus dem Land der Seelen zu ihm und tadelte ihn, weil er keine Rache suchte. Einmal, so erzählte er mir, habe er das Kind im Traum weinen und bitterlich stöhnen sehen, und als er nach der Ursache seines Kummers fragte , wurde ihm gesagt, dass der Große Geist wütend auf seinen Vater sei und ihn und sein Volk vernichten würde, wenn er sich nicht mit den Ostindianern zusammenschließe, um die Engländer abzuschneiden.

„Ich erinnere mich", sagte Rebecca, „dass ich meinen Vater von der Freundlichkeit dieses Squando gegenüber einem jungen Mädchen sprechen hörte, das vor einigen Jahren in Presumpscot gefangen genommen wurde."

„Ich habe sie in Cocheco gesehen ", sagte der Kranke. „ Squando fand sie in einer traurigen Lage und kaum noch am Leben, brachte sie zu seinem Wigwam, wo seine Squaw sie liebevoll pflegte und tröstete; und als sie reisen konnte, brachte er sie zu Major Waldron, ohne ein Lösegeld für sie zu verlangen. Man hätte ihn damals zum guten Freund der Engländer machen können, aber er erhielt kaum eine zivile Behandlung."

„Mein Vater sagt, dass viele freundliche Indianer durch das schlechte Benehmen der Händler zu unseren schlimmsten Feinden geworden sind", sagte Rebecca. „Er hielt die Einführung der Mohawks, um uns zu helfen, für eine Sünde, vergleichbar mit der der Juden, die durch die Ägypter Befreiung vom König von Babylon erwarteten."

„Sie haben nichts als Unheil angerichtet", sagte Elnathan Stone; „Sie haben unsere Freunde in Newichawannock , Blind Will und seine Familie, getötet."

Rebecca fragte ihn hier, ob er jemals die Verse gehört habe, die Mr. Sewall über die Ermordung von Blind Will geschrieben hatte. Und als er ihr sagte, dass er es nicht getan hätte und sie sie gerne wiederholen lassen würde, wenn sie sich erinnern könnte, rezitierte sie sie so:

*„Blinder Wille von Newiehawannock !*

*Er wird nie wieder jubeln,*

*Denn sein Wigwam ist über ihm verbrannt,*

*Und seine alte, graue Kopfhaut ist ta'en !*


*„Blind Will war der Freund der weißen Männer,*

Bei ihren Besorgungen liefen seine jungen Männer,

Und er besorgte ihm einen Mantel und eine Hose,

Und sah aus wie ein christlicher Mann.


„Armer Wille von Newiehawannock !

Sie töteten ihn unvorbereitet,

Wo er unter seinem Volk lebte,

Den Sabhath halten und Gebete sprechen.


„Jetzt werden seine Felder keine Ernte mehr erfahren,

Und seine Pfeife ist sauber ausgelöscht,

Und sein feiner, tapferer Mantel und seine Kniebundhose

Der Mohog trägt etwa.


„Wehe dem Tag, an dem unsere Herrscher zuhörten

Zu Sir Edmunds bösem Plan,

Die grausamen Mohogs zu Fall bringen

Wer hat den armen alten Mann getötet?


„Oh, der Herr , er wird es uns vergelten ;

Für das Böse, das wir getan haben,

Es wird so manches schöne Austrocknen der Kopfhaut geben

Im Wind und in der Sonne!


„Es wird viele Gefangene geben, die seufzen,

In einer langen und schrecklichen Knechtschaft;

Auf vielen Maisfeldern wird Blut fließen,
Und so manches Haus brennt.

*„Und die Papistenpriester verkünden die Botschaft*

*An alle Stämme werden sie senden;*

*Sie werden auf Newiehawannock zeigen, –*

*„ So behandeln die Engländer ihren Freund!"*


*„Lasst die gesalbten Diener des Herrn*

*Weine laut gegen dieses Unrecht,*

*Bis Sir Edmund seine Mohogs nimmt*

*Wieder da, wo sie hingehören.*


*„Lass das Mädchen und die Mutter*

*Im nächtlichen Wachanteil,*

*Während die jungen Männer das Blockhaus bewachen,*

*Und die alten Männer knien im Gebet.*


*„Armer Wille von Newiehawannock !*

*Für deinen traurigen und grausamen Fall,*

*Und das Einbringen der Mohogs ,*

*Möge der Herr uns allen vergeben!"*

Eine junge Frau betrat das Haus, als Rebecca gerade mit den Versen fertig war. Sie trug in ihren Händen einen Eimer Milch und ein ordentlich gekleidetes Huhn, das sie Elnathans Mutter gab, und als sie Fremde an seinem Bett sah, wollte sie gerade ausgehen, als er sie rief und sie anflehte, zu bleiben. Als sie auf ihn zukam und mit ihm sprach, erkannte ich, dass es sich um die Magd handelte, die wir an der Quelle kennengelernt hatten. Der junge Mann würdigte mit Tränen in den Augen ihre große Freundlichkeit ihm gegenüber, was sie beunruhigt und beschämt schien. Sie hat einen reinen, süßen Teint und einen sanften und liebevollen Blick voller Unschuld und Aufrichtigkeit. Rebecca schien sehr beunruhigt zu sein, denn sie dachte zweifellos an die warnenden Worte dieser Jungfrau, als wir an der Quelle waren. Nachdem sie gegangen war, sagte Goodwife Stone, sie sei sicher, sie könne nicht sagen, was dieses Quäkermädchen so sehr zu ihrem Haus geführt habe, es sei denn, sie habe vorgehabt, Elnathan zu überlisten; Aber sie ihrerseits würde ihn lieber tot sehen, als am Leben zu bleiben, um seiner

Familie und der Kirche Schande zu bereiten, indem sie den Gotteslästerern nachfolgt. Ich wagte es, ihr zu sagen, dass ich es als pure Freundlichkeit und Liebe von Seiten der jungen Frau ansah; worüber Elnathan erfreut zu sein schien und sagte, er könne nicht daran zweifeln und er glaube, dass Peggy Brewster eine gute Christin sei, obwohl sie von den Quäkern leider in die Irre geführt wurde. Seine Mutter sagte, dass sie trotz all ihrer sanftmütigen Blicke und freundlichen Worte voller aller möglichen bösen Ketzereien sei und sie immer an Satan in der Gestalt eines Engels des Lichts erinnere.

Wir selbst machten uns bald darauf auf den Weg, der Kranke dankte uns für unseren Besuch und hoffte, dass er uns wiedersehen würde. „Armer Elnathan", sagte Rebecca, als wir nach Hause gingen, „er wird nie wieder ins Ausland gehen; aber er ist in einer so guten und liebevollen Stimmung, dass er unser Mitleid nicht braucht, als jemand, der keine Hoffnung hat."

„Er erinnert mich", sagte ich, „an die tröstende Verheißung der Heiligen Schrift: ‚Du wirst den in vollkommenem Frieden bewahren, dessen Geist auf dich gerichtet ist.'"

30. Juni 1678.

Herr Rawson und Sir Thomas Hale kamen gestern aus Boston. Ich freute mich, meinen Onkel zu sehen, vor allem, als er mir ein Paket mit Briefen sowie Geschenken und Andenken von meinen Freunden auf der anderen Seite des Wassers brachte. Sobald ich sie bekam, ging ich in mein Zimmer, und als ich vom Gesundheitszustand derer las, die mir sehr am Herzen liegen und die mich immer noch mit unveränderter Liebe betrachteten, weinte ich vor großer Freude und Freude Das Herz strömte vor Dankbarkeit über. Ich las den 22. Psalm und er schien meine eigenen Gefühle angesichts der großen Gnaden und Segnungen auszudrücken, die mir zuteil wurden. „Mein Haupt ist mit Öl gesalbt; mein Kelch läuft über. Wahrlich, Güte und Barmherzigkeit werden mir folgen mein ganzes Leben lang."

Heute Morgen sind Sir Thomas und Onkel Rawson nach Hampton gefahren, wo sie die ganze Nacht bleiben werden. Gestern Abend hatte Rebecca ein langes Gespräch mit ihrem Vater über Sir Thomas, der sie nach ihm gefragt hatte. Sie kam sehr spät zu Bett und lag unruhig und schluchzend da; Daraufhin drängte ich sie, den Grund für ihren Kummer zu erfahren, als sie mir sagte, sie habe eingewilligt, Sir Thomas zu heiraten, ihr Herz sei jedoch zutiefst beunruhigt und voller Bedenken. Auf meine Frage, ob sie den jungen Herrn wirklich liebte, antwortete sie, dass sie manchmal befürchtete, dass dies nicht der Fall sei; und dass, wenn ihre Fantasie sich ein gutes Bild vom Leben einer großen Dame in England gemacht hatte, oft eine dunkle Wolke darüber zog, wie der Schatten einer schweren Enttäuschung oder eines Kummers. „Sir Thomas", sagte sie, „war ein hübscher und geistreicher junger Mann und hatte sich zur Zufriedenheit und zum guten Ruf ihres

Vaters und der führenden Leute der Kolonie benommen; und sein Verhalten ihr gegenüber war überaus feinfühlig und bescheiden gewesen." insofern er sich nichts von seiner Familie oder seinem Vermögen angemaßt hatte, sondern sie mit großem Flehen und Demut gesucht hatte, obwohl er wohl wusste, dass einige der am meisten bewunderten und wohlhabendsten jungen Frauen in Boston ihn nicht wenig schätzten, sogar ins Unermessliche von sich selbst, als jemand, den er besonders bevorzugte.

„Das werden für Robert Pike schwere Neuigkeiten sein", sagte ich; „Und er tut mir leid, denn er ist in der Tat ein würdiger Mann."

„Das ist er", sagte sie; „Aber er hat mit mir nie über etwas anderes gesprochen als über die Freundlichkeit, die wir als Nachbarn und Schulkameraden unschuldig füreinander hegen."

„Nein", sagte ich, „mein süßer Cousin weiß genau, dass er eine so starke Zuneigung zu ihr hegt , dass es keiner Worte bedarf , um sie zu offenbaren."

"Ach!" Sie antwortete: „Das ist zu wahr. Wenn ich mit ihm zusammen bin, wünsche ich mir manchmal, ich hätte Sir Thomas nie gesehen. Aber meine Entscheidung steht fest und ich bete zu Gott, dass ich keinen Grund habe, es zu bereuen."

Wir sagten nichts mehr, aber ich fürchte, sie schlief wenig, denn als ich bei Tagesanbruch aufwachte, sah ich sie in ihrem Nachthemd am Fenster sitzen. Daraufhin bat ich sie, zu ihrem Bett zurückzukehren, was sie schließlich tat, und schloss mich in ihre Arme und schluchzte, als ob ihr das Herz brechen würde, und flehte mich an, Mitleid mit ihr zu haben, denn es war keine leichte Sache, die sie getan hatte. und sie wusste kaum, was sie wollte, und wusste kaum, ob sie sich darüber freuen oder weinen sollte. Ich bemühte mich, sie zu trösten, und nach einiger Zeit fiel sie zu meiner großen Freude in einen ruhigen Schlaf.

Heute Nachmittag kam Robert Pike herein und führte ein langes Gespräch mit Cousin Broughton, der ihm erzählte, wie die Dinge zwischen ihrer Schwester und Sir Thomas standen, worüber er sehr beunruhigt war und er am liebsten sofort Rebekka aufgesucht und ihr Vorwürfe gemacht hätte mit ihr, wurde aber daran gehindert, als man ihr sagte, dass es sie nur betrüben und beunruhigen könne, da die Sache wohl geklärt sei und nicht abgebrochen werden könne. Er sagte, er habe sie seit seiner Kindheit gekannt und geliebt; dass er ihretwegen tagsüber hart gearbeitet und nachts gelernt hatte; und dass ihr süßes Bild ihn auf all seinen Reisen und Reisen immer begleitet hatte. Er würde keine Anklage gegen sie erheben, denn sie hatte ihn die ganze Zeit eher wie einen Bruder denn wie einen Verehrer behandelt; zu dieser letzten Bedingung hatte er sich in der Tat nicht die Freiheit gefühlt, sie zu wagen, nachdem ihr ehrenwerter Vater vor einigen Monaten nachgegeben hatte ihm klarzumachen, dass er eine Allianz seiner Tochter mit einem Herrn von Stand und Familie geplant hatte. Er selbst würde sich mannhaft verhalten und seinen Kummer mit Geduld und Standhaftigkeit ertragen. Seine einzige Angst war, dass sein geliebter Freund die Sache zu voreilig entschieden hatte; und dass derjenige, der ihre Wahl war, der großen Gabe ihrer Zuneigung möglicherweise nicht würdig sei. Cousine Broughton, die bisher die Ansprüche von Sir Thomas sehr befürwortet hatte, sagte mir, dass sie angesichts der männlichen und edlen Haltung von Robert Pike beinahe ihre Meinung geändert hätte; und wenn ihre Schwester in diesem Land leben würde, würde sie sie lieber als die Frau von ihm sehen als von irgendeinem anderen Mann dort.

3. Juli.

Sir Thomas hat sich heute verabschiedet. Robert Pike war hier, um Rebecca viel Freude und Glück für ihre Zukunft zu wünschen, was er auf eine so freundliche und sanfte Art tat, dass sie gern den Kopf abwandte, um ihre Tränen zu verbergen. Als Robert dies sah, änderte er das Gespräch und versuchte, ihre Gedanken so abzulenken, dass der Schatten der Melancholie bald aus ihrem süßen Gesicht verschwand und die beiden fröhlich miteinander redeten, wie es ihre Gewohnheit war und wie es ihren Jahren und Umständen entsprach .

6. Juli.

Gestern geschah etwas Seltsames im Versammlungshaus. Der Pfarrer hatte mit seiner Ansprache so lange weitergemacht, bis der Sand in der Sanduhr auf dem Geländer vor den Diakonen fast aufgebraucht war und Diakon Dole gerade dabei war, sie umzudrehen, als ich plötzlich sah, wie die Gemeinde um mich herum laut auffuhr. und blicke zurück. Eine junge Frau, barfuß, in einem groben Leinenkleid um den Hals und mit langen Haaren, die wie eine Perücke herabhingen und mit Asche bestreut waren, kam den Südgang herauf. Gerade als sie sich Onkel Rawsons Sitz näherte, blieb sie stehen, drehte sich zu den vier Ecken des Hauses um und rief: „Wehe den Verfolgern! Wehe denen, die nur zum Vorwand lange Gebete sprechen! Demütigt euch, denn dies ist der Tag." der Macht des Herrn, und ich bin als Zeichen unter euch gesandt!" Als sie mich ansah, erkannte ich, dass es sich um die Quäkerin Margaret Brewster handelte. „Wo ist der Polizist?" fragte Herr Richardson. „Lass die Frau rauskommen." Daraufhin erhob sich die ganze Gemeinde, und es gab einen großen Aufruhr, Männer und Frauen kletterten auf die Sitze und viele schrien, mal das eine, mal das andere. Inmitten des Lärms erhob sich Mr. Sewall auf eine Bank, flehte die Leute an, ruhig zu sein und ließ den Polizisten das arme, verblendete Geschöpf herausführen. Mr. Richardson sagte dasselbe, und als der Tumult ein wenig nachließ, sah ich, wie sie die junge Frau zur Tür hinausführten; Und da ihr viele folgten, ging auch ich mit meinem Bruder hinaus, um zu sehen, was aus ihr geworden sei.

Wir fanden sie inmitten einer großen Menge zorniger Menschen, die ihr ihre Bosheit vorwarfen, indem sie den Gottesdienst am Tag des Herrn störte , ihr allerlei Schimpfwörter beschimpfte und ihr mit den Stöcken und dem Peitschenpfahl drohte. Das arme Geschöpf stand still und still; Sie war totenblass, und ihr wildes Haar und ihr Sackleinenkleid verliehen ihr ein sehr seltsames und bemitleidenswertes Aussehen. Der Polizist wollte sie gerade bis zum nächsten Tag unter ihre Obhut nehmen, als Robert Pike vortrat und sagte, er werde sich für ihr Erscheinen am nächsten Tag vor Gericht verantworten, und die Leute anflehte, sie ruhig in ihr Haus gehen zu lassen, was sie dann auch tat einigen Verhandlungen wurde zugestimmt. Dann ging Robert auf sie zu, nahm ihre Hand und bat sie, mit ihm zu gehen. Sie blickte auf, und als sie von seiner Güte sehr berührt war, fing sie an zu weinen und sagte ihm, dass es für sie ein schmerzliches Kreuz gewesen sei, das zu tun, was sie getan habe; aber dass es ihr schon lange im Kopf herumschwirrte und dass sie nun eine Erleichterung verspürte, da sie die Kraft zum Gehorsam gefunden hatte. Als er sah, dass die Leute ihr immer noch folgten, eilte er sie weg, und wir gingen alle zurück zum Versammlungshaus. Am Nachmittag kündigte Herr Richardson an, dass er am nächsten Tag des Herrn aus dem 12. und 13. Vers des Judas predigen sollte, in dem sehr deutlich von den Geschwätzigen und Störern der Gegenwart gesprochen wurde. Heute Morgen wurde sie den Richtern vorgeführt, die in Anbetracht ihrer Jugend und ihres guten Verhaltens bisher nicht so weit gegen sie vorgegangen sind, wie viele der Leute es wünschten. Ihr wurde eine Geldstrafe auferlegt, die sowohl sie als auch ihr Vater nach eigener Aussage nicht aus Gewissensgründen bezahlen konnten, woraufhin angeordnet wurde, dass man sie ins Lager sperre; Aber das wollten Mr. Sewall, Robert Pike und mein Bruder auf keinen Fall zulassen, sondern zahlten die Geldstrafe selbst, so dass sie freigelassen wurde, worauf die Jungen und unhöflichen Frauen nicht wenig enttäuscht waren, wie sie es sich vorgestellt hatten Sport von ihr in den Beständen. Wie ich gehört habe, hat Mr. Pike offen in ihrem Namen vor den Richtern gesprochen und gesagt, dass es die ganze Zeit über die grausame Verfolgung dieser Menschen war, die sie zu solchen Torheiten und Verstößen gegen den Frieden getrieben hat, Mr. Richardson, der das bisher getan hat Sie ging überaus hart gegen die Quäker vor und entschuldigte ihr Verhalten darüber hinaus in gewisser Weise, da sie glaubte, von ihren Ältesten angestiftet worden zu sein. und deshalb riet er dem Gericht, sie nicht auszupeitschen,

Der 1. August.

Kapitän Sewall, R. Pike und der Minister, Mr. Richardson, heute in unserem Haus. Kapitän Sewall, der hauptsächlich in Boston lebt, sagt, dass letzte Woche ein kleines, mit Negern beladenes Schiff an der Küste Madagaskars in den Hafen eingelaufen sei und dass der Besitzer die Neger als Sklaven zum Verkauf angeboten habe und dass sie alle besessen hätten wurden an Richter, Minister und andere angesehene Personen in Boston und Umgebung verkauft. Er sagte, die Neger seien hauptsächlich Frauen und Kinder und aufgrund ihrer langen Reise und der harten Kost kaum am Leben. Er hielt es für einen großen Skandal für die Kolonie und einen Vorwurf für die Kirche, dass sie offen gehandelt wurden, wie Vieh auf dem Markt. Onkel Rawson sagte, das sei früher nicht so gewesen; denn er erinnerte sich an den Fall von Kapitän Smith und einem gewissen Kesar, die vor dreißig Jahren Neger aus Guinea mitbrachten. Das Gericht erließ auf Drängen von Sir Richard Saltonstall und vielen Ministern einen Beschluss, mit dem Ziel, „ein Zeugnis gegen die abscheuliche Sünde des Menschendiebstahls abzulegen, die zu Recht von allen guten und gerechten Menschen verabscheut wird", die Neger sollten auf Kosten der Kolonie in ihr eigenes Land zurückgebracht werden; was bald darauf erledigt war. Darüber hinaus wurden die beiden Männer Smith und Kesar ordnungsgemäß bestraft.

Herr Richardson sagte, er habe einen Unterschied gemacht zwischen dem Diebstahl von Männern aus einer mit uns im Frieden lebenden Nation und der Gefangennahme im Krieg. Die Heilige Schrift rechtfertigt eindeutig den Besitz solcher, insbesondere wenn es sich um Heiden handelt.

Kapitän Sewall sagte, er selbst betrachte jede Sklavenhaltung als im Widerspruch zum Evangelium und zur Neuen Heilszeit. Die Israeliten hatten ein besonderes Recht, die Heiden in Knechtschaft zu halten; aber er hatte noch nie jemanden behaupten hören, er hätte die Befugnis, Indianer und Blackamoors zu versklaven.

Daraufhin fragte ihn Herr Richardson, ob er Diakon Dole nicht für einen frommen Mann betrachte; und ob er etwas gegen ihn und andere fromme Männer zu sagen hätte, die Sklaven hielten. Und er ermahnte ihn, vorsichtig zu sein, damit er nicht als Ankläger der Brüder angesehen würde.

Hier sagte Robert Pike, er würde von einer Angelegenheit berichten, die ihm zur Kenntnis gekommen sei. „Kurz nachdem der Krieg zu Ende war", sagte Be, „befinde ich mich zufällig in der Nähe von ihm, den sie den Baron von Castine nennen, weil ich meine Schalotte in der Bucht von Penobscot verloren habe, und der über eine starke Burg verfügt, von der viel gerodet wurde." Land und große Fischerei in Byguyduce . Ich wollte gerade ein Feuer machen und mit meinen beiden Männern im Wald schlafen, als ein Bote vom Baron kam und sagte, sein Herr habe ihn geschickt, als er hörte, dass Fremde in der Nachbarschaft seien Biete uns Essen und Schutz an, denn die Nacht war kalt und regnerisch. Also gingen wir ohne Umschweife mit ihm und wurden in ein gemütliches Zimmer in einem Flügel des Schlosses geführt, wo wir ein großes Feuer loderten und einen Hirschbraten dazu vorfanden Weizenbrote auf dem Tisch. Nachdem wir uns gestärkt hatten, schickte der Baron nach mir, und ich wurde in einen großen, schönen Raum geführt, wo er mit Modockawando , seinem Schwiegervater, und drei oder vier anderen war Der Baron, ein Mann von gutem Aussehen, empfing mich mit großer Höflichkeit; und als ich ihm von meinem Unglück erzählte, sagte er, er sei froh, dass es in seiner Macht stünde, uns eine Unterkunft zu bieten. Er sprach über den Krieg, der sowohl für die Weißen als auch für die Indianer eine traurige Sache gewesen sei, er aber nun hoffe, dass der Frieden von Dauer sein werde. Daraufhin stand Modockawando , ein sehr ernster und ernster Heide, der schweigend mit seinen Freunden gesessen hatte, auf und hielt eine schwere Rede zu mir, die ich nicht verstand, aber mir wurde gesagt, dass er sich darüber beschwerte, dass die Weißen als Sklaven gehalten würden verschiedene indische Gefangene und erklärte, dass dies tatsächlich einen weiteren Krieg provozierte. Das Kind seiner eigenen Schwester sei somit in Gefangenschaft gehalten worden, sagte er. Er bat mich, den großen Häuptling unseres Volkes (gemeint war der Gouverneur) zu sehen und ihm zu sagen, dass die Schreie der Gefangenen von seinen jungen Männern gehört wurden und dass sie davon sprachen, das Kriegsbeil auszugraben, bei dem die alten Männer vergraben waren Casco. Ich sagte dem alten Wilden, dass ich die Inhaftierung der Indianer nach dem Frieden nicht rechtfertige und alles tun würde, was ich konnte, um sie freizulassen, worüber er sich sehr zu freuen schien. Seit ich aus Castines Land zurückkam , habe ich dazu aufgerufen, die Indianer aufzugeben, und viele wurden freigelassen. Sklaverei ist ein hartes Los, und viele halten sie für schlimmer als den Tod. Als ich auf den Barbados war, wurde mir erzählt, dass sich auf einer Plantage innerhalb von fünf Jahren etwa zwanzig Sklaven erhängt hätten.

„Mr. Atkinsons Indianer", sagte Kapitän Sewall, „den er von einem Reeder aus Virginia gekauft hatte, weigerte sich sofort, als er zu seinem Haus kam, Fleisch; und obwohl versucht wurde, ihn durch Überreden und Auspeitschen zum Essen zu bringen, tat er es nicht." Ich sah ihn ein oder zwei Tage vor seinem Tod, wie er in seine Decke gehüllt saß und vor sich hin murmelte. Es war ein trauriger Anblick, und ich bete zu Gott, dass ich so etwas nie wieder sehen möge. Von da an betrachtete ich es als eine große Bosheit, Menschen als Sklaven zu halten. Die Heilige Schrift selbst bezeugt, dass derjenige, der in die Gefangenschaft führt, in die Gefangenschaft kommen wird."

Nachdem die Gesellschaft gegangen war, saß Rebekka eine Zeit lang schweigend und nachdenklich da und bat dann ihre junge Dienerin, die ihr Vater etwa ein Jahr zuvor vom Kapitän eines schottischen Schiffes gekauft und gegen Bezahlung verkauft hatte die Kosten für ihre Überfahrt, um zu ihr zu kommen. Sie fragte sie, ob sie in ihrer Situation etwas zu beanstanden hätte . Das arme Mädchen sah überrascht aus, sagte aber, das sei nicht der Fall. „Sind Sie damit zufrieden, als Diener zu leben?" fragte Rebecca. „Würdest du mich verlassen, wenn du könntest?" Sie weinte und flehte ihre Herrin an, nichts von ihrem Weggang zu sagen. „Aber wenn ich Ihnen sagen würde, dass es Ihnen freisteht, zu gehen oder zu bleiben, wie Sie wollen, wären Sie dann froh oder traurig?" fragte ihre Herrin. Das arme Mädchen schwieg. „Ich möchte nicht, dass du mich verlässt, Effie", sagte Rebecca, „aber ich möchte, dass du weißt, dass du von nun an frei bist und dass, wenn du mir von nun an dienst, wie ich vertraue, dass du es tun wirst, es in Liebe sein wird." guten Willens und für einen angemessenen Lohn." Die Magd begriff zunächst nicht, was ihre Herrin vorhatte, aber als sie es noch einmal erklärt hörte, fiel sie auf die Knie, umarmte Rebekka und schüttete ihren Dank nach Art ihres Volkes aus; Daraufhin forderte Rebekka sie tief bewegt auf, aufzustehen, da sie nur das getan hatte, was die Heilige Schrift verlangte, indem sie ihrer Dienerin das gab, was gerecht und gleich ist.

„Wie einfach ist es, andere und uns selbst glücklich zu machen!" sagte sie und drehte sich zu mir um, während die Tränen in ihren Augen glänzten.

8. August 1678.

Elnathan Stone, der vor zwei Tagen starb, wurde heute Nachmittag begraben. Eine sehr feierliche Beerdigung, bei der Herr Richardson eine Predigt aus dem 23. Psalm, 4. Vers, hält: „Ja, obwohl ich durch das Tal des Schattens des Todes gehe, werde ich kein Böses fürchten, denn du bist mit mir; dein Stab und dein Mitarbeiter, sie trösten mich." Diakon Dole sorgte für Wein und Spirituosen, und Onkel Rawson für Bier, Brot und Fisch zur Unterhaltung, und andere Nachbarn halfen der Witwe außerdem bei der Anschaffung aller für diesen Anlass geeigneten Kleidung, denn sie war sehr arm , und aufgrund der langen Gefangenschaft und Krankheit ihres Sohnes war sie zeitweise sehr benachteiligt. Mir wurde gesagt, dass Margaret Brewster für sie wie ein Engel der Barmherzigkeit gewesen sei, oft bei dem kranken Mann gewacht und ihr bei ihrer Arbeit geholfen habe, so dass die arme Frau jetzt gern bekennen würde, dass sie ein gutes und gütiges Herz habe. Kurz bevor Elnathan starb, lobte er die besagte Margarete wärmstens für die Güte von Cousine Rebekka und bat sie, sich bei den Richtern und anderen Autoritäten für sie einzusetzen, damit sie bei ihren Ausgaben gnädig mit ihr sein könnten. denn er glaubte wirklich, dass sie aus Pflichtgefühl kamen, wenn auch falsch. Herr Richardson, der ihr gnädiges Auftreten und ihre Barmherzigkeit bezeugt hat und der sagt, dass sie dadurch viele seiner eigenen Leute beschämt, hat oft versucht, sie von den neuen Lehren abzubringen und ihr ihre gefährliche Natur vor Augen zu führen Fehler; aber es mangelt ihr nie an irgendeiner Antwort, da sie von Natur aus gute Eigenschaften hat und in der Heiligen Schrift gut belesen ist .

10. August.

Ich finde, dass der Sommer hier ganz anders ist als in meinem Heimatland. Die Hitze ist großartig, die Sonne scheint sehr stark und hell; und seit mehr als einem Monat ist es außerordentlich trocken, ohne nennenswerten Regenfall, so dass die Quellen vielerorts versiegen und die Wasserläufe ausgetrocknet sind, was sehr eindringlich an die Sprache Hiobs über die Bäche erinnert die die Dürre verzehrt : „Während es ihnen warm wird, verschwinden sie; wenn es heiß ist, werden sie von ihrem Platz verdrängt. Die Pfade ihres Weges werden abgelenkt; sie gehen ins Nichts und gehen zugrunde." Die Gräser und Gräser haben viel von der Helligkeit verloren, die sie im Frühsommer hatten; außerdem sind weniger Blumen zu sehen. Die Felder und Straßen sind staubig und alle Dinge scheinen unter der unerträglichen Sonne zu verblassen und zu veralten. Große Heuschrecken singen laut in den Hecken und Büschen, und Heuschrecken fliegen gleichsam in Wolken auf, wenn man über das trockene Gras geht, von dem sie sich ernähren, und bei Einbruch der Dunkelheit sind Mücken keine geringe Plage. Wann immer ich am Mittag hinausschaue, wenn die Luft ganz erleuchtet ist, mit einem gewissen Schimmer und Blenden, wie von einem heißen Ofen, und sehe, wie das arme, von Fliegen gebissene Vieh mit dem Schwanz wedelt, um die giftigen Insekten fernzuhalten, oder steht Im Wasser der Tiefebene, um sich abzukühlen, und den keuchenden Schafen, die zusammen im Schatten der Bäume liegen, muss ich mich unbedingt an die Sommersaison im alten England erinnern, an die kühle Seeluft, die sanften Regenschauer, die dichten Felder mit Gräsern und umsäumt von Heckenreihen wie grüne Mauern, die Bäume und Sträucher sind alle sauber und feucht, und die Weinreben und Schlingpflanzen hängen über Mauern und Toren, sehr üppig und schön anzusehen. Oh, ich denke heutzutage oft an Hilton Grange mit seinen großen Eichen und den kühlen, luftigen Hügeln und Wiesen, die den ganzen Sommer über grün sind. Ich schloss meine Augen und siehe da! es ist alles wie ein Bild vor mir; Ich sehe die grauen Haare meines Onkels unter den Bäumen, und meine gute Tante steht in der Tür, und Cousin Oliver kommt in seiner Feldtracht aus dem Bauernhof oder der Mühle herauf; Ich kann sein fröhliches Lachen hören und das Geräusch der Hufe seines Pferdes, das über den Kiesweg hallt. Unser süßer Chaucer erzählt von einem Spiegel, in den derjenige, der hinschaute, sein ganzes vergangenes Leben sah; Dieser magische Spiegel ist keine Fabel, denn in der Erinnerung an die Liebe kehren alte Dinge zurück und zeigen sich wie Merkmale im Glas, mit einer vollkommenen und höchst betörenden Ähnlichkeit.

Letzte Nacht brach der Indianer von Deacon Dole – der einäugige Tom, ein mürrischer Kerl – in den Laden seines Herrn ein, betrank sich dort mit Rum und erschreckte, als er das Haus betrat, die Frauen durch seine drohenden Worte und Gesten sehr. Als nun der Diakon spät von der

Kirchenversammlung nach Hause kam und ihn so sah, schlug er ihn scharf mit seinem Stock, woraufhin er davonlief und heulend und schreiend wie ein böser Geist die Straße heraufkam. Onkel Rawson schickte seinen irischen Diener, um zu sehen, was den Aufruhr verursachte; aber er kam sofort zurückgerannt und schrie: „Murther! Murther!" aus vollem Halse. Also ging Onkel selbst zum Tor und rief sofort nach einem Licht, mit dem Rebecca und ich kamen, da der Ire und Effie es nicht wagten, hinauszugehen. Wir fanden Tom auf dem Pferdeblock sitzend, das Blut lief ihm über das Gesicht, er war voller Blutergüsse und geschwollen. Er war sehr wütend und wütend und sagte, wenn er einen Monat überlebte, würde er ihm einen Tabakbeutel aus der Kopfhaut des Diakons machen. Rebekka wagte es, ihn wegen seiner Drohungen zu tadeln, bot ihm aber an, ihm den Kopf zu binden, was sie mit ihrem eigenen Kopftuch tat. Onkel Rawson befahl ihm dann, nach Hause zu gehen und ins Bett zu gehen, und in Zukunft ganz zu schweigen von starken Getränken, die der Grund für seine Prügel gewesen waren. Dies wollte er nicht tun, sondern ging in den Wald und murmelte, so weit man ihn hören konnte.

Heute Morgen kam Diakon Dole herein und sagte, sein Diener Tom habe sich schlecht benommen, wofür er ihn mäßig zurechtgewiesen habe, und dass er daraufhin weggelaufen sei und befürchtet habe, ihn zu verlieren. Er kaufte ihn, sagte er, von Kapitän Davenport, der ihn aus dem Narragansett-Land mitbrachte, und zahlte zehn Pfund und sechs Schilling für ihn, und er konnte einen so großen Verlust kaum ertragen. Ich wagte es, ihm zu sagen, dass es falsch sei, einen Mann, selbst einen indischen oder guineischen Schwarzen, als Sklaven zu halten. Mein Onkel, der sah, dass meine Schlichtheit nicht gut aufgenommen wurde, gebot mir, mich nicht in Angelegenheiten einzumischen, die über meine Tiefe hinausgingen; und Diakon Dole, der mich sehr mürrisch ansah, sagte, ich sei ein Vorwärtsgänger; dass er bemerkt hatte, dass ich im Versammlungshaus einen unbeschwerten und müßigen Eindruck machte; und indem er mit seinem Stock auf meine Haare zeigte, sagte er, dass ich mich der Anklage durch die Grand Jury wegen eines im Jahr zuvor begangenen Verstoßes gegen das Statut des Gerichts gegen „das unbescheidene Ausstrecken der Haare" schuldig gemacht habe. &C. Dann fuhr er fort, dass er seltsame Zeiten erlebt habe, in denen Menschen wie ich es wagten, sich nüchternen und ernsten Menschen entgegenzustellen, Autoritäten zu verachten und Rebellion und Unordnung zu fördern; und forderte mich auf, auf der Hut zu sein, damit nicht alle diese zu den verfluchten Kindern gezählt würden, die der Apostel zurechtwies: „Die als natürliche, rohe Tiere Böses über Dinge reden, die sie nicht verstehen, und in ihrer Verdorbenheit völlig umkommen werden." Meine liebe Cousine Rebecca hat sich hier für mich eingesetzt und dem Diakon gesagt, dass Toms schlechtes Benehmen nur darauf zurückzuführen sei, dass er starke Spirituosen zum Verkauf angeboten habe, und dass es falsch gewesen sei, ihn so grausam zu schlagen, da er sich selbst verletzt habe die Versuchung vor ihm. Daraufhin erhob sich der Diakon wütend und bat den Onkel, sich gut um seine Familie zu kümmern. „Nein, Mädels", sagte mein Onkel, nachdem sein Nachbar das Haus verlassen hatte, „Ihr habt den guten Mann sehr verärgert." – „Hört nicht auf", sagte Rebekka lachend und klatschte in die Hände, „er hat etwas zum Nachdenken." Ich glaube , es ist gewinnbringender , als Cousine Margarets Haare oder ihr Aussehen bei einem Treffen. Er hat lange genug Minze, Anis und Kreuzkümmel gekostet , und es ist höchste Zeit, dass er sich um die wichtigeren Angelegenheiten des Gesetzes kümmert."

Der Verkauf von Bier und starken Spirituosen, sagt Mr. Ewall , habe seit den Unruhen in der Kolonie und dem großen Indianerkrieg stark zugenommen. Das Gericht achtet durchaus darauf, Lizenzen nur diskreten Personen zu erteilen; aber viel Alkohol wird ohne Garantie verkauft. Ich für meinen Teil denke, dass der alte Chaucer in seinem „Pardoner's Tale" recht hat:

> *„ Wein und Trunkenheit sind etwas Ähnliches*
>
> *Ist voller Streben und Elend.*
>
> *O betrunkener Mann! entstellt ist dein Gesicht,*
>
> *Sauer ist dein Atem, es ist eine schlechte Kunst, dich zu umarmen;*
>
> *Deine Zunge ist verloren und all deine ehrliche Sorge,*
>
> *Denn Trunkenheit ist eine große Bestattung*
>
> *Vom Witz des Menschen und seiner Diskretion.*

AGAMENTICUS, 18. August.

Da das Wetter klar und die Hitze großartig war, hielten Onkel und Tante letzte Woche mit Rebecca und mir sowie Leonard und Sir Thomas es für einen passenden Zeitpunkt, eine kleine Reise auf dem Wasser zu den Isles of Shoals und dem Agamenticus zu unternehmen , wo wohnt mein Onkel Smith, der mich dringend gebeten hat, ihn zu besuchen. Ein gewisser Caleb Powell, ein Seefahrer, der ein gutes neues Boot mit einer kleinen Kabine besaß, übernahm es, uns zu befördern. Er ist ein lustiger , seltsamer Kerl, der in allen Teilen der Welt gewesen ist und viel gesehen und gelesen hat, und da er ein seltenes Gedächtnis hat, ist er kein schlechter Gesellschafter, obwohl Onkel sagt, man dürfe seinem Wunsch, etwas zu machen, nicht wenig Zugeständnisse machen seine Zuhörer staunen über seine Geschichten und Einbildungen. Wir segelten bei gutem Westwind den Fluss hinunter, vorbei an den großen Salzwiesen, die sich weit am Meer entlang erstrecken und in denen die Stadtbewohner jetzt sehr damit beschäftigt sind, das Gras für den

Winter zu mähen und zu sammeln. Wir ließen Plum Island (so genannt wegen der seltenen Pflaumen, die darauf wachsen) zu unserer Rechten liegen , fuhren ins offene Meer und kamen bald in Sicht auf die Islands of Shoals. Insgesamt gibt es sieben von ihnen, die etwa eine Meile vor der Stadt Hampton auf dem Festland liegen. Wir landeten auf dem Schiff namens „Star" und wurden Tag und Nacht von Mr. Abbott, einem alten Bewohner der Inseln, gastfreundlich bewirtet, der hauptsächlich in der Fischerei und im Handel tätig war und mit dem mein Onkel Geschäfte zu machen hatte. Am Nachmittag ruderte uns Mr. Abbotts Sohn zwischen den Inseln umher und zeigte uns, wie man den Dun-Fisch heilt, für den der Ort berühmt ist. Sie zerteilen die Fische und legen sie auf die Felsen in der Sonne, wobei sie wenig Salz verwenden, sie aber häufig wenden. Auf der größten Insel gibt es ein Gerichtsgebäude und eine berühmte Schule, in die viele Pflanzer auf dem Festland ihre Kinder schicken. Wir bemerkten einen großen Spalt in den Felsen, wo sich eine Betty Moody versteckte, als die Indianer vor vielen Jahren auf die Inseln kamen und einige töteten und andere gefangen nahmen, und der daher Betty Moody's Hole genannt wird. Außerdem der Steinhaufen, den der bekannte Kapitän John Smith aufstellte, als er die Inseln im Jahr 1614 in Besitz nahm. Wir sahen unseren alten Bekannten Peckanaminet und seine Frau in einem kleinen Birkenkanu in der Nähe beim Angeln. Herr Abbott sagt, er erinnere sich gut an die Zeit, als die Agawams von den Tarratine-Indianern fast abgeschnitten wurden ; Denn als er eines frühen Morgens lautes Geschrei und Jubel hörte, ging er auf die Spitze der Felsen hinaus und sah eine große Flotte von Kanus voller Indianer, die von Agawam zurückfuhren, und den Lärm, den sie machten, hielt er für ihre Freude über ihren Sieg.

Am Abend begann ein kalter Ostwind zu wehen, der vom Meer her einen feuchten Nebel mit sich brachte, so dass wir froh waren, wieder ins Haus zu kommen. Sir Thomas unterhielt uns mit seinem lebhaften Bericht über die Dinge in Boston und über eine Reise, die er zu den Plantagen in Providence unternommen hatte. Dann fragte er uns, ob es wahr sei, wie er von Mr. Mather aus Boston erfahren hatte, dass es in Newbury ein Haus gäbe, das von Satans Kobolden heimgesucht werde, und dass die Familie wegen der Taten böser Geister keinen Schlaf finden könne. Onkel Rawson sagte, er habe etwas davon gehört und dass Mr. Richardson gerufen worden sei, um gegen das Unheil zu beten. Doch da er Goody Morse für eine arme, dumme Frau hielt, sollte er ihrer Geschichte kaum Beachtung schenken; Aber hier war ihr nächster Nachbar, Caleb Powell, der zweifellos mehr darüber erzählen konnte. Daraufhin sagte Caleb, es sei tatsächlich wahr, dass es im Haus von Goodman Morse eine sehr große Unruhe gegeben habe; Türen öffneten und schlossen sich, Haushaltsgegenstände wurden aus dem Zimmer geschleudert und fielen dann durch den Schornstein und viele andere seltsame Dinge, von denen er viele selbst gesehen hatte. Dennoch glaubte er, dass dies auf natürliche Weise zu erklären sei, zumal das alte Paar einen bösen, gnadenlosen Jungen bei sich hatte, der durch seine große Raffinesse und Gerissenheit in der Lage sein könnte, die Tricks auszuführen. Sir Thomas sagte, es könnte der Junge sein; aber dass Herr Josselin , der viel hierher gereist war, ihm erzählt hatte, dass die Indianer tatsächlich Hexerei praktizierten und dass er, nachdem sie im Krieg geschlagen worden waren, fürchtete, sie würden sich dieser Hexerei hingeben und so mit ihrer teuflischen Weisheit tun, was sie wollten konnte es nicht mit Gewalt tun; und wahrlich, dies sah sehr nach dem Beginn ihrer Verzauberungen aus. „Dass der Teufel den Heiden in dieser Angelegenheit hilft , weiß ich selbst mit Sicherheit", sagte Caleb Powell; „Denn als ich vor vielen Jahren in Port Royal war, sah ich mit meinen Augen die Verbrennung eines alten Negerzauberers, der viele der Weißen sowie sein eigenes Volk durch einen von ihm mitgebrachten Zauber getötet hatte mit ihm aus Guinea, Land." Mr. Hull, der Pfarrer des Ortes, der im Haus wohnte, sagte, er habe einen gewissen Foxwell , einen angesehenen Pflanzer in Saco, der kürzlich verstorben war, von einer seltsamen Angelegenheit erzählen hören, die ihm auf einer Reise nach Saco widerfahren sei nach Osten. Als er sich in einer kleinen Schaluppe befand und von der Nacht überholt wurde, lag er ein Stück vor der Küste vor Anker, da er Angst hatte, wegen der Indianer an Land zu gehen. Nun war es Zufall, dass sie gegen Mitternacht von einer lauten Stimme vom Land geweckt wurden, die schrie: „ Foxwell , komm an Land!" dreimal; Daraufhin sahen sie, als sie nachschauten, woher die Stimme kam, einen großen Feuerkreis am Strand und Männer und Frauen, die in einem Kreis darum tanzten. Plötzlich verschwanden sie und auch das Feuer wurde gelöscht. Am Morgen landete er, traf aber weder Indianer noch Engländer an, sondern nur von den Wellen hochgeworfene Brandfischenden; und er glaubte bis zu seinem Tod, dass es sich um ein Stück indianischer Zauberei handelte. „Es werden seltsame Geschichten über Passaconaway , den Häuptling der Flussindianer, erzählt", fuhr er fort. „Einer, der es gesehen hat, habe ich sagen hören, dass dieser Häuptling einmal an den Patucket Falls, prahlend mit seinen magischen Fähigkeiten, die trockene Haut einer Schlange aufhob, die abgeworfen worden war, wie es bei Reptilien Brauch ist Dann machte er einige heftige Bewegungen mit seinem Körper und rief seinen Vertrauten oder Dämon an. Dann warf er ihn auf die Felsen, und er verwandelte sich in eine große schwarze Schlange, die mein Informant sah, wie sie sehr flink in einige Büsche kroch. Dieser Passaconaway wurde von seinem Stamm als ein sehr listiger Zauberer bezeichnet, und sie glauben, dass er Stürme erzeugen, Wasser zum Brennen bringen und im Winter grüne Blätter auf Bäumen wachsen lassen konnte; und, kurz gesagt, man kann von ihm sagen ihm, dass er den Zauberern Ägyptens zur Zeit Moses nicht im Geringsten hinterherhinkte."

„In den kalten Regionen Norwegens gibt es Frauen", sagte Caleb Powell, „wie ich von den Seeleuten gehört habe, die nach ihrem Willen Stürme entfachen und Boote versenken."

„Das kann durchaus sein", sagte Mr. Hull, „da von Satan als dem Fürsten und der Macht der Lüfte gesprochen wird."

„Die profanen Schriftsteller der alten Zeit erwähnen solche Zaubereien", sagte Onkel Rawson. „Es ist lange her, dass ich etwas davon gelesen habe ; aber Vergil und Apulius sprechen, wenn ich mich nicht irre, von dieser Macht über die Elemente."

„Erinnerst du dich nicht, Vater", sagte Rebekka, „an einige Verse des Tibullus, in denen er von einer gewissen Zauberin spricht ? Jemand hat sie so wiedergegeben :

*„Sie mit ihren Reizen, die Sterne vom Himmel ziehen, ich,*

*Und er drehte den Flusslauf und erspähte.*

*Sie trennt die Erde und Geister aus Gräbern*

*Zieht sich an und holt Knochen vom Feuer weg,*

*Und nach ihrem Belieben streut sie Wolken in die Luft,*

*Und lässt es im Sommer heiß und schön schneien.*

Hier erzählte Sir Thomas Rebecca lachend, dass er mehr Vertrauen in das setze, was diese alten Schriftsteller über die Zauberkünste der süß singenden Sirenen und von Circe und ihren Zaubersprüchen und von den illyrischen Jungfrauen erzählten, die in ihrer Schönheit so wunderbar seien. die mit ihrem Aussehen töteten, auf das sie wütend waren.

„Vielleicht war es aus irgendeinem Grund", sagte Rebecca, „dass, wie mir Herr Abbott erzählt, das Gericht vor vielen Jahren Frauen verboten hat, auf diesen Inseln zu leben."

„Bitte, wie war das?" fragte Sir Thomas.

„Sie müssen wissen", antwortete unser Gastgeber, „dass in der frühen Besiedlung der Untiefen Schiffe, die an dieser Küste zum Fischfang kamen, hier ihren Hafen anlegten und viele unhöfliche Seeleute verschiedener Nationen hierher brachten; und das Gericht kam zu dem Schluss, dass dies nicht der Fall war." ein angemessener Ort für Frauen, und so wurde ihnen per Gesetz der Aufenthalt auf den zum Massachusetts gehörenden Inseln verboten.

Dann bat er seine Frau, die Anordnung des Gerichts bezüglich ihres Aufenthalts auf den Inseln einzuholen, und bemerkte, dass er sie entgegen dem Gesetz von Maine herübergebracht habe. Also holte seine Frau es, und Onkel Rawson las es mit folgendem Inhalt: „Da eine Petition an das Gericht geschickt wurde, mit der Bitte, dass das Gesetz in Bezug auf John Abbott, seine Frau, in Kraft gesetzt werden möge, wird das Gericht dies tun." Wenn keine weiteren Klagen gegen sie erhoben werden, ist es für sie maßgebend, dass sie die Gesellschaft ihres Mannes genießt." Wobei wir alle herzlich lachten.

Am nächsten Morgen, als sich der Nebel früh löste, segelten wir nach Agamenticus , liefen entlang der Küste und an der Mündung des Piscataqua River vorbei, vorbei an der Stelle, an der mein beklagter Onkel Edward wohnte, dessen Ruhm als würdiger Gentleman und Richter noch immer lebendig ist. Wir hatten den ganzen Tag den Berg Agamenticus vor uns , einen schönen, stattlichen Hügel, der sich sozusagen aus dem Wasser erhob. Gegen Abend setzte ein heftiger Regenschauer ein, mit Donnern und Blitzen, wie ich sie noch nie zuvor gesehen oder gehört hatte; und der Wind wehte und ein starker Regen prasselte auf uns ein, wir befanden uns eine Zeit lang in großer Gefahr; aber durch Gottes Gnade klarte es plötzlich auf und wir gingen bei strahlendem Sonnenschein in den Agamenticus -Fluss. Noch vor Einbruch der Dunkelheit erreichten wir das Haus meines verehrten Onkels, wo uns seine Frau und seine Töchter freundlich empfingen, da er nicht zu Hause war.

10. September.

Ich fühle mich an diesem Ort wirklich wohl. Meine beiden Cousinen, Polly und Thankful, sind beide junge, unverheiratete Frauen, sehr freundlich und angenehm, und seit meine Freunde aus Newbury gegangen sind, habe ich von ihnen viele Dinge gelernt, die mit der Haushaltsführung zu tun haben, obwohl ich immer noch ein dürftiger Gelehrter bin. Onkel ist Marschall der Provinz, was ihn viel von zu Hause wegbringt; und Tante, die eine kränkliche Frau ist, behält viel in ihrem Zimmer; so dass die Angelegenheiten des Haushalts und der Plantage hauptsächlich den jungen Frauen obliegen. Wenn ich jemals wieder nach Hilton Grange zurückkomme, werde ich Geschichten über mein Backen und Brauen, meine Kürbiskuchen und mein Brot aus Maismehl zu erzählen haben; ja, mehr noch, das Sammeln wilder Früchte in den Wäldern und Preiselbeeren auf den Wiesen, das Melken der Kühe und die Betreuung der Schweine und Hühner auf dem Hof. Außerdem hatten wir viele angenehme kleine Reisen zu Wasser und zu Pferd, und der junge Mr. Jordan aus Spurwiuk , der Polly einen Heiratsantrag gemacht hatte, begleitete uns. Er ist ein wirklich hübscher junger Mann, aber erwartungsgemäß ein großer Kirchenmann, da sein Vater der Pfarrer des Black Point-Volkes war und sehr verbittert gegenüber Massachusetts und seinem Klerus und seiner Regierung. Mein Onkel, der sich wenig in die Angelegenheiten der Kirche einmischt, hält ihn für einen hoffnungsvollen jungen Mann und nicht für einen schlechten Bewerber für seine Tochter. Er war zum Lernen in England und gilt als Gelehrter; aber obwohl er für den Kirchendienst bestimmt ist, neigt er mehr zum Leben eines Pflanzers und übernimmt die Leitung der Plantage seines Vaters in Spurwink . Polly ist nicht so schön und anmutig wie Rebecca Rawson, aber sie hat eine frische Jugend und Gesundheit, ein gewisses gutherziges Aussehen und eine gewisse Gutherzigkeit in Aussehen und Stimme und ein sanftes Temperament, die sie in den Augen aller wirklich loben. Thankful ist einige Jahre älter und auch wenn sie nicht so fröhlich und fröhlich ist wie ihre Schwester, so ist dies doch nicht zu verwundern , da einer, den sie liebte, vor zwei Jahren im Narragansett-Land getötet wurde. O diese blutigen Kriege. Es gibt nur wenige in diesen östlichen Provinzen, die nicht aufgerufen sind, den Verlust eines nahen und lieben Freundes zu betrauern, so dass das Land um eine Wahrheit trauert.

18. September.

war die Versammlung sehr verstört – ein tobender Quäker kam herein und saß mit aufgesetztem Hut zur Predigtzeit da, summte und stöhnte und wiegte seinen Körper hin und her wie ein Besessener. Nach einer Weile stand er auf und sprach ein großes Wehe über die Priester, beschimpfte sie mit vielen harten Schimpfwörtern und erklärte, dass das ganze Land vor ihrer Heuchelei stinke. Onkel redete scharf zu ihm und forderte ihn auf, zu schweigen, aber er schrie nur noch lauter. Dann packten ihn einige junge Männer und trugen ihn hinaus. Sie brachten ihn dicht an meinen Sitz heran, er hing wie eine Tüte Mehl mit geschlossenen Augen, der ungünstigste Körper, den ich je gesehen habe. Die Richter ließen ihn heute Morgen geschickt auspeitschen und aus dem Gerichtsbezirk verweisen. Mir wurde gesagt, er sei kein echter Quäker; Denn obwohl er bei ihren Treffen ein lautstarker und streitsüchtiger Mitläufer ist, steht er nicht in Gemeinschaft mit den nüchterneren und diskreteren Menschen dieses Volkes.

Rebecca schreibt mir, dass viel über die Hexerei in William Morses Haus gesprochen wird; und dass Caleb Powell als der Zauberer beklagt wurde. Herr Jordan der Ältere sagt, er wundere sich in keiner Weise über die Macht des Teufels in Massachusetts, da sich auf seine Anstiftung hin die Herrscher und Geistlichen der Kolonie gegen die wahre und evangelische Ordnung der Kirche gestellt hätten und Verleumdungen und Verfolgungen betrieben alle, die nicht in ihren Konventikeln anbeten wollen.

Ein Mr. Van Valken , ein junger Herr niederländischer Abstammung und der Agent von Mr. Edmund Andross vom Duke of York's Territory, ist jetzt an diesem Ort und wird von Mr. Godfrey, dem verstorbenen stellvertretenden Gouverneur, bewirtet. Er brachte mir einen Brief von Tante Rawson mit, die er in Boston kennengelernt hatte. Er ist ein gelehrter, ernsthafter Mann, ist viel gereist und hat einen Hauch von Vornehmheit. Der

Pfarrer hier hält ihn für einen Papisten und einen Jesuiten, zumal er ihn weder besucht noch bei der Versammlung dabei war. Er geht bald nach Pemaquid , um die Festung und Handelsstation zu übernehmen, die durch den Krieg stark gelitten hat.

30. September.

Gestern sind Cousine Polly und ich mit dem jungen Mr. Jordan auf den Gipfel des Berges gestiegen, der einige Meilen vom Hafen entfernt liegt. Aufgrund der Steilheit ist der Aufstieg nicht schwer, aber er ist so mit Büschen und Ranken verwachsen, dass man kaum durchbrechen kann. Die offenen Plätze waren gelb mit goldenen Stäbchen, und im Schatten und an den Bächen gab es viele helle Astern, die mit angenehmem Geräusch den Hügel hinunter sprangen. Als wir den Gipfel erreichten, der kahl und felsig ist, hatten wir einen schönen Blick auf die Küste mit ihren vielen Windungen und Inseln, vom Cape Ann bei Boston bis zum Cape Elizabeth bei Casco, den Piscataqua und Agamenticus Flüsse; und weiter im Nordwesten konnten wir die Gipfel der Berge sehen, die wie Sommerwolken oder graue Nebelbänke aussahen. Diese Berge liegen viele Meilen entfernt in der Wildnis und sollen außerordentlich hoch sein.

Aber ich muss unbedingt über die Farbe des Waldes sprechen, die mich sehr in Erstaunen versetzte, da sie anders war als alles, was ich jemals im alten England gesehen hatte. Soweit meine Augen reichten, erschien mir die mächtige Wildnis unter der hellen Westsonne und vom sanften Wind bewegt wie ein Garten in seiner Blütezeit; Grüne, dunkle und helle, orange und blassgelbe und purpurrote Blätter vermischen und verflechten ihre verschiedenen Farbtöne auf eine wirklich wunderbar anzusehende Weise. Das liegt, wie mir gesagt wird, an den plötzlichen Frösten, die in diesem Klima die Vegetation in ihrem vollen Leben und Grün treffen, so dass sich die Farben der Blätter innerhalb weniger Tage wunderbar verändern und erhellen. Diese Farben erinnerten mich an die Flecken auf den Fenstern alter Kirchen und an reiche Wandteppiche. Die Ahornbäume leuchteten alle purpurrot, die Walnüsse waren orange, die Hemlocktannen und Zedern waren fast schwarz; während die schlanken Birken mit ihren blassgelben Blättern auf sie gemalt wirkten, als wären Bilder auf einen dunklen Grund gelegt. Ich starrte, bis meine Augen müde wurden, und ein Gefühl der wunderbaren Schönheit der sichtbaren Schöpfung und der großen Güte Gottes gegenüber den Menschenkindern darin ruhte auf mir, und ich sagte in meinem Herzen mit einer alten Stimme: „ O Herr, wie zahlreich sind deine Werke an Weisheit, die du alle gemacht hast, und die Erde ist voll von deinen Reichtümern."

6. Oktober.

Ging zu den Eisenminen, einem großen Loch , das vor vielen Jahren in den Felsen gegraben wurde , um Eisen zu finden. Tante, die damals gerade in der Hauswirtschaft angekommen war, erzählte mir viele wundervolle Geschichten über den Mann, der die Ausgrabung veranlasste , einen berühmten Doktor der Physik und, wie es scheint, auch einen großen Zauberer. Er kaufte ein Patent auf Land am Südufer des Saco River, vier Meilen vom Meer entfernt und acht Meilen hinauf zum Festland von Mr. Vines, dem ersten Besitzer davon; und da er neugierig auf die Suche und Verarbeitung von Metallen war, versprach er sich große Reichtümer in diesem neuen Land; aber seine Bemühungen scheiterten, obwohl es hieß, dass ihm Satan in Form eines kleinen schwarzen Dieners, der sein ständiger Vertrauter war, geholfen habe. Meine Tante sagt, sie habe ihn oft gesehen, wie er zwischen Hügeln und Wäldern und an den Ufern von Wasserbächen umherwanderte, auf der Suche nach kostbaren Erzen und Steinen. Er war sogar bis zu den großen Bergen jenseits von Pigwackett gekommen und hatte den Gipfel erklommen, wo es fast das ganze Jahr über schneit. Sein Weg dorthin führte durch traurige Sümpfe und einsame Wälder. Er war ein großer Freund der Indianer, die ihn für einen berühmteren Zauberer hielten als ihre eigenen Powahs ; und tatsächlich war er in allen seltsamen und okkulten Künsten bewandert, nachdem er am großen College von Padua studiert und alle Teile der alten Länder bereist hatte. Auf seinen Reisen hielt er manchmal beim Haus meines Onkels an, dem kleinen Blackamoor, der in der Scheune schlief, denn meine Tante hatte Angst vor ihm, da er angeblich ein böser Kobold war. Nun geschah es, dass mein Onkel einmal eine Kuh verloren hatte und tagelang vergeblich im Wald nach ihr gesucht hatte, als dieser berühmte Arzt hereinkam und ihn anflehte, sie durch seine Geschicklichkeit und Gelehrsamkeit herauszufinden; Aber er leugnete sofort seine Macht dazu und sagte, er sei nur ein schlechter Gelehrter und Liebhaber der Wissenschaft und verfüge nicht über größere Fähigkeiten in okkulten Angelegenheiten, als irgendjemand durch geduldiges Studium natürlicher Dinge erreichen könnte. Da sich mein Onkel aber keineswegs davon abschrecken ließ und ihn immer noch zu seiner Kunst drängte, nahm er ein Stück Kohle und begann auf sehr nachlässige Weise Spuren auf den Boden zu machen.

Dann machte er einen schwarzen Punkt in die Mitte und sagte meinem Onkel, er solle aufpassen, dass seine Kuh tot an dieser Stelle liege; Als mein Onkel es betrachtete, meinte er, er könne sie finden, denn er wisse nun, wo sie sei, da der Arzt viele Meilen lang eine schöne Karte des umliegenden Landes angefertigt habe. Also machte er sich auf den Weg und fand die Kuh am Fuße eines großen Baumes nahe an einem Bach liegen, sie war völlig tot, was bewies, dass er ein Zauberer ganz und gar nicht gemein war.

Meine Tante sagte weiter, dass damals viel von Gold- und Edelsteinminen die Rede war und dass viele Menschen ihr gesamtes Vermögen darauf verschwendeten, in der Wildnis umherzuwandern, um auf diese Weise ein Vermögen zu verdienen. Es gab einen alten Mann, der, wie sie sich erinnerte, auf der Suche nach verborgenen Schätzen umherstreifte, bis er den Verstand verlor und man sah, wie er einen Beutel mit hellen Steinen und glänzendem Sand füllte und vor sich hin murmelte und lachte. Schließlich wurde er für kurze Zeit vermisst, als man ihn tot im Wald fand, immer noch seinen Sack mit Kieselsteinen in den Händen haltend.

Als ich fragte, ob jemand hier Schätze gefunden habe, lachte meine Tante und sagte, sie habe nie von einem einzigen Mann gehört, der das getan hätte, und das sei der alte Peter Preble aus Saco gewesen, von dem man annahm, dass er schneller reich wurde als seine Nachbarn und daher glaubte, er schulde ihm etwas Glück für den Fund einer Gold- oder Silbermine. Als er danach gefragt wurde, leugnete er es keineswegs, sondern gestand, dass er sowohl im Meer als auch auf dem Land Schätze gefunden hatte; und indem er auf seine beladenen Fischflocken und seine großen Maisfelder zeigte, sagte er: „Hier sind meine Minen." So dass später, wenn es jemandem auf seinem Anwesen sehr gut ging, seine Nachbarn von ihm sagten: „Er hat in der Mine von Peter Preble gearbeitet."

8. Oktober.

Herr Van Valken , der Niederländer, wurde vor Herrn Rishworth , einem der Kommissare der Provinz, beschuldigt, Papist und Jesuit zu sein. Wie mir gesagt wurde, zeigte er sich hochmütig, verweigerte ihm das Recht, ihn in Frage zu stellen, und drohte mit der Einmischung seines Freundes und Herrschers Sir Edmund wegen des ihm angetanen Unrechts.

Mein Onkel und andere bezeugten, dass er ein höflicher und höflicher Herr war, der sich nicht in Angelegenheiten religiöser Natur einmischte; und dass sie es als eine schreckliche Schande für die Stadt betrachteten, dass er auf diese Weise belästigt wurde. Aber der Pfarrer brachte sie zum Schweigen, indem er aussagte, dass er (Van Valken ) verschiedene papistische Bücher verschenkt hatte; und als eines davon dem Gericht vorgelegt wurde, stellte sich heraus, dass es sich um eine lateinische Abhandlung eines berühmten Papisten mit dem Titel „Die Nachahmung Christi" handelte. Daraufhin fragte Herr Godfrey, ob in dem Buch etwas Böses sei. Der Pfarrer sagte, es sei von einem Mönch geschrieben worden und voller Häresie, die sowohl die Quäker als auch die Papisten begünstige; aber Mr. Godfrey sagte ihm, es sei in die englische Sprache übersetzt und einige Jahre zuvor in der Massachusetts Bay gedruckt worden; und fragte ihn, ob er Männer wie Mr. Cotton und Mr. Wilson und die frommen Geistlichen ihrer Zeit der Ketzerei beschuldigte. „Nein", sagte der Minister, „sie haben die Ketzerei des Buches erkannt, und als sie es verurteilten, verbot das Gericht seinen Verkauf." Mr. Rishworth sagte daraufhin, dass er das Buch für schädlich hielt und befahl dem Polizisten, es auf der Straße zu verbrennen, was er auch tat. Herr Van Valken wurde nach strenger Ermahnung freigelassen; und er sagt jetzt, er sei kein Papist, hätte aber nicht so viel zum Gericht gesagt, um sein Leben zu retten, da er ihm das Recht verweigerte, ihn anzuklagen. Herr Godfrey sagt, die Behandlung, über die er sich beklagt, sei nur ein Beispiel dafür, was die Leute hier von der Gerichtsbarkeit von Massachusetts erwarten sollen. Herr Jordan, der jüngere, sagt, sein Vater habe ein Exemplar des verurteilten Buches aus der Bostoner Druckerei; Und da ich neugierig bin, es zu sehen, bietet er an, es für mich zu besorgen.

Wie Newbury ist dies eine alte Stadt für ein so neues Land. Im Jahr 1642 wurde es zur Stadt erklärt und erhielt den Namen Gorgeana , nach dem Namen des Gutsbesitzers Sir Ferdinando Gorges. Die Regierungsgebäude sind geräumig, verfallen aber mittlerweile etwas. Es gibt ein paar Steinhäuser, aber die meisten sind gerahmt oder aus quadratischen Baumstämmen aufgebaut. Das Aussehen des Landes etwas außerhalb der Stadt ist rau und unangenehm, da es viel mit Steinen und Baumstümpfen bedeckt ist; Dennoch soll der Boden stark sein, und die Birne und der Apfel gedeihen hier gut; Außerdem züchten sie Roggen, Hafer und Gerste, Mais und reichlich Rüben sowie Kürbisse, Kürbisse und Melonen. Der Krieg mit den Indianern sowie die Unruhen und Regierungswechsel haben diese und andere Städte in Maine stark belastet, so dass mir gesagt wurde, dass es hier jetzt weniger wohlhabende Pflanzer gibt als vor zwanzig Jahren, und dass es kaum mehr gibt Schafe oder Hornrinder. Die Menschen scheinen mir in ihrer Haltung und Unterhaltung weniger nüchtern und ernst zu sein als in Massachusetts, sie jagen, fischen und fischen mehr und arbeiten weniger auf dem Land. Sie halten den Tag des Herrn auch nicht so streng ein; Viele der jungen Leute gehen ins Ausland, reiten und wandern, besuchen sich gegenseitig und unterhalten sich, besonders nach den Treffen.

9. Oktober.

Goodwife Nowell, ein alter Klatscher meiner Tante, der heute Morgen vorbeischaute und über den Prozess gegen den Niederländer Van Valken sprach , erzählte von der Ankunft eines gewissen Sir Christopher Gardiner in diese Gegend vor vielen Jahren, von dem man annahm, er sei ein Papist . Er suchte in ihrem Haus eine Unterkunft für jemanden, den er seine Cousine nannte, eine schöne junge Frau, zusammen mit ihrer Dienerin, die sich um sie kümmerte. Sie blieb etwa einen Monat, sah niemanden und ging erst gegen Abend in Begleitung ihrer Dienerin aus. Sie sprach wenig, wirkte aber melancholisch und überaus traurig und weinte oft sehr bitterlich. Sir Christopher kam nur einmal, um sie zu sehen, und die gute Frau Nowell sagt, sie erinnere sich gut daran, gesehen zu haben, wie sie am Straßenrand von ihm Abschied nahm und weinend und traurig schluchzte; und dass sie kurze Zeit später plötzlich auf einem Schiff abreiste, das nach Massachusetts segelte, als sie sich darüber im Klaren war, dass er in Boston als Papist und Mann mit lockerem Benehmen in Schwierigkeiten geraten war, und dass sie ihr als Bezahlung für Unterkunft und Verpflegung überließ , ein paar Münzen, ein goldenes Kreuz und einige Seidenstoffe und Tücher. Da das Kreuz so verehrt wird, wie es die Papisten verehren, und daher rechtswidrig ist, hat ihr Mann es privat in einen festen Keil geschlagen und es dem Geistlichen und den Richtern vorenthalten, davon nichts zu erfahren. Da es dem armen Mann aber danach nicht mehr gut ging, sondern er sein Vieh und sein Getreide verlor und zwei ihrer Kinder im nächsten Jahr an Masern starben und er selbst kränklich war und dem Tode nahe war, sprach er mit ihr über das goldene Kreuz und sagte dies Er glaubte, es sei eine große Sünde, es zu behalten, wie er es getan hatte, und dass es ihm Böses angetan hatte, so wie der Goldkeil, die Schekel und das babylonische Gewand Achan , der mit allem gesteinigt wurde, taten sein Haus im Tal Achor ; Als der Geistliche hereinkam und darüber informiert wurde, kam er zu dem Schluss, dass es zwar eine Sünde sein könnte, es vor der Liebe zum Reichtum zu verbergen, dass es aber dennoch sicher zur Unterstützung der Verkündigung des Evangeliums und der Verordnungen verwendet werden könne, und das Gleiche galt auch für ihn Nimm es weg. Die gute Frau sagt, dass, obwohl ihr Mann bald darauf starb, sie und ihr Haushalt von da an begannen, ihren Besitz und ihre Lage zu verbessern.

Als ich bemerkte, dass Sir Christopher und sein Cousin, Goodwife Nowell, mich diesbezüglich neugierig gemacht hatten, sagte sie, dass sie in ihrem Zimmer ein kleines Paket mit Papieren gefunden habe, nachdem die junge Frau gegangen war, und dass sie dachte, sie könnten noch irgendwo in ihrem Haus sein, obwohl sie hatte sie seit zwanzig Jahren nicht mehr gesehen. Daraufhin flehte ich sie an, nach ihnen zu suchen, was sie auch versprach.

14. Oktober.

Eine seltsame und wunderbare Vorsehung! Gestern Abend war eine große Gruppe von Nachbarn bei meinem Onkel, um ihm beim Schälen und Schälen des Mais zu helfen, wie es in dieser Gegend Brauch ist. Der Scheunenboden war etwa zur Hälfte mit Mais in seinen trockenen Blättern gefüllt; Die Gesellschaft setzte sich davor auf Blöcken und Stühlen nieder, pflückt die Blätter ab und wirft die gelben Ähren in Körbe. Wir hatten einen angenehmen und fröhlichen Abend; und als der Mais fast abgeerntet war, ging ich mit Cousine Thankful ins Haus, um beim Abendessen und beim Decken der Tische zuzusehen, als wir ein lautes Geräusch in der Scheune hörten und eines der Mädchen schreiend hereinkam „O dankbar! Dankbar! John Gibbins ist uns erschienen! Sein Geist ist in der Scheune!" Die Teller fielen meiner Cousine aus der Hand, und mit einem leisen Schrei ließ sie sich für eine Weile gegen die Wand zurückfallen; Als sie draußen die Stimme eines Mannes hörte, der ihren Namen sagte, rannte sie mit dem Blick, als wäre sie außer sich, zur Tür; während ich, zitternd, sie in solch einer Notlage zu sehen, ihr folgte. Es war ein klarer Mond und ein großer Mann stand im Licht nahe der Tür.

„John", sagte mein Cousin mit schneller, erstickter Stimme, „bist du es?"

„Warum, Thankful, kennst du mich nicht? Ich lebe, aber die Leute in der Scheune glauben, dass ich ein Geist bin", sagte der Mann und sprang auf sie zu.

Mit einem großen Freuden- und Staunenschrei ergriff ihn mein Cousin: „O John, du lebst!"

Dann wurde sie völlig ohnmächtig und wir hatten einen Deal zu erledigen, um sie wieder zum Leben zu erwecken. Zu diesem Zeitpunkt war das Haus voller Menschen, und unter den anderen befanden sich auch Johns alte Mutter und seine Schwestern, und wir weinten und lachten alle gleichzeitig. Sobald wir uns etwas beruhigt hatten, erzählte uns John, dass er tatsächlich durch den Schlag eines Tomahawks schwer betäubt worden sei und von seinen Kameraden zum Sterben zurückgelassen worden sei, dass er aber nach einiger Zeit wieder zur Besinnung gekommen sei und dazu in der Lage sei gehen; Doch als er in die Hände der Indianer fiel, wurde er nach Französisch-Kanada verschleppt, wo er aufgrund seiner großen Leiden unterwegs krank wurde und lange Zeit im Sterben lag. Dass, als er sich wieder auf den Weg machte, der Wilde, der ihn untergebracht hatte und der ihn anstelle seines von den Mohawks ermordeten Sohnes als Sohn genommen hatte, ihn nicht nach Hause gehen ließ, obwohl er gestand, dass es Krieg gab am Ende. Sein indischer Vater, der schwach und alt war, sei vor nicht allzu langer Zeit gestorben, sagte er, und er sei über Crown Point und Albany nach Hause gekommen . Als das Abendessen fertig war, setzten wir uns alle hin, und der Pfarrer, der herbeigerufen worden war, dankte für die wunderbare Bewahrung und Wiederherstellung des verlorenen und jetzt wiedergefundenen Freundes sowie für die Segnungen des Friedens, die ihm dadurch zuteil geworden waren Jedermann konnte nun unter seinem eigenen Weinstock und Feigenbaum sitzen, ohne dass ihn jemand belästigte oder ihm Angst einjagte, und wegen der Fülle der Ernte und der Schätze der Meere und der Beute der Wälder, damit unser Land wachsen konnte Nehmen Sie das Lied des Psalmisten auf: „Der Herr baut Jerusalem auf; er sammelt die Verstoßenen Israels; er heilt , die gebrochenen Herzens sind. Lobe deinen Gott, o Zion! Denn er stärkt die Riegel deiner Tore, er macht Frieden darin ." deine Grenzen und sättigt dich mit dem besten Weizen. Oh! Wir aßen ein süßes Abendessen, obwohl wir nur wenig aßen, denn wir waren von Freude erfüllt und brauchten kein anderes Essen. Als die Gesellschaft gegangen war, gingen meine liebe Cousine und ihre Verlobte ein wenig auseinander und sprachen über alles, was ihnen während ihrer langen Trennung widerfahren war. Ich ließ sie liebevoll zusammen im Mondlicht sitzen, und ein Teil ihres unaussprechlichen Glücks begleitete mich bis in mein Kissen.

Heute Morgen kam Thankful an mein Bett, um mir ihr Herz auszuschütten. Das arme Mädchen ist wie ein neues Geschöpf. Der Schatten ihres schweren Kummers, der früher auf ihrem Gesicht ruhte, ist wie eine Morgenwolke verschwunden, und ihr Auge hat das Licht einer tiefen und stillen Freude.

„Jetzt weiß ich", sagte sie, „was David meinte, als er sagte: ‚Wir sind wie die Träumenden; unser Mund ist erfüllt von Lachen und unsere Zunge von Gesang; der Herr hat große Dinge für uns getan, von denen wir sind.'" froh!'"

18. Oktober.

Ein bewölkter, nasser Tag. Goody Nowell brachte mir heute Morgen ein kleines Päckchen Papiere, das sie in der Ecke eines Schranks fand. Sie sind sehr fleckig und geräuchert, und die Mäuse haben sie leider gefressen, so dass ich wenig daraus machen kann. Es scheint sich um Briefe und einige Fragmente dessen zu handeln, was sich im Leben einer jungen Frau von Rang aus dem Norden Englands zugetragen hat. Ich finde häufig Erwähnung von Cousin Christopher, der auch als Soldat in den Türkenkriegen und als Ritter von Jerusalem bezeichnet wird. Obwohl ich die Bedeutung dieser Fragmente nur schlecht verstehen kann, habe ich genug gelesen, um mein Herz traurig zu machen, denn ich entnehme ihnen, dass die junge Frau in jungen Jahren mit ihrer Cousine verlobt war und dass sie später, wie ich urteile, Auf Geheiß ihrer Eltern trennte sie sich tatsächlich von ihm, er ging ins Ausland und zog in den Krieg, in dem Glauben, sie würde einen anderen heiraten. Aber es schien, dass das Herz der jungen Frau so sehr für ihre Cousine flehte, dass sie nicht dazu gebracht werden konnte, zu heiraten, wie ihre Familie es wollte; und nach einigen Jahren verließ sie privat ihr Zuhause, als sie zufällig hörte, dass Sir Christopher nach Neuengland gegangen war, wo er als Agent seines Verwandten Sir Ferdinando Gorges in Bezug auf die Provinz Maine fungierte und nehmen Sie die Überfahrt auf einem Schiff nach Boston. Ich finde keine Erwähnung darüber, wie sie sich bei Sir Christopher zu erkennen gab; aber da er jetzt ein Ritter des Ordens des Heiligen Johannes von Jerusalem ist und gelobt hat, auf die Ehe zu verzichten, wie es die Regel dieses Ordens ist, und darüber hinaus, wie angenommen wurde, ein Priester oder Jesuit ist, schenkte sie ihr große Liebe und Beständigkeit ihm könnte nur eine traurige Rückkehr widerfahren. Es scheint jedoch, dass er nach Montreal gereist ist, um sich dort mit einigen der großen papistischen Priester beraten zu lassen und die Erteilung einer Ausnahmegenehmigung vom Oberhaupt der Kirche anzusprechen, damit er die junge Frau heiraten könne; Aber da er darin keine

Ermutigung fand, ging er nach Boston, um für sie erneut eine Überfahrt nach England zu finden. Er wurde dort als Papist beklagt; Und als außerdem bekannt wurde, dass sein Cousin herübergekommen war, entstand ein großer und grausamer Skandal, und man betrachtete ihn als einen Mann mit bösem Leben, obwohl ich nichts finde, was eine solche Vorstellung rechtfertigen würde, sondern ganz im Gegenteil. Was am Ende aus ihm und der jungen Frau, seiner Cousine, wurde, erfahre ich nicht.

Ein kleines Päckchen hat mich zu Tränen gerührt. Es war ein Papier mit einigen trockenen, verwelkten Rosenblättern, auf dem die Worte standen: „An Anna, von ihrem liebevollen Cousin Christopher Gardiner, der ersten Rose, die in dieser Saison im College-Garten geblüht hat . St. Omer's, Juni." , 1630." Ich konnte mir nur vorstellen, wie viele Tränen über dieses kleine Zeichen vergossen wurden und wie oft es in langen, ermüdenden Jahren an die süße Freude der frühen Liebe erinnerte, an die schönste Blüte des Frühlings des Lebens, der es war ein Emblem, gleichermaßen in seiner Schönheit und seinem schnellen Verwelken.

Darüber hinaus befinden sich unter den Papieren verschiedene Verse, die offenbar von Sir Christopher verfasst wurden; Sie sind in lateinischer Sprache verfasst und seinem Cousin gewidmet. Sie tragen das Datum viele Jahre, bevor die beiden in diesem Land waren, und als er noch Gelehrter am Jesuitenkolleg von St. Omer in Frankreich war. Ich finde nichts aus späterer Zeit, außer den Versen, die ich hiermit abschreibe, über denen in der Handschrift einer Frau folgende Worte stehen:

„VERSE

„Geschrieben von Sir Christopher, als er unter den Türken in Moldawien gefangen war und den Tod durch sie erwartete.

1.

*„Hier unten in den blauen Karpatenhügeln*

*Die Sonne wird wieder untergehen,*

*Lebe wohl, dieses Leben und all seine Übel,*

*Abschied von Zelle und Kette*


2.

*„Diese Gefängnissonnenbrillen sind dunkel und kalt,*

*Aber viel dunkler als sie*

*Der Schatten einer alten Trauer*

*immer in meinem Herzen .*

3.

*„Denn seit dem Tag, als Warkworth Wood*
*Geschlossen über meinem Ross und mir, –*
*Ein Außerirdischer aus meinem Namen und Blut, –*
*Ein zum Sterben ausgestoßenes Unkraut;*


4.

*„Wenn ich zurückblicke, im Abendlicht*
*Ich sah ihren Turm glänzen,*
*Und aus seinem Fenster, weit und weiß,*
*Ihr Zeichen des Abschiedsstroms;*


5.

*„Wie jemand, der von einer Wüstenküste kommt*
*Erkennen die grünen Inseln des Hauses,*
*Und mit vergeblicher Sehnsucht blickt er hinüber*
*Die Verschwendung von Welle und Himmel,*


6.

*„Also, aus der Wüste meines Schicksals,*
*Schaue ich in die Vergangenheit;*
*Und immer noch auf dem Zifferblatt des Lebens*
*Der Schirm ist nach hinten geworfen*


7.

*„Ich bin weit von Ufer zu Ufer gewandert,*
*Ich habe an vielen Schreinen gekniet,*

Und verneigte mich auf den felsigen Boden

Wo Bethlehems Kerzen leuchten;


8.

„Und beim Heiligen Grab

Ich habe mein ritterliches Schwert geschworen,

Zu Christus, seiner gesegneten Kirche, und zu ihr

Die Mutter unseres Herrn!


9.

„Oh, vergebens das Gelübde und vergebens der Streit

Wie eitel scheinen alle Dinge zu sein!

Meine Seele ist in der Vergangenheit und im Leben

Der heutige Tag ist nur ein Traum.


10.

„Vergebens ist die Buße seltsam und lang,

Und schwer für Fleisch zu ertragen;

Das Gebet, das Fasten und der Tanga,

Und ein Sackleinenhemd aus Haaren:


11.

„Die Augen der Erinnerung werden nicht schlafen,

Seine Ohren sind noch offen,

Und Mahnwachen mit der Vergangenheit halten sie

Gegen oder mit meinem Willen.


12.

„Und immer noch die Lieben und Hoffnungen der alten Zeit

*Erhebe dich immer mehr;*

*Ich sehe den Fluss goldener Locken,*

*Der Glanz liebevoller Augen.*


13.

*„Ach ich! auf die Brust eines anderen*

*Diese goldenen Locken neigen sich;*

*Ich sehe eine weitere Ruhe*

*Der Blick, der einst mir gehörte!*


14.

*„„O treuloser Priester! O meineidiger Ritter!‘*

*Ich höre den Meister schreien,*


*„Verschließe die Vision vor deinen Augen,*

*Lasst Erde und Natur sterben.'*


15.

*„Die Kirche Gottes ist jetzt mein Ehepartner,*

*Und du bist der Bräutigam;*

*Dann lass die Last deiner Gelübde*

*Behalte dein menschliches Herz im Zaum.*


16.

*„ Umsonst! – Dieses Herz muss seinen Kummer kennen,*

*Bis das Leben selbst aufgehört hat,*

*Und erleidet denselben Schlag*

*Der Liebhaber und der Priester!*

17.

*"O mitleidige Mutter! Seelen des Lichts,*

*Und alte Heilige und Märtyrer,*

*Bete für einen schwachen und sündigen Ritter,*

*Ein leidender Mann steht aufrecht.*

18.

*"Dann lass den Paynim seinen Willen ausführen,*

*Lass den Tod meine Kette lösen,*

*Eher unten auf dem blauen Karpatenhügel*

*Der Sonnenuntergang bricht wieder herein!"*

Mein Herz ist schwer bei dem Gedanken an diese Unglücklichen. Wo sind sie jetzt? Hat der Ritter auf seine falsche Anbetung und seine Gelübde verzichtet und so seine geliebte Anna geheiratet? Oder trennten sie sich für immer – sie kehrte zu ihren Verwandten zurück und er zu seinen Gefährten auf Malta? Ist er durch die Hand der Ungläubigen umgekommen und schläft die Jungfrau im Familiengrab unter den Eichen ihres Vaters? Ach! Wer kann es sagen? Ich muss sie und ihre Sorgen und Prüfungen unbedingt Ihm überlassen, der die Menschenkinder nicht freiwillig quält; und was auch immer ihre Sünden und Torheiten gewesen sein mögen, mein Gebet ist, dass ihnen vergeben werde, denn sie haben viel geliebt.

20. Oktober.

Ich beabsichtige, morgen nach Massachusetts aufzubrechen und mit dem Boot zum Piscataqua River und von dort zu Pferd nach Newbury zu fahren.

Der junge Herr Jordan verbrachte gestern und letzte Nacht bei uns. Er ist ein stattlicher Jüngling, von sehr süßem und sanftem Wesen; Es scheint mir auch nicht , dass es ihm an Mut mangelt, obwohl sein Vater (dem seine ruhige Art und sein lockeres Temperament, die seinem eigenen so sehr widersprechen, nicht gefällt und der zutiefst enttäuscht ist, dass er das Leben eines Bauern dem eines Ministers vorgezogen hat , wofür er ihn vorgesehen hatte) wirft ihm oft dieses Gebrechen vor. Gestern Abend hatten wir viele angenehme Gespräche über die Wahl, die er getroffen hat; und als ich ihm sagte, dass er vielleicht ein großer Prälat der Kirche hätte werden, in einem Palast wohnen und aus unserer Cousine eine große Dame machen können; Während ich jetzt keine bessere Aussicht für ihn sah, als Mais anzubauen, damit seine Frau Pudding machen konnte, und Holz zu hacken, um ihren

Kessel zu kochen, lachte er richtig fröhlich und sagte, er hätte nie höher kommen sollen als ein Pfarrer in einer armen Gemeinde ; und was Polly betraf, so war er sich sicher, dass sie besser darin war, Pudding zuzubereiten, als die feine Dame zu spielen.

„Ich für meinen Teil", fuhr er ernst fort, „habe keine Ahnung, dass die Kanzel mein Platz ist; ich mag die offenen Felder und den Himmel lieber als die großartigsten Kirchen, die Menschen gebaut haben, und wenn der Wind in den Großen weht." Ich bezweifle, dass es in ganz England einen so melodischen und feierlichen Chor in einem Kiefernhain auf dem Hügel in der Nähe unseres Hauses gibt. Diese bemalten Herbstwälder, dieses Abendlicht und die dortigen Wolken aus Gold und Purpur scheinen mir besser dazu zu passen Andachtsgedanken hervorzurufen und eine angemessene Ehrfurcht und Liebe für den Schöpfer zu wecken, als die fleckigen Fenster und hohen gewölbten Dächer alter Münsters. Ich weiß in der Tat, dass es viele unserer armen, fleißigen Pflanzer gibt, die aus Unwissenheit , schlechte Erziehung und Mangel an Ruhe zum Nachdenken, sehen in diesen Dingen nichts, es sei denn, sie beeinträchtigen ihre Getreide- oder Grasernte oder ihr körperliches Wohlbefinden auf die eine oder andere Weise. Aber für diejenigen, deren Geist erleuchtet wurde und Durch Studium und viel Nachdenken groß und frei gemacht, und dessen Augen gelehrt wurden, die Schönheit und Eignung der Dinge zu sehen, und dessen Ohren so geöffnet wurden, dass sie die hinreißenden Harmonien der Schöpfung hören können, ist das Leben eines Pflanzers sehr lang selbst in dieser Wildnis und ungeachtet der damit verbundenen Mühen und Entbehrungen wünschenswert. In den Herzen solcher Menschen sprudeln Quellen hervor, süßer als die Wasserquellen, die von den Hängen herabsprudeln, wo sie sich aufhalten; und darin blühen auch das ganze Jahr über Blumen des Sommers . Der rohe Mensch weiß das nicht, und der Narr begreift es nicht .

„Sehen Sie doch", sagte Polly zu mir, „wie hart er mit uns armen, ungebildeten Leuten umgeht."

„Nein, um die Wahrheit zu sagen ", sagte er und drehte sich zu mir um, „Ihre Cousine hier muss nicht wenig für meine gegenwärtigen Neigungen verantwortlich gemacht werden; denn sie war es, die sie bestätigte und bestärkte. Während ich beschäftigt war Bücher, sie hatte die Felder und Wälder befragt; und als ob die alten Fabeln der Dichter tatsächlich wahr wären, bekam sie Antworten von ihnen, wie früher die Priesterinnen und Sibyllen vom Rascheln von Blättern und Bäumen und dem Geräusche fließenden Wassers; so konnte sie mir viel über den Nutzen und die Vorzüge von Pflanzen und Sträuchern und über die Zeit ihrer Blüte und ihres Verfalls; über die Natur und Gewohnheiten wilder Tiere und Vögel, die Veränderungen der Luft usw. beibringen die Wolken und Winde. Meine sogenannte Wissenschaft hatte mir kaum mehr als die Namen von Dingen gegeben, die ihr vertraut und alltäglich waren. In ihrer Gesellschaft lernte ich, die Natur als ein immer geöffnetes Buch voller Köstlichkeiten zu lesen Lehren, bis mir mein dürftiges Schulwissen unerwünscht und langweilig vorkam und das Geschwätz der lärmenden Amseln auf den Frühlingswiesen gewinnbringender und angenehmer erschien als die wütenden Streitereien und die Spitzfindigkeiten und Spitzfindigkeiten der Gelehrten und Geistlichen.

Meine Cousine errötete, lächelte mit ihren feuchten Augen über diese Sprache ihrer geliebten Freundin und sagte, ich dürfe nicht alles glauben, was er sagte; Denn tatsächlich hatte er während seines Studiums der heidnischen Dichter zum ersten Mal darüber nachgedacht, Bauer zu werden. Und sie bat ihn, einige der Verse zu wiederholen, die ihm auf der Zunge lagen. Er lachte und sagte, er nehme an, dass sie einige Zeilen von Horaz meinte, die so auf Englisch übersetzt worden seien :

> *„Ich wünschte oft, ich hätte einen Bauernhof,*
>
> *Eine anständige Wohnung, behaglich und warm,*
>
> *Ein Garten und eine Quelle so rein*
>
> *Als Kristall, der an meiner Tür vorbeifließt,*
>
> *Neben einem alten Eichenhain,*
>
> *Wo ich in meiner Freizeit umherstreifen könnte.*

> *„Die gnädigen Götter, um meine Glückseligkeit zu krönen,*
>
> *Habe dies und mehr als das gewährt –*
>
> *Sie versprechen mir einen bescheidenen Ehepartner,*
>
> *Um meinen Herd anzuzünden und mein Haus zu bewahren.*
>
> *Ich verlange nicht mehr als, frei von Streit,*
>
> *Diese Segnungen mein ganzes Leben lang zu tragen!"*

Ich muss sagen, Tam war außerordentlich erfreut über die Aussicht auf meine Cousine Polly. Ihr Verehrer ist insgesamt ein würdiger junger Mann; und wenn man die Ungewissheit aller menschlichen Dinge berücksichtigt, kann sie sich durchaus auf ein glückliches Leben mit ihm freuen. Ich werde morgen meine lieben Freunde zurücklassen, die mir vor ein paar Wochen noch fremd waren, an deren Freuden und Leiden ich aber von nun an immer teilhaben werde, soweit ich sie kenne, ob ich sie sehe oder nicht ihre Gesichter in diesem Leben nicht mehr.

HAMPTON, 24. Oktober 1678.

verabschiedete ich mich von meinen guten Freunden in Agamenticus oder York, wie es jetzt heißt, und fuhr mit meinem Onkel in einem Boot nach Piscataqua und Strawberry Bank. Es war ein bewölkter Tag und ich war durchgefroren, bevor wir die Flussmündung erreichten; aber da der starke Wind sehr zu unseren Gunsten war, konnten wir die Reise in kürzerer Zeit als üblich zurücklegen. Wir machten einen kurzen Halt beim Haus eines Mr. Cutts , eines in dieser Gegend angesehenen Mannes; Da er jedoch nicht zu Hause war und eines der Kinder an einer Angina litt, gingen wir den Fluss hinauf zur Strawberry Bank, wo wir über Nacht blieben . Die Frau, die uns bewirtete, hatte ihren Mann im Krieg verloren, und da sie sich in dieser geschäftigen Erntezeit um die Ordnung draußen kümmern musste, war es kein Wunder, dass sie die drinnen vernachlässigte. Ich machte mir ein gemütliches Abendessen aus gebackenem Kürbis und Milch, und als Unterkunft hatte ich ein Strohbett auf dem Boden im dunklen Dachboden, das fast voll mit Maiskolben, Kürbissen und Bohnen sowie einer Menge alter Haushaltsgegenstände war Baumwolle, Wolle und Flachs sowie Tierhäute. Obwohl ich von der Reise müde war, dauerte es noch ein wenig, bis ich einschlafen konnte. Und es geschah so, dass ich, nachdem alle im Haus zu Bett gegangen waren und es, wie ich schätze, kurz vor Mitternacht war, zufällig mit meinem Fuß einen Kürbis berührte, der neben dem Bett lag, was ihn ins Rollen brachte Ich ging die Treppe hinunter und stieß dabei auf jeder Stufe heftig an. Daraufhin hörte ich unten eine große Bewegung, die Frau und ihre drei Töchter schrien, dass es im Haus spuke. Plötzlich rief sie mich vom Fuß der Treppe her an und fragte mich, ob ich etwas gehört hätte. Ich lachte darüber so sehr, dass es einige Zeit dauerte, bis ich sprechen konnte; Als ich es ihr erzählte, hörte ich ein Pochen auf der Treppe. „Scheinte es zu steigen oder zu fallen?" fragte sie besorgt; Und als ich ihr erzählte, dass das Geräusch nach unten ging, stieß sie einen traurigen Schrei aus, und sie flohen alle auf den Maisboden, die Mädchen hüpften auf meinem Bett und versteckten sich unter der Decke, und die alte Frau betete und stöhnte. und sagte, dass sie glaubte, es sei der Geist ihres armen Mannes. Zu diesem Zeitpunkt rief mein Onkel, der auf der Sitzbank im Zimmer darunter lag, das Geräusch hörte, aufstand und über den Kürbis stolperte, um zu erfahren, was los sei. Daraufhin befahl ihm die Frau, die Treppe hinaufzulaufen , da ein Geist in der Küche sei. "Pah!" sagte mein Onkel, „ist das alles? Ich dachte, um sicherzugehen, dass die Indianer gekommen waren." Sobald ich vor lauter Lachen sprechen konnte, erzählte ich dem armen Geschöpf, was ihr so viel Angst machte; worüber sie sehr verärgert war; und als sie wieder zu Bett ging, konnte ich hören, wie sie mich ausschimpfte, weil ich ehrlichen Menschen Streiche gespielt hatte.

Wir waren früh morgens wach, es war hell und angenehm. Onkel fand bald einen Freund von ihm, einen Mr. Weare , der an diesem Tag mit seiner Frau zu seinem Haus in Hampton gehen sollte und der sich freundlicherweise bereit erklärte, mich auf meinem bisherigen Weg zu sehen. Gegen acht Uhr stiegen wir auf unsere Pferde, die Frau saß auf einem Sozius hinter ihrem Mann. Unser Weg führte einige Meilen durch den Wald, wobei wir zeitweise einen Blick auf das Meer hatten und an einigen guten, blühenden Plantagen vorbeikamen. Die Wälder in diesem Land ähneln keineswegs denen Englands, wo die alten Bäume von Büschen und Unterholz ferngehalten werden und die Grasnarbe darunter sauber und glatt rasiert ist; wohingegen sie hier stark mit Weinreben und den abgestorbenen Ästen und Baumstämmen verflochten sind, die aufgrund ihres hohen Alters heruntergefallen sind oder die von den Stürmen abgeworfen wurden oder der Winterschnee und das Eis zusammenbrechen. Auch hier wachsen zwischen den dichten Matten abgestorbener Blätter zahlreiche Sträucher und Büsche heran, von denen einige sehr süß und schön blühen und andere wegen ihrer heilenden Wirkung sehr geschätzt werden. In der Jahreszeit wachsen in den Wäldern viele gesunde Früchte, wie zum Beispiel blaue und schwarze Beeren. Wir kamen an vielen Bäumen vorbei, die reichlich mit Walnüssen und Ölnüssen beladen waren und sozusagen alle lebendig zu sein schienen, mit Eichhörnchen, gestreift, rot und grau, wobei die letzten einen großen, ausgebreiteten Schwanz hatten, den sie, wie mir Mr. Weare erzählte, tatsächlich als Futter benutzen segeln, um den Wind einzufangen, damit er sie über Flüsse und Bäche weht, auf Rindenstücken, in einer Art wie dieser wunderbare Schalentier, der sich in ein Boot verwandelt und auf den Wellen des Meeres segelt . Wir fanden auch Trauben, sowohl weiße als auch purpurne, die in Büscheln von den Bäumen herabhingen, über die die Weinreben liefen, fast so groß wie die, die die Juden einst in Eschol pflückten. Die Luft war süß und weich, und es gab eine klare, aber nicht heiße Sonne, und das Zwitschern der Eichhörnchen und das Geräusch der Vögel und das Rauschen der Wellen, die ein wenig entfernt am Strand brachen, und die Blätter, Bei jedem Windhauch wirbelte und flatterte der Wind in den Baumwipfeln um mich herum, wie so viele gelbe und scharlachrote Vögel, und machte die Fahrt wunderbar angenehm und unterhaltsam.

Unterwegs erzählte mir Mr. Weare , dass viel von der Verhexung von Goodman Morses Haus in Newbury die Rede gewesen sei und dass der Fall Caleb Powell immer noch vor Gericht liege, da er des Unfugs vehement verdächtigt werde. Ich sagte ihm, dass ich den besagten Caleb für einen eitlen , redenden Mann halte, aber keineswegs für einen Zauberer. Was ihm am meisten widerstrebte, sagte Mr. Weare , sei folgendes: Er leugnete zunächst, dass das Haus von bösen Geistern heimgesucht worden sei, und ging sogar so weit, zu bezweifeln, dass es überhaupt solche Dinge geben könne. „Doch viele klügere Männer als Caleb Powell leugnen das Gleiche", sagte ich.

„Stimmt", antwortete er; „Aber wie der gute Herr Richardson aus Newbury gut sagt, hat es nie an Sadduzäern gefehlt, die nicht an Engel oder Geister glauben." Ich erzählte die Geschichte der Unruhen in der Erdbeerbank am Abend zuvor und wie etwas so Albernes wie ein rollender Kürbis einen ganzen Haushalt in große Angst versetzte; und sagte, ich zweifle nicht daran, dass dieses Problem in Newbury etwas ganz Ähnliches sei. Daraufhin nahm die gute Frau die Angelegenheit auf und sagte, sie sei in Newbury gewesen und habe mit eigenen Augen gesehen und mit eigenen Ohren gehört; und dass sie darüber sagen konnte, wie die Königin von Saba es über Salomos Ruhm tat: „Die Hälfte war ihr nicht gesagt worden." Dann erzählte sie mir von vielen wunderbaren und wirklich unerklärlichen Dingen, so dass ich zwangsläufig glauben muss, dass dort eine unsichtbare Hand am Werk ist.

Wir erreichten Hampton etwa eine Stunde vor Mittag; Und als ich die Straße zum Versammlungshaus hinaufritt, kam mir zu meiner großen Freude Onkel Rawson entgegen, der gerade Geschäfte mit den damals sitzenden Kommissaren hatte, und forderte mich auf, zum Haus von Herrn Weare zu gehen , wohin er mir wann folgen würde Das Gericht vertagte sich. Er kam dementsprechend dorthin, um zu Abend zu essen und zu übernachten, und brachte Herrn Pike den Älteren mit, einen der Richter, einen ernsten, ehrwürdigen Mann, den Vater meines alten Bekannten Robert. Ging am Abend mit Mistress Weare und ihrer jungfräulichen Schwester, um ein junges Mädchen in der Nachbarschaft zu sehen, von dem es hieß, es sei besessen oder verhext; Aber ich für meinen Teil konnte in ihrem Verhalten nichts anderes erkennen als das eines bösartigen und verwöhnten Kindes, das Spaß am Unfug hat. Ihre Großmutter, bei der sie lebt, gibt einer schlecht gesinnten Frau namens Susy Martin, die in Salisbury lebt, die Schuld. Mr. Pike, der in der Nähe dieses Martin wohnt, sagt, sie sei keine Hexe, obwohl sie eine üble Schimpftirade sei, wie es ihre Mutter vor ihr war; und was das Mädchen betrifft, so sagt er, dass ein geschickt aufgelegter Birkenzweig sie schneller heilen würde als das Erhängen aller alten Frauen in der Kolonie. Herrin Weare sagt, dies sei nicht das erste Mal, dass der böse Geist in Hampton am Werk sei; denn sie alle erinnerten sich an den Fall von Goody Marstons Kind, das sich zum großen Kummer und der großen Schande seiner Eltern von einem so schönen und vielversprechenden Säugling, wie man es sich wünschen würde, in das Abbild eines Affen verwandelt hatte; und außerdem, als das Kind starb, sahen mehr als eine Person eine kleine alte Frau in einem blauen Umhang und einem gleichfarbigen Unterrock, die den Trauergästen folgte und der alten Eunice Cole sehr ähnlich sah Dann wurde er fest im Gefängnis von Ipswich eingesperrt, zwanzig Meilen entfernt. Onkel Rawson sagt, er habe alle Papiere, die den Prozess gegen diesen Cole betreffen, in seinem Besitz und werde sie mir zeigen, wenn wir nach Newbury zurückkommen. Über diese Angelegenheit wurde viel geredet, was meine Fantasie so sehr störte, dass ich nur schlecht schlief. Heute Nachmittag fahren wir nach Newbury, wo ich mich tatsächlich sehr danach sehne, noch einmal zu sein.

NEWBURY, 26. Oktober.

Cousine Rebecca ist nach Boston gegangen und wird erst nächste Woche nach Hause erwartet. Ohne sie wirkt das Haus einsam. R. Pike schaute heute Morgen bei uns vorbei und erzählte uns, dass es in Boston ein Gerücht gab, das über die New Yorker Kolonie verbreitet worden war, dass in England ein großes papistisches Komplott entdeckt worden sei und dass es in London und Umgebung große Besorgnis erregt habe ungefähr. R. Pike sagt, er bezweifle nicht, dass die Papisten eine Verschwörung planen, da es bei ihren Jesuiten üblich sei, dies zu tun; aber dass es dennoch nicht verwunderlich wäre, wenn sich herausstellen würde, dass die Bischöfe und die Regierung dieses Gerücht als Vorwand und Anlass für einige neue Verfolgungen von Unabhängigen und frommen Menschen ins Leben gerufen hätten.

27. Oktober.

Herr Richardson predigte gestern aus Deuteronomium xviii. 10., 11. und 12. Vers. Eine geniale und fundierte Rede, in der er zeigte, dass es wie unter den heidnischen Nationen, die die Juden umgaben, Zauberer, Beschwörer, Zauberer und Berater mit vertrauten Geistern gab, die dem Herrn ein Gräuel waren, so auch in unserer Zeit die heidnischen Nationen Viele der Inder hatten auch ihre Powahs und Panisees und teuflischen Zauberer, vor denen die Wächter auf den Mauern unseres Zions durchaus die Warnung des Textes aussprechen könnten. Er sagte außerdem, dass die Künste des Widersachers nun an diesem Ort auf höchst seltsame und schreckliche Weise offenbar würden und dass es die Pflicht aller gottesfürchtigen Menschen geworden sei, mit dem Herrn zu beten und zu ringen, mit dem sie einen Bund geschlossen hätten Die Hölle könnte ihre Bosheit bald entdecken und aus der Gemeinde ausrotten. Eine schreckliche Rede, die viele zum Zittern und Zittern brachte und Goodwife Morse völlig überwältigte, da sie eine schwache Frau war, so dass sie aus der Versammlung getragen werden musste.

Da es kalt war und ein feuchter Ostwind mich im Haus hielt, habe ich mit meinem Onkel seine Papiere über die Hampton-Hexe Eunice Cole durchgesehen, die wegen ihrer Untaten zweimal vor Gericht stand; und ich neige dazu, einige davon zu kopieren, da ich weiß, dass sie von meinem lieben Cousin Oliver und meinen anderen englischen Freunden als würdig angesehen werden, aufgezeichnet zu werden . Ich finde, dass bereits im Jahr 1656 dieselbe Eunice Cole beklagt wurde und viele Zeugen ihre Bosheit bezeugten. Hier folgen einige Beweise aus dem ersten Prozess:

„Die Aussage von Goody Marston und Goodwife Susanna Palmer, die unter Eid aussagt, dass Goodwife Cole sagt, dass sie sicher sei, dass es eine Hexe in der Stadt gab und dass sie wusste, wo er lebte und wer sie sind, und das vor dreizehn Jahren Vorher kannte sie jemanden, der so verhext war wie das Kind von Goodwife Marston, und sie war sich sicher, dass diese Gruppe verhext war, denn sie sagte es ihr, und sie wurde von einem Mann in einen Affen verwandelt, wie Goody Marstons Kind war, und sie hatte dieses dreizehnjährige Jahr gebetet dass Gott diese Hexe entdecken würde. Und weiter sagt der Angeklagte nicht.

„Eid vor den Kommissaren von Hampton, am 8. des 2. Mo., 1656.

„*WILLIAM FULLER.*

„*HENRY DOW.*


„*Vera copea :*

„*THOS. BRADBURY, Blockflöte.*


„*Geschworen vor dem 4. September 1656,*


„*EDWARD RAWSON.*

„Thomas Philbrick bezeugt , dass Goody Cole ihm erzählt hat, dass sie hoffte, dass eines seiner Kälber, wenn es von ihrem Gras fressen würde, es vergiften würde; und es stellte sich heraus, dass eines nie wieder nach Hause kam und das andere, das nach Hause kam, bald darauf starb.

„Henry Moreltons Frau und Goodwife Sleeper berichten, dass sie, als sie über Goody Coles und Marstons Kind sprachen, tatsächlich ein lautes Kratzen an den Fensterbrettern hörten, das weder von einer Katze noch von einem Hund stammte.

„Thomas Colemans Frau bezeugt, dass Goody Cole genau die Worte wiederholt hat, die zwischen ihr und ihrem Mann in ihrem eigenen Haus und unter vier Augen gesprochen haben; und Thomas Ormsby, der Polizist von Salisbury, bezeugt, dass er Eunice Cole entkleidet hat In ihrem Hemd, das nach dem Urteil des Gerichts in Salisbury ausgepeitscht werden sollte, sah er ein Hexenmal unter ihrer linken Brust. Darüber hinaus sagte ein gewisser Abra . Drake beteuerte und sagte, dass dieser Goody Cole damit gedroht habe, dass die Hand Gottes dagegen sein würde sein Vieh, und sogleich starben zwei seiner Rinder, und vor dem Ende des Sommers auch ein Drittel.

Vor etwa fünf Jahren wurde sie erneut von der Jury für den Gerichtsbezirk Massachusetts vorgestellt, weil sie „einen Bund mit dem Teufel geschlossen hatte, der dem Frieden unseres souveränen Herrn, dem König, seiner Krone und Würde, den Gesetzen Gottes und all dem widersprach". Zuständigkeit"; und es wurden zahlreiche Zeugenaussagen gegen sie vorgebracht, die darauf hindeuteten, dass sie eine arrogante Hexe war. Denn es scheint, dass sie ihren bösen Blick auf ein kleines Mädchen namens Ann Smith richtete, um sie in ihr Haus zu locken, und ihr in Gestalt einer kleinen alten Frau erschien, in einem blauen Mantel, einer blauen Mütze und einer blauen Schürze. und ein weißes Halstuch, und verwandelte sich bald in einen Hund, der auf einen Baum rannte, und dann in einen in der Luft fliegenden Adler und schließlich in eine graue Katze, die mit ihr sprach und sie auf schmerzliche Weise beunruhigte. Darüber hinaus bezeugt der Polizist der Stadt Hampton, dass sie Goody Cole im Auftrag der Stadt mit Nahrung versorgen musste, da sie arm war und sich viel über ihn beklagte, und dass seine Frau danach kein Brot mehr im Ofen backen konnte verfaulte nicht schnell und wurde durch den Geruch ekelhaft, aber die gleiche Mahlzeit, die bei einem Nachbarn gebacken wurde, ergab gutes und süßes Brot; und außerdem drang eines Nachts tatsächlich ein Geruch in ihre Kammer ein, der dem des verzauberten Brotes ähnelte, nur noch abscheulicher und eindeutig teuflischer Natur, so dass sie, wie die Frau des Konstablers sagt, „am liebsten aufstehen wollte". Nacht und verlangte von ihrem Mann, er solle zum Gebet gehen, um den Teufel zu vertreiben; und er stand auf und ging zum Gebet, und danach war der Geruch verschwunden, sodass sie sich nicht darüber ärgern mussten. Es gibt auch die Aussage von Goodwife Perkins, dass sie am Tag des Herrn , während Mr. Dalton predigte, einen Kobold in Form einer Maus aus dem Busen von Eunice Cole in ihren Schoß fallen sah. Trotz alledem ordnete das in Salisbury tagende Bezirksgericht an, sie in das Bostoner Gefängnis zu schicken, wo sie auf ihren Prozess vor dem Court of Assistants warten sollte. Das letzte Gericht hat sie, wie ich von meinem Onkel erfahren habe, nicht verurteilt, da einige der Beweise alt und nicht zuverlässig waren. Onkel sagt, sie sei eine böse alte Frau gewesen, die oft ausgepeitscht und auf den Hocker gesetzt worden sei, aber ob sie eine Hexe war oder nicht, weiß er nicht mit Sicherheit.

8. November.

Gestern kam zu meiner großen Freude meine geliebte Cousine Rebecca aus Boston. In ihrer Gesellschaft war auch der würdige Pfarrer und Doktor der Medizin, Mr. Russ, der früher aus Wells stammte, sich jetzt aber auf einer Plantage in der Nähe von Cocheco niederließ . Er soll in dieser Stadt, in der sich derzeit viele über Krankheiten beschweren, ein wenig Verweilen einlegen. Rebekka sagt, er gehöre zu den Vortrefflichen der Erde und habe, wie sein gesegneter Herr und Meister, Freude daran, Gutes zu tun und Seele und Körper zu trösten. Er hat ein fröhliches, angenehmes Gesicht und ist sehr aktiv, obwohl er in die Jahre gekommen ist. Er soll am nächsten Sabhath und in der Zwischenzeit für Herrn Richardson predigen wohnt im Haus meines Onkels.

Heute Morgen ist das Wetter rau und kalt, der Boden gefroren und vor Sonnenaufgang fiel etwas Schnee. Vor einiger Zeit kam Dr. Russ, der im Garten spazieren ging, in großer Eile an das Fenster, an dem Rebecca und ich saßen, und forderte uns auf, herauszukommen. Als wir also hinauseilten, befahl uns der gute Mann, dorthin zu schauen, wohin er zeigte, und wohin! ein Schwarm Wildgänse, der in zwei großen Reihen über den Himmel strömte und gleichsam aus den Wolken sein lautes und sonores Trompeten „Cronk, cronk , cronk !" herabsandte. Diese Vögel, sagt der Doktor, ziehen im März tatsächlich nach Norden, um ihre Brut in den großen Mooren und auf den einsamen Inseln auszubrüten, und fliegen wieder zurück, wenn die kalte Jahreszeit naht . Unser würdiger Gast nutzte die Gelegenheit, um über die Fürsorge und Güte Gottes gegenüber seiner Schöpfung zu sprechen und darüber, wie diese armen Vögel durch ihre eigenen Instinkte in die Lage versetzt werden, an seiner Großzügigkeit teilzuhaben und die Übel widriger Klimazonen zu meiden. Er sagte, er habe nie auf den Flug dieser Vögel geschaut, ohne sich an die Frage zu erinnern, die einst Hiob gestellt wurde: „Fliegt der Habicht durch deine Weisheit und breitet seine Flügel nach Süden aus? Steigt der Adler auf ? " auf deinen Befehl hin und baue ihr ein Nest in der Höhe?

12. November 1678.

Dr. Russ predigte gestern und hatte als Text 1. Korinther, Kap. xiii. Vers 5: „Die Nächstenliebe sucht nicht ihr Eigen." Er begann mit der Aussage, dass gegenseitiges Wohlwollen ein Naturgesetz sei , da niemand ein Ganzes sei und auch nicht in der Lage sei, für sich selbst glücklich zu überleben, sondern vielmehr ein Mitglied der großen Gesamtheit der Menschheit, die sich auflösen und untergehen müsse, wenn sie nicht zusammengehalten werde und in seinen verschiedenen Teilen durch die Kraft dieses gemeinsamen und gesegneten Gesetzes verdichtet. Der weise Urheber unseres Wesens hat uns ganz offenkundig füreinander geschaffen und vorbereitet und verfügt, dass die gegenseitige Nächstenliebe unsere gegenseitigen Bedürfnisse und Schwächen ausgleichen soll, da kein Mensch für sich allein lebt , sondern von anderen abhängig ist, wie andere von ihm. Erfinderische Männer haben gesagt, dass in der äußeren Welt alle Dinge wechselseitig aufeinander einwirken und sich gegenseitig beeinflussen; und dass unsere feste Erde durch die Energie dieses Prinzips gestützt wird und die Himmelskörper dazu geschaffen sind, die rhythmischen Harmonien ihrer Schöpfung zu bewahren und uns ihre wohlwollenden Wohltaten zu erweisen; und man kann sagen, dass ein ähnliches Gesetz für die moralische Welt erlassen wurde, wobei gegenseitiges Wohlwollen der Grund und die Stütze von Familien, Kirchen und Staaten sowie der großen Gemeinschaft und Brüderlichkeit der Menschheit ist. Es schafft und bewahrt all den Frieden, die Harmonie und die Schönheit, die unsere Welt in gewissem Maße mit dem Himmel vergleichen, und ohne sie würden alle Dinge in Verwirrung und Zwietracht geraten, und die Erde würde zu einem Ort des Grauens und der Qual werden Und die Menschen werden wie räuberische Wölfe, die einander verschlingen und voneinander verschlungen werden.

Die Nächstenliebe ist das zweite große Gebot, an dem das ganze Gesetz und die Propheten hängen; und es ist dem ersten gleich und kann nicht von ihm getrennt werden; denn am großen Tag der Vergeltung werden wir durch diese Gebote geprüft, und unsere Treue bis zum Ersten wird durch unsere Treue bis zum Letzten sichtbar und offenbar werden. Ja, an unserer Liebe zueinander wird der Herr unsere Liebe zu sich selbst messen. „Was ihr einem meiner geringsten Brüder getan habt, das habt ihr mir getan.“ Die Gnade des Wohlwollens ist daher kein geringer Teil unserer Bereitschaft zum Erbe der Heiligen im Licht; es ist die Stimmung des Himmels; die Luft, die die Engel atmen; eine unsterbliche Gnade – denn wenn der Glaube, der uns hier stützt , und die Hoffnung, die der hingeworfenen Seele als Anker dient, nicht mehr nötig sind, bleibt die Nächstenliebe für immer bestehen, denn sie ist im Himmel heimisch und hat Anteil an der göttlichen Natur, für Gott er selbst ist Liebe.

„Oh, meine Zuhörer“, sagte der Prediger, und sein ehrwürdiges Gesicht erhellte sich, als strahle ein Licht von innen heraus, „sagt uns der Apostel nicht, dass die Geschicklichkeit in Zungen und die Gaben der Prophezeiung und die Geheimnisse des Wissens und des Glaubens nichts nützen?“ wo die Nächstenliebe fehlt? Was nützen große Talente, wenn sie nicht dem Guten gewidmet sind? Wo andererseits die Nächstenliebe wohnt, macht sie die Schwachen stark und die Unschönen schön; sie verbreitet einen Ruhm über den, der sie besitzt , wie der, der sie besitzt leuchtete auf dem Angesicht von Moses oder dem, was auf dem Angesicht von Stephanus saß, als sein Angesicht wie das Angesicht eines Engels war. Vor allem gleicht es uns dem Sohn Gottes aus; denn durch Liebe kam er unter uns, und er ging umher und tat Gutes, schmückte sein Leben mit Wundern der Barmherzigkeit und gab es schließlich für die Erlösung der Menschen hin. Welches Herz könnte seiner schmelzenden Bitte widerstehen: „So wie ich euch geliebt habe, liebt ihr auch einander.“

„Wir alle“, fuhr er fort, „streben nach Glück, aber allzu oft blind und töricht. Der selbstsüchtige Mensch, der danach strebt, für sich selbst zu leben, verschließt sich, an seinem einzigen Teil teilzuhaben, und wundert sich , dass er ihn nicht genießen kann Die guten Dinge, die er für sich selbst gesammelt hat, trösten ihn nicht; und obwohl er Reichtümer hat und nichts für seine Seele von allem, was er begehrt , braucht , hat er doch nicht die Macht, daran teilzuhaben. Sie sind wie Delikatessen, die in einen verschlossenen Mund gegossen werden oder wie Speisen, die auf ein Grab gelegt werden. Aber wer die Nächstenliebe als den Zustand des Glücks erkannt hat, der die Seele in einen natürlichen und ruhigen Zustand versetzt und sie für den Trost der reinen und erhabenen Unterhaltung öffnet , die die Engel bieten Für diejenigen verbreitet, die dem Willen ihres Schöpfers gehorchen, hat er eine subtilere Alchemie entdeckt, als die Philosophen je geträumt haben – denn er verwandelt die Freuden anderer in seine eigenen, und sein großes und offenes Herz nimmt an der Zufriedenheit aller teil um ihn herum. Gibt es hier jemanden, der inmitten der äußeren Fülle voller Kummer im Herzen ist, der wegen eines inneren Unbehagens trauernd seinen Weg geht, der sich nach geistiger Gelassenheit und fröhlichem Glück sehnt, wie der Diener ernsthaft? begehrt den Schatten? Mögen sie die Armen und Verlassenen aufsuchen, diejenigen, die kein Zuhause oder Besitz haben, die Diener der Sünde und böser Gewohnheiten sind, denen es an Nahrung für Körper und Geist mangelt. So werden sie, indem sie sich an andere erinnern , sich selbst vergessen; Die Freude, die sie ihren Mitgeschöpfen bereiten, wird größer und voller in ihre eigene Brust zurückkehren, und sie werden wahrhaftig wissen, wie viel seliger es ist, zu geben als zu nehmen. In Liebe und Mitgefühl hat Gott uns voneinander abhängig gemacht, damit wir durch den Einsatz unserer Zuneigung wahres Glück und Ruhe für unsere Seelen finden können. Er hat uns so eng mit unseren Mitmenschen verbunden, dass sie sozusagen einen Teil unseres Wesens ausmachen, und wenn wir sie trösten, trösten wir uns mit Sicherheit selbst. Darin kommt das Glück unvermittelt und ohne zu suchen zu uns, wie der Diener, der den Auftrag seines Herrn ausführt , angenehme Früchte und süße Blumen vorfindet , die über ihm hängen, und kühle Quellen, von denen er nichts wusste, die am Wegesrand sprudeln, um ihn zu trösten und zu trösten erfrischend."

Der Pfarrer sprach dann von der Pflicht zur Nächstenliebe auch gegenüber den Sündern und Widerspenstigen und dazu, sie durch Liebe und guten Willen zu gewinnen und sogar ihre Zurechtweisung und Strafe zu einem Mittel zu machen, um sie zur Reue und zum Hervorbringen der gebührenden Früchte zu erwecken Es. Er sprach auch von selbsternannten Propheten und begeisterten Menschen, die gegen die Kirche und den Staat schimpften und neue Lehren verkündeten, und sagte, dass diese oft als Urteil über die Bekenner der Wahrheit geschickt würden, die diese Form hätten nur der Frömmigkeit, obwohl ihnen die Kraft dazu fehlt; und dass er glaubte, dass der Eifer, der gegen solche an den Tag gelegt worden war, nicht immer genug mit Nächstenliebe gewürzt gewesen sei. Es zeugte von mangelndem Glauben an die Wahrheit und von Panik und großer Wut, wenn sie in Frage gestellt wurde. und es zu unternehmen, Gottes Rächer zu werden und Ketzer zu foltern und zu verbrennen, war ein Fehler der Papisten, der denen, die aus ihrer Mitte ausgetreten waren, schlecht zu Gesicht stand. Darüber hinaus glaubte er, dass viele dieser Menschen, die der Kolonie in letzter Zeit so viel Unruhe zugefügt hatten, im Herzen einfache und ehrliche Männer und Frauen waren, deren Köpfe zwar schwach sein mochten, die aber im Herzen danach strebten, den Willen Gottes zu tun; und tatsächlich konnten alle die Nüchternheit und Strenge ihres Lebens und die Gerechtigkeit ihres Umgangs mit äußeren Dingen bezeugen. Er sprach auch etwas über die Indianer, die, wie er sagte, unsere Brüder seien und über die wir am Großen Tag Rechenschaft ablegen müssten. Die Hand dieser heidnischen Menschen lag schwer auf den Kolonien, und viele hatten unter ihren grausamen Massakern und der Gefangenschaft ihrer selbst und ihrer Familien gelitten. Hier weinte der alte Pfarrer, denn er dachte zweifellos an seinen Sohn, der im Krieg gefallen war; und eine Zeit lang schienen ihm die Worte im Halse zu ersticken, so sehr war er bewegt. Aber er fuhr fort, dass, da Gott in seiner großen und unverdienten Barmherzigkeit dem Krieg ein Ende gesetzt habe, alle gegenwärtige Unfreundlichkeit und Härte gegenüber den armen, umnachteten Heiden in den Augen dessen, der die Personen nicht respektiert , eine Beleidigung darstellten der Menschen, der aber mit gleichem Auge die weißen und die roten Männer betrachtet , die beide das Werk seiner Hände sind. Es ist unser gesegnetes Vorrecht, daran zu arbeiten, sie zur Erkenntnis des wahren Gottes zu bringen, den einige von ihnen, wie die Athener, in Unwissenheit verehren; während der größte Teil, wie früher von den Heiden gesagt wurde, aufgrund der guten Zeichen, die man sieht, den, der da ist, nicht kennt; Auch wenn sie die Werke betrachten, erkennen sie nicht den Werkmeister an, sondern halten das Feuer oder den Wind oder die schnelle Luft oder den Kreis der Sterne oder das heftige Wasser oder die Lichter des Himmels für die Götter, die die Welt regieren.

Er riet von Unruhestiftern und Unruhestiftern ab und von solchen, die sich gegen ihre Brüder zur Wehr setzen wollen. Er sagte, dass es so aussehe, als ob viele daran dachten, ihre eigenen Sünden durch ihren großen Eifer und Eifer, die Bosheit in anderen zu entdecken, zu sühnen; und dass er befürchtete, dass dies jetzt der Fall sein könnte, da an diesem Ort viel über die äußerlichen und sichtbaren Taten Satans gesprochen wurde; in der Erwägung, dass der Feind am meisten zu fürchten war, der im Verborgenen im Herzen arbeitete; Es war für ihn eine Kleinigkeit, eine Behausung aus Holz und Stein zu verzaubern, der so leicht die kostbaren Seelen der Menschen in Besitz nahm und verzauberte.

Schließlich ermahnte er alle, über ihren eigenen Geist zu wachen und sich daran zu erinnern, dass das, was sie an andere messen, auch an ihnen gemessen werden wird; allen Zorn, jede Bosheit und jedes böse Reden beiseite zu legen; die Lasten des anderen zu tragen und so diese Kirche in der

Wüste schön und anmutig zu machen, ein Beispiel für die Welt des Friedens und des guten Willens für die Menschen, von dem die Engel bei der Geburt des gesegneten Erlösers sangen.

Ich habe den Inhalt der Predigt von Herrn Russ, soweit ich mich daran erinnern kann, umso sorgfältiger dargelegt, als sie bei einigen, die sie gehört haben, Anstoß erregt hat. Diakon Dole sagt, es sei ein Diskurs gewesen, wie ihn ein Socinianer oder ein Papist hätte halten können, wegen der großen Betonung, die er auf die Werke legte; und Goodwife Matson, eine laute, redende Frau – zweifellos eine solche wie jene geschäftigen Leute, die der heilige Paulus wegen ihrer Voreiligkeit zurechtwies und denen befahl, in der Kirche Schweigen zu bewahren –, sagt, der Prediger habe sich alle Mühe gegeben, Gunst zu finden Quäker, Indianer und Hexen; und dass der Teufel in Goody Morses Haus zweifellos mit der Rede sehr zufrieden war. R. Pike sagt, er wundere sich nicht über ihre Beschwerden; Denn als sie früher im Fischerhafen Marblehead wohnte, gehörte sie zu den widerspenstigen Frauen, die tatsächlich in Thompsons Garnisonshaus einbrachen und zwei Saugus-Indianer barbarisch töteten, die sich zur sicheren Verwahrung hingegeben hatten, dies jedoch nie getan hatten niemandem geschadet hat, was allen wohlgesonnenen Menschen großen Kummer und Skandal bereitete. Und doch wurde dieser Frau, die sich nicht scheute, zu sagen, dass sie einen Indianer genauso gut schlagen würde wie ein Schwein, und die den ganzen Weg von Marblehead nach Boston lief, um zuzusehen, wie die Quäkerin aufgehängt wurde, und die üble Witze über ihren toten Körper machte, erlaubt um sich in der Kirche durchzusetzen, da Mr. Richardson offensichtlich Angst vor ihrer schlechten Zunge und ihrem bösen Temperament hatte.

13. November.

Das Dienstmädchen der Quäkerin, Margaret Brewster, kam heute Morgen, fragte nach dem Doktor und bat ihn, einen kranken Mann im Haus ihres Vaters, etwas weiter flussaufwärts, zu besuchen; Daraufhin nahm er seinen Stab und ging mit ihr. Bei seiner Rückkehr sagte er, er müsse den Quäkern gerecht werden und sagen, dass sie trotz all ihrer Häresien und pestilenten Irrtümer in der Lehre ein freundliches Volk seien; Denn hier war Goodman Brewster, dessen kleiner Besitz durch Geldstrafen fast weggenommen worden war und dessen Frau eine schwache, kränkliche Frau war, die zu dieser Zeit einen armen, heruntergekommenen Soldaten freundlich beherbergte und pflegte, was keineswegs wahrscheinlich war ihm etwas zurückzahlen, in welcher Form auch immer. Was den Kranken betrifft, so war er während des Krieges in Bezug auf seinen Lohn kaum behandelt worden und außerdem mit einer Geldstrafe belegt worden, weil er den heiligen Sabhath entweiht hatte ; und obwohl er eine Petition an den ehrenwerten Gouverneur und den Rat geschickt hatte, um deren Erlass zu erlassen, war diese zwecklos gewesen. Herr Russ sagte, er habe eine Kopie dieser Petition mit der Antwort darauf mitgenommen und beabsichtige, selbst einen weiteren Antrag bei den Behörden zu stellen; Denn auch wenn der Bittsteller tadelnswert gewesen sein könnte, reichte seine Notwendigkeit doch weit, dies zu entschuldigen. Er gab mir die Papiere zum Kopieren, die wie folgt lauten :

„An den Herrn Gouverneur und Rat, der jetzt am 30. Juli 1676 in Boston tagt. Die Petition von Jonathan Atherton zeigt demütig :

„Dass Ihr Kläger, der Soldat unter Captain Henchman war, während ihres Aufenthaltes in Concord, Captain H., unter dem Vorwand , dass Ihr Kläger den Sabbath entweiht hätte, Ihren Kläger zum Verlust eines zweiwöchigen Gehalts verurteilt hat. Nun, die Sache, gegen die vorgebracht wurde Ihr Bittsteller behauptete, er habe ein Stück eines alten Hutes abgeschnitten, um es in seine Schuhe zu stecken, und drei oder vier Patronen geleert. Nun gab es für ihn eine große Gelegenheit und Notwendigkeit, denn seine Schuhe waren durch das Gehen und Gehen so groß geworden Beim Reiten in der Nässe und im Tau verursachten sie Wunden an seinen Füßen, so dass er nicht ohne Schmerzen gehen konnte; und seine Patronen, die in einem Beutel waren, waren bei ständiger Fahrt abgenutzt, so dass sie das Pulver verloren, so dass es Es war gefährlich, sie zu tragen; außerdem wusste er nicht, wie schnell er gezwungen werden sollte, von ihnen Gebrauch zu machen, deshalb hielt er es für rechtmäßig, dasselbe zu tun; doch wenn es als Verstoß gegen den Sabbath angesehen werden sollte, möchte er es tun demütigt sich vor dem Herrn und bittet sein Volk um Vergebung für jede Beleidigung, die ihm dadurch zugefügt wird. Und bittet demütig um die Gunst Ihrer Ehren, die Räumlichkeiten zu prüfen, die gegen ihn verhängte Geldstrafe zu erlassen und dem Kriegskomitee die Anordnung zur Zahlung seines Lohns zu erteilen. So wird er für immer beten . . . . "

11. August 1676. – „Der Rat sieht keinen Grund, dem Antragsteller irgendeine Erleichterung zu gewähren."

NEWBURY, 18. November 1678.

Bin gestern mit Mr. Russ und Mr. Richardson, Rebecca und Tante Rawson in der Gesellschaft des Spukhauses gewesen. Ich fand das alte Ehepaar in großen Schwierigkeiten am Feuer sitzend, mit der aufgeschlagenen Bibel vor ihnen und Goody Morse weinend. Herr Richardson bat Goodman Morse, zu erzählen, was er im Haus gesehen und gehört hatte; was er tat, und zwar in folgendem Sinne: Dass es überall im Haus große und seltsame Geräusche gegeben habe, ein Klappern von Türen und ein Klopfen auf den Brettern und verschiedene andere unerklärliche Geräusche; dass er gesehen hatte, wie sich sein Werkzeugkasten von selbst umdrehte und die Werkzeuge durch den Raum flogen; Körbe fielen aus dem Schornstein, und die Töpfe, die über dem Feuer hingen, schlugen gegeneinander; und außerdem springen die Eisen auf dem Herd in die Töpfe und tanzen auf dem Tisch. Goodwife Morse sagte, dass ihr Brottablett von selbst umkippen würde und das große wollene Rad es schaffen würde, sich auf den Kopf zu stellen und auf seinem Ende zu stehen; und dass, wenn sie und der Junge die Betten machten, die Decken genauso schnell wegflogen, wie sie sie überzogen hatten, was der Junge alles bestätigte. Herr Russ fragte sie, ob sie irgendetwas von dem Unfug vermutete; Daraufhin sagte sie, sie glaube, dass es der Seemann Powell getan habe, ein schlauer Mann, der sich seiner Kenntnisse in Astrologie und Astronomie rühmte und von einem gewissen Norwood, der angeblich die Schwarze Kunst studiert hatte, angeführt worden war. Er hatte ihren Enkel bösartig des Unheils beschuldigt, während der arme Junge selbst stark unter dem bösen Geist gelitten hatte, da er oft mit Steinen und Brettern geschlagen, die auf ihn geworfen wurden, und nachts durch die teuflischen Geräusche wach gehalten wurde . Goodman Morse sagte hier, dass Powell hereinkam und so tat, als ob er Mitleid mit ihrem beklagenswerten Fall hätte, und ihnen sagte, wenn sie ihm den Jungen für ein oder zwei Tage überlassen würden, würden sie von den Problemen verschont bleiben, solange er bei ihm sei; und dass der Junge, der ihn begleitete, in dieser Zeit keine Störung erlebte; was deutlich zeigte, dass dieser Powell die bösen Geister in seiner Obhut hatte und sie nach Belieben anketten oder herauslassen konnte.

Während sie nun sprach, hörten wir alle ein lautes Pochen an der Decke, und bald darauf flog ein Stück Brett durch das Zimmer gegen den Stuhl, auf dem Mr. Richardson saß; woraufhin die beiden alten Leute ein trauriges Stöhnen auslösten und der Junge schrie: „Das ist die Hexe!" Goodman Morse bat Herrn Richardson, mit dem Beten zu beginnen, was er auch sofort tat; und als er fertig war, bat er Herrn Russ, ihm zu folgen, der eine Weile schweigend und nachdenklich dasaß und dann betete, dass der Urheber der Unruhe, ob teuflisch oder menschlich, entdeckt und ans Licht gebracht werden möge. Danach gab es während unseres Aufenthalts keinen Lärm mehr. Mr. Russ unterhielt sich eine Weile mit dem Jungen, der energisch leugnete, was Caleb Powell ihm vorwarf, und zeigte einen blauen Fleck, den er sich von einem Stock zugezogen hatte, der im Kuhstall auf ihn geworfen worden war. Als wir weggingen, fragte Herr Richardson Herrn Russ, was er davon halte. Herr Russ sagte, die Sache sähe in der Tat seltsam aus, aber es könne dennoch das Werk des Jungen sein, der ein schlauer junger Schurke und über seine Jahre hinaus fähig sei. Herr Richardson sagte, er hoffe, dass sein Bruder nicht bereit sei, die Spötter und Sadduzäer zu befürworten, die die ganze Zeit versucht hatten, Zweifel an der Sache zu schüren. Für ihn selbst betrachtete er es als das Werk unsichtbarer Dämonen und als einen schrecklichen Beweis für die Existenz solcher Dämonen und für den beklagenswerten Zustand aller, die in ihre Bande geraten; Darüber hinaus glaubte er, dass Gott diese Bosheit des Teufels endgültig außer Kraft setzen und sie zu einem Mittel machen würde, um Sündern und lauen Kirchenmitgliedern das Bewusstsein für ihre Gefahr zu wecken.

Gestern Abend kam Bruder Leonard, der bei dem gelehrten Mr. Ward, dem Pfarrer in Haverbill , studiert, in Begleitung des verehrten Major Saltonstall herunter, der Geschäfte mit Esquire Dummer und anderen Beamten dieses Ortes hat . Mr. Saltonstalls Dame, die Tochter von Mr. Ward, sandte von ihrem Mann und meinem Bruder eine sehr freundliche und dringende Einladung an Rebecca und mich, sie zu besuchen; und Herr Saltonstall drängte ebenfalls nachdrücklich auf die Angelegenheit. Deshalb haben wir vereinbart, übermorgen mit ihnen zu gehen. Nun, um die Wahrheit zu sagen, es tut mir nicht leid, Newbury zu diesem Zeitpunkt zu verlassen, denn es wird so viel über das verzauberte Haus gesprochen und so düstere Geschichten über die Macht unsichtbarer Dämonen erzählt, zusätzlich zu dem, was ich selbst gehört und gesehen habe gestern, dass ich wegen der Unruhe und Unruhe, die diese Angelegenheit verursacht, kaum schlafen kann . Dr. Russ, der heute Morgen abreiste, sagte seiner Meinung nach, je weniger über die Hexerei gesagt und getan werde, desto besser für die Ehre der Kirche und den Frieden in der Nachbarschaft; denn es könnte sich letztendlich als nichts weiter herausstellen als eine „Fabel einer alten Frau“; aber wenn es tatsächlich das Werk Satans wäre, könnte es, so glaubte er, aufrichtigen und frommen Menschen, die ein nüchternes und betendes Leben führten und sich damit beschäftigten, Gutes zu tun, keinen Schaden zufügen. Die Täter des Wortes gerieten selten in die Falle der Verzauberungen des Teufels. Er könnte mit einem wilden Tier verglichen werden, das es nicht wagt, sich in den Reisenden einzumischen , der sich sofort auf den Weg macht , um seinen Auftrag zu erfüllen, sondern auf solche wartet, die herumlungern und am Wegesrand einschlafen. Er befürchtete, sagte er, dass einige in unserer Zeit versuchten, einen großartigen Charakter zu erlangen, wie es die alten Mönche taten, indem sie Hexereien erkannten und angebliche Konflikte mit dem Teufel in seiner Körpergestalt vortäuschten; und während sie versuchten, den Feind aus den Häusern ihrer Nachbarn zu vertreiben, ließen sie ihn unter dem Deckmantel von Täuschung und spirituellem Stolz in ihre eigenen Herzen ein. Buße und Werke treffen sich, denn sie waren der beste Exorzismus; und der Geruch eines guten Lebens vertreibt böse Geister, so wie der Geruch des Fisches von Tobit in Ekbatana den Teufel aus dem Gemach der Braut bis in die äußersten Teile Ägyptens vertrieb. „Ich für meinen Teil“, fuhr der würdige Mann fort, „glaube, dass der Herr und Meister, dem ich dienen möchte, über allen Mächten Satans steht; deshalb achte ich nicht auf sie und fürchte mich nur vor meinem eigenen anklagenden Gewissen und.“ das Missfallen Gottes.“

Wir alle möchten die Gesellschaft des guten Doktors nur ungern verlieren. In der Tat ein Israelit! Meine Tante, die einst wegen Krankheit eine kurze Zeit bei ihm blieb, um seine Fähigkeiten in der Medizin zu verbessern, erzählt mir, dass er für die Menschen um ihn herum wie ein Vater ist, der sie in allen ihren zeitlichen Belangen berät und mitbringt zu einer rechtzeitigen und klugen Beilegung all ihrer Streitigkeiten, so dass es nirgendwo eine wohlhabendere und liebevollere Gesellschaft gibt. Obwohl er als gelehrter Mann gilt, verwirrt er seine Zuhörer nicht, wie es manche tun, mit dunklen und schwierigen Fragen und Lehrpunkten, sondern besteht hauptsächlich auf der Heiligkeit des Lebens und der Gespräche. Es heißt, dass einmal ein berühmter Gelehrter und Streiter aus dem Ausland, der mit ihm über die Verdammung von Kleinkindern sprechen wollte, ihn mit einer Wiege auf der Schulter traf, die er in seinem Bett zu einer jungen Mutter trug Als der Mann ihm seinen Auftrag mitteilte, befahl ihm der gute Doktor, zu warten, bis er zurückkam, „denn", sagte er, „ich halte es für weitaus wichtiger, mich um die Körper der kleinen Säuglinge zu kümmern." Gott sendet in seiner Liebe unter uns, anstatt zu versuchen, in die Geheimnisse seines Willens über ihre Seelen einzudringen. Er hat kein Gehalt oder Zehnten, außer der Nutzung eines Hauses und einer Farm, und zieht es vor, lieber mit eigenen Händen zu arbeiten, als seine Nachbarn zu belasten; Doch ihre Liebe und ihr Wohlwollen sind so groß, dass sie sich in der hektischen Zeit der Heu- und Maisernte alle zusammenschließen und ihm auf seinen Feldern helfen, wobei sie es als besonderes Privileg betrachten, dies zu tun.

19. November.

Als Leonard und Mr. Richardson über die Angelegenheit des Ministeriums sprachen, waren sie sich nicht wenig einig. Herr Richardson sagt, mein Bruder habe sich viele unbiblische Vorstellungen in den Kopf gesetzt und er werde der Kirche nie von Nutzen sein, bis er sie verwirft. Er sagt außerdem, dass er Herrn Ward über die Fehler des jungen Mannes schreiben werde. Da seine Worte mich beunruhigten, unterhielt ich mich sofort mit meinem Bruder über die Unterschiede zwischen ihnen. aber er sagte lächelnd, es sei eine lange Geschichte, aber er werde mir eines Tages den Kern der Meinungsverschiedenheit erzählen und mir sagen, dass ich keine Angst um seinetwillen haben müsse, da das, was Mr. Richardson missfallen habe, nur aus zartem Gewissen entstanden sei.

HAVERHILL, 22. November.

Bin vorgestern in Newbury abgereist. Der Tag war kalt, aber sonnig und nicht unangenehm. Da Mr. Saltonstalls Firma ihn so nannte, überquerten wir die Fähre nach Salisbury und gelangten nach einer etwa einstündigen Fahrt zu den Wasserfällen des Powow River, wo ein großer Wasserstrahl gewaltsam die Felsen hinunter in die Dunkelheit stürzt bewaldetes Tal und mündet von dort etwa eine Meile südöstlich in den Merrimac. Es war ein wilder Anblick, das durch die Regenfälle der Jahreszeit angeschwollene Wasser schäumte und spritzte zwischen den Felsen und den Bäumen hin und her, die fast ihre Blätter verloren hatten. Wir verließen diesen Ort und fuhren weiter in Richtung Haverhill. Kurz bevor wir die Stadt erreichten, überholten wir einen Indianer, über dessen Schulter ein frisches Wolfsfell hing. Sobald er uns sah, versuchte er, sich im Gebüsch zu verstecken; Aber Mr. Saltonstall ritt auf ihn zu und fragte ihn, ob er wirklich erwarte, dass die Leute aus Haverhill ihm vierzig Schilling für die Tötung dieses Amesbury-Wolfs zahlen würden? „Woher kennen Sie den Amesbury-Wolf?" fragte der Inder. „Oh", sagte Mr. Saltonstall , „du kannst uns nicht noch einmal betrügen, Simon. Du musst ehrlich sein und keine Lügen mehr erzählen , sonst werden wir dich für deine Tricks auspeitschen lassen." Daraufhin sah der Indianer ziemlich mürrisch aus, aber schließlich flehte er Herrn Saltonstall an, nicht zu sagen, wo der Wolf getötet wurde, da die Leute von Amesbury sich nun weigerten, für jeden in ihrer Stadt getöteten Wolf zu zahlen; und da er ein armer Indianer war und seine Squaw sehr krank war und keine Arbeit verrichten konnte, brauchte er das Geld. Herr Saltonstall sagte ihm, er würde seiner Frau etwas Maismehl und Speck schicken, wenn er nach Hause käme, wenn er sie abholen würde, was er auch versprach.

Als wir losgeritten waren und ihn verlassen hatten, erzählte uns Herr Saltonstall , dass dieser Simon ein schlechter Indianer sei, der, wenn er betrunken sei, dazu neigte, frech und streitsüchtig zu sein; aber dass seine Frau für einen Wilden ein recht anständiger Körper sei, da sie lange Zeit durch harte Arbeit auf den Maisfeldern und in der Fischerei für sich, ihre Kinder und ihren faulen, mürrischen Ehemann gesorgt habe.

Haverhill liegt sehr angenehm am Flussufer; Das Land ist ungefähr hügelig und zerklüftet, aber von guter Qualität. Herr Saltonstall lebt in einem für diese Gegend stattlichen Haus, nicht weit von dem seines Schwiegervaters, des gelehrten Mr. Ward, entfernt. Madam, seine Frau, ist eine schöne, sympathische junge Frau, die nicht an die Gesellschaft gewöhnt ist. Ihr Haus wird von vielen der ersten Leute hier sowie von angesehenen Fremden aus anderen Teilen des Landes besucht. Wir hatten unser Abendessen kaum überstanden (das reichlich und schmackhaft war, da unser Hunger es sehr genossen hatte), als zwei Herren zur Tür geritten kamen; und als sie eintraten, fanden wir, dass es sich um den jungen Doktor Clark aus Boston handelte, einen Sohn des alten Arztes aus Newbury, und um einen Doktor Benjamin Thompson aus Roxbury, der, wie ich hörte, nicht wenig für seine geniale Poesie und seinen Witz berühmt ist Stücke zu vielen Themen. Außerdem war er ein Bewunderer meiner Cousine Rebecca; und als ich von ihrer Verlobung mit Sir Thomas erfuhr, schrieb ich einen äußerst verzweifelten Vers an sie, in dem er sich mit allen möglichen einsamen Dingen verglich, sodass ich ihr, als Rebecca ihn mir zeigte, sagte, ich fürchte, der arme junge Herr würde ein Ende machen für sich selbst, aufgrund seiner großen Trauer und Unruhe; worüber sie fröhlich lachte und mir sagte, ich solle keine Angst haben, denn sie kannte den Schriftsteller zu gut, um sich darüber Sorgen zu machen, denn er liebte niemanden so sehr wie sich selbst, und unter keinen Umständen würde er den Rat des Apostels an den Gefängniswärter brauchen: „Tu dir selbst nichts." Schaden." Alles, was ich als wahr empfand, war, dass er ein fröhlicher, geistreicher Mann war, der eine vortreffliche Selbstgefälligkeit besaß, was nicht so sehr verwunderlich ist , denn er wurde sehr geschmeichelt und war begehrt.

Der ausgezeichnete Mr. Ward verbrachte den Abend mit uns; ein angenehmer, geselliger alter Mann, der von seinem Volk sehr geliebt wird. Er erzählte uns viel über die frühe Besiedlung der Stadt und über die schweren Strapazen, die viele in der ersten Jahreszeit durch Kälte, Hunger und Krankheit erlitten hatten. Er glaubte jedoch, dass die heutige Generation trotz all ihrer Bequemlichkeit und ihres weltlichen Wohlstands weniger glücklich und zufrieden sei als ihre Väter; denn es gab nun ein großes Bestreben, einander in Luxus und fröhlicher Kleidung zu übertrumpfen; Der Tag des Herrn wurde nicht mehr so gut gefeiert wie früher; und das Trinken von Spirituosen und der Besuch von Ordensgemeinschaften und öffentlichen Orten nahmen stark zu. Herr Saltonstall sagte, der Krieg habe das Volk nicht wenig demoralisiert, und seit die Soldaten zurückgekehrt seien, habe es in Kirche und Staat große Unruhen gegeben. Das Gericht hatte vor zwei Jahren strenge Gesetze gegen die provozierenden Übel der Zeit erlassen: Profanität, Sabbatbruch, Alkoholkonsum und übermäßiges Feiern , lockeres und sündiges Verhalten junger und unverheirateter Menschen, Stolz auf die Kleidung, Teilnahme an Quäkerversammlungen und Vernachlässigung der Teilnahme an Gottesdiensten; aber diese Gesetze waren nie gut durchgesetzt worden; und er befürchtete, dass sich zu viele der Richter in der Lage befanden wie der niederländische Richter in der Provinz New York, der, als ihm eine Frau vorgeführt wurde, die des Raubes eines Henroost angeklagt war, seinen Bruder auf der Richterbank aufforderte, ein Urteil über sie zu fällen; denn, sagte er, wenn ich sie an den Prügelposten schicke, wird die Dirne gegen mich als ihre Komplizin aufschreien.

Doktor Clark sagte, sein Freund Doktor Thompson habe einen langen Artikel über diesen ungünstigen Zustand unserer Angelegenheiten geschrieben, den er hoffentlich bald in gedruckter Form sehen würde, da er dieser Generation einen Blick ins Gesicht halte und sie um ein Vielfaches beschäme Vergleich mit dem der vergangenen Generation. Herr Ward sagte, er sei froh, davon zu hören, und hoffe, sein genialer Freund habe das Manuskript mitgebracht; Daraufhin sagte der junge Herr, er habe es mitgenommen, in der Hoffnung, durch Mr. Wards Urteilsvermögen und seine Gelehrsamkeit davon zu profitieren, und mit Erlaubnis der Gesellschaft würde er den Prolog davon lesen. Da wir uns alle einig waren, las er Folgendes vor, was ich aus seinem Buch kopiere:

*„Die Zeiten, in denen der alte PUMPKIN ein Heiliger war,*

*Als es den Männern schlecht und doch ohne Klage erging,*

*Auf abscheulichsten Katzen; der köstliche indische Mais*

*Es wurde mit Muschelschalen aus Holztabletts gegessen,*

*Unter Strohdächern, ohne den Schrei der Miete,*

*Und die beste Soße zu jedem Gericht, zufrieden, –*

*Diese goldenen Zeiten (zu glücklich, um sie durchzuhalten)*

*Wurden aus Liebe zum Gold schnell versündigt.*

*Es war damals zwischen den Büschen, nicht auf der Straße,*

*Wenn einer an Ort und Stelle einen Untergebenen treffen würde,*

*„Guten Morgen, Bruder! Gibt es etwas, das Sie wollen?*

*„Nimm frei von mir, was ich habe, du hast es nicht .“*

*Klar, Tom und Dick würden jetzt als aktuell durchgehen,*

*Wie immer: „Ihr Diener, Herr“ und Verbeugung.*

*Wämser mit tiefen Röcken, puritanische Umhänge,*

*Was nun die Menschen zu aufrechten Affen machen würde,*

*War schönere Kleidung, dachten unsere weisen alten Väter,*

   *Als die Besetzung Mode aus ganz Europa mitbrachte.*

*Damals galt eine ehrliche Gnade*

*Bis ein heißer Pudding im Herzen kalt wurde,*

*Und Männer hatten ein besseres Gespür für Religion,*

   *Dann für Kapaun, Truthahn oder Taube;*

*Wenn ehrliche Schwestern sich trafen, um zu beten, nicht um zu schwatzen,*

*Über ihren eigenen und nicht den Staat ihrer Nachbarn,*

*Während der Herrschaft von Plain Dealing, dieser würdige Hengst*

*Von der alten Pflanzerrasse vor der Sintflut.*

„Die Zeiten waren gut: Die Kaufleute kümmerten sich nicht um Eile

Für andere Gerichte als Jonakin und Brei.

Und obwohl es den Männern sehr schwer erging und sie hart blieben,

Doch Unschuld war besser als eine Wache.

Es dauerte lange, bis es Spinnen und Würmer gab

Ihre schmuddeligen Netze oder versteckt mit betrügerischem Rasen

Die Schönheiten Neuenglands, die mir immer noch vorkamen

Berühmt durch ihre eigene Einfachheit.

Es war, bevor das benachbarte Virgin Land zerbrochen war

Ihre Schweinsköpfe sind schlimmer als höllischer Rauch;

Es war, bevor die Inseln ihre Geschenke einschickten,

Was außer dem Gebrauch der Sünde gleichkam;

Es war, bevor ein Lastkahn eine so reiche Fracht gemacht hatte

Wie Schokolade, Staubgold und Achterstücke;

Es gibt auch Weine aus Frankreich und Muscovado,

Ohne das geht das Getränk kaum.

Von den westlichen Inseln gibt es Früchte und Delikatessen

Hat die Zähne der Mägde verfault und ihre hübschen Gesichter verdorben?

Oder bevor diese Zeiten den Kriegslärm hörten

War von unseren Zinken und Herzen weit entfernt,

Dann hatten die Kirchen Ruhe: noch die Kohlen

Wurden in den meisten streitsüchtigen Seelen vertuscht;

Freiheit im Urteil, Einigkeit in der Zuneigung,

Liebe Liebe, ehrlich, sie waren unser großer Schutz.

Damals waren die Zeiten, in denen unsere Räte tagten,

Diese ernsten Prognosen für unseren zukünftigen Zustand;

Wenn diese länger bestehen bleiben, wachsen unsere Hoffnungen,

Diese Kriege werden einen längeren Frieden einläuten;

Aber wenn die Liebe Neuenglands in ihrer Jugend stirbt,

Als nächstes wird sich das Grab für die gesegnete Wahrheit öffnen.


„Dieses Thema ist veraltet; die friedlichen Stunden

Als Burgen nicht nötig waren, sondern angenehme Lauben,

Nicht Tinte, sondern Blut und Tränen dienen nun der Wende

Die Figur der Urne von New England zeichnen.

Die Stunde der Leidenschaft für Neuengland ist nahe,

Keine Macht außer der göttlichen kann ihm widerstehen.

Kaum ist ihr Glas von fünfzig Jahren leer,

    Dann drehen ihre alten, wohlhabenden Rosse die Blicke auf sich;

Sie verfolgen sich selbst zurück zu ihren schlechten Anfängen,

Sich fürchten und von den Früchten der Sünden profitieren .

Damit dieser Spiegel der christlichen Welt

Liegt teilweise zu Haufen verbrannt, ihre Luftschlangen sind zusammengerollt.

Trauer seufzt, Freuden fliehen und düstere Ängste überraschen,

Nicht nur böse Geister, sondern auch die Weisen.


„So haben die schönsten Hoffnungen das Auge getäuscht

Von den großen , geschwollenen Erwartungsmenschen, die daneben stehen

    So, das stolze Schiff, nach einer kleinen Wendung,

Versinkt in den Armen des Ozeans, um seine Urne zu finden:

    So wurde der Erbe vieler Tausend geboren

Im Nu von der Mutter zerrissen;

Schon jetzt beginnt deine kindliche Wange zu erbleichen,

Und deine Anhänger scheitern durch große Verluste.

Dies ist der Prolog zu deinem zukünftigen Leid —

Den Epilog kann noch kein Sterblicher kennen.

Herr Ward war mit den Versen sehr zufrieden und sagte, dass sie jedem Schriftsteller eine Ehre erweisen würden.

Rebecca fand die Zeilen über die lange Gnade beim Essen glücklich und sagte, sie denke an die Frau des guten Mr. Ames, der stolz auf ihre Fähigkeiten im Hausfrauen- und Kochwesen sei; Und als sie einmal sah, wie ein schönes Paar gebratener Hühner unter der langen Gnade ihres Mannes erkaltete, rüttelte sie ihn gern am Ellbogen und sagte ihm, wenn er nicht bald aufhöre, fürchtete sie, dass sie nur wenig Anlass zur Dankbarkeit für ihr verdorbenes Abendessen haben würden . Mr. Ward sagte, er sei einmal in Begleitung von Mr. Phillips aus Rowley und Mr. Parker aus Newbury gereist und habe die ganze Nacht in einem Armenhaus in der Nähe des Meeresufers übernachtet, dessen Frau zum Abendessen einen Großen ins Zimmer gebracht habe Holztablett, gefüllt mit etwas, das schön mit einem sauberen Leinentuch bedeckt ist. Es stellte sich heraus, dass es sich um ein Gericht aus gekochten Muscheln in ihrer Schale handelte; Und da Mr. Phillips sich in seinem Dank für die treffenden Zitate aus der Heiligen Schrift über die Speisen, die vor ihm auf dem Tisch standen, bemerkenswert zeigte, fragten sich Mr. Parker und er selbst sehr, was er zu diesem Gericht sagen könnte; Aber er dankte ihm ungeachtet dafür, dass das Volk des Herrn jetzt wie früher an der Fülle der Meere und den im Sand verborgenen Schätzen teilhaben konnte. „Wobei", sagte Mr. Ward, „wir es so schwer fanden, ernste Mienen zu bewahren, dass unsere gute Gastgeberin nicht wenig beunruhigt war, weil sie dachte, wir würden uns über ihre schlechte Kost lustig machen; und wir waren gern bereit, ihr den Grund für unser Verhalten zu sagen." Heiterkeit, die tatsächlich zum ungünstigen Zeitpunkt kam.

Doktor Clark sprach von Mr. Wards Vater, dem berühmten Pfarrer in Ipswich, dessen Buch „Der einfache Schuster von Agawam" große Bewunderung fand. Mr. Ward sagte, dass einige der witzigen Wendungen darin zum Zeitpunkt der Veröffentlichung großen Anstoß erregten, dass sein Vater seinen Witz jedoch niemals zum Wohle seiner Freunde verderben könne, obwohl er niemandem gegenüber böse sei und immer bereit sei um auch seinen Feinden Gutes zu tun. Einmal verärgerte er sogar seinen alten und treuen Freund, Mr. Cotton aus Boston, sehr. „Es ist so ausgefallen", sagte Herr Ward. „Als der Erzketzer und Fanatiker Gorton und seine Mannschaft in Boston im Gefängnis saßen, gingen mein Vater und Mr. Cotton zum Gefängnisfenster, um sie zu sehen; und nach einem kurzen Gespräch mit ihnen sagte er zu Gorton, wenn er es getan oder getan hätte Er sagte, er täte gut daran, alles zu widerrufen, worauf er guten Gewissens verzichten konnte, und das Gericht, davon zweifelte er nicht, würde gnädig sein; er fügte hinzu, dass es keine Herabwürdigung für ihn wäre, dies als Bester zu tun Männer waren anfällig für Fehler: So predigte beispielsweise sein Bruder Cotton hier im Allgemeinen das eine Jahr, das er im nächsten Jahr vor seiner Gemeinde öffentlich bereute.

Mr. Saltonstall erzählte eine andere Geschichte des alten Mr. Ward, die uns alle fröhlich machte. Es gab einen bekannten Antinomisten aus Boston, der viel im Land umherzog und mit allen stritt, die ihm zuhörten. Als er eines Nachts mit einem anderen seinesgleichen nach Ipswich kam, wäre er gern bei Mr. Ward geblieben ; aber er sagte ihnen, dass er in seiner Scheune kaum genug Heu und Getreide für sein eigenes Vieh hätte, und dass sie gut daran täten, ihre Pferde in den Stall zu bringen, wo sie besser versorgt würden. Aber der Kerl, der sich nicht so abschrecken lassen wollte, forderte ihn auf, darüber nachzudenken, was die Heilige Schrift über die Unterbringung von Fremden sagt, da einige dadurch unversehens Engel bewirtet hätten. „Das stimmt, mein Freund", sagte Mr. Ward, „aber wir lesen nicht, dass die Engel zu Pferd kamen!"

Der Abend verlief sehr angenehm und angenehm. Wir hatten seltene Nüsse, Äpfel und Birnen aus der Zucht von Mr. Saltonstall , wunderbar süß und köstlich. Darüber hinaus schienen unsere jungen Herren Wein und Bier von guter Qualität zu finden; denn lange nachdem wir zu unseren Betten gegangen waren, konnten wir sie unten in der großen Halle reden und lachen hören, obwohl Mr. Ward, als er sich verabschiedete, Doktor Thompson aufforderte, auf seinen eigenen Hinweis zu hören:

*„Weine aus Frankreich und Muscovado auch;"*

Darauf antwortete der junge Witzbold, dass es in der Heiligen Schrift eine Rechtfertigung dafür gäbe, dass er getrunken habe, denn es sei geboten, denen, die schweren Herzens seien, Wein zu geben. Lass ihn trinken und seine Armut vergessen und sich nicht mehr an sein Elend erinnern; und er seinerseits war kaum besser als elend gewesen, seit er von Rebeccas Verlobung erfahren hatte. Ein leichter, nachlässiger Mann, aber mit guten Eigenschaften und ein so mutiger Redner, wie ich es seit meiner Zeit in der Kolonie gehört habe.

24. November.

Mr. Wards Negerin Dinah kam gestern zu mir und sagte, dass ihr Herr mich wirklich sehen wollte. Da ich mich sehr darüber wunderte , was er wollte, ging ich mit ihr und wurde in das Arbeitszimmer geführt. Mr. Ward sagte, er habe mich zu einem Gespräch über meinen Bruder Leonard geschickt, von dem er große Angst hatte, dass er seinen Glauben ruinieren würde; und dass Mr. Richardson ihm wegen des jungen Mannes geschrieben und ihm mitgeteilt habe, dass er die Quäker in Newbury besucht habe und am Tag des Herrn sogar in Begleitung der Familie Brewster zu ihrem Konventikel in Hampton gegangen sei , bemerkten die Quäker und schimpft

. Er hatte am letzten Abend ein paar Worte mit dem Jungen geführt, aber mit geringer Befriedigung. Da ich über diesen Bericht zutiefst beunruhigt war, flehte ich ihn an, nach Leonard zu schicken, was er auch tat, und als er tatsächlich ins Zimmer kam, sagte Mr. Ward zu ihm, er möge an der Notlage seiner Schwester erkennen (denn ich war in Tränen aufgelöst). ), was für einen großen Kummer er seiner Familie und seinen Freunden bereitete, indem er in Ketzereien verfiel. Leonard sagte, es täte ihm leid, jemandem Ärger zu bereiten, am allerwenigsten seiner geliebten Schwester; dass er tatsächlich einmal zum Treffen der Quäker ging, um sich selbst ein Urteil über dieses Volk zu bilden, gegen das überall gewettert wird; und dass er sagen muss, dass er in ihrem Gottesdienst nichts gehört oder gesehen hat, was dem Evangelium widerspricht. Es wurde tatsächlich nur wenig gesagt, aber die Worte waren wohlschmeckend und biblisch. „Aber sie leugnen die Heilige Schrift", rief Mr. Ward, „und stellen über sie das, was sie das Licht nennen, und ich halte es für nichts Besseres als ihre eigenen Vorstellungen." „Ich verstehe sie nicht so", sagte Leonard; „Ich denke, dass sie die Heilige Schrift fleißig studieren und versuchen, ihr Leben an ihre Lehren anzupassen; und für das Licht, von dem sie sprechen, wird es getragen – ein Zeugnis davon nicht nur in der Bibel, sondern auch von den frühen Vätern und frommen Männern von." Es geht mir nicht darum, die Quäker für alles zu entschuldigen, was sie getan haben, noch um alle ihre Lehren und Praktiken zu verteidigen, von denen ich für viele in der Heiligen Schrift keine Rechtfertigung sehe, die ich aber für schädlich halte und der guten Ordnung widerspreche Ich muss sie als ein nüchternes, ernsthaft suchendes Volk betrachten, das wahrlich glaubt, dass es um der Gerechtigkeit willen verfolgt wird." Daraufhin schlug Mr. Ward mit seinem Stock geschickt auf den Boden, und indem er meinen Bruder streng ansah, sagte er ihm, er solle sich in Acht nehmen, wie er diese kantigen und falschen Vortäuscher rechtfertigte. „Sie sind", sagte er, „entweder traurige Schurken oder dumme Enthusiasten – sie geben vor, göttliche Offenbarung zu haben, und stellen sich als Propheten auf; wie die Rosenkreuzer und Gnostiker bekennen sie sich zu einem Wissen über Dinge, die über das hinausgehen, was die klare Schrift offenbart." Das Beste, was man von ihnen sagen kann, ist, dass sie von ihren eigenen Einbildungen getäuscht werden und Opfer eines verdorbenen Gehirns und schlechter körperlicher Gewohnheiten sind. Dann schimpfen sie gegen die Evangeliumsordnung der Kirche und gegen die Diener Christi, die uns rufen alle Arten von Söldnern, Wölfen und Heuchlern, die ihre Lästerungen gegen die Verordnungen und die gesunden Gesetze des Landes zur Unterstützung eines gesunden Dienstes und Glaubens ausstoßen, rechtfertigen durchaus die harte Behandlung, die ihnen widerfahren ist; so dass, wenn sie Nicht alle haben ihre Ohren verloren, sie danken vielleicht eher unserer Gnade als ihrer eigenen Würdigkeit, sie zu tragen. Ich verurteile sie nicht unwissentlich, denn ich habe in ihre Bücher getaucht, wo, was nicht geradezu Blasphemie und Häresie ist, mystisch und mystisch ist kabbalistisch. Sie haben einen verschwommenen und kantigen Stil, als wollten sie sich selbst vor Widerlegung bewahren, indem sie verhindern, dass sie verstanden werden. Ihre Göttlichkeit ist ein Rätsel, ein schwarzes Kunstwerk; Sie verwandeln die Heilige Schrift in Allegorien und parabolische Einbildungen und verdunkeln und verfälschen so die Wahrheit. Streiten Sie mit ihnen, und sie verfallen der Wahrsagerei; rede mit ihnen, und sie prophezeien sogleich. Dann ihre sogenannten stillen Treffen, bei denen sie vorgeben, sich zu rechtfertigen, indem sie die Offenbarung zitieren: „Es herrschte Stille im Himmel." wohingegen sie möglicherweise andere Autoritäten finden – wie zum Beispiel in Psalm 115, wo die Hölle durch Schweigen ausgedrückt wird, und im Evangelium, wo wir von einem stummen Teufel lesen. Was die Verfolgung dieser Menschen betrifft, so sind wir ihnen gegenüber, insbesondere in letzter Zeit, viel zu großzügig gewesen, und sie werden infolgedessen immer mutiger; wie zum Beispiel das Verhalten dieses schamlosen jungen Mädchens in Newbury, das vor nicht allzu langer Zeit die Kirche von Bruder Richardson mit ihren Possen störte. Sie hätte an den Wagenschwanz gefesselt und bis nach Rhode Island ausgepeitscht werden sollen.

„Sprechen Sie von Margaret Brewster?" fragte Leonard, sein Gesicht war ganz rot und seine Lippen zitterten. „Lassen Sie mich Ihnen sagen, Herr Ward, dass Sie einem der Kleinen Christi großes Unrecht getan haben." Und er rief mich, um ihre Güte und Nächstenliebe und die Tadellosigkeit ihres Lebens zu bezeugen.

„Erzählen Sie mir nicht vom tadellosen Leben eines solchen Menschen ", sagte Mr. Ward in lautem, wütendem Ton; „Es ist der Anstrich des Teufels für Häresie. Die Manichäer , die Pelagier und die Sozinianer bekannten sich alle zu großer Strenge und Heiligkeit des Lebens; und unter denen, die der Apostel erwähnt, gab es noch nie einen Ketzer, der von Speisen fastete, Sie achten auf verführerische Geister und Lehren des Teufels, bis hin zu den Quäkern, Wasseramseln und Neuen Lichtern dieser Generation, die nicht wie ihre alten Väter die Gestalt von Engeln des Lichts angenommen und ein strenges und übermäßig strenges Leben geführt haben . Ich gebe zu, dass die Quäker in ihrem Handeln ehrlich sind, große Nüchternheit und Selbstverleugnung zur Schau stellen und die Ausübung skandalöser Laster verabscheuen, indem sie gemäßigt, keusch und ernst in ihrem Verhalten sind, und dadurch instabile Seelen gewinnen, und Machen Sie ihre verabscheuungswürdigen Häresien glaubhaft. Ich warne Sie, junger Mann, achten Sie auf sie, damit Sie nicht in die Falle geraten und auf ihre Weise hineingezogen werden.

Mein Bruder wollte gerade antworten, aber da ich Mr. Ward so bewegt und verärgert sah, flehte ich ihn an, nichts mehr zu sagen; und als die

Gesellschaft hereinkam, wurde die Angelegenheit zu meiner großen Freude fallen gelassen. Um meines Bruders willen kehrte ich sehr beunruhigt und beunruhigt zurück.

28. November 1678.

Leonard hat Mr. Ward verlassen und den Gedanken aufgegeben, sich für das Ministerium zu bewerben. Für seine Freunde in England wird das ein schwerer Schlag sein. Er erzählt mir, dass Mr. Ward wütend zu ihm gesprochen habe , nachdem ich gegangen war, aber als er sich von ihm trennte, habe der alte Mann über ihn geweint und gebetet, dass der Herr ihm ermöglichen würde, seinen Fehler zu erkennen und ihn davor zu bewahren die Folgen davon. Ich habe mit meinem Bruder über seinen weiteren Lebensweg gesprochen, und er sagt mir, dass er in ein oder zwei Tagen aufbrechen wird, um Rhode Island zu besuchen, wo er einen Bekannten hat, einen gewissen Mr. Easton, der früher aus Newbury stammte. Sein Plan besteht darin, dort eine kleine Plantage zu kaufen und sich auf den Holzanbau zu begeben, von dem er nur wenig weiß, in der Überzeugung, dass er bei dieser Beschäftigung genauso glücklich sein und seinen Mitgeschöpfen genauso viel Gutes tun kann wie bei jeder anderen.

Hier fragte Cousine Rebekka, die dabei war, mit der süßen Schüchternheit, die ihr so gut steht, aufblickend, ob er wirklich daran dachte, wie ein Einsiedler allein auf seiner Plantage zu leben, oder ob er nicht ein Auge auf eine gewisse Schönheit geworfen hatte – behaarte junge Frau, geeignet, ihm Gesellschaft zu leisten. Wobei er ein wenig verstört wirkte; aber sie riet ihm, sie nicht gegen seine Aussichten zu halten, denn sie wusste schon seit einigen Wochen, dass er die junge Brewster-Frau bevorzugte, die, abgesehen von ihren enthusiastischen Vorstellungen von Religion, der Liebe eines jeden Mannes würdig war; Sie wandte sich an mich und bat mich, die Sache so zu betrachten, wie sie es tat, und mich nicht gegen die Wahl meines Bruders zu stellen, die sie in jeder Hinsicht, außer der, von der sie gesprochen hatte, aus ganzem Herzen billigen konnte. Leonard geht morgen mit uns nach Newbury zurück, damit ich die Chance habe zu erfahren, wie es um ihn steht. Der Gedanke, dass er einen Quäker heiraten würde, wäre mir vor ein paar Monaten äußerst schmerzlich gewesen; aber diese Margaret Brewster hat mich durch ihre Schönheit, Sanftmut und ihre Herzensgüte sehr gewonnen; und außerdem weiß ich, dass sie von den besten Leuten in ihrer Nachbarschaft sehr geschätzt wird.

Doktor Thompson ist heute Morgen abgereist, aber sein Freund Doktor Clark begleitet uns nach Newbury. Rebekka fand, nachdem er gegangen war, in ihrem Arbeitskorb einige Verse, die uns nicht wenig amüsierten und die ich hier abschreibe.

*„Vorbei ist der Frühling mit all seinen Blumen,*

*Und der Pomp und die Show des Sommers sind vorbei*

*Und der Herbst in seinen blattlosen Lauben*

*Wartet auf den Schnee des Winters.*


*„Ich sagte zur Erde, so kalt und grau,*

*„Ein Sinnbild meiner selbst bist du:"*

*„Nicht so", schien die Erde zu sagen,*

*„Denn der Frühling wird mein gefrorenes Herz wärmen."*


*„Ich beruhige meinen Winterschlaf mit Träumen*

*Von wärmerer Sonne und weicherem Regen,*

*Und warten Sie darauf, das Rauschen der Bäche zu hören*

*Und wieder Lieder fröhlicher Vögel.*


*„„Aber du, von dem der Frühling verschwunden ist,*

*Wem die Blumen nicht mehr wehen,*

*Wer steht da , verdorben und verlassen,*

*Wie der Herbst, der auf den Schnee wartet.*


*„Auf sonnigere Stunden gibt es keine Hoffnung,*

*Dein Winter soll nicht mehr vergehen;*

*Kein Frühling belebt deine verschwendeten Blumen wieder,*

*Auch der Sommer wärmt dein gefrorenes Herz."„*

Als Doktor Clark dies hörte, sagte er zu Rebecca, sie brauche sich die Melancholie nicht zu Herzen zu nehmen, denn er könne ihr versichern, dass keine Gefahr bestehe, dass sein Freund ihretwegen die traurige Rolle des Liebhabers in dem alten Lied von Barbara Allen spielen würde. Als Mediziner konnte er mit Sicherheit garantieren, dass er mit ganzem Herzen versorgt war; und die Gesellschaft konnte ihm bezeugen, dass der Dichter selbst dem in seinen Versen dargestellten Verzweifelten sehr wenig ähnelte.

Der Inder Simon rief heute Vormittag an, Rebecca und ich gingen in die Küche, um ihn zu sehen. Er sieht wild und grausam aus, aber er dankte

Madain Saltonstall bedankte sich für ihre Gaben in Form von Essen und Kleidung, und als Gegenleistung gab er ihr einen kleinen Korb voller merkwürdig fleckiger Dinge und sagte ihr, dass sein Herz nicht so verbittert sein würde, wenn es noch mehr wie sie gäbe.

Ich wagte es, ihn zu fragen, warum er sich so fühlte; Daraufhin richtete er sich auf, strich mit seinen Armen um sich und sagte: „Das ist alles Indianerland . Der Große Geist hat es für die Indianer geschaffen. Er hat den großen Fluss für sie geschaffen und Birken, um daraus ihre Kanus zu bauen. Alles." Die Fische in den Teichen und all die Tauben, Hirsche und Eichhörnchen machte er für die Indianer. Er machte auch Land für die Weißen, aber sie verließen es und nahmen das Land der Indianer, weil es besser war. Mein Vater war ein Häuptling, das hatte er reichlich Fleisch und Mais in seinem Wigwam. Aber Simon ist ein Hund. Wenn sie gegen Ostindianer kämpfen, versuche ich, in Frieden zu leben; aber sie sagen: „Simon, du Schurke, du gehst nicht in den Wald, um zu jagen; du bleibst zu Hause." Also Wenn Squaws gerne verhungern, erschieße ich eines ihrer Schweine, und dann peitschen sie mich. Schau!" Und er nahm die Decke von seiner Schulter und zeigte darauf die Spuren der Peitsche.

„Nun gut, Simon", sagte Herr Saltonstall , „Sie wissen, dass unsere Leute damals große Angst vor dem hatten, was die Indianer an anderen Orten getan hatten, und sie fürchteten, Sie würden sich ihnen anschließen. Aber jetzt ist alles vorbei, und." Du hast den ganzen Wald für dich allein, und wenn du von starken Getränken ganz abgesehen hättest, würdest du gut daran tun.

„Wer macht starkes Getränk?" fragte der Indianer mit einem hässlichen Blick. „Wer nimmt die Biberfelle und den Mais des Indianers dafür? Sagen Sie mir das, Kapitän."

Mit diesen Worten legte er seinen Rucksack auf den Rücken, rief einen armen, mageren Hund, der seine hungrige Nase in Madams Töpfe und Kessel steckte, und ging los, um mit sich selbst zu reden.

NEWBURY, 6. Dezember.

Wir sind gestern Abend aus Haverhill zurückgekommen, Doktor Clark begleitete uns, er hatte geschäftlich in Newbury zu tun. Als wir an der Tür ankamen, begegnete uns Effie mit einem schüchternen Blick und erzählte ihrer Herrin, dass Mrs. Prudence (die jungfräuliche Cousine des Onkels) im Ostzimmer eine Schlägerei mit einem alten Freier gehabt hatte; und sicherlich fanden wir unsere alte Verwandte und Diakon Dole, einen Witwer seit drei Jahren, am Abendbrottisch sitzen. Wir bemerkten, dass der Diakon einen steifen neuen Mantel trug; und was Tante Prudence betrifft (so wurde sie in der Familie genannt), so war sie in ihre tapferste Kleidung gekleidet und hatte eine schöne Mütze auf dem Kopf. Sie schienen beide durch unser Kommen ein wenig beunruhigt zu sein, aber nachdem uns Teller serviert worden waren, setzten wir uns zu ihnen. Nach dem Abendessen ließ Rebekka im Zimmer des Onkels ein Feuer anzünden, wohin wir uns auch begaben; Da wir uns sehr über den Besuch von Deacon Dole freuten, kam uns plötzlich der Gedanke, dass es nicht schaden würde, die Uhr im Eingangsbereich eine Weile stehen zu lassen und die beiden alten Leute einen langen Abend daraus machen zu lassen. Nach einer Weile machte sich Rebecca auf den Weg ins Ostzimmer, um zu sehen, wie die Dinge liefen, und als sie zurückkam, sagte sie, dass die beiden auf derselben Couch am Feuer saßen und rauchten – eine Pfeife Tabak. Außerdem funktionierte unser törichter Trick gut, denn als Tante Prudence endlich in den Eingang kam, um auf die Uhr zu schauen, hörten wir, wie sie dem Diakon sagte, dass es erst kurz nach acht sei, obwohl es in Wirklichkeit schon fast zehn war. Nicht lange danach ertönte ein lautes Klopfen an der Tür, und als Effie zu Bett gegangen war, öffnete Rebecca sie. Als sie sah, wen außer der Witwe Hepsy Barnet, der Haushälterin von Deacon Dole, und mit ihr den Sohn des Deacons, Moses, und der Pfarrer, Mr. Richardson, mit einer Laterne in der Hand! „Meine Güte", sagt die Frau mit sehr düsterer Miene, „haben Sie etwas vom Diakon gesehen?" Zu diesem Zeitpunkt waren wir alle an der Tür, unter anderem der Diakon und Tante Prudence, als Moses, wie ein großer Lümmel, wie er ist, seine Wollmütze abnahm , sie in die Luft warf und rief: „Da, Goody." Barnet, habe ich dir das nicht gesagt? Da ist jetzt Vater!" Und die Witwe hob beide Hände und sagte, sie habe in all ihren Lebensjahren noch nie etwas Ähnliches gesehen, wie einen Mann von den Jahren und der Stellung des Diakons, der sich davonschlich, ohne den Leuten zu sagen, wo sie nach ihm suchen sollten; Dann wandte sie sich an die arme Mrs. Prudence und sagte, sie wisse seit langem, dass manche Leute schlau und listig seien, und sie sei froh, dass Mr. Richardson hier sei, um sich selbst davon zu überzeugen. Woraufhin Tante Prudence voller Erstaunen sagte, es sei kaum nach acht, wie man an der Uhr erkennen könne; Aber Mr. Richardson, der kaum ein ernstes Gesicht behalten konnte, zog seine Uhr heraus, sagte, es sei nach zehn und ließ ihr vermerken, dass die Uhr angehalten sei. Er erzählte Diakon Dole, dass er, da er Goody Barnet so besorgt um ihn sah, angeboten habe, sie ein Stück zu begleiten, und dass er froh sei, dass der Fehler bei der Uhr liege. Der Diakon, der wie jemand in einem Labyrinth gestanden hatte, setzte seinen Hut auf, schnappte sich seinen Stock und ging weg, mit einem schuldbewussten Gesichtsausdruck, als wäre er bei einem Einbruch erwischt worden, während die Witwe ihn die ganze Zeit schimpfte. Als wir uns das Lachen kaum verkneifen konnten, schüttelte Mr. Richardson, der einen Moment zögerte, den Kopf über Rebecca und sagte ihr, er befürchte, ihrem Aussehen nach zu urteilen, sie sei ein ungezogenes Mädchen, das Gefallen an den Problemen anderer Leute habe. Nachdem alles vorbei war, schämten wir uns beide und bedauerten unser Unheil; und die arme Herrin Prudence ist so zutiefst beschämt, dass sie Rebecca heute Morgen gesagt hat, sie solle Diakon Doles Namen ihr gegenüber nicht noch einmal erwähnen, und dass Witwe Hepsy ihm willkommen sei, da er so gemein sei, dass er sich von ihr regieren lasse, wie sie es tue .

8. Dezember.

Gestern bin ich auf Wunsch meines Bruders tatsächlich mit ihm zum Haus von Goodman Brewster gegangen, wo ich von der jungen Frau und ihren Eltern freundlich empfangen wurde. Nach einigem Zögern fand ich eine Möglichkeit, vertraulich mit ihr zu sprechen, um die Achtung meines Bruders für sie zum Ausdruck zu bringen und ihr zu versichern, dass ich dem wirklich und aus freien Stücken zugestimmt habe; während ich hoffte, sowohl für ihn als auch für sie, dass sie, soweit es mit ihrer Pflichtvorstellung vereinbar wäre, es unterlassen würde, irgendetwas zu tun oder zu sagen, was sie in Schwierigkeiten mit den Richtern und den Autoritäten bringen könnte. Sie sagte, dass sie für meine Freundlichkeit ihr gegenüber sehr dankbar sei und dass das, was ich sagte, eine große Erleichterung für sie sei; Denn als sie meinen Bruder zum ersten Mal traf, fürchtete sie, dass seine Freundlichkeit und sein Mitgefühl ihr eine Falle stellen könnten; und dass sie darüber hinaus sehr beunruhigt gewesen sei, damit sie durch ihre Ermutigung nicht nur ihr eigenes Gewissen verletzen, sondern auch Ärger und Schande über jemanden bringen könnte, der ihr, wie sie gestand, nicht nur in äußerlicher Hinsicht lieb war , aber aufgrund dessen, was sie tat, erkannte sie ein unschuldiges und reines inneres Leben in seinen Gesprächen und seinem Verhalten. Sie hatte ernsthaft versucht, ihr Verhalten dabei, wie in allen Dingen, an die Gedanken ihres göttlichen Meisters anzupassen; und was meine Vorsicht gegenüber Autoritätspersonen anbelangt, wusste sie nicht, was der Herr von ihr verlangen würde, und sie konnte nur alles in Seine Hände legen und sich sogar damit abfinden, den süßen Trost menschlicher Zuneigung zu verleugnen und ihn anzunehmen das Kreuz täglich, wenn Er es täte. „Dein Besuch und deine freundlichen Worte", fuhr sie fort, „haben eine große Last von mir genommen. Der Weg scheint vor mir offener zu sein. Der Herr segne dich für deine Güte."

Sie sagte dies mit so viel Zärtlichkeit im Geiste und gleichzeitig mit solch einnehmender Süße in Blick und Stimme, dass ich sehr bewegt war, und ich drückte sie in meine Arme, küsste sie und forderte sie auf, mich als ihre liebe Schwester anzusehen .

Die Familie bedrängte uns, wir blieben zum Abendessen, und ich setzte mich schweigend an den Tisch und wollte gerade mit meinem Bruder sprechen, aber er machte ein Zeichen, um mich zurückzuhalten, und ich schwieg, obwohl ich damals nicht wusste, warum. Also saßen wir alle eine Weile still da, was, wie ich später herausfand, die Art dieser Leute bei ihrem

Essen ist. Das Abendessen war einfach, aber äußerst köstlich: warme Roggenbrote mit Butter und Honig, Schüsseln mit süßer Milch und geröstete Äpfel. Goodwife Brewster, die in ihrer Haltung und ihrem Reden deutlich über ihrem Ehemann (der ein einfacher, ungebildeter Mann ist) stand, unterhielt sich sehr freundlich mit uns, und Margaret schien sich umso wohler zu fühlen, je länger wir blieben.

Auf dem Rückweg trafen wir Robert Pike, der aus dem Osten zurückgekehrt war. Er sagte, Rebecca Rawson habe ihm gerade erzählt, wie die Dinge mit Leonard stünden, und er sei sehr erfreut, von seiner Aussicht zu hören. Er kannte Margaret Brewster seit seiner Kindheit, und in dieser Gegend gab es kaum jemanden, der ihr in puncto Sanftmut und Lieblichkeit in Person und Geist gleichkam; und wenn sie zehnmal Quäkerin wäre, stand es ihm frei, dies in ihrem Namen zu sagen. Ich bin mehr und mehr davon überzeugt, dass Leonard in dieser Angelegenheit nicht unklug gehandelt hat, und akzeptiere seine Entscheidung freudig, weil ich glaube, dass sie im Auftrag dessen liegt, der alles gut macht.

BOSTON, 31. Dezember.

Es fehlen nur noch zwei Stunden bis Mitternacht und das Ende des Jahres. Die Familie liegt alle im Bett, und ich kann nichts hören außer dem Knistern des Feuers, das jetzt tief im Kamin brennt, und dem Ticken der Uhr in der Ecke. Da das Wetter scharf und frostig ist, rührt sich niemand auf den Straßen, und die Bäume und Büsche im Hof sehen, wenn sie von ihren Blättern befreit sind, über dem weißen Schnee, mit dem der Boden bedeckt ist, so düster aus, dass man meinen könnte, sie hätten es getan dass alle Dinge mit dem Jahr sterben müssen. Aber von meinem Fenster aus kann ich die Sterne mit wunderbarer Helligkeit am klaren Himmel leuchten sehen, und ihr Anblick gibt mir die Gewissheit, dass Gott immer noch über das Werk seiner Hände wacht und dass er zu gegebener Zeit die Blumen erscheinen lassen wird auf der Erde und die kommende Zeit der singenden Vögel und die Stimme der Schildkröte, die im Land gehört werden soll. Und während ich hier allein war, musste ich an die vielen Gnaden denken, die mir auf meinen Reisen und meinem Aufenthalt in einem fremden Land zuteil wurden, und an ein Gefühl der wunderbaren Güte Gottes mir gegenüber und denen, die mir am Herzen liegen Ich habe hier und anderswo mein Herz mit Dankbarkeit erfüllt; Und wie man in alter Zeit Gedenksteine an den Ufern der Erlösung aufstellte, so wollte ich zu dieser Zeit in meinem armen Tagebuch sozusagen eine ähnliche Säule der Dankbarkeit zum Lob und zur Ehre Ihm errichten der sich so gütig um seine unwürdige Magd gekümmert hat.

16. Januar 1679.

Ich bin gerade aus Reading zurückgekommen, einer kleinen Stadt zehn oder zwölf Meilen außerhalb von Boston, wohin ich mit meinem Onkel und meiner Tante Rawson und vielen anderen ging, um an der Stelle des würdigen Herrn Brock der Priesterweihe von Mr. Brock beizuwohnen. Hough, kürzlich verstorben. Da das Wetter klar war und die Reise gut war, versammelte sich eine große Menschenmenge. Wir blieben bei den gewöhnlichen Waren stehen, die unserer Meinung nach nahezu gefüllt waren; Aber Onkel bekam durch Schelten und Überreden ein kleines Zimmer für Tante und mich, mit einem sauberen Bett, was mehr war, als wir uns erhoffen konnten. Die Geistlichen, von denen es viele und angesehene Geistliche gab (darunter auch Herr Mather und Herr Wilson aus Boston und Herr Corbet aus Ipswich), waren bereits im Haus eines der Diakone zusammen. Am nächsten Morgen war es ein ziemlicher Anblick, die Menschen aus den Nachbarstädten kommen zu sehen und ihre seltsamen Kleider zu bemerken, die tatsächlich in allen möglichen Formen erhältlich waren, von Seide und Samt bis hin zu gröbster, selbstgesponnener Wolle, gefärbt mit Hemlocktanne oder Ölnuss Rinde und so schlecht sitzend, dass, wenn sie alle ihre Kleider auf einen Haufen geworfen hätten und dann jeder den Mantel oder das Gewand aufgegriffen hätte, was gerade zur Hand war, sie nicht schlechter hätten sitzen können. Dennoch waren sie alle sauber und ordentlich, und vor allem die jungen Leute sahen überaus glücklich aus, da es für sie ein berühmter Feiertag war. Die jungen Männer kamen mit ihren Schwestern oder ihren Liebsten auf Soziussitzen hinter ihnen; und schon bald herrschte im Alltag und in allen umliegenden Häusern ein lauter Lärm von fröhlichem Reden und Gelächter. Das Versammlungshaus war schon lange vor Beginn der Gottesdienste gefüllt. Auf den Vordersitzen saßen zahlreiche ehrenwerte Leute, unter ihnen der ehrwürdige Richter Simon Broadstreet , der seit dem Tod von Mr. Leverett als stellvertretender Gouverneur fungiert ; der ehrenwerte Thomas Danforth; Herr William Brown aus Salem; und andere von Bedeutung, deren Namen ich nicht erinnere, alle mit ihren Frauen und Familien, tapfer gekleidet . Die Predigt wurde von Herrn Higginson aus Salem gehalten, die Anklage wurde von Herrn Phillips aus Rowley gehalten und die rechte Hand der Gemeinschaft von Herrn Corbet aus Ipswich. Als wir zu unserem Gasthaus zurückkamen, fanden wir im Hof eine große Schar junger Hahnenkämpfer , die Mr. Corbets Neger Sam mit einem Stück Leder, das in Form einer Brille geschnitten war, auf dem Dach eines Fasses erwischt hatten rittlings auf seiner Nase stand er da, schwang seine Arme und predigte nach der Art seines Herrn, wobei er seinen Ton und sein Benehmen sehr geschickt nachahmte, zur großen Freude und Heiterkeit der jungen Schurken, die ihn anlockten. Wir standen eine Weile in der Tür, um ihm zuzuhören, und um die Wahrheit zu sagen, er machte seine Sache wunderbar, er war ein Kerl mit guten Rollen und viel Humor. Aber gerade als er den Teufel beschrieb und seinen grinsenden

Zuhörern sagte, dass er nicht wie ein Schwarzer, sondern wie ein Weißer sei, versetzte ihm der alte Mr. Corbet, der hinter ihn getreten war, einen heftigen Schlag mit seinem Stock, woraufhin Sam hat geweint,-

„Wage es, dass er es jetzt ist!" worüber alle in Gelächter ausbrachen.

„Sie Schlingel", sagte Mr. Corbet, „kommen Sie mit Ihnen runter; ich werde Ihnen beibringen, mich mit dem Teufel zu vergleichen."

„Entschuldigung, Massa !" sagte Sam, stieg von seiner Kanzel herunter und rieb sich die Schulter. „Woher glaubst du, dass Sam dich kennt? Er sieht nichts; er fühlt nur das Lecken."

„Du wirst es wieder spüren", sagte sein Meister und versetzte ihm einen heftigen Schlag, dem Sam ausweichen konnte.

„Nein, Bruder Corbet", sagte Mr. Phillips, der bei ihm war, „Sams Fehler war doch nicht so seltsam; denn wenn Satan sich in einen Engel des Lichts verwandeln kann, warum nicht in das Ebenbild solch unwürdiger Geistlicher wie Ihnen?" und ich."

Dies versetzte den alten Pfarrer in gute Laune, und Sam entkam ohne weitere Strafe als eine ernste Ermahnung, sich in Zukunft ehrfürchtiger zu verhalten. Als Mr. Phillips einige seiner jungen Leute in der Menge sah, tadelte er sie scharf für ihre Torheit, worüber sie sich nicht wenig schämten.

Da das Gasthaus sehr überfüllt und ziemlich laut war, waren wir nicht abgeneigt, der Einladung des Gastgebers des Ordinationsessens Folge zu leisten und dort mit den Ehrengästen zusammenzusitzen. Zusammen mit anderen aus der jüngeren Klasse wartete ich, bis die Pfarrer und älteren Menschen mit dem Essen fertig waren. Unter denen, die am zweiten Tisch saßen, war ein kecker, gesprächiger Junge, ein Sohn von Mr. Improve Mather, der, obwohl erst sechzehn Jahre alt, letztes Jahr seinen Abschluss am Harvard College machte und für seine gute Gelehrsamkeit und seinen lebhaften Witz bekannt ist . Er erzählte einige seltene Geschichten über Herrn Brock, den ordinierten Pfarrer, und über die wunderbare Wirksamkeit seiner Gebete. Er erwähnte unter anderem, dass Herr Brock, als er auf den Isles of Shoals lebte, die Menschen dort überredet habe, zuzustimmen, einen Tag im Monat neben dem Sabhath mit religiösen Gottesdiensten zu verbringen. Nun war es der Zufall, dass es einmal eine lange Saison mit stürmischem, rauem Wetter gab, das zum Angeln ungeeignet war; und als der Tag kam, der festgesetzt worden war, erwies es sich als so überaus schön, dass seine Gemeinde tatsächlich wünschte, er solle die Versammlung verschieben, damit sie fischen könnten. Herr Brock versuchte vergeblich, mit ihnen zu argumentieren und die Pflicht aufzuzeigen, zuerst das Reich Gottes zu suchen, wenn alle anderen Dinge dazu kommen sollten, aber die Mehrheit beschloss, die Versammlung zu verlassen. Daraufhin rief er ihnen nach:

„Und ihr, die ihr die Anbetung Gottes vernachlässigen wollt, geht und fängt Fische, wenn ihr könnt." Es waren dreißig Männer, die so gingen, und nur fünf blieben zurück, und zu ihnen sagte er: „Ich werde den Herrn für dich beten, dass du Fische fängst, bis du müde bist." Und es geschah so, dass die dreißig den ganzen Tag schufteten und nur vier Fische fingen; Die fünf aber, die bei der Versammlung blieben, gingen hinaus, als der Gottesdienst zu Ende war, und fingen fünfhundert; und seitdem nahmen die Fischer an allen Sitzungen zur Ernennung des Ministers teil. Ein anderes Mal verlor ein armer Mann, der sich nützlich gemacht hatte, indem er Menschen in seinem Boot zu einer Versammlung brachte, dasselbe in einem Sturm und beklagte seinen Verlust bei Herrn Brock. „Geh nach Hause, ehrlicher Mann", sagte der Minister. „Ich werde Ihren Fall dem Herrn vortragen: Sie werden Ihr Boot morgen wieder haben." Und tatsächlich, schon am nächsten Tag zog ein Schiff in der Nähe der Stelle, an der das Boot gesunken war, seinen Anker hoch und zog das Boot des armen Mannes sicher und unversehrt hinter sich her.

Nach dem Abendessen fuhren wir zurück nach Boston, aber die Fahrt war ziemlich kalt, vor allem nach Einbruch der Nacht, als ein scharfer Nordwind in starken Böen wehte, der uns fast betäubte. Etwas außerhalb von Reading überholten wir auf der Straße ein altes Ehepaar; Der Mann war vom Pferd gefallen, und seine Frau versuchte vergeblich, ihn wieder aufzurichten. Also half ihm der junge Mr. Richards, der bei uns war, wieder auf den Sattel und sagte seiner Frau, sie solle ihn vorsichtig halten, da ihr alter Mann zu viel Butter getrunken hatte. Daraufhin ging die gute Frau mit abscheulicher Zunge auf ihn los und sagte ihm, dass ihr alter Mann kein anderer als Diakon Rogers aus Wenham sei und ein so guter und frommer Heiliger, wie es ihn nur aus dem Himmel gäbe; und es stand einem jungen, frechen Lebemann und Schurken nicht zu, ihn der Trunkenheit zu bezichtigen, und es wäre nicht mehr als sein Verdienst, wenn die Bären ihn tatsächlich fressen würden, bevor er nach Boston kam. Da ganz klar war, dass die Frau selbst von dem Becher gekostet hatte, verließen wir sie und ritten weiter, wobei sie uns fast außer Hörweite schimpfte. Als wir nach Hause kamen, trafen wir auf Cousine Rebecca, die wir mit einer Erkältung zurückgelassen hatten und deren Gesundheitszustand sich deutlich verbessert hatte. Sie saß aufrecht und erwartete uns.

21. Januar 1679.

Onkel Rawson kam heute in großer Leidenschaft nach Hause, rief mich zu sich und fragte mich, ob auch ich zum Quäker werden und mich der Prophezeiung hingeben würde? Worüber ich nicht wenig erstaunt war; und als ich ihn fragte, was er meinte, sagte er: „Dein Bruder Leonard ist zu ihnen gegangen, und ich wage zu behaupten, dass du ihm folgen wirst, wenn einer der Scherze auf die Idee kommen sollte, dass du ihn zu einer anständigen

Frau machen würdest." oder Firmeninhaber, denn zwischen ihnen gibt es nie eine ehrliche Ehe. Dann sah er mich streng an und fragte mich, warum ich ihm diese Angelegenheit verheimlichte und so zuließ, dass der törichte junge Mann in die Schlingen Satans verstrickt wurde. Worauf ich so sehr betrübt war, dass ich kein Wort antworten konnte.

„Du kannst wohl weinen", sagte mein Onkel, „denn du hast Böses getan. Was deinen Bruder betrifft, so wird er gut daran tun, dort zu bleiben, wo er in den Plantagen ist; denn wenn er von mir hierher kommt, werde ich es tun." Sparen Sie ihm kein bisschen; und wenn ich ihn nicht selbst züchtige, dann deshalb, weil der Konstabler es am Wagenheck besser kann. So wahr der Herr lebt, es wäre mir lieber gewesen, er wäre Türke geworden!"

Ich versuchte, ein Wort für meinen Bruder zu sagen, aber er unterbrach mich sofort und befahl mir, seinen Namen in seiner Gegenwart nicht noch einmal zu erwähnen. Ich armer! Ich habe jetzt niemanden hier, mit dem ich frei sprechen kann, da Rebecca zu ihrer Schwester in Weymouth gegangen ist . Unten ist mein junger Cousin Grindall mit seinem Studienfreund Cotton Mather; aber ich möchte ihren Gesprächen nicht zuhören, und die Tante ist mit ihren Dienern in der Küche beschäftigt, so dass ich sogar mit meinen Gedanken allein sitzen muss, die in der Tat nur traurige Gesellschaft sind.

Das kleine Buch, das ich aus Maine mitgebracht habe und das ein Geschenk des jungen Mr. Jordan war und das ich streng versteckt in meinem Koffer aufbewahrt habe, war für mich heute kein geringer Trost, denn es ist reich an Süßem und Gutem Gedanken, obwohl derjenige, der sie geschrieben hat, ein Mönch war. Besonders in meiner schlechten Verfassung waren diese Worte für mich ein Trost: –

„Was du an dir selbst oder an anderen nicht ändern kannst, ertrage es mit Geduld, bis Gott etwas anderes bestimmt . Wenn dir der Trost genommen wird, verzweifle jetzt nicht. Stehe mit ausgeglichenem Geist hin und ergeben dich dem Willen Gottes, was auch immer passieren wird, denn nach dem Winter." Es kommt der Sommer; nach der dunklen Nacht erstrahlt der Tag, und nach dem Sturm folgt eine große Stille. Suche nicht nach Trost, der dir die Gnade der Buße rauben wird; denn nicht alles, was hoch ist, ist heilig, und nicht alles, was angenehm ist, ist gut ; noch ist jeder Wunsch rein; noch ist das, was uns gefällt, immer angenehm in den Augen Gottes.

23. Januar.

Das Wetter ist bitterkalt und es liegt viel Schnee. Durch einen Brief aus Newbury, den mir Mr. Sewall überbracht hat, der gerade von diesem Ort zurückgekehrt ist, erfahre ich, dass Goodwife Morse als Hexe vor Gericht gestellt werden muss. Mr. Sewall erzählt mir, dass die Frau jetzt im Bostoner Gefängnis sitzt. Was Caleb Powell betrifft, so wurde er freigelassen, da es keinen Beweis für seine böse Tat gibt. Da er jedoch Anlass zum Verdacht gab, indem er sich seiner Fähigkeiten in der Astrologie und Astronomie rühmte, erklärte das Gericht, dass er es zu Recht verdient, seine eigene Schande und die Kosten seiner Strafverfolgung und Unterbringung im Gefängnis zu tragen.

Mr. Sewall erzählt mir, dass Deacon Dole gerade seine Haushälterin, die Witwe Barnet, geheiratet hat, und dass Moses sagt, er hätte vor seinem Vater nie gewusst, dass er bei einem Handel das Schlimmste bekommen würde.

30. Januar.

Robert Pike hat heute Morgen angerufen und mir einen Brief von meinem Bruder und einen von Margaret Brewster mitgebracht. Er war auf den Providence Plantations und in Rhode Island und berichtet gut von den Aussichten meines Bruders, der eine schöne Farm und ein fast fertiges Haus hat, wobei die Nachbarn, größtenteils Quäker, ihm dabei viel zur Seite standen. Der Brief meines Bruders bestätigt diesen Bericht über seinen zeitlichen Zustand, obwohl ein großer Teil davon mit der Verteidigung seiner neuen Lehren beschäftigt ist, für die er auf geniale Weise viele Passagen der Heiligen Schrift in Erinnerung ruft. Da Margarets Brief kurz ist, kopiere ich ihn hier:

DIE Plantagen, 20. des 1. Mo., 1679.

„LIEBERER FREUND, ich grüße dich mit großer Liebe aus diesem neuen Land, wo der Herr in der Wildnis einen Tisch für uns gedeckt hat. Hier ist eine gute Gruppe von Freunden, die danach streben, den Geist der Wahrheit zu erkennen und zu leben Dadurch wurden sie von den Herrschern des Landes in Gunst und Ansehen gehalten und so in Frieden gelassen, um Gott nach ihrem Gewissen anzubeten. Da das ganze Land mit Schnee bedeckt war und das Wetter extrem kalt war, können wir kaum viel darüber sagen natürliche Gaben und Vorzüge unserer neuen Heimat; aber sie liegt an einem kleinen Fluss, und es gibt fruchtbare Wiesen und alte Maisfelder der Indianer und gute Wasserquellen, so dass mir gesagt wurde, dass es ein begehrenswerter und angenehmer Ort ist in der warmen Jahreszeit. Meine Seele ist voller Dankbarkeit, und ein süßer innerer Frieden ist mein Teil. Schwere Dinge werden mir leicht gemacht; dieser Wüstenort mit seinen einsamen Wäldern und winterlichen Schneefällen ist wunderschön in meinen Augen. Denn hier sind wir Seien Sie nicht mehr die starrenden Blicke der unhöflichen Menge, wir werden nicht länger von unseren Versammlungen gejagt und als Hexen und Besessene beschimpft. Oh, wie oft wurden wir bisher aufgefordert, das Gebet eines früheren Menschen zu wiederholen: „Lass mich nicht in die Hände von Menschen fallen." Süß war die Veränderung in dieser Hinsicht, jenseits der Kraft der Worte, sie auszudrücken; Und angesichts der uns erwiesenen Barmherzigkeit bleibt uns nichts anderes übrig, als die Worte Davids zu wiederholen: „Lob ist schön, ja, es ist eine freudige und angenehme Sache, dankbar zu sein." Es ist gut, dem Herrn zu danken und deinen Namen zu lobsingen, o Allerhöchster! um deine Güte am Morgen und deine Treue jeden Abend zu zeigen.

„Du hast zweifellos gehört, dass dein lieber Bruder gemäß unserer Überzeugung den Weg der Wahrheit erkennen durfte und in die Gemeinschaft mit uns aufgenommen wurde. Ich fürchte, das war eine Prüfung für dich; aber, liebes Herz, geh Es liegt in den Händen des Herrn, dessen Werk ich wirklich schätze. Du brauchst auch nicht zu befürchten, dass die Achtung deines Bruders vor dir dadurch gemindert wird, denn sie wird vielmehr durch ein gewisses Maß an göttlicher Liebe zunehmen, die bisher vorhanden ist vom Zerstören reinigt und stärkt es nur die natürlichen Neigungen.

„Denke also gütig an deinen Bruder, denn seine Liebe zu dir ist sehr groß; und auch an mich, so unwürdig ich auch bin, um seinetwillen. Und so mit Grüßen der Liebe und des Friedens, denen sich meine liebe Mutter anschließt , ich bleibe deine liebevolle Freundin, MARGARET BREWSTER.

*„Die Morse-Frau, wie ich höre, ist in Ihrem Gefängnis, um wegen einer Hexe vor Gericht gestellt zu werden. Sie*

*ist ein armes, schwaches Geschöpf, aber ich weiß nichts von ihr und glaube ihr*

*in Bezug auf die Probleme in ihrem Haus eher albern als böse zu sein.*

*Ich befürchte, dass sie in dieser kalten Jahreszeit im Gefängnis sehr leiden wird*

*alt und schwach, und muss dich unbedingt bitten, dich nach ihr zu erkundigen*

*Zustand.*

*„MB"*

10. Februar.

Als Onkel Rawson heute über Goody Morse spricht, sagt er, dass sie seiner Meinung nach als Hexe verurteilt wird, da es viele Zeugen aus Newbury gibt, die gegen sie aussagen. Tante schickte dem alten Geschöpf ein paar warme Decken und andere Notwendigkeiten, die sie dringend brauchte, und Rebecca und ich haben eines von Tantes alten Kleidern umgestaltet, damit sie es tragen kann, da sie selbst nichts Anständiges hat. Herr Richardson, ihr Pfarrer, hat sie seit ihrer Haftzeit zweimal besucht; aber er sagt, sie sei in ihrer Sünde verhärtet und werde nichts davon bekennen.

14. Februar. Der berühmte Mr. John Eliot, der gerade mit meinem Onkel zu tun hatte, verbrachte die letzte Nacht bei uns, ein wahrhaft würdiger Mann, der aufgrund seiner großen Arbeit unter den heidnischen Indianern der wichtigste unserer Apostel genannt werden kann. Er brachte einen jungen Indianerjungen mit, den Sohn eines angesehenen Mannes unter seinem Volk, sehr klug und hübsch und hübsch gekleidet nach der Mode seines Stammes. Dieser Junge hat einen guten Verstand, liest und schreibt und hat ein gewisses Verständnis der Heiligen Schrift; Tatsächlich wiederholte er das Vaterunser auf eine erbauliche Weise.

der verehrungswürdige Major Gookins zu uns zum Abendessen eintrat, wurde viel über die Angelegenheiten der Provinz gesprochen. Sowohl der Major als auch sein Freund Eliot waren große Verfechter der Rechte und Freiheiten des Volkes und äußerst eifersüchtig auf die Herrschaft des Hauses Regierung, und in dieser Angelegenheit stimmte mein Onkel ihnen völlig zu. In besonderer Weise beklagte sich Major Gookins darüber, dass die Handelsgesetze den Interessen der Kolonie schadeten und ihnen seiner Meinung nach nicht unterworfen werden dürfe, da die Gesetze Englands durch die vier Meere begrenzt seien und dies nicht zu Recht der Fall sei Amerika erreichen. Er las einen Brief vor, den er von Mr. Stoughton, einem der Agenten der Kolonie in England, hatte und der zeigte, wie sie von Zeit zu Zeit unter dem einen oder anderen Vorwand vertröstet worden waren, ohne dass sie eine Anhörung bekommen konnten; und nun beschäftigte die päpstliche Verschwörung dort alle Köpfe so sehr, dass Plantagenangelegenheiten traurigerweise vernachlässigt wurden; aber so viel war sicher, die Gesetze zur Regulierung des Handels mussten von Massachusetts genehmigt werden, wenn wir einem völligen Verstoß entgehen wollten. Mein Onkel schlug dabei mit der Hand hart auf den Tisch und sagte, wenn alle bei Verstand wären, würden sie den Verstoß niemals beachten; Er fügte hinzu, dass er seine Rechte als freigeborener Engländer gemäß der Magna Charta kenne, die es zu seinem Privileg erklärte, bei der Ausarbeitung von Gesetzen eine Stimme zu haben. wohingegen die Massachusetts keine Stimme im Parlament hatten und ihnen Gesetze von Fremden aufgezwungen wurden.

„Ich für meinen Teil", sagte Major Gookins , „halte das Buch unseres Bruders Eliot über das christliche Commonwealth, das das Gericht beim Einzug des Königs so schnell verurteilte, dennoch für eine fundierte und zeitgemäße Abhandlung." Der Autor selbst hat es in gewisser Weise dementiert."

„Ich habe die falschen und aufrührerischen Lehren, die ihm zur Last gelegt werden, wahrhaftig verurteilt und geleugnet", sagte Herr Eliot, „abgesehen von dem Buch selbst, das richtig verstanden wurde und ein wenig hitzigen Diskurs und gewisse voreilige und unüberlegte Worte darin berücksichtigte."

, ich habe nie einen Grund zur Reue gesehen. Ich stimme voll und ganz mit dem überein, was mein beklagter Freund und Mitarbeiter, Mr. Danforth, sagte, als ihm gesagt wurde, dass der König in Boston proklamiert werden sollte: „Welche Regierungsform auch immer abgeleitet werden mag." aus der Schrift, der wir uns um des Gewissens willen beugen wollen, und dabei nicht vergessen, dass der Apostel gesagt hat: „Wenn du frei bist, nutze es lieber."

Mein Onkel sagte, dies sei gut über Herrn Danforth gesagt worden, der ein würdiger Gentleman und ein wahrer Freund der Freiheiten der Kolonie sei; und er bat Rebecca, einige geniale Verse zu lesen, die er in einem seiner Almanache geschrieben hatte, die sie vor nicht allzu langer Zeit abgeschrieben hatte, und in denen er Neuengland mit einem schönen Baum oder einer schönen Pflanze vergleicht . Daraufhin las Rebekka sie wie folgt vor :

*„Er war ein geschickter Landwirt, der brachte*

*Diese unvergleichliche Pflanze hat von weitem und hier gesucht*

*Ein Ort, an dem man es aufstellen kann; und um seinetwillen*

*Die Wildnis macht ein angenehmes Land.*


*„Mit freundlicher Miene lächelt Phoebus zu*

*Die zarten Knospen und Blüten, die daran hängen;*

*An der Wurzel dieses Baumes sitzt Astrea und singt:*

*Und bewässert es, woher die aufrichtige Gerechtigkeit entspringt,*

*Der jedes Jahr Gesetze und Freiheiten hervorbringt*

*Dass niemand durch seinen Willen oder seinen Verstand tyrannisiert werden darf.*

*Diese Raubvögel, die irgendwann unterdrückt haben*

*Und befleckten das Land mit ihrem schmutzigen Nest,*

*Gerechtigkeit verabscheut und hofft, sie eines Tages zu finden*

*Eine Möglichkeit, alle Versprechensbrecher in Bedrängnis zu bringen.*

*An der Spitze dieses Baumes hängt die angenehme Freiheit,*

*Nicht gesehen in Österreich, Frankreich, Spanien, Italien.*

*Wahre Freiheit ist dort reif, wo alle bekennen*

*Sie mögen tun, was sie wollen, das Böse retten.*

*Frieden ist eine weitere Frucht, die dieser Baum trägt,*

*Die bedeutendste Girlande, die das Land trägt,*

*Das sich über alle Dächer, Städte und Felder ausbreitet,*

*Und stopft das Kissen für jeden müden Kopf.*

*Es blühte einst in Europa, aber jetzt ist es nicht mehr verschwunden,*

*Und froh, eine Villa in der Wüste zu finden.*

*Die verlassene Wahrheit, die Tochter der Zeit, wächst Hier,-*

*Kostbarere Früchte, die jemals ein Baum hervorgebracht hat, —*

*Dessen angenehmer Anblick in der Höhe hat viele satt,*

*Und was herunterfällt, wirft den Irrtum auf den Kopf."*

Nach einiger Zeit fand Rebecca einen Weg, den guten Mr. Eliot in einen Bericht über seine Arbeit und Reisen unter den Indianern sowie über ihre Lebensweise, Zeremonien und Traditionen einzubeziehen, und sagte ihm, dass ich in dieser Gegend ein Fremder sei. und neugierig auf solche Dinge. Daher wandte er sich sehr freundlich an mich und beantwortete alle Fragen, die ich ihm zu stellen wagte. Und als er zunächst die Powahs berührte , von denen ich viel gehört hatte, sagte er, sie seien offensichtlich Hexen und solche, die vertraute Geister hätten; aber seit das Evangelium hier gepredigt wurde, sei ihnen ihre Macht weitgehend verloren gegangen. „Mein alter Freund, Passaconaway , der Häuptling der Merrimac-River-Indianer", sagte er, „war vor seiner glücklichen und wunderbaren Bekehrung ein bekannter Powah und Zauberer böse, und es war ein Wunder, dass der Herr sein Leben verschonte und ihn nicht mit seinen Blitzen tötete. Und als ich ihn drängte, mir zu sagen, wie er ein Powah geworden sei , sagte er, er wolle nicht darüber sprechen. aber er erzählte es mir trotzdem. Seine Großmutter erzählte ihm viele Dinge über die guten und bösen Geister, und in besonderer Weise über den Abomako oder Chepian , der die Form einer Schlange hatte und die Ursache von Krankheit und Schmerz war , und von allen möglichen Übeln. Und es geschah so, dass er einmal, als er in der Wildnis jagte, drei Tagesreisen von zu Hause entfernt, sich verirrte und lange Zeit ohne Nahrung umherirrte, und als die Nacht hereinbrach, Er glaubte, Stimmen von Männern zu hören, die sich unterhielten; aber als er sich der Stelle näherte, von der der Lärm kam, konnte er nichts außer den Bäumen und Felsen sehen; und dann sah er tatsächlich ein Licht, wie von einem Wigwam in einiger Entfernung, aber als er darauf zuging, entfernte es sich, und als er ihm folgte, wurde er in einen trostlosen Sumpf geführt, voller Wasser, Schlangen und Dornengestrüpp; und als er sich in einer so traurigen Lage befand, dachte er an alles, was er von bösen Dämonen gehört hatte, und an Chepian , der, wie er nicht zweifelte, die Ursache seiner Not war. Als er schließlich eine kleine Anhöhe im Sumpf erreichte, legte er sich unter einen Hemlocktannebaum und schlief schrecklich müde ein. Und er träumte einen Traum, der folgender Art war :

„Er meinte, er sähe eine große Schlange aus dem Sumpf heraufkriechen und auf ihrem Schwanz unter einem hohen Ahornbaum stehen; und er meinte, die Schlange hätte zu ihm gesprochen und ihm gesagt, er sei guten Mutes, denn er würde ihn sicher führen aus dem Sumpf und mache ihn zu einem großen Häuptling und Powah , wenn er zu ihm bete und ihn als seinen Gott anerkenne. Alles, was er versprach, zu tun; und als er am Morgen aufwachte, sah er den Ahorn vor sich -Baum, unter dem er in seinem Traum die Schlange gesehen hatte, und als er auf die Spitze kletterte, sah er in großer Entfernung den Rauch eines Wigwams, auf den er zuging, und fand einige seiner eigenen Leute, die eine reichliche Mahlzeit kochten vom Wildbret. Als er nach Patucket zurückkam , erzählte er seiner Großmutter seinen Traum, die sich sehr freute, und ging von Wigwam zu Wigwam und erzählte dem Stamm, dass Chepian ihrem Enkel erschienen sei. So feierten sie ein großes Fest und tanzten , und er wurde fortan als Powah angesehen . Kurz darauf, als eine Frau des Stammes krank wurde, wurde er gerufen, um sie zu heilen, was er tat, indem er zu Chepian betete und ihr die Hände auflegte; und zu verschiedenen anderen Zeiten half ihm der Teufel bei seinen Zaubereien und Hexereien.

Ich fragte Herrn Eliot, ob er von Frauen wisse, die Powahs seien . Er gestand, dass er niemanden kannte; was umso seltsamer war , als die Alte Schlange in christlichen Ländern häufig Instrumente ihres Handwerks bei den Frauen fand.

Auf meine Frage, welche Vorstellung die Heiden von Gott und einem zukünftigen Staat hätten, sagte er, dass sie bereitwillig zustimmen würden, wenn er ihnen über den großen und wahren Gott, der alle Dinge erschaffen hat, sowie über Himmel und Hölle rede. Sie sagten, ihre Väter hätten es ihnen so beigebracht; aber als er zu ihnen von der Zerstörung der Welt durch Feuer und der Auferstehung des Körpers sprach , wollten sie nicht darauf hören, denn sie geben vor zu glauben, dass der Geist des Verstorbenen sofort nach dem Tod zu den Glücklichen übergeht Jagdgründe für gute Indianer oder in die kalten und trostlosen Sümpfe und Berge, wo die bösen Indianer verhungern und erfrieren und alle möglichen Strapazen erleiden müssen.

Es gab, wie uns Herr Eliot erzählte, einen berühmten Powah , der, als er in dieser indischen Stadt nach Punkapog kam , den Leuten dort erzählte, dass ein kleiner Kolibri tatsächlich zu ihm gekommen sei und ihn angepickt habe, als er es tat alles, was falsch war, und singe ihm süß, wenn er etwas Gutes tat oder die richtigen Worte sprach ; Als er Herrn Eliot zu Ohren kam, ließ er ihn vor der Gemeinde bekennen, dass er mit der Gestalt des Vogels nur das Gefühl meinte, das er in seinem eigenen Geist für richtig und falsch hatte. Darüber hinaus war dieser Kerl überaus gerissen und stellte oft schwer zu beantwortende Fragen über die Erschaffung des Teufels und den Sündenfall des Menschen.

Ich sagte ihm, dass es meiner Meinung nach eine große Genugtuung für ihn sein müsse, die Früchte seiner langen Arbeit und seines Leidens für diese Menschen miterleben zu dürfen, in der hoffnungsvollen Bekehrung so vieler von ihnen zum Licht und Wissen der Welt Evangelium; Darauf antwortete er, dass seine armselige Arbeit zwar sehr gesegnet gewesen sei, aber alles das Werk des Herrn sei, und er könne wirklich sagen, dass er angesichts der großen Nöte dieser wilden Menschen und ihrer Dunkelheit und ihrem Elend das Gefühl habe, dass er hatte keineswegs alle seine Pflichten ihnen gegenüber erfüllt. Er sagte auch, dass der Herr immer dann, wenn er Gefahr lief, sich durch das Lob der Menschen oder durch die Eitelkeit seines eigenen Herzens aufblähen zu lassen, ihn dadurch erniedrigen und demütigen konnte, dass er einige seiner Leute in ihr Land zurückfallen ließ alte heidnische Bräuche. Darüber hinaus war der Krieg ein schlimmes Übel für die indischen Kirchen, da einige wenige von ihnen von Philipp dazu verleitet wurden, sich ihm bei seinen Verbrennungen und Massakern anzuschließen , und dies führte dazu, dass sogar die Friedlichen und Unschuldigen heftig verdächtigt und beschimpft wurden als Betrüger und Mörder. Arme, harmlose alte Männer und fromme Frauen waren von unseren Soldaten beschossen und getötet worden, ihre Wigwams niedergebrannt, ihre Familien zerstreut und gezwungen worden, beim Feind Schutz zu suchen; Ja, viele christliche Indianer, so glaubte er, seien als Sklaven an die Barbados verkauft worden , was er als große Sünde und als Schande für unser Volk ansah. Major Gookins sagte, dass unter den Menschen nun ein besseres Gefühl gegenüber den Indianern herrsche; Damals wurde er wegen seiner Freundlichkeit ihnen gegenüber und wegen seiner Verurteilung ihrer Unterdrücker auf der Straße beschimpft und gesteinigt, was große Lebensgefahr mit sich brachte.

Nach einigen weiteren Gesprächen verließen unsere Gäste uns. Mr. Eliot lud mich freundlicherweise ein, seine Indianergemeinde in der Nähe von Boston zu besuchen, damit ich mir selbst ein Bild von ihrem Zustand machen konnte.

22. Februar 1679.

Das Wetter änderte sich plötzlich von einem warmen Regen und Nebel zu einer scharfen, klaren Kälte, und die Bäume ein Stück vom Haus entfernt leuchteten gestern Abend so wunderbar hell im Licht des Mondes, das jetzt fast voll ist, dass es mir am liebsten war auf den Hügel hinauszugehen, um sie zu bewundern. Und wahrlich, es war kein schlechter Anblick, jeden kleinen Zweig mit Eis bedeckt zu sehen und wie Silberarbeiten oder Kristalle glitzernd zu sehen, wenn die Mondstrahlen sie trafen. Darüber hinaus war die Erde mit gefrorenem Schnee bedeckt, glatt und hart wie Marmor, durch den die langen Binsen, die Haselnüsse und Königskerzen und die trockenen Grashalme tapfer standen und frostbedeckt waren. Und wenn man nach oben schaute, waren da die dunklen Wipfel immergrüner Bäume wie Hemlocktannen, Kiefern und Fichten, sternenübersät und mit Glitzer besetzt, als wären sie von einem großen Regen geschmolzenen Kristalls benetzt. Nachdem ich dieses seltene Vergnügen und Schauspiel der Natur bewundert und bestaunt hatte, sagte ich, es störte mich an dem, was die Spanier und Portugiesen über die großen Inkas von Guayana erzählen, die auf der Insel Puna einen Garten der Freude hatten, den sie gewohnt waren Beeilen Sie sich, wenn sie die Luft des Meeres genießen wollten, in der es allerlei Kräuter und Blumen und Bäume gab, die seltsam aus Gold und Silber gefertigt und so poliert waren, dass ihr überaus strahlender Glanz die Augen der Betrachter blendete.

„Nein", sagte der würdige Mr. Mather, der uns begleitete, „es sollte meiner Meinung nach eher daran erinnern, was der Offenbarer über die Heilige Stadt gesagt hat. Ich habe nie eine so wunderbare Darstellung der natürlichen Welt außerhalb gesehen." Ich erinnere mich an die Beschreibung der Herrlichkeit dieser Stadt, die von Gott aus dem Himmel herabgekommen ist und die Herrlichkeit Gottes hatte, und ihr Licht gleich einem kostbarsten Stein, ja gleich einem Jaspisstein, klar wie Kristall. Und an den Bau der Mauer Es war aus Jaspis, und die Stadt war aus reinem Gold wie klares Glas. Und die zwölf Tore waren aus zwölf Perlen, und jedes einzelne Tor war aus einer Perle, und die Straße der Stadt war aus reinem Gold wie durchsichtiges Glas.

„Noch nie war ein Königspalast so erleuchtet und geschmückt", fuhr Herr Mather fort, als wir nach Hause gingen. „Es scheint Gottes Absicht zu sein, zu zeigen, wie er sich selbst in der Arbeit seiner Hände verherrlichen kann, selbst in dieser Zeit der Dunkelheit und des Todes, wenn alles versiegelt ist und es keine Blumen, keine Blätter und keine verderblichen Bäche gibt." , um von seiner Güte zu sprechen und sein Lob zu singen. Wahrlich, es wurde gesagt: „Er tut große Dinge, die wir nicht begreifen können." Denn er sagt zum Schnee: Sei du auf der Erde; ebenso zum kleinen Regen und zum großen Regen Seiner Stärke. Er versiegelt die Hand eines jeden Menschen, damit alle Menschen sein Werk erkennen. Dann gehen die Tiere in ihre Höhlen und bleiben an ihren Plätzen. Aus dem Süden kommt der Wirbelsturm und aus dem Norden kommt die Kälte . Durch den Hauch Gottes wird der Frost gegeben und die Breite des Wassers verengt."

10. März.

Ich leide nun schon seit vielen Tagen an einer starken Erkältung und Rippenfellentzündung, obwohl ich dank Gottes Segen für die eingesetzten Mittel nahezu schmerzfrei und auch von einem lästigen Husten weitestgehend befreit bin. In dieser Krankheit habe ich die Gesellschaft und die freundliche Betreuung meiner lieben Cousine Rebecca nicht vermisst, was wirklich ein großer Trost war. Sie erzählt mir heute, dass der Zeitpunkt für ihre Hochzeit mit Sir Thomas feststeht, was mich nicht wenig erfreut hat, da ich in ihrer Begleitung in mein Heimatland zurückkehren soll. Ich sehne mich sehr danach, die lieben Freunde wiederzusehen, von denen mich viele Monate und ein großer Ozean getrennt haben.

Cousine Torrey aus Weymouth kam gestern herein und brachte ein sehr aufgewecktes und hübsches indisches Mädchen mit, eine aus Mr. Eliots Herde vom Natick-Volk. Sie war nach englischer Art gekleidet , außer dass sie anstelle von Schuhen Leggings, sogenannte Mokassins, trug, die mit den Federn eines Tieres namens Stachelschwein verziert waren und mit kleinen schwarzen und weißen Muscheln behängt waren. Ihr Haar, das überaus lang und schwarz war, hing ihr direkt über den Rücken, war von der Stirn gescheitelt und wurde von einem mit Federkielen und Federn besetzten Birkenrückenstreifen festgehalten, der ihren Kopf umgab. Sie spricht gut Englisch und kann sowohl etwas schreiben als auch lesen. Zu meiner Belustigung erkundigte sich Rebekka viel über die betenden Indianer; Und als sie wissen wollte, ob sie in keiner Weise zu ihren alten Bräuchen und Gottesdiensten zurückkehrten, erzählte uns Wauwoonemeen (so wurde sie von ihrem Volk genannt), dass sie immer noch ihren Keutikaw oder Tanz für die Toten abhielten ; und dass die Minister, obwohl sie es nicht versäumten, davon abzuraten, es doch nicht ganz verboten hätten, da es nur ein bürgerlicher Brauch des Volkes und kein religiöser Ritus sei. Dieser Tanz fand normalerweise am Ende von zwölf Monden nach dem Tod eines ihrer Mitglieder statt und beendete die Trauer. Die eingeladenen Gäste bringen Geschenke für die Hinterbliebenenfamilie mit: Wampum, Biberfelle, Mais, Erdnüsse und Wildbret. Diese Geschenke werden einem zu diesem Zweck bestimmten Redner übergeben, der sie einzeln entgegennimmt und den Trauergästen überreicht, mit einer Ansprache, in der er sie bittet, sich durch diese Zeichen der Nächstenliebe trösten zu lassen und zu vergessen ihre Sorgen. Danach setzen sie sich zum Essen hin und sind fröhlich zusammen.

Nun hatte es einen Zufall gegeben, dass bei einer Keutikaw- Veranstaltung in diesem Winter zwei Männer erkrankt waren und am nächsten Tag gestorben waren; und obwohl Mr. Eliot, als er davon erfuhr, die Schuld dafür auf ihr hartes Tanzen schob, bis sie in großer Hitze waren, und dann in den Schnee und die scharfe Luft liefen, um sich abzukühlen, dachten viele, dass sie wurden schlecht behandelt und vergiftet. Deshalb wurden zwei bekannte alte Powahs aus Wauhktukook am großen Fluss Connecticut geholt, um die

Mörder zu finden. Dann versammelten sich diese armen Heiden in einem großen Wigwam, wo die alten Zauberer es unternahmen, mit ihren Zaubersprüchen und Beschwörungen die unsichtbaren Mächte in dieser Angelegenheit zu befragen. Ich fragte Wauwoonemeen , ob sie wisse, wie sie bei dieser Gelegenheit geübt hätten; Daraufhin sagte sie, dass nur Männer im Wigwam sein dürften, dass sie aber das Klopfen von Stöcken auf dem Boden und das Stöhnen und Heulen und düstere Gemurmel der Powahs hören könne und dass sie sich mit einer anderen jungen Frau auf den Weg machte Als ich durch ein Loch hinten im Wigwam spähen wollte, sah ich eine große Menge Menschen auf dem Boden sitzen und die beiden Powahs vor dem Feuer, die aufsprangen, sich auf die Brust schlugen und ganz furchtbar die Augen verdrehten.

„Aber was ist dabei herausgekommen?" fragte Rebecca. „Hat der böse Geist, den sie so anriefen, gegen sich selbst ausgesagt, indem er sagte, wer seine Werkzeuge für sein Unheil waren?"

Das Mädchen sagte, sie habe noch nie von einem Fund der Giftmörder gehört, falls es solche überhaupt gäbe. Sie erzählte uns außerdem, dass viele der besten Leute des Stammes sich nicht an dem Geschäft beteiligen würden, da sie es für sündhaft hielten; und dass die Hauptdarsteller von den Ministern sehr getadelt wurden und sich dafür so sehr schämten, dass sie die Powahs aus dem Dorf vertrieben, die Frauen und Jungen sie jagten und sie mit Stöcken und gefrorenem Schnee schlugen, so dass sie sich mit den Powahs befassen mussten Wälder in einer traurigen Lage.

Wir gaben dem Mädchen einige kleine Schmuckstücke und ein schönes Stück Stoff als Schürze, worüber sie sich sehr freute. Wir waren alle entzückt von ihren guten Gesichtszügen, ihrem süßen Gesicht, ihrer Redegewandtheit und ihrem schnellen Witz und waren davon überzeugt, dass die Natur keinen Unterschied zwischen Europa und Amerika in Bezug auf Blut, Geburt und Körper kennt , wie wir in Apostelgeschichte 17 lesen, aus dem Gott gemacht hat ein Blut, die ganze Menschheit. Mir gefiel besonders ein Ausspruch dieses genialen, aber schismatischen Mannes, Mr. Roger Williams, in dem kleinen Buch, das er in England in indischer Sprache herausgab :

> *„rühme dich nicht, stolzer Engländer, deiner Herkunft und deines Blutes,*
>
> *Dein Bruder Indianer ist von Geburt an ebenso gut;*
>
> *Aus einem Blut machte Gott ihn und dich und alle,*
>
> *So weise, so fair, so stark, so persönlich.*
>
> *„Von Natur aus ist Zorn sein Teil, dein, nicht mehr;*

15. März.

Ein Meister O'Shane , ein irischer Gelehrter, von dem meine Cousins hier die lateinische Sprache gelernt haben, kam gestern Abend herein und war überaus fröhlich, als er Rebecca und mich allein vorfand (Onkel und Tante waren gerade zu Besuch bei Mr. Atkinson). er unterhält uns selten mit seinen Geschichten und Liedern. Rebecca erzählt mir, dass er, wie ich mir gut vorstellen kann, ein gelehrter Mann ist, aber dass er starke Getränke zu gern trinkt, als es ihm gut tut, und dass er dadurch die Gunst vieler der ersten Familien hier verloren hat, die ihn früher beschäftigt hatten. Es gab eine Ballade, von der er sagt, sie sei von ihm selbst geschrieben worden und sie handelte vom Verkauf der Tochter eines großen irischen Lords als Sklavin in diesem Land, die mir sehr gefiel; und als ich um eine Kopie davon bat, brachte er es mir heute Morgen in schöner Hand. Ich schreibe es in mein Tagebuch, da ich weiß, dass es Oliver gefallen wird, der neugierig auf solche Dinge ist.

KATHLEEN.

*O NORAH, stell deinen Korb hin,*

*Und ruhe deine müde Hand aus,*

*Und komm und hör mir zu, wie ich ein Lied singe*

*Von unserem alten Irland.*


*Es gab einen Lord von Galaway ,*

*Er war ein mächtiger Herr;*

*Und er heiratete eine zweite Frau,*

*Eine Magd von niedrigem Rang.*


*Aber er war alt und sie war jung,*

*Und so, in böser Absicht,*

*Sie backte das Schwarzbrot für seine Verwandten,*

*Und fütterte ihr eigenes mit Weiß.*

Sie peitschte die Mägde und ließ den Kern verhungern,

Und vertrieb die Armen;

„Ah, wehe mir!" Der alte Herr sagte:

„Ich bereue mein Schnäppchen!"


Dieser Herr hatte eine schöne Tochter,

Geliebter von Alt und Jung,

Und jeden Abend um die Scheunenfeuer

Von ihr sang der Gaukler.


„So süß und gut ist die junge Kathleen

Wie Eva vor ihrem Fall;"

So sang der Harfner auf der Messe,

Also spielte er im Saal.


„Oh, komm zu mir, meine liebe Tochter!

Komm setz dich auf mein Knie,

Für deinen Blick in dein Gesicht, Kathleen,

Wie ich sehe, gehört es deiner Mutter!"


Er glättete und glättete ihr Haar,

Er gab ihr einen schönen Kuss auf die Stirn;

„Es ist die Stirn meiner geliebten Mary,

Es sind die Haare meines Schatzes!"


Oh, dann sprach die wütende Dame,

„Steh auf, steh auf", sagte sie,

„Ich werde dich über Irland verkaufen,

Ich werde dich über das Meer verkaufen!“

Sie schnitt ihr glänzendes Haar ab,
Dass niemand in ihrem Rang es wissen könnte;
Sie nahm ihr Seidenkleid weg,
Und gab ihr eins von zwei,

Und schickte sie nach Limerick
Und an einen Seemann verkauft
Diese Tochter eines irischen Lords
Für zehn gute Pfund Gold.

Den Herrn schlug er an seiner Brust,
Und sein Bart war so grau;
Aber er war alt und sie war jung,
Und so setzte sie sich durch.

    Sicher, in derselben Nacht heulte die Banshee
Um die böse Dame zu erschrecken,
Und die Feenleute, die Kathleen liebten,
Mit Trauerfackeln kamen.

Sie beobachtete, wie sie durch die Bäume blickten,
Und schimmert den Hügel hinunter;
Sie krochen vor die Tür des Totengewölbes,
Und da standen sie alle still!

„Steh auf, alter Mann! Die Wachlichter leuchten!“
„Du mörderische Hexe“, sagte er,

*„Also bin ich deine Zunge los, das ist mir egal*

*Wenn sie für dich oder mich leuchten.*


*„Oh, wer bringt meine Tochter zurück,*

*Mein Gold und mein Land soll es haben!"*

*Oh, dann sprach sein hübscher Page,*

*„Kein Gold und kein Land, nach dem ich mich sehne!*


*„Aber gib mir deine Tochter, Liebling,*

*Gib mir die süße Kathleen,*

*Sei sie auf See oder sei sie an Land,*

*Ich werde sie zu dir zurückbringen.*


*„Meine Tochter ist eine geborene Dame,*

*Und du von niedrigem Grad,*

*Aber sie wird an diesem Tag deine Braut sein*

*Du bringst sie zu mir zurück.*


*Er segelte nach Osten, er segelte nach Westen,*

*Und weit und lange segelte er,*

*Bis er nach Boston kam,*

*Über das große Salzmeer.*


*„Oh, hast du die junge Kathleen gesehen,*

*Die Blume Irlands?*

*Ihr werdet sie an ihren so blauen Augen erkennen,*

*Und bei ihrer schneeweißen Hand!"*


*Ein alter Mann sagte : „Ich weiß*

Das Mädchen, das du meinst;
Ich habe sie von einem Limerick-Mann gekauft,
Und sie heißt Kathleen.


„Sie hat keine Geschicklichkeit in der Hausarbeit,
Ihre Hände sind weich und weiß,
Doch gut durch liebevolle Blicke und Art
Sie tut, was sie kostet.“


Also gingen sie durch die Stadt Boston,
Und traf eine Jungfernmesse,
Ein kleiner Korb auf ihrem Arm
So schneeweiß und kahl.


„Komm her, Kind, und sag: „Hast du?“
Haben Sie diesen jungen Mann jemals gesehen?
Sie weinten in den Armen des anderen,
Der Page und die junge Kathleen.


„ Oh, gib mir dieses liebe Kind,
Und nimm meinen Geldbeutel voller Gold.
„Nein, nicht von mir“, sagte ihr Meister,
„Soll die süße Kathleen verkauft werden?


„Wir haben sie an ihrer Stelle geliebt
Der Herr hat früh ta'en ;
Aber da ihr Herz in Irland liegt,
Wir geben sie wieder zurück!“

*Oh, dafür die Heiligen im Himmel*

*Denn seine arme Seele wird beten,*

*Und Maria, Mutter, wäscht sich mit Tränen*

*Seine Häresien weg.*


*Sicherlich wohnen sie jetzt in Irland;*

*Wenn Sie Claremore hinaufgehen*

*Ihr werdet ihr Schloss herabblicken sehen*

*Die angenehme Küste von Galway.*


*Und die Frau des alten Herrn ist tot und verschwunden,*

*Und ein glücklicher Mann ist er,*

*Denn er sitzt neben seiner eigenen Kathleen,*

*Mit ihrem Liebling auf seinem Knie.*


*1849.*

27. März 1679.

Verbrachte gestern Nachmittag und Abend bei Mr. Mather, mit Onkel und Tante, Rebecca und Sir Thomas, und Mr. Torrey aus Weymouth und seiner Frau; Herr Thacher , der Minister des South Meeting, und Major Simon Willard von Concord waren ebenfalls anwesend. Es gab viele Diskussionen über bestimmte Antinomianer, deren lockere und skandalöse Lehren in Bezug auf Werke scharf verurteilt wurden, obwohl Herr Thacher andererseits glaubte, dass die Gefahr bestehen könnte, in den Irrtum der Sozinianer zu verfallen, die so viel Wert darauf legen Werke, dass sie keine Bedenken haben, den Glauben geringzuschätzen und geringzuschätzen. Herr Torrey erzählte von einigen Antinomianern, die sich skandalöser Sünden schuldig gemacht hatten, sich aber dennoch rechtfertigten und behaupteten, dass sie nicht mehr unter dem Gesetz stünden. Sir Thomas zog Rebecca und mich in eine Ecke des Zimmers, sagte, er sei der vielen Diskussionen überdrüssig, und begann, etwas zu erzählen, was ihm bei einem späten Besuch bei den Leuten von New Haven widerfuhr. Unter anderem erzählte er uns, dass, während er dort war, eine neunzehnjährige Magd wegen ihres Lebens vor Gericht gestellt wurde, weil ihre Eltern sich darüber beschwert hatten, dass sie ihren Befehlen nicht gehorchten und sie beschimpften; dass die Mutter des Mädchens zunächst entschieden gegen sie auszusagen schien; Doch als sie ein paar Worte gesprochen hatte und der Angeklagte mit bitterem Wehklagen schrie, dass sie in ihrer Jugend durch die Worte ihrer eigenen Mutter zerstört werden sollte, milderte die Frau ihre Aussage so sehr, dass das Gericht im Zweifel darüber war Angelegenheit, beriet sich mit den anwesenden Ministern darüber, ob sich das angeklagte Mädchen zu Recht der Strafe unterworfen hatte, die in Deut für hartnäckige und rebellische Kinder vorgeschrieben ist. xxi. 20, 21. Es wurde angenommen, dass dieses Gesetz gemäß den Worten des Textes speziell für einen rebellischen Sohn galt und dass eine Tochter danach nicht getötet werden konnte; Dem stimmte das Gericht zu und das Mädchen wurde nach einer Ermahnung freigelassen. Daraufhin, erzählte uns Sir Thomas, rannte sie schluchzend in die Arme ihrer Mutter, die sich über sie freute, als sei sie von den Toten auferstanden, und sich darüber hinaus mächtig Vorwürfe machte, sie in so große Gefahr gebracht zu haben, indem sie sich über ihren Ungehorsam gegenüber der Mutter beklagte Richter.

Major Willard, ein freundlicher, gesprächiger Mann, wird von Mr. Thacher im Zusammenhang mit seiner Reise nach New Hampshire im Jahr 1952 mit dem gelehrten und frommen Mr. Edward Johnson im Gehorsam gegenüber einem Befehl des Generals einige Fragen gestellt Court gab uns für die Entdeckung des nördlichsten Teils des Flusses Merrimac eine kleine Geschichte davon, von der ich einige Teile für bemerkenswert hielt. Die Gesellschaft, bestehend aus den beiden Kommissaren, zwei Landvermessern und einigen Indianern als Führern und Jägern, brach etwa Mitte Juli von Concord auf und folgte dem Fluss, an dem Concord liegt, bis sie zu den großen Wasserfällen des Merrimac kam , in Patucket , wo sie im Wigwam eines dort ansässigen Häuptlings der Indianer freundlich bewirtet wurden. Dann gingen sie weiter zu den Wasserfällen des Amoskeag , einem berühmten Urlaubsort der Indianer, und lagerten am Fuße eines Berges im Schatten einiger großer Bäume, wo sie den nächsten Tag, den Sabhath , verbrachten . Herr Johnson las einen Teil des Wortes Gottes vor, und es wurde ein Psalm gesungen, während die Indianer in einer sehr ehrfurchtsvollen Weise etwas abseits auf dem Boden saßen. Sie gingen dann nach Annahookline , wo sich einige indianische Maisfelder befanden, und von dort über ein wildes, hügeliges Land bis zum Kopf des Merrimac, an einem Ort, den die Indianer Aquedahcan nannten , wo sie den Breitengrad beobachteten und ihre Namen festlegten auf einem großen Felsen, mit dem des verehrten Gouverneurs John Endicott. Hier war der große Winnipiseogee- See , so groß wie eine englische Grafschaft, mit vielen Inseln darauf, sehr grün mit Bäumen und Weinreben und voller Eichhörnchen und Vögel. Sie verbrachten zwei Tage am Auslass des Sees, einen davon am Sabhath , einem wunderbar stillen, ruhigen Tag im Mittsommer. „Es ist seltsam", sagte der Major, „aber es ist so, dass, obwohl seit diesem Tag ein

Vierteljahrhundert vergangen ist, es immer noch sehr frisch und süß in meiner Erinnerung ist. In meinen Überlegungen habe ich oft... Ich scheine wieder einmal mit meinen drei englischen Freunden unter den Buchen von Aquedahcan zu sitzen , und ich sehe tatsächlich die Indianer am Seeufer hocken, um ein Feuer herum, ihre Gerichte kochen, und deren Rauch sich zwischen ihnen windet Bäume über ihren Köpfen; und jenseits davon ist der große See und seine Inseln, einige groß und andere sehr klein, und die Berge, die sich auf der anderen Seite erheben und deren bewaldete Gipfel im stillen Wasser wie in einem Glas sichtbar sind. Und Dennoch scheine ich ein Gespür für den Duft der Blumen zu haben, die es dort in Hülle und Fülle gab, und für die Erdbeeren, von denen das alte indische Maisfeld in unserer Nähe rot war, da sie damals reif und köstlich im Geschmack waren. Es scheint, auch, als ob ich das Bellen meines Hundes und das Geplapper der Eichhörnchen und den Gesang der Vögel in den dichten Wäldern hinter uns hören könnte; und darüber hinaus die Stimme meines Freundes Johnson, als er sich an diese Worte des 104. Psalms erinnerte: „Segne den Herrn, o meine Seele!" der dich mit Licht bedeckt wie mit einem Gewand; der den Himmel wie einen Vorhang ausspannt ; der die Balken seiner Gemächer ins Wasser legt ; der die Wolken zu seinem Wagen macht ; und wandelt auf den Flügeln des Windes!' Ach ich! Ich werde diese Stimme nie mehr wirklich hören, es sei denn, durch Gottes Barmherzigkeit wird mir gestattet, mich den Heiligen des Lichts in Lob und Dank an stillen Wassern und auf grüneren Weiden als denen von Aquedahcan anzuschließen .

„Er war in der Tat ein strahlendes Licht", sagte Herr Mather, „und angesichts seines Verlustes und des Verlustes anderer Würdenträger in Kirche und Staat können wir wie in alter Zeit durchaus sagen: „Hilf, Herr, für den frommen Mann." hört auf !"

Major Willard sagte, dass die Werke von Herrn Johnson ihn wirklich lobten, insbesondere das Denkmal seiner Frömmigkeit und Gelehrsamkeit, „Die Geschichte Neuenglands; oder die wundertätige Vorsehung des Erlösers von Sion ", in dem er sich in Versen und Schriften zeigte Prosa, ein Arbeiter, der sich nicht schämen sollte. Es gab ein Stück, das Herr Johnson auf Birkenrinde an der Spitze des Merrimac schrieb, während der Reise, von der er gesprochen hatte, das nie gedruckt worden war, das aber diese Ehre mehr verdiente als viele der Reime, mit denen das Land jetzt gibt es reichlich . Herr Mather sagte, er habe damals das Stück Rinde in seinem Besitz gehabt, auf das Herr Johnson geschrieben habe; und als wir es sehen wollten, brachte er es uns, und da wir die Schrift darauf nicht richtig erkennen konnten, las er es wie folgt vor :

Dieser einsame See liegt wie ein Meer zwischen den Bergen, und wie ein Glas zeigt er ihre Formen und spiegelt die Wolken und den Himmel wider.

Gott legt die Balken seiner Kammern darin, damit alle seine Kräfte es wissen, und Er hält die Winde in seiner Faust, sonst würde er die Show verderben.

Der Herr hat diese Wildnis mit Wiesen, Bächen und Quellen gesegnet und sie wie einen Garten mit grünen und wachsenden Dingen bepflanzt; Und erfüllte die Wälder mit gesundem Fleisch und erfüllte die Luft mit Vögeln und besäte das Land mit Blumen und Kräutern und seltenen Früchten des Duftes.

Aber hier kennen ihn die Nationen nicht und kommen und gehen die Tage, Ohne ein Morgengebet zu Ihm oder ein Abendlied des Lobes; Die Heiden fischen auf dem See oder jagen in den Wäldern nach Fleisch, und wie die Tiere danken sie nicht für das Nötigste zum Essen.

Sie tanzen in Scham und Nacktheit, wobei man schreckliche Schreie hören kann, und wie Hunde machen sie Lärm oder kreischende Eulen in ihrer Nähe. Jeder Stamm, wie Micha, hält seinen Priester oder seine listigen Powah ; Ja, Zauberer, die wie früher murmeln und gucken.

Eine verfluchte und böse Rasse, die Satan in die Irre führt und ihnen die Hoffnung Christi raubt, wodurch er sie tatsächlich arm macht; Sie halten das Wasser und die Hügel und Wolken und Sterne für ihre Götter; denn weil es ihnen an Glauben mangelt, glauben sie nur, was sie sehen.

Doch Gott schenkt ihnen immer wieder seine Sonne und seinen Regen und lässt auch alle ihre Erntefelder und köstlichen Früchte reifen. Für sie macht er Hirsche und Elche, für sie schwimmen die Fische, und alle Vögel in den Wäldern und in der Luft sind schöne Geschenke von ihm.

Ja, mehr; Für sie wie für uns selbst hat Christus ein Lösegeld gezahlt und auf sich selbst, ihre und unsere Sünden, eine gemeinsame Last gelegt. Von Natur aus sind sie Gefäße des Zorns Gottes. Er allein kann den Engländern oder den wilden Indianern die Gnade geben, mit der wir leben.

Oh, lasst uns beten, dass in dieser Wildnis das Evangelium gepredigt wird und dass diese armen Heiden der Wälder durch seine Wahrheit erreicht werden; Dass den Erlösten die frohe Botschaft mit Freude im Ausland erklingen kann und der einsame Aquedah das Lob des Herrn hören kann!

18. März.

Mein Husten bereitet mir immer noch Probleme, als eine alte Frau gestern hereinkam und den Wert und die Vorzüge eines von ihr hergestellten Sirups so deutlich machte, dass Tante Rawson Effie zum Haus der Frau schickte, um eine Flasche davon zu holen. Die Frau saß eine ganze Weile bei uns und war ein lebhaft sprechender Körper, obwohl sie mittlerweile fast sechzig Jahre alt war. Sie konnte viele Dinge über die alten Leute von Boston erzählen, denn da sie in ihrer Jugend die Frau eines angesehenen und vermögenden Mannes gewesen war und selbst eine bemerkenswerte Hausfrau mit guten natürlichen Eigenschaften war, wurde sie von der besseren Sorte gut geschätzt von Leuten. Nachdem sie Witwe geworden war, war sie für kurze Zeit in der Familie des Gouverneurs Endicott in Naumkeag, den sie als einen gerechten und guten Mann beschreibt , der aber überaus genau in der Ordnung seines Haushalts war und darüber hinaus von feurigem Temperament. Wenn er unzufrieden war, zog er kräftig an dem langen Haarbüschel, das er am Kinn trug; und einmal, als er im Gerichtssaal saß, nahm er seine Samtmütze ab und warf sie einem der Assistenten ins Gesicht, der tatsächlich Gewissensbedenken gegen die Hinrichtung der Quäker äußerte.

„Ich habe gehört, dass seine Hand schwer auf diesen Leuten lastete", sagte ich.

„Und gut, das könnte sein", sagte die alte Frau, denn es gibt nie schlimmere und provokativere Spaziergänger und Geschwätzige als diese Quäker. Sie bereiteten dem Gouverneur so große Sorgen, dass ich glaube, dass seine Tage dadurch verkürzt wurden. Denn weder das Gefängnis noch das Auspeitschen noch das Abschneiden der Ohren reichten aus, um ihn davon zu befreien. Als das Gericht schließlich ein Gesetz erließ, das sie unter Androhung der Todesstrafe verbannte, sagte der Gouverneur, der aus Boston heimkam, dass er nun auf Frieden in der Kolonie hoffe und dass diese Schärfe das Land davon freihalten würde diese Unruhestifter. Ich erinnere mich noch gut daran, wie er am nächsten Tag die Minister und Oberhäupter einlud und in welch angenehmer Stimmung er war. Am Morgen hatte ich seine besten Samthosen für ihn geflickt, und er lobte meine Arbeit nicht wenig und gab mir sechs Schilling zusätzlich zu meinem Lohn; und sagt er zu mir: „Goody Lake", sagt er, „du bist eine würdige Frau und fühlst dich um das Wohl Zions und die geordnete Abwicklung der Angelegenheiten in Kirche und Staat besorgt, und daher weiß ich, dass du es sein wirst." Ich freue mich zu hören, dass sich das Gericht nach langem Hin und Her und trotz der Bemühungen böswilliger Menschen auf ein Gesetz geeinigt hat, das die Quäker unter Androhung der Todesstrafe aus der Gerichtsbarkeit vertreibt. damit, wenn jemand danach kommt, ihr Blut auf ihren eigenen Köpfen sei. Darum habe ich viele Monate lang mit dem Herrn gerungen, und ich halte es für eine große Befreiung und besondere Gunst; ja, ich kann wahrhaftig mit David sagen: „Du hast mir den Wunsch meines Herzens erfüllt und das Gebet meiner Lippen nicht zurückgehalten. Deine Hand wird alle deine Feinde finden; du wirst sie zu einem feurigen Ofen machen in der Zeit." Dein Zorn; der Herr wird sie in seinem Zorn verschlingen, und das Feuer wird sie verschlingen. „Du wirst diese Worte finden, Goody Lake", sagt er, „im 21. Psalm, wo das, was über den König gesagt wird, denen dienen wird, die zu dieser Zeit Autorität haben." Denn Sie müssen wissen, junge

Frau, dass der Gouverneur in der Heiligen Schrift mächtig war, insbesondere in seinen Gebeten, obwohl man meinen könnte, dass ihm alles auf der Zunge liegt.

„An diesem Tag gab es ein berühmtes Abendessen beim Gouverneur mit vielen Gästen, und der Gouverneur hatte Wein aus seinem Keller bestellt, der ein Geschenk eines portugiesischen Kapitäns war und von seltener Qualität, wie ich aus meiner eigenen Verkostung weiß Dem Gouverneur wurde mitgeteilt, dass ein Mann ihn sehen wollte, und er bat ihn, eine Weile zu warten. Nachdem das Abendessen vorbei war, ging er in die Halle, und wer sollte dort sein außer Wharton, dem Quäker, der, ohne seinen Hut abzuziehen, oder eine andere Begrüßung, schrie: „John Endicott, höre auf das Wort des Herrn, in dessen Furcht und Schrecken ich gekommen bin. Du und deine bösen Ratgeber, die Priester, haben die Ungerechtigkeit durch Gesetz begangen, aber es wird dir nichts nützen." So spricht der Herr: Das Böse wird die Bösen töten, und die die Gerechten hassen, werden zur Verzweiflung werden!' Als der Gouverneur das hörte, geriet er, wie es sein musste, in Wut, und als er mich an der Tür sah, befahl er mir, die Diener aus der Küche zu rufen, was ich auch tat, und sie liefen herbei, und er befahl mir Sie legten Hände auf den Kerl und führten ihn weg; und dann rief er in großer Leidenschaft nach seinem Pferd und sagte, er werde nicht ruhen, bis er vierzig Schläge gesehen habe, bis auf einen, der auf diesen verfluchten Quäker gelegt worden sei, und dass er gehen solle noch wegen seiner Frechheit an den Galgen. Also steckten sie ihn ins Gefängnis, und am nächsten Morgen wurde er gründlich ausgepeitscht und angewiesen, die Gerichtsbarkeit zu verlassen.

Da ich neugierig war, mehr über die Quäker zu erfahren, fragte ich sie, ob sie jemals mit einem von ihnen gesprochen habe, mit denen die Behörden zu tun hatten, und was sie über sich selbst sagten.

„Oh, es fehlte ihnen nie an Worten", sagte sie, „sondern riefen zu Gewissensfreiheit und gegen Verfolgung auf und prophezeiten denen, die das Gesetz in Kraft setzten, allerlei Böses. Irgendwann im Jahr 1956 Zwei Frauen von ihnen kamen tatsächlich nach Boston und brachten einige ihrer gotteslästerlichen Bücher mit, die die Polizisten auf der Straße verbrannten, wie ich mich anhand dieses Zeichens gut erinnern kann, als sie in die Nähe des Feuers gingen und eines der Bücher noch nicht sahen verbrannt, bückte ich mich, um es aufzuheben, als einer der Polizisten mir einen scharfen Schlag mit seinem Stab gab und es mir wegnahm. Die Frauen, die ins Gefängnis geschickt wurden, der stellvertretende Gouverneur, Mr. Bellingham, und der Rat dachten nach Sie könnten Hexen sein, wenn man sie durchsuchen ließe; und Madam Bellingham nannte mich und eine andere Frau ihrem Mann, er ließ uns holen und befahl uns, ins Gefängnis zu gehen und sie zu durchsuchen, um zu sehen, ob sie ein Hexenmal hätten Also gingen wir und teilten ihnen unseren Auftrag mit, worüber sie sich nicht wenig wunderten , und eine von ihnen, eine junge, wohlhabende Frau, flehte, dass sie nicht so beschämt werden sollten, denn der Gefängniswärter hielt stand die Zeit im Hof, als ich zur Tür hineinschaute; Aber wir teilten ihnen mit, dass dies der Befehl sei, und so zogen wir ihnen ohne weiteres die Kleider aus, fanden aber nichts außer einem Muttermal auf der linken Brust des Jüngeren , in das Goodwife Page ihre Nadel stach, worauf die Frau tatsächlich nachgab ein Schmerzensschrei, und das Blut floss; Wäre es dagegen ein Hexenmal gewesen, hätte sie den Stich nicht gespürt, denn es hätte Blut verursacht. Da wir also nichts fanden, was wie Hexerei aussah, verließen wir sie; und als er vor Gericht gebracht wurde, fragte uns Vizegouverneur Bellingham, was wir über die Frauen zu sagen hätten. Woraufhin Goodwife Page, die Älteste von uns, ihm erzählte, dass wir auf ihren Körpern keine Anzeichen von Hexen gefunden hätten, abgesehen von dem Muttermal auf der Brust der jüngeren Frau (das nur natürlich war), dass sie ansonsten aber genauso schön sei wie Absalom, der das getan hatte kein Makel von den Fußsohlen bis zum Scheitel. Daraufhin entließ uns der Vizegouverneur mit der Begründung, der Teufel wolle sie möglicherweise nicht als Hexen haben, weil sie ihm als Quäker besser dienen könnten, woraufhin der ganze Hof in Gelächter ausbrach."

„Und was ist aus den Frauen geworden?" Ich fragte.

„Sie hielten sie eine Zeit lang im Gefängnis", sagte Schwester Lake, „und schickten sie dann nach England zurück. Aber den anderen, die folgten, erging es noch schlimmer – einige wurden am Wagenende ausgepeitscht, andere verloren ihre Ohren. Die Frau des Henkers zeigte sich Mir einmal die Ohren von drei von ihnen, die ihr Mann noch am selben Morgen im Gefängnis abgeschnitten hat.

„Das ist schrecklich!" sagte ich, denn ich dachte an meinen lieben Bruder und die süße Margaret Brewster, und Tränen füllten meine Augen.

„Nein, aber sie waren kräftige Schurken und Vagabunden", antwortete Schwester Lake, „obwohl einer von ihnen der Sohn eines großen Offiziers auf den Barbados war und als Gentleman galt, bevor er sich seinen bösen Praktiken hingab. Aber das Abschneiden der Ohren." hielt diese eigensinnigen Leute nicht auf, und sie kamen immer noch, einige wurden getötet. Es waren drei von ihnen, die auf einmal gehangt werden sollten. Ich erinnere mich noch gut daran, denn es war ein klarer, warmer Tag um den letzten Oktober, und es war ein mutiger Anblick. Da waren Marschall Michelson und Kapitän Oliver mit zweihundert Soldaten zu Fuß, außerdem viele unserer führenden Leute zu Pferd, und unter ihnen der Minister, Mr. Wilson, der wie ein Heiliger aussah, wie er war. mit einem angenehmen und fröhlichen Gesichtsausdruck und einer großen Menge von Menschen,

Männern, Frauen und Kindern, nicht nur aus Boston, sondern auch aus den umliegenden Städten. Ich landete schon früh auf dem Boden, und als sie zum Galgen gingen, ich Ich hielt mich so nah wie möglich an den Verurteilten auf. Es waren zwei junge, wohlhabende Männer und eine Frau mit grauen Haaren. Während sie Hand in Hand gingen, fragte die Frau in der Mitte, der Marschall, der neben ihnen ritt und ein lustiger, lustiger Mann war, sie, ob sie sich nicht schämte, Hand in Hand zwischen zwei jungen Männern zu gehen; Darauf blickte sie ihn feierlich an und sagte, sie schäme sich nicht, denn dies sei für sie eine Stunde großer Freude, und kein Auge könne sehen, kein Ohr hören, keine Zunge sprechen und kein Herz verstehen, was für süße Einnahmen und Erquickungen sie hatten des Geistes des Herrn, den sie damals spürte. Dies sprach sie so laut, dass es alle um sie herum hören konnten, woraufhin Kapitän Oliver die Trommeln anwies, sie zu schlagen und ihre Stimme zu übertönen. Als sie nun die Galgenleiter erreichten, auf deren beiden Seiten die Offiziere und Anführer standen, behielten die beiden Männer ihre Hüte auf, wie es das schlechte Benehmen ihrer Art ist, das Herrn Wilson, den Minister, so provozierte. dass er ihnen zurief: „Was!" Sollen solche Buben wie Sie mit Ihren Hüten vor die Autorität treten?' Daraufhin sagte einer von ihnen: „Wohlgemerkt, nur weil wir unseren Hut nicht abgelegt haben, werden wir hingerichtet." Dann stiegen die beiden Männer die Leiter hinauf und versuchten zu sprechen; aber ich konnte kein Wort verstehen, da ich mich außerhalb der Soldaten befand und sehr beunruhigt und besorgt über die Menge war. Sie wurden sofort ausgeschaltet, und dann stieg die Frau die Leiter hinauf, und sie banden ihre Mäntel an ihren Füßen fest und legten ihr das Halfter um den Hals, und da der Pfarrer kein Taschentuch hatte, das er ihr übers Gesicht binden konnte, lieh er dem Henker seines . In diesem Moment kommt Ihr Onkel Rawson zum Galgen geritten, winkt mit der Hand und schreit: „Stopp!" sie ist begnadigt!' Also brachten sie sie zur Strecke, obwohl sie sagte, sie sei bereit, wie ihre Brüder zu sterben, es sei denn, sie würden ihre blutigen Gesetze rückgängig machen. Ich hörte, wie Captain Oliver ihr sagte, sie sei ihrem Sohn zuliebe verschont geblieben. Also brachten sie sie ins Gefängnis und schickten sie nach einiger Zeit zu ihrem Mann nach Rhode Island zurück, was ein Gefallen war, das sie in keiner Weise verdient hatte; aber der gute Gouverneur Endicott, so sehr er diese Leute auch verabscheute, strebte nicht nach ihrem Leben und scheute keine Mühen, um sie friedlich aus dem Land zu vertreiben; aber sie waren eine hartnäckige Truppe und mussten notgedrungen ihre Hälse ins Halfter stecken, wie es dieselbe Frau tat; denn als sie unter dem Vorwand , für die Aufhebung der Gesetze gegen Quäker zu plädieren, wieder zurückkkam , wurde sie nicht lange darauf hingerichtet. Der ausgezeichnete Mr. Wilson hat bei der Aufhängung eine mutige Ballade geschrieben, die ich schon oft von den Jungen auf der Straße singen gehört habe.

Eine große Anzahl, sowohl Männer als auch Frauen, wurden „ausgepeitscht und in den Stock gesteckt", fuhr die Frau fort, „und ich sah einmal zwei von ihnen, eine junge und die andere eine alte Frau, an einem kalten Wintertag, An das Heck eines Karrens gefesselt, fuhren sie durch die Salem Street, bis zur Hüfte entblößt, so nackt, wie sie geboren wurden, und ihre Rücken waren mit roten Peitschenspuren bedeckt; aber es gab einen erbärmlicheren Fall von Hored Gardner, einem jungen, verheirateten Mann Frau mit einem kleinen Kind und ihrer Amme, die, als sie nach Weymouth kam, festgenommen und nach Boston geschickt wurde, wo beide ausgepeitscht wurden, und da ich oft im Gefängnis war, um die Frau des Gefängniswärters zu sehen, kam es zu einem Zufall, dass ich war zu der Zeit dort. Die Frau, die jung und zart war, hielt ihr kleines Kind in ihren Armen, als man sie auszog, und als der Gefängniswärter es ihr aus der Brust nahm, blickte sie sich besorgt um, und als sie mich sah, sagte sie: „Gute Frau, ich weiß, dass du kein Mitleid mit dem Baby hast" und bat mich, es zu halten, was ich auch tat. Dann wurde sie mit einer dreifachen Peitsche mit Knoten an den Enden ausgepeitscht, die traurig in ihr Fleisch schnitten ; Und als es vorüber war, kniete sie mit blutendem Rücken nieder und betete für sie. Sie rief ihre Verfolger. Ich muss sagen, ich hatte großes Mitleid mit ihr, und ich sprach mit der Frau des Gefängniswärters, und wir wuschen dem armen Geschöpf den Rücken und trugen eine berühmte Salbe darauf auf, so dass sie bald geheilt wurde.

Als nun Tante Rawson hereinkam, wurde die Angelegenheit fallen gelassen; Aber als ich ihr davon erzählte, nachdem Schwester Lake gegangen war, sagte sie, es sei eine schwere Prüfung für viele, sogar für die Autoritäten, die mit der Inkraftsetzung der Gesetze gegen diese Leute beauftragt seien. Sie sagte außerdem, dass Onkel Rawson und Mr. Broadstreet von den Quäkern und ihren Unterstützern auf beiden Seiten des Wassers heftig kritisiert wurden, aber sie taten in dieser Angelegenheit nur ihre Pflicht, und sie selbst hatte immer über den bevorstehenden Tod getrauert diese Leute und war froh, als das Gericht einen von ihnen freiließ. Als die Frau gehängt wurde, verbrachte meine Tante den ganzen Tag bei Madam Broadstreet , die so verärgert war, dass sie sich am liebsten in ihr Bett legen wollte, sich nicht trösten ließ und es für den schwersten Tag ihres Lebens hielt.

„Als ich aus ihrem Zimmerfenster schaute", sagte Tante Rawson, „sah ich die Leute, die bei der Hinrichtung dabei gewesen waren, vom Übungsplatz zurückkommen; und als Anne Broadstreet tatsächlich das Geräusch ihrer Füße auf der Straße hörte, stöhnte sie: und sagte, dass es schien, als ob ihr jeder Fuß aufs Herz fiele. Bald kam Mr. Broadstreet nach Hause und brachte den Pfarrer, Mr. John Norton, mit. Sie setzten sich in die Kammer, und eine kurze Zeit lang gab es kaum ein Wort gesprochen. Schließlich wandte sich Madam Broadstreet ihrem Mann zu und legte ihre Hand auf seinen Arm, wie es ihre liebevolle Art war, und fragte ihn, ob tatsächlich alles vorbei sei. „Die Frau ist tot", sagte er; „aber ich wundere mich, Anne." , um dich so besorgt um sie zu sehen. Ihr Blut ist auf ihrem eigenen Haupt, denn wir haben auf keinen Fall ihr Leben gesucht. Sie hat unsere Gesetze mit Füßen getreten und unsere große Nachsicht missbraucht, so dass wir nichts anderes tun konnten als wir So war sie unter der Täuschung des Teufels, dass sie keinen Geistlichen oder Ältesten wollte, der mit ihr am Galgen betete, sondern schien sich des Himmels sicher zu glauben und beachtete in keiner Weise die Warnungen von Herrn Norton und anderen gottesfürchtigen Menschen .'

„„Hat sie irgendjemanden beschimpft oder geschrien?' fragte seine Frau. „Nein, soweit ich es nicht gehört habe", sagte er, „aber sie verhielt sich wie jemand, der nichts Böses getan hatte und wirklich glaubte, dass sie dem Willen des Herrn gehorcht hatte."

„„Das ist sehr schrecklich', sagte sie, ,und ich bete, dass der Tod dieser armen, irregeführten Kreatur nicht schwer auf uns lasten möge.'

„Hierauf hob Mr. Norton seinen Kopf, der auf seine Hand gesenkt war; und ich werde nie vergessen, wie seine blassen und scharfen Gesichtszüge tatsächlich blasser als sonst und seine feierliche Stimme tiefer und trauriger wirkten. ,Madam!' Er sagte: „Es gebührt vielleicht deiner Sanftmut und Güte des Herzens, über die Leiden selbst der Trotzigen und Gottlosen zu trauern, wenn sie aus der Gemeinde des Herrn ausgeschlossen werden, wie es Sein heiliges und gerechtes Gesetz vorschreibt, denn wahrlich, auch ich." Ich konnte als Frau und Mutter um die Verurteilte weinen, und seit ihrer Ankunft habe ich im Gebet und Fasten mit dem Herrn gerungen, damit ich sein Werkzeug sein möge, um sie wie ein Brandmal aus dem Feuer zu reißen. Aber Als ich als Wächterin auf den Mauern Zions sah, wie sie Gift in die Quellen des Lebens schüttete und instabile Seelen in die Fallstricke und Fallstricke Satans lockte, was sollte ich tun, als Alarm gegen sie zu schlagen? Und der Richter, so Als Ihr würdiger Ehemann, der ebenfalls von Gott ernannt wurde und sich für die Verteidigung der Wahrheit und die Sicherheit der Kirche und des Staates einsetzt, kann er nichts anderes tun, als treu das Gesetz Gottes auszuführen, das ein Schrecken für das Böse ist Das natürliche Mitleid, das wir empfinden, muss der Pflicht weichen, die wir Gott und seiner Kirche und der Regierung seiner Ernennung schulden. Es ist eine unbedeutende Angelegenheit, nach menschlichem Urteilsvermögen zu urteilen, denn obwohl bestimmte Leute keine Skrupel hatten, mich als grausam und hartherzig zu bezeichnen, weiß der Herr doch, dass ich an geheimen Orten über diese fehlgeleiteten Männer und Frauen geweint habe.

„„Aber könnte nicht das Leben gerettet werden?' fragte Frau Broadstreet . „Der Tod ist eine großartige Sache."

„„Es ist allen bestimmt, zu sterben', sagte Mr. Norton, ‚und nach dem Tod kommt das Gericht. Der Tod dieser armen Körper ist eine bittere Sache, aber der Tod der Seele ist viel schrecklicher; und er ist besser.“ dass diese Menschen leiden sollten, als dass Hunderte von kostbaren Seelen durch ihre böse Kommunikation verloren gehen sollten. Die Sorge um die lieben Seelen meiner Herde liegt schwer auf mir, wie viele schlaflose Nächte und Fastentage bezeugen. Ich habe keinen Rat eingeholt von Fleisch und Blut in dieser ernsten Angelegenheit, noch gab ich der natürlichen Schwäche meines Herzens nach. Und während einige dafür waren, diese Übeltäter zu verschonen, so wie Saul Agag verschonte, wurde ich gleichsam gestärkt, sie in Stücke zu hauen vor dem Herrn in Gilgal. O gnädige Frau, Ihr verehrter Ehemann kann Ihnen sagen, welche Mühen des Geistes, welche schweren Prüfungen uns diese Störenfriede gekostet haben; und wie Sie in seinem Fall wissen, so glauben Sie auch in meinem Fall, dass wir das getan haben, was wir getan haben wurde nicht durch Herzenshärte und Grausamkeit gedrängt, sondern vielmehr durch unsere Liebe und Zärtlichkeit gegenüber dem Erbe des Herrn in diesem Land. Durch Sorge und Kummer bin ich vorzeitig gealtert; Die Tage meiner Pilgerreise waren wenige und böse, und das Ende scheint nicht mehr fern zu sein; und obwohl ich viele Sünden und Mängel zu verantworten habe, vertraue ich demütig darauf, dass das Blut der Seelen der mir anvertrauten Herde dann nicht auf meinen Kleidern zu finden sein wird.“

„Ah, ich! Ich werde diese Worte dieses frommen Mannes nie vergessen“, fuhr meine Tante fort, „denn, wie er sagte, war sein Ende nicht mehr fern. Er starb sehr plötzlich, und die Quäker hatten keine Bedenken, dies zu sagen.“ war Gottes Urteil über ihn für seinen harten Umgang mit ihrem Volk. Sie gehen sogar so weit zu sagen, dass das Land um Boston wegen der Hinrichtungen und Auspeitschungen verflucht sei, da hier jetzt nicht mehr Weizen wachsen werde, wie es früher der Fall war, und Tatsächlich glauben viele, die nicht ihrer Art sind, dasselbe.“

24. April.

Gerade ist ein Schiff aus London im Hafen angekommen und bringt Rebeccas Kleider für die Hochzeit, die, wie ich höre, etwa Mitte Juni stattfinden wird. Onkel Rawson hat mir einen langen Brief von Tante Grindall mitgebracht , darunter auch einen von Oliver, freundlich und lebhaft, wie er. Keine besonderen Nachrichten aus dem Ausland, von denen ich höre. Mein Herz sehnt sich immer mehr nach Old England.

Broadstreet zu ihrem Gouverneur gewählt haben . Die Abstimmung, sagt Onkel, sei äußerst gering, und nur sehr wenige Menschen machen sich darüber Sorgen.

2. Mai.

Mr. John Easton, ein angesehener Mann in den Providence Plantations, der gestern Gelegenheit hatte, Boston zu besuchen, überbrachte mir eine Nachricht von meinem Bruder, dass er nun verheiratet und sesshaft sei und sehr wünsche, dass ich die Reise antrete in Begleitung seines Freundes John Easton und der Schwester seiner Frau zu seinem Haus. Ich fürchtete, die Angelegenheit meinem Onkel mitzuteilen, aber Rebekka hat es für mich getan, und zu meiner großen Freude hat er dem zugestimmt; denn tatsächlich verweigert er ihr nichts. Meine Tante fürchtet um mich, dass ich unter der Kälte leiden werde, da das Wetter noch keineswegs stabil ist, obwohl die Jahreszeit im Vergleich zur letzten schon vor uns liegt; aber ich werde gut auf die Kleidung achten; und John Easton sagt, wir werden nur zwei Nächte unterwegs sein.

DIE PLANTAGEN, 10. Mai 1679.

Wir verließen Boston am 4. gegen Sonnenaufgang und ritten in flottem Trab weiter, bis wir an die Ufer des Flusses kamen, an dem wir fast eine Meile entlang gingen, bevor wir eine geeignete Furt fanden, und selbst dort war das Wasser so so tief, dass wir einer Nässe nur dadurch entgingen, dass wir unsere Füße zu den Sattelbäumen hochzogen. Gegen Mittag machten wir Halt bei einem Bauernhaus, in der Hoffnung, etwas zu essen zu bekommen; Aber das Zimmer war dreckig wie ein indisches Wigwam, mit zwei Kindern, die an Masern erkrankt waren, und der Frau selbst in einem armen Zustand, und wir waren froh, so schnell wie möglich zu gehen und wieder an die frische Luft zu kommen. Tante hatte mich mit ein paar Kuchen versorgt, und Mr. Easton, der ein alter Reisender ist , hatte ein gebratenes Geflügel und einen guten Laib indisches Brot dabei; Als wir also zu einer Quelle mit ausgezeichnetem Wasser kamen, stiegen wir von unseren Pferden, breiteten unsere Servietten auf dem Gras und den trockenen Blättern aus und aßen gemütlich zu Abend. Johns Schwester ist Witwe, eine lebhafte, fröhliche Frau und für mich eine seltene Gesellschafterin. Danach ritten wir, bis die Sonne fast unterging, als wir zu einer kleinen Hütte am Ufer eines breiten Sees an einem Ort namens Massapog kamen . Früher hatte es eine weiße Familie bewohnt, aber jetzt war es leer und das Dach war stark verfallen, und als wir dorthin ritten, sahen wir, wie ein wildes Tier aus einem seiner Fenster sprang und rannte in die Kiefern. Hier sagte Mr. Easton, wir müssten die Nacht durchhalten, da es viele Meilen bis zum Haus eines weißen Mannes seien. Also stiegen wir von unseren Pferden und gingen in die Hütte, die nur einen Raum hatte und dessen Boden lose Bretter bildeten; und als wir dort in der Dämmerung saßen, sah es ziemlich düster aus; Doch plötzlich kam Mr. Easton mit einer großen Ladung getrockneter Zweige herein und zündete ein Licht im Steinkamin an, und bald hatten wir ein loderndes Feuer. Seine Schwester brach in der Nähe der Tür ein paar Hemlockzweige ab und machte daraus einen Besen, mit dem sie den Boden aufkehrte, so dass wir uns, als wir uns auf Blöcken am Herd niederließen und unser dürftiges Abendessen aßen, ganz bequem und ordentlich fühlten . Es war eine wundervolle, klare Nacht, der Mond ging, wie wir schätzten, gegen acht Uhr über den Gipfeln der Hügel an der Ostseite des Sees auf und schien in einer langen Lichtlinie hell auf das Wasser, als ob darüber war eine silberne Brücke gelegt worden. Als wir in den Wald blickten, konnten wir sehen, wie die Strahlen des Mondes hier und da durch die dichten Wipfel der Kiefern und Hemlocktannen fielen und ihre hohen Stämme sichtbar machten, wie so viele Säulen in einer Kirche oder einem Tempel. Es wehte ein Westwind, nicht gleichmäßig, sondern in langen Böen, der aus großer Entfernung durch die Kiefernblätter klang und eine feierliche und nicht unangenehme Musik machte, der ich an der Tür lauschte, bis mich die Kälte hineintrieb Unterschlupf. Nachdem unsere Pferde mit Mais gefüttert worden waren, den Mr. Easton mitgenommen hatte, wurden sie an der Rückseite des Gebäudes angebunden, unter dem Schutz dichter Schierlingssträucher, die dazu dienten, den Nachtwind abzuwehren. Die Witwe und ich hatten ein bequemes Bett in der Ecke des Zimmers, das wir aus kleinen Hemlockzweigen machten, mit unseren Umhängen als Decke und unseren Satteltaschen als Kissen. Meine Begleiter schliefen bald ein, aber die überaus seltsame Situation hielt mich noch lange wach. Denn als ich dort lag und nach oben schaute, konnte ich die Sterne durch ein großes Loch im Dach scheinen sehen und das Mondlicht, das durch die Nähte der Baumstämme strömte und sich mit dem roten Schein der Kohlen auf dem Herd vermischte. Ich konnte das Stampfen der Pferde draußen hören, das Rauschen des Wassers am Seeufer, die Schreie wilder Tiere in der Tiefe des Waldes und vor allem das lange und wunderbare Murmeln der Kiefern im Wind . Schließlich schlief ich völlig erschöpft ein und erwachte erst, als ich spürte, wie die warme Sonne mir ins Gesicht schien, und die Stimme von Mr. Easton hörte, der mich aufforderte, aufzustehen, als die Pferde bereit waren.

Nach etwa zweistündigem Ritt stießen wir auf ein Indianerlager inmitten eines dichten Ahornwaldes. Hier befanden sich sechs geräumige Wigwams; aber die Männer waren weg, bis auf zwei sehr alte und gebrechliche. Es waren fünf oder sechs Frauen und vielleicht doppelt so viele Kinder, die alle herauskamen, um uns zu besuchen. Sie brachten uns getrocknetes Fleisch, das fast so hart wie Holzspäne war und für das ich, obwohl ich hungrig war, keinen Magen verspürte; aber ich kaufte von einer der Squaws zwei große Zuckerkuchen, hergestellt aus dem Saft der Ahornbäume, die es dort im Überfluss gibt, sehr rein und süß, und die mir anstelle ihres unappetitlichen Fleisches und der Kuchen aus zerstampftem Mais serviert wurden, von denen Mr. Easton und seine Schwester hatte keine Skrupel, daran teilzunehmen. Nachdem wir sie verlassen hatten, hatten wir eine lange und beschwerliche Fahrt zu einem Ort namens Winnicinnit vor uns, wo wir zu meiner großen Freude ein gemütliches Haus und christliche Menschen fanden, bei denen wir wohnten. Am nächsten Tag erreichten wir die Plantagen; und gegen Mittag zeigte Mr. Easton von der Spitze eines Hügels auf die Siedlung, in der mein Bruder wohnte – ein schönes, angenehmes Tal, durch das ein kleiner Fluss floss, mit den Häusern der Pflanzer auf beiden Seiten. Kurz darauf kamen wir zu einem neuen Fachwerkhaus, mit einer großen Eiche auf jeder Seite des Tors und einer breiten Wiese davor, die sich bis zum Wasser erstreckte. Hier blieb Mr. Easton stehen; Und wer sollte jetzt zu uns eilen, wenn nicht meine neue Schwester Margaret in ihrem schlichten, aber hübschen Kleid, die mich freundlich begrüßte? und bald kam mein Bruder von der Wiese herauf, wo er mit seinen Männern beschäftigt war. Es war wirklich ein freudiges Treffen.

Am nächsten Tag, dem Sabbath , ging ich mit meinem Bruder und seiner Frau zu dem Treffen, das in einem großen Haus eines ihrer Quäker-Nachbarn stattfand. Ungefähr zwanzig ernste , anständige Menschen trafen sich dort und saßen eine schöne Weile still und still, als einer von ihnen, ein ehrwürdiger Mann, ein paar Worte sprach , hauptsächlich die Heilige Schrift; Dann sprach eine junge Frau, die, wie ich später erfuhr, vom Volk von Plymouth kaum behandelt worden war, ein paar ermutigende und ermahnende Worte aus diesem Teil des 34. Psalms: „Der Engel des Herrn lagert sich um die Furchtsamen herum." ihn und errettet sie." Als das Treffen zu Ende war, kamen einige der alten Frauen, sprachen freundlich mit mir und luden mich in ihre Häuser ein. Am Abend kamen einige dieser Leute zu meinem Bruder und waren freundlich und liebevoll zu mir. Dennoch herrschte eine Ernsthaftigkeit und eine gewisse Seriosität im Benehmen, der ich mich kaum fügen konnte, und es tat mir nicht leid, als sie sich verabschiedeten. Mein Onkel Rawson braucht nicht zu fürchten, dass ich mich ihnen anschließe; Denn obwohl ich sie für ein würdiges und frommes Volk halte, gefällt mir ihre Art der Anbetung nicht, und ihre große Ernsthaftigkeit und Nüchternheit stimmen kaum mit meinem natürlichen Temperament und Geist überein.

16. Mai.

Dieser Ort liegt im sogenannten Narragansett-Land und etwa zwanzig Meilen von Mr. Williams' Stadt Providence entfernt, einem Ort von nicht geringer Bedeutung. Mr. Williams, der jetzt ein über sechzig Jahre alter Mann ist, war der Gründer der Provinz und genießt bei den Menschen, die allen Konfessionen und Glaubensrichtungen angehören, große Wertschätzung, da die Regierung niemanden bei der Ausübung ihres Gottesdienstes belästigt zum Gewissen; und daher werden Sie in derselben Nachbarschaft Täufer, Quäker, New Lights, Brownisten , Antinomisten und Sozinianer sehen — nein, mir wurde gesagt, dass es auch Papisten gibt. Mr. Williams ist Baptist und hält sich in Bezug auf die Dekrete hauptsächlich auf die Seite von Calvin und Beza . Er war ein erbitterter Verleumder der Quäker, obwohl er sie oft vor der Strenge der Richter in Massachusetts Bay bewahrt hat, von denen er sagt, dass sie keine haben berechtigt, in Gewissens- und Religionsfragen so zu verfahren, wie sie es getan haben.

Gestern kam der Gouverneur von Rhode Island, Nicholas Easton, der Vater von John, mit seiner jüngsten Tochter Mary, einer so schönen und damenhaften Person, wie ich sie seit vielen Tagen gesehen habe. Sowohl ihr Vater als auch sie selbst treffen sich mit den „Freunden", wie sie sich selbst nennen, in ihrem großen Haus auf der Insel, und der Gouverneur spricht manchmal darin, da er, wie einer der Ältesten hier über ihn sagt, „eine hübsche Gabe" besitzt Das Ministerium." Mary, die etwa so alt ist wie die Frau meines Bruders, würde uns gerne überreden, am nächsten Morgen mit ihnen auf die Insel zurückzukehren, aber Leonards Geschäfte lassen das nicht zu, und ich würde auf keinen Fall seine Gesellschaft verlieren, während ich hier verweile Da ich so bald nach Hause aufbrechen werde, wo ein großer Ozean uns trennen wird, wird es vielleicht noch viele Jahre dauern. Margaret, die auf der Insel war, sagt, dass das Haus des Gouverneurs allen Neuankömmlingen offen steht, die dort mit seltener Höflichkeit bewirtet werden, da er ein vermögender Mann ist, eine große Plantage mit Obstgärten und Gärten sowie ein stattliches Anwesen besitzt Haus auf einem Hügel mit Blick auf das Meer auf beiden Seiten, wo der berühmte George Fox vor sechs Jahren, als er auf der Insel war, neben seiner eigenen Familie und seinen Bediensteten nicht weniger als sechzig Personen bewirtete und beherbergte.

Gouverneur Easton, der ein angenehmer Redner ist, erzählte die Geschichte eines Richters, der ein großer Verfolger seines Volkes gewesen war. Einmal, nachdem er einen würdigen Freund ins Gefängnis geworfen hatte, träumte er einen solchen Traum: Er glaubte, er sei an einem schönen, entzückenden Ort, wo es süße Wasserquellen und grüne Wiesen sowie seltene Obstbäume und Weinreben gab mit reifen Trauben darauf, und in seiner Mitte floss ein Fluss, dessen Wasser klarer als Kristall war. Außerdem sah er eine große Menschenmenge, die am Ufer des Flusses entlangging oder liebevoll im Schatten der Bäume saß, die dort wuchsen. Während er nun da stand und sich darüber wunderte, sah er in seinem Traum den Mann, den er ins Gefängnis geworfen hatte, mit seinem Hut neben einem damals verstorbenen Pfarrer sitzen, den der Richter zu Lebzeiten sehr geschätzt hatte ; Daraufhin spürte er, wie sich seine Wut in ihm regte, und befahl dem Mann, in Gegenwart seiner Vorgesetzten seinen Hut abzunehmen. Die beiden achteten jedoch nicht auf seine Worte, sondern redeten weiterhin liebevoll miteinander wie zuvor; Daraufhin geriet er in große Wut und wollte dem Mann die Hände auflegen. Doch als er eine Stimme hörte, die ihn zur Unterlassung aufrief, schaute er sich um und erblickte, dass jemand mit einem strahlenden Gesicht und in so weiße Gewänder gekleidet war, dass es seine Augen blendete, als er es sah, vor ihm stand. Und die Gestalt sagte:

„Tust du gut, wütend zu sein?" Dann sagte der Richter: „Da drüben ist ein Quäker, der seinen Hut vor dem Gespräch mit einem gottesfürchtigen Pfarrer hat." „Nein", sagte die Gestalt, „du siehst nur nach der Art der Welt und mit den Augen des Fleisches. Schau dort hin und sag mir, was du siehst ." Also schaute er noch einmal nach, und siehe da! Zwei Männer in glänzenden Gewändern saßen unter dem Baum, gleich dem, der mit ihm redete. „Sag mir ", sagte die Gestalt, „wenn du kannst, wer von beiden ist der Quäker und wer der Priester?" Und als er es nicht konnte, sondern erstaunt dastand und gestand, dass er keinen von ihnen sah, sagte die Gestalt: „Das sagst du richtig, denn hier gibt es weder Priester noch Quäker, noch Juden noch Heiden, sondern alle sind eins im Herrn." Dann erwachte er und dachte lange über seinen Traum nach, und als es Morgen war, ging er sofort ins Gefängnis und befahl, den Mann freizulassen, und hat sich seitdem liebevoll den Quäkern gegenüber verhalten.

Die Zeilen meines Bruders sind ihm tatsächlich an einem angenehmen Ort zu Ohren gekommen. Sein Haus liegt an einem warmen Hang eines Hügels mit Blick nach Südosten, dahinter ein großer Wald aus Eichen und Walnüssen und davor viele Hektar offenes Land, wo früher die Indianer ihren Mais anpflanzten, von dem heute ein Großteil vorhanden ist gepflügt und gesät. Von der Spitze des Hügels aus kann man das Wasser der großen Bucht sehen; An seinem Fuß fließt ein kleiner Fluss geräuschvoll über die Felsen und macht dabei ein ständiges Rauschen. Als ich heute Morgen dorthin ging, fand ich einen großen Felsen, der über dem Wasser hing, auf den ich mich setzte, dem Rauschen des Baches und der Fröhlichkeit der Vögel in den Bäumen lauschte und die grünen Ufer bewunderte, die mit weißen und weißen Blumen gesprenkelt waren gelbe Blumen. Ich erinnere mich an die süße Fantasie der beklagten Anne Broadstreet , der Frau des neuen Gouverneurs von Massachusetts, in einem kleinen Stück, das sie „Contemplations" nennt , das am Ufer eines Baches geschrieben wurde, ähnlich dem, an dem ich damals war sitzend, in dem die Autorin zuerst die Schönheit des Waldes und des fließenden Wassers mit den bunten Fischen darin beschreibt und dann den Gesang der Vögel in den Zweigen über ihrem Kopf, in diesem süßen und angenehmen Vers, den ich oft gehört habe wiederholt von Cousine Rebecca: —

> *„Während ich so nachdachte, mit genährter Kontemplation,*
>
> *Und tausend Fantasien schwirren in meinem Gehirn,*
>
> *Ein süßzüngiger Sänger thront über meinem Kopf,*
>
> *Und sang ihre melodischste Melodie;*
>
> *Was mich so vor Staunen und Freude verzückte,*
>
> *Ich schätzte mein Gehör besser ein als mein Sehvermögen,*

*Und wünschte mir eine Weile Flügel mit ihr, damit ich meinen Flug
antreten konnte.*


*„O fröhlicher Vogel! sagte ich, der keine Fallen fürchtet,*

*Das weder schuftet noch hortet in der Scheune,*

*Spürt weder traurige Gedanken noch quälende Sorgen,*

*Um mehr Gutes zu erlangen oder das zu meiden, was dir schaden könnte.*

*Deine Kleidung wird nie getragen, dein Fleisch ist überall,*

*Dein Bett ist ein Ast, dein Getränk ist das Wasser klar,*

*Erinnert weder an das Vergangene noch an das Kommende aus Angst.*


*„Den anbrechenden Morgen mit Liedern verhinderst du,*

*Legt deiner gefiederten Mannschaft hundert Scheine vor,*

*So stimmt jeder sein hübsches Instrument,*

*Und indem man das Alte ausklingen lässt, beginnt das Neue.*

*Und so verbringen sie ihre Jugend im Sommer,*

*Dann folge dir in eine bessere Region,*

*Wo diese süße, luftige Legion den Winter nie gespürt hat.*

Während ich nun über diese Zeilen nachdachte, hörte ich einen Schritt in
den Blättern, blickte auf und siehe, da war ein alter Indianer dicht neben mir;
und da ich sehr erschrocken war, stieß ich einen lauten Schrei aus und rannte
zum Haus. Der alte Mann lachte darüber, rief mir nach und sagte, er würde
mir nichts tun; Und als Leonard meine Schreie hörte, die jetzt auf ihn
zukamen, sagte er mir, ich solle mich nie vor dem Indianer fürchten, denn er
sei ein harmloses Geschöpf, das ihm wohlbekannt sei. Also grüßte er
freundlich vor dem alten Mann und bat mich, ihm die Hand zu schütteln,
was ich auch tat, als er über das Feld zu einer kleinen, freigelegten Stelle am
Hang des Hügels ging. Als mein Bruder mich aufforderte, seine Handlungen
zu notieren, sah ich, wie er sich eine Zeit lang mit dem Kopf auf den Boden
kniete und dann, als er aufstand, seine Hände nach Südwesten ausstreckte,
als würde er jemanden anflehen den ich nicht sehen konnte. Dies wiederholte
er fast eine halbe Stunde lang, als er zum Haus zurückkam, wo er etwas Bier
und Brot zum Essen und einen großen Laib zum Mitnehmen bekam. Er sagte
nur wenig, bis er aufstand, um zu gehen, und dann erzählte er meinem
Bruder, dass er die Gräber seines Vaters und seiner Mutter gesehen hatte und

dass er froh sei, sie zu finden, da er sie im letzten Jahr verlassen hatte; denn er wusste, dass die Geister der Toten sehr betrübt sein würden, wenn die Hacke des weißen Mannes ihre Knochen berühren würde.

Mein Bruder versprach ihm, dass die Grabstätte seines Volkes nicht gestört werden sollte und dass er sie wie jetzt vorfinden würde, wenn er sie erneut besuchte.

„Ich komme nie wieder", sagte der alte Indianer. „Nein. Umpachee ist sehr alt. Er hat keine Squaw; er hat keine jungen Männer, die ihn Vater nennen. Umpachee ist wie dieser Baum;" Und während er sprach, zeigte er auf eine Birke, die abseits auf dem Feld stand, deren Rinde abgefallen war und die weder Blätter noch Knospen zeigte.

sprach mein Bruder zu ihm vom großen Vater sowohl der weißen als auch der roten Männer und von seiner Liebe zu ihnen und von dem Maß an Licht, das er allen Menschen gegeben hatte, damit sie Gut von Böse unterscheiden und dadurch leben könnten Gehorsam, mit dem sie in diesem und dem kommenden Leben glücklich sein könnten; Er ermahnte ihn, auf Gott zu vertrauen, der ihn in seinem Alter trösten und unterstützen konnte, und nicht den lügnerischen Powahs zu folgen , die ihn getäuscht und in die Irre geführt hatten.

„Die Rede meines jungen Bruders ist gut", sagte der alte Mann. „Der große Vater sieht, dass seine Haut weiß und meine rot ist. Er sieht meinen kleinen Bruder, wenn er in seinem Gebetshaus sitzt, und mich, wenn ich ihm im Wald Mais und Hirschfleisch darbiete, und er sagt Gutes." Umpachees Leute sind alle an einen Ort gegangen. Wenn Umpachee zu einem Gebetshaus geht, wird der Große Vater ihn zum Ort des weißen Mannes schicken, und sein Vater, seine Mutter und seine Söhne werden ihn niemals in ihrem Jagdrevier sehen. Nein . Umpachee ist ein alter Biber, der in seinem eigenen Haus sitzt und in seinem eigenen Teich schwimmt. Er wird bleiben, wo er ist, bis sein Vater ihn ruft.

Mit diesen Worten machte sich der alte Wilde auf den Weg. Als er das Tal verließ und auf der anderen Seite den Gipfel des Hügels erreichte, blickten wir ihm nach und sahen, wie er einen Moment lang still stand, als wollte er sich von den Gräbern seines Volkes verabschieden.

24. Mai.

Mein Bruder begleitet mich morgen auf dem Weg nach Boston. Ich bin nicht im Geringsten abgeneigt, meine liebe Schwester Margaret zu verlassen, die mich durch ihre Sanftmut und ihr liebevolles Benehmen sehr überzeugt hat, und das immer tut, selbst wenn sie bei der Arbeit ist und ihre Haushaltsangelegenheiten regelt, und inmitten der Sorgen und Verwirrungen Ihr neues Leben zeigt die Sanftmut und die Einfachheit, von denen ich bezaubert war, als ich sie zum ersten Mal sah. Sie hat von Natur aus einen genialen Verstand und hat sich seit ihrer Bekanntschaft mit meinem Bruder in seine Studien und Lektüren vertieft, soweit sie Muße und Freiheit hatte, so dass ihre Unterhaltung in keiner Weise unter ihrem Stand steht. Sie zeigt auch nicht, wie einige ihrer Leute, insbesondere die einfacheren und ungebildeten , einen schmerzlichen und melancholischen Blick und einen kantigen Tonfall, aber es mangelt ihr nicht an Fröhlichkeit und einer gewissen natürlichen Leichtigkeit und Anmut im Auftreten; und die Wärme und Güte ihres Herzens durchbricht manchmal die übliche Ruhe ihres Gesichts, wie Sonnenschein und Wind auf einem stillen Wasser, und sie hat das süßeste Lächeln, das ich je gesehen habe. Seit ich bei ihr bin, habe ich oft gedacht, dass Onkel Rawson, wenn er sie auch nur einen Tag lang so sehen und hören könnte wie ich, gestehen würde, dass mein Bruder vielleicht Schlimmeres getan hätte, als einen Quäker zur Frau zu nehmen.

BOSTON, 28. Mai 1679.

Dank der Barmherzigkeit Gottes kam ich wohlbehalten hierher und ersparte mir große Erschöpfung und Kummer über die Trennung von meinem Bruder und seiner Frau. Am ersten Tag gingen wir bis zu einem Ort, den sie Rehoboth nennen, wo wir über Nacht blieben und dort nur wenig Trost fanden; denn das Haus war so voll, dass Leonard und ein Freund, der mit uns kam, gern die ganze Nacht in der Scheune auf dem Rasen vor ihren Pferden lagen; und ich für meinen Teil musste mich entscheiden, ob ich in dem großen Raum liegen wollte, in dem der Hausherr und seine Frau und zwei Söhne, erwachsene Männer, wohnten, oder ob ich auf den dunklen Dachboden klettern wollte, wo kaum Platz war ein Bett, für das ich mich zuletzt entschieden habe, obwohl die Frau es seltsam fand und sich nicht wenig darüber wunderte, dass ich nicht bereit war, mit ihrem Mann und ihren Jungen, wie sie sie nannte, im selben Zimmer zu schlafen . Als wir am Abend laute Stimmen in einem Haus in der Nähe hörten , erkundigten wir uns, was das bedeutete, und erfuhren, dass einige Leute aus Providence dort eine Versammlung abhielten, wobei der Besitzer des Hauses als Quäker galt. Daraufhin ging ich mit Leonard dorthin und fand fast zwanzig Menschen versammelt und einen Mann mit offenem Haar und Bart, der mit ihnen sprach. Mein Bruder flüsterte mir zu, dass er kein Freund sei, sondern ein bekannter Schwätzer , ein lauter, unruhiger Mann. Er schrie überaus laut, stampfte mit den Füßen und hatte Schaum vor dem Mund, als wäre er von einem bösen Geist besessen, schrie gegen jede Ordnung im Staat oder in der Kirche und erklärte, dass der Herr einen Streit mit Priestern und Magistraten, den Propheten, habe die falsch prophezeien, und die Priester, die mit ihren Mitteln herrschen, und die Menschen, die es gern so haben. Er sprach von den Quäkern als einem sanftmütigen und hoffnungsvollen Volk von Anfang an, und während der Arm der Bösen schwer auf ihnen lastete; aber jetzt sagte er, dass sie, genau wie die anderen, in eine tote Ordnung eingegliedert wurden und weltliche Güter anhäuften und schlecht über die Boten des Herrn redeten. Sie waren ein Teil Babylons und würden mit ihren Götzen umkommen; sie sollten vom Wein des Zorns Gottes trinken; Der Tag ihres Besuchs war nahe. Nachdem sie so eine Weile so weitergemacht hatte, tauchte eine große, wild aussehende Frau auf, bleich wie ein Geist und vom Kopf bis zu den Füßen zitternd, die ihre langen Arme nach dem Mann ausstreckte, der gesprochen hatte, und die Leute aufforderte, aufmerksam zu sein dass dies der Engel war, von dem in der Offenbarung die Rede war, der mitten durch den Himmel flog und schrie: „Wehe!" Weh! an die Bewohner der Erde! mit weiteren derartigen bösen Schimpftiraden, worüber ich nicht wenig aus der Fassung gebracht wurde, und indem ich meinen Bruder winkte, überließ ich es ihnen, ihre Schande vor sich selbst auszuschäumen.

Am nächsten Morgen stiegen wir früh auf unsere Pferde und erreichten nach einem anstrengenden und langen Ritt etwa eine Stunde nach Einbruch der Dunkelheit Mr. Torreys in Weymouth. Hier fanden wir Cousine Torrey im Bett mit ihrem zweiten Kind, einem Jungen, worüber ihr Mann sich nicht wenig freute. Mein Bruder hier verabschiedete sich von mir und kehrte zu den Plantagen zurück. Mein Herz ist wirklich traurig und schwer von der großen Trauer über den Abschied.

30. Mai.

Bin heute zum Südtreffen gegangen, um die Predigt zu hören, die vor dem verehrten Gouverneur, Mr. Broadstreet , und dem Rat seiner Majestät gehalten wurde, da es der Wahltag war. Es war eine lange Predigt von Esther x. 3. Hatte viel über die Pflicht der Richter zu sagen, das Evangelium und seine Prediger zu unterstützen und Spaltung und Häresie ein Ende zu setzen. Sehr scharfsinnig, auch gegen amtierende Richter.

1 Juni.

Herr Michael Wigglesworth, der Pfarrer von Malden , gestern Abend im Haus seines Onkels. Mr. Wigglesworth erzählte seiner Tante, dass er eine Predigt gegen das Tragen langer Haare und ähnliche Eitelkeiten gehalten hatte, von der er hoffte, dass sie mit Gottes Segen Gutes bewirken würde. Es stammt aus Jesaja III. 16 usw. bis zum Ende des Kapitels. Während er nun über die Predigt sprach, flüsterte ich Rebekka zu, dass ich ihm gerne eine Frage stellen würde. Als er das hörte, drehte er sich zu mir um und befahl mir, es niemals zu beachten, sondern auszusprechen. Also sagte ich ihm, dass ich an Jahren und Wissen noch ein Kind sei und er ein weiser und gelehrter Mann sei; aber wenn er es für mich nicht als etwas Besonderes erachten würde, würde ich gerne wissen, ob die Heilige Schrift irgendwo die besondere Art des Haartragens festgelegt hat.

Herr Wigglesworth sagte, es seien bestimmte allgemeine Regeln festgelegt worden, die wir in bestimmten Fällen richtig anwenden könnten. Das Tragen langer Haare für Männer ist in 1. Korinther 11 ausdrücklich verboten. 14, 15; und in 1. Tim gibt es auch ein besonderes Wort für Frauen. ii. 9.

Daraufhin sagte mir Tante Rawson, sie glaube, ich hätte eine gute Antwort erhalten; aber ich (der Törichte, der ich war) wollte die Sache nicht so aufgeben und wagte weiter zu sagen, dass es die Nasiräer gab, von denen in Numeri VI die Rede ist. 5, auf deren Köpfe nach der Anordnung Gottes kein Rasiermesser kommen sollte.

„Nein“, sagte Mr. Wigglesworth, „das geschah nur aufgrund einer besonderen Vereinbarung und beweist die allgemeine Regel und Praxis.“

Onkel Rawson sagte, dass langes Haar seiner Meinung nach rechtmäßig getragen werden dürfe, wenn die körperliche Gesundheit dies erfordere, um den Hals geschwächter Menschen vor der Kälte zu schützen.

„Wo es offensichtlich einen Ruf der Natur dafür zu geben scheint“, sagte Herr Wigglesworth, „aus Gründen des körperlichen Komforts und der Wärme von Kopf und Nacken, ist es keineswegs illegal. Aber für gesunde, kräftige junge Menschen.“ Diese Entschuldigung für ihre sündhafte Eitelkeit trägt nur zu ihrer Verurteilung bei. Wenn ein Mensch auch nur ein bisschen über Gottes Bestimmung und den Trost der Natur hinausgeht, weiß ich nicht, wo er aufhören wird, bis er zum größten Schurken der Welt heranwächst. Das ist es Es ist eine mutwillige und beschämende Handlungsweise eines Mannes, sich mit einer Frau zu vergleichen, indem er sein Haar wachsen lässt, es kräuselt und zu einer Naht teilt, wie es bei allzu vielen der Fall ist. Es zeugt von Stolz und Eitelkeit und verursacht keine geringe Beleidigung an fromme, nüchterne Menschen.

„Es gab eine Zeit“, fuhr Herr Wigglesworth fort, „in der sich Gottes Volk für solche Eitelkeiten schämte, sowohl im Heimatland als auch in diesen Teilen; aber seitdem haben die Bischöfe und die Papisten ihren Willen durchgesetzt, und solche, die Gott fürchten, sind es.“ Von der Autorität abgesetzt, um Spöttern und Schurken Platz zu machen, hat eine traurige Veränderung stattgefunden.

Er sprach außerdem von der fröhlichen Kleidung der jungen Frauen von Boston und ihrem Mangel an Schlichtheit und Bescheidenheit in der Art und Weise, wie sie ihre Haare trugen und in Ordnung brachten; und sagte, er könne in keiner Weise einigen seiner Brüder im Amt zustimmen, dass dies eine leichte Angelegenheit sei, da aus der Heiligen Schrift am klarsten hervorgeht, dass der Stolz und der Hochmut der Töchter Zions tatsächlich die Urteile des Herrn provozierten. nicht nur auf sie, sondern auch auf die Männer. Nun ist die besondere Sünde der Frauen Stolz und Hochmut, und zwar deshalb, weil sie im Allgemeinen unwissender sind und das schwächere Gefäß sind; und diese Sünde äußert sich in ihrer Geste, ihrem Haar und ihrer Kleidung. Nun verabscheut Gott jeden Stolz, insbesondere den Stolz auf niedrige Dinge; und daher provoziert das Verhalten der Töchter Zions sehr seinen Zorn, erstens gegen sich selbst, zweitens gegen ihre Väter und Ehemänner und drittens gegen das Land, in dem sie leben.

Rebekka zwickte hier schelmisch meinen Arm und sagte beiseite, dass wir schwächeren Schiffe schließlich doch von großer Bedeutung zu sein schienen und niemand ahnen könne, dass unsere Kopfbedeckungen noch den Untergang des Landes bedeuten würden.

4. Juni

Robert Pike, der mit seiner Schaluppe aus dem Pemaquid -Land in den Hafen einlief, schaute gestern bei uns vorbei. Er sagte, seit seiner Ankunft in der Stadt habe er einen Mann aus Newbury gesehen, der ihm erzählte, dass der alte Mr. Wheelwright aus Salisbury, der berühmte Bostoner Pfarrer zur Zeit von Sir Harry Vane und Madam Hutchinson, jetzt krank liege und ihm nahe sei Ende. Außerdem sei Goodman Morse durch einen Sturz in seiner Scheune so verkrüppelt worden, dass er nicht nach Boston zum Prozess gegen seine Frau kommen könne, was für ihn eine große Belastung sei. Der Prozess gegen die Hexe ist jetzt im Gange, und Onkel sagt, dass es sehr gegen sie aussieht, besonders die Aussage der Witwe Goodwin über ihr Kind und von John Gladding, dass er eine Körperhälfte von Goody Morse in der Sonne herumfliegen sah. als ob sie in zwei Teile zerschnitten worden wäre oder als ob der Teufel tatsächlich den unteren Teil von ihr versteckt hätte. Robert Pike sagte, eine solche Aussage dürfe keine Katze hängen lassen, da die Witwe kaum mehr als ein Narr sei; und was den Kerl Gladding betrifft, so war er ohne Zweifel begeistert, denn er hatte ihn oft in einer solchen Notlage gesehen, dass er Goody Morse nicht von der Königin von Saba hätte unterscheiden können.

8. Juni.

Nachdem die Morse-Frau vom Beistandsgericht für schuldig befunden worden war, wurde sie gestern vor ihrer Verurteilung zum North Meeting gebracht, um sich die Donnerstagsvorlesung anzuhören. Das Haus war voller Menschen, die neugierig darauf waren, die Hexe zu sehen. Der Marschall und die Polizisten brachten sie herein und setzten sie vor die Kanzel. das alte Geschöpf sah sich wild um, als wollte es ihren Verstand verlieren, und bedeckte dann ihr Gesicht mit ihren dunklen, faltigen Händen; ein trauriger Anblick! Der Pfarrer nahm seinen Text in Römer XIII. 3, 4, insbesondere der letzte Satz des 4. Verses, der sich auf Herrscher bezieht: Denn er trägt das Schwert nicht umsonst usw. Er stützte sich auf die Macht des Herrschers als Diener Gottes und als Rächer, um den Zorn über den zu üben, der Böses tut; und zeigt , dass die Bestrafung von Hexen und solchen, die mit dem Teufel einen Bund geschlossen haben, eine der Pflichten ist, die den Herrschern durch das Wort Gottes ausdrücklich auferlegt werden, da eine Hexe nicht am Leben gelassen werden durfte.

Dann wandte er sich feierlich an die verurteilte Frau und zitierte 1. Tim. Vers 20: „Wer sündigt, der tadelt vor allen, damit auch andere sich fürchten." Die Frau war sehr bewegt, denn die scharfen Worte des Predigers stach ihr zweifellos ins schlechte Gewissen, und die Schrecken der Hölle packten sie, so dass sie kaum lebendig aussah und hinausgetragen wurde. Als die Vorlesung zu Ende war, brachten sie sie zum Gericht, wo der Gouverneur tatsächlich das Todesurteil gegen sie verkündete. Aber Onkel sagt mir, dass es viele gibt, die sich dafür einsetzen, dass sie zumindest eine Zeit lang verschont bleibt, und er selbst neigt dazu, dafür zu sorgen, zumal Rebecca viel mit ihm zu diesem Zweck zusammengearbeitet hat, ebenso wie Major Pike und Major Saltonstall mit dem Gouverneur, der gestern Abend selbst seinen Onkel holen ließ, und sie unterhielten sich lange miteinander und gingen die Aussage gegen die Frau durch, und keiner war damit ganz zufrieden. Herr Norton rät zur Hinrichtung; aber Mr. Willard, der viel von der Frau gesehen und mit ihr im Gefängnis gebetet hat, glaubt, dass sie in der Hexerei unschuldig sein könnte, da ihre Unterhaltung so war, dass sie zu einer frommen Person in Bedrängnis werden könnte, und das Das Lesen der Heiligen Schrift schien sie sehr zu trösten.

9. Juni.

Onkel Rawson ist heute im Gefängnis, ein Bote, der zur Tochter von Goody Morse, der Frau eines hasserfüllten Nutters , am Cocheco geschickt wurde , um ihr mitzuteilen, dass ihre Mutter den großen Wunsch hatte, sie zu sehen Noch einmal, bevor sie gehängt wurde, erzählte sie der verurteilten Frau, als sie hereinkam, dass ihre Tochter ihn gebeten habe, ihr zu sagen, dass sie ihr keine weitere Liebe oder Dienste schulde, da sie sich dem Teufel verkauft habe, und dass sie sich nicht beschweren könne davon, denn wie sie ihr Bett gemacht hatte, so musste sie liegen. Daraufhin stieß das alte Geschöpf einen jämmerlichen Schrei aus und sagte, dass es bitterer sei, wenn sich sein eigenes Fleisch und Blut gegen es wandte, als der Tod selbst. Und sie flehte Herrn Willard an, für sie zu beten, damit ihr Vertrauen in den Herrn durch dieses neue Leid nicht erschüttert werde.

10. Juni.

Die verurteilte Frau wurde vom Gouverneur und den Richtern bis zur Gerichtssitzung im Oktober begnadigt. Viele Menschen, sowohl Männer als auch Frauen, die aus den Städten kommen, um der Hinrichtung beizuwohnen, sind zutiefst enttäuscht und verurteilen das Verhalten des Gouverneurs aufs Schärfste. Ich für meinen Teil freue mich wirklich darüber, dass dem armen Geschöpf Barmherzigkeit erwiesen wurde; denn selbst wenn sie schuldig ist, gibt es ihr eine Zeit zur Reue; und wenn sie unschuldig ist, rettet es das Land vor einer großen Sünde. Der traurige Blick des alten Geschöpfs bei der Vorlesung hat mich seitdem beunruhigt, so verlassen und verlassen kam sie mir vor. Major Pike (Roberts Vater), der heute Morgen hereinkommt, sagt, dass es ihm neben der Verschonung von Goody Morses Leben auch Freude bereitet habe, zu sehen, wie der blutrünstige Pöbel so um seine Ablenkung betrogen wurde; Da war zum Beispiel Goody Matson, die mangels Sattel den ganzen Weg von Newbury aus ohne Sattel auf dem hart trabenden Pferd von Deacon Dole geritten war und dadurch so verärgert und lahm war, dass sie kaum laufen konnte. Der Major sagte, er habe sie gestern am Ende der King Street getroffen, zusammen mit einem halben Dutzend weiterer ihrer Art, wo sie über die Begnadigung der Hexe geschimpft und geschimpft und schreckliche Urteile über alle Beteiligten prophezeit hätten. Er sagte, er habe ihr geraten, den Mund zu halten und nach Hause zu gehen, wo sie hingehörte; Er sagte ihr, wenn er noch mehr von ihrem Geplänkel hören würde, müssten die Richter Bescheid wissen, und sie würde feststellen, dass es schlimmer sei, auf den Fersen im Stock zu liegen, als auf dem Pferd von Deacon Dole zu reiten.

14. Juni.

Gestern fand die Hochzeit statt. Es war überaus mutig; Die meisten der alten und angesehenen Familien waren anwesend, so dass das große Haus, in dem mein Onkel wohnt, sehr überfüllt war. Unter ihnen waren Gouverneur Broadstreet und viele der ehrenwerten Richter, darunter Herr Saltonstall und seine würdige Dame; Herr Richardson, der Pfarrer von Newbury , heiratete die beiden auf sehr feierliche und gefühlvolle Weise. Sir Thomas war reich gekleidet , wie es sich für einen seiner Standesleute gehörte , und Rebecca sah in ihrer weißen Seide so hübsch aus wie ein Engel. Meinetwegen trug sie den Spitzenkragen, den ich letzten Winter für sie angefertigt hatte, auch wenn ich fürchte, sie hatte selbst hübschere davon angefertigt. Der Tag war nass und dunkel, und aus der Bucht wehte in starken Böen ein Ostwind, der für die Jahreszeit außerordentlich kalt war.

Rebecca, oder Lady Hale, wie sie jetzt genannt wird, hatte Robert Pike zu ihrer Hochzeit eingeladen, aber er schickte ihr eine Entschuldigung, warum sie nicht gekommen war, mit dem Inhalt, dass dringende Geschäfte ihn tatsächlich in das östliche Land bis nach Monhegan und Pemaquid riefen . Ich bemerkte, dass sein Brief, der voller guter Wünsche für ihr Glück und ihren Wohlstand war, Rebecca sehr traurig machte; und sie war außerdem etwas beunruhigt über bestimmte Dinge, die gestern passiert sind: Der große Spiegel in der Halle war stark zerbrochen und die Familienwappen, die über dem Kamin hingen, wurden heruntergeworfen, so dass er von den darauf entzündeten Kohlen verbrannt wurde wegen der Feuchtigkeit am Herd; die von den meisten Menschen als schlechtes Zeichen angesehen wurden. Grindall , ein gedankenloser Jugendlicher, erzählte seiner Schwester von der Verbrennung der Arme und dass nichts übrig geblieben sei außer dem Kopf des Raben im Kamm, bei dem sie sehr blass wurde, und sagte, es sei in der Tat seltsam, und drehte sich um fragte mich, ob ich den Aussagen über Zeichen und Prognosen überhaupt Glauben schenken könne. Als ich sah, dass sie beunruhigt war, lachte ich darüber, obwohl ich es insgeheim als ein schlechtes Omen ansah, zumal ich Sir Thomas nie besonders bewundern konnte. Die Frau meines Bruders, die völlig davon überzeugt zu sein schien, dass er eine unwürdige Person ist, schickte von mir eine entsprechende Nachricht an Rebecca; aber ich hatte nicht den Mut, darüber zu sprechen, da die Sache so weit fortgeschritten war und Onkel und Tante so sehr darauf bedacht zu sein schienen, aus ihrer Tochter eine großartige Dame zu machen.

Das Schiff, mit dem wir unsere Überfahrt antreten sollen, steht kurz vor der Seefahrt. Die Barke stammt aus London und heißt „Die drei Brüder" und wird von einem alten Bekannten von Onkel Rawson kommandiert. Ich freue mich über den Gedanken, nach Hause zu gehen, doch da die Zeit der Abreise immer näher rückt, gestehe ich ein wenig Bedauern darüber, dieses Land verlassen zu haben, in dem ich so freundlich umsorgt und unterhalten wurde und in dem ich so viel Neues und Neues gesehen habe Komische Dinge. Die großen, feierlichen Wälder, so wild und natürlich wie vor Tausenden von Jahren, die heftigen Sonnen der Sommersaison und die großen Schneefälle des Winters, die wilden Tiere und die heidnischen Indianer – das sind Dinge, an die man sich noch lange erinnern wird bleib bei mir. Heute ist das Wetter wieder klar und warm, der Himmel wunderbar hell; Die grünen Blätter flattern im Wind und die Vögel singen süß. Das Wasser der Bucht, das vom Sturm der letzten Nacht noch aufgewühlt wurde, bricht in weißem Schaum auf den Felsen des Festlandes und auf den kleinen, mit Bäumen und Weinreben bedeckten Inseln; und viele Boote und Schaluppen, die mit dem Westwind zum Fischen hinausfahren, zeigen tatsächlich ihre weißen Segel. Ich wünschte, ich hätte die Fähigkeit, meinen englischen Freunden ein Bild davon zu malen! Mein Herz schmerzt, wenn ich es betrachte, bei dem Gedanken, dass ich es nach ein paar Tagen nie wieder sehen werde.

18. Juni.

Morgen machen wir uns auf den Heimweg. Ich habe einen langen Brief an meinen lieben Bruder und meine liebe Schwester geschrieben und einen an meine Cousins in York. Mr. Richardson hat uns gerade verlassen, da er den ganzen Weg von Newbury zur Hochzeit angereist war. Der ausgezeichnete Gouverneur Broadstreet hat Lady Hale heute Morgen ein hübsches Exemplar des Buches seiner ersten Frau mit dem Titel „Mehrere Gedichte einer Gentlewoman aus Neuengland" geschickt, auf dessen leerer Seite diese Worte aus Sprichwörtern xxxi stehen. 30: „Eine Frau, die den

Herrn fürchtet , sie wird gepriesen werden", geschrieben in der eigenen Hand des Gouverneurs. Alle großartigen Leute hier haben es nicht versäumt, meine Cousine seit ihrer Heirat zu besuchen; Ich glaube jedoch, dass sie mit einigen Besuchen von armen Witwen und anderen, die in der Vergangenheit durch ihre Wohltätigkeit und Freundlichkeit erleichtert und getröstet wurden, besser zufrieden ist und die Dankbarkeit dieser Menschen sie zu Tränen gerührt hat. Wahrlich, man kann von ihr wie von Hiob sagen: „Als das Ohr sie hörte, segnete es sie, und als das Auge sie sah, gab es ihr Zeugnis; denn sie rettete die Armen, die weinten, und die Waisen und jenen." hatte niemanden, der ihm helfen konnte. Der Segen dessen, der bereit war zu sterben, kam über sie, und sie ließ das Herz der Witwe vor Freude jubeln."

(Hier endet das Tagebuch etwas abrupt. Es sieht so aus, als wären einige der letzten Seiten verloren gegangen. Im Anhang des Manuskripts finde ich eine Notiz in einer anderen Handschrift, unterzeichnet mit „RG", datiert auf Malton Rectory, 1747. Ein Rawson Grindall , MA war zu diesem Zeitpunkt Pfarrer von Malton , und die Initialen stammen zweifellos von ihm. Die traurige Fortsetzung der Geschichte der schönen Rebecca Rawson wird durch jetzt im State-House in Boston archivierte Dokumente bestätigt, in denen von ihr gesprochen wird „Eine der schönsten, höflichsten und gebildetsten jungen Damen in Boston." – Herausgeber.)

„Diese Papiere meiner verehrten und frommen Großmutter Margaret Smith, die kurz nach ihrer Rückkehr aus Neuengland ihren Cousin Oliver Grindall , Esq., aus Hilton Grange, Crowell, in Oxfordshire heiratete (beide haben innerhalb der letzten zehn Jahre geheiratet). Nachdem ich den Kegel in meinen Besitz gebracht hatte, hielt ich es nicht für unangebracht, ihnen eine Erzählung darüber beizufügen, was mit ihrer Freundin und Cousine geschehen war, da ich diese Geschichte schon oft von ihr gehört hatte eigene Lippen.

„Es scheint, dass der tapfere Galant, der sich Sir Thomas Hale nannte, trotz seiner schönen, brodelnden und gutaussehenden Art nur ein Schurke und Hochstapler war, der Rebecca Rawson und die meisten ihrer Freunde mit abscheulicher Schurkerei täuschte (obwohl meine Großmutter nie zufrieden mit ihm war, wie aus ihrem Tagebuch hervorgeht.) Als sie in London ankamen und wegen der Seekrankheit und der großen Müdigkeit darauf bedacht waren, das Schiff so schnell wie möglich zu verlassen, gingen sie an Land, um im Haus eines Verwandten zu übernachten, und verließen das Schiff ihre Koffer und Kleidung an Bord. Früh am nächsten Morgen verließ er, der sich Sir Thomas nannte, seine Frau, nahm die Schlüssel zu ihren Koffern mit und sagte ihr, er würde sie rechtzeitig vom Schiff heraufschicken, damit sie sich für das Abendessen anziehen könne Die Koffer kamen, wie er sagte, aber nachdem sie bis kurz vor dem Abendessen ungeduldig auf die Schlüssel gewartet hatte und ihr Mann nicht zurückkam, ließ sie sie aufbrechen und fand zu ihrem Kummer und Erstaunen nichts darin außer Spänen und anderem Ihr Verwandter befahl sofort seine Kutsche und ging mit ihr zum Gasthaus, wo sie nach der Landung des Schiffes zum ersten Mal Halt machten, wo sie sich nach Sir Thomas Hale erkundigte. Der Wirt erzählte ihr, dass es so einen Herrn gäbe, den er aber seit einigen Tagen nicht gesehen habe. „Aber er war letzte Nacht bei Ihnen zu Hause", sagte die erstaunte junge Frau. „Er ist mein Mann, und ich war bei ihm." Der Vermieter sagte dann, dass ein gewisser Thomas Rumsey am Abend zuvor mit einer jungen Dame in seinem Haus gewesen sei, aber sie sei nicht seine rechtmäßige Frau, da er bereits eine in Kent gehabt habe. Bei dieser erstaunlichen Nachricht geriet die unglückliche Frau völlig in Ohnmacht, und als sie zu ihrem Verwandten zurückgebracht wurde, lag sie viele Tage lang schwer krank. Während dieser Zeit wurde durch Briefe aus Kent festgestellt, dass es sich bei dieser Rumsey um einen unbarmherzigen jungen Verschwender handelte hatte seine Frau und seine beiden Kinder vor drei Jahren verlassen und war in unbekannte Gegenden gegangen.

„Meine Großmutter, die liebevoll über sie wachte und sie in ihrem großen Kummer tröstete, hat mir oft erzählt, dass ihre arme Cousine, als sie wieder zu sich kam, sagte, es sei ein gerechtes Urteil über sie wegen ihres Stolzes und ihrer Eitelkeit, die dazu geführt hatte Sie forderte sie dazu auf, würdige Männer zugunsten eines Mannes mit großer Pracht und Anmaßung zu verwerfen, der über keine soliden Verdienste verfügte, mit denen er sich rühmen konnte. Sie hatte gegen Gott gesündigt und Schande über ihre Familie gebracht, indem sie ihn gewählt hatte. Sie flehte darum, dass sein Name nie wieder erwähnt werden möge ihr Gehör, und dass sie nur als eine arme Verwandte ihrer englischen Verwandten bekannt sein und bei ihnen ein Zuhause finden würde, bis sie eine Anstellung für ihren Lebensunterhalt finden konnte, da sie nicht daran denken konnte, nach Boston zurückzukehren, um dort zu werden zum Gespött der Gedankenlosen und zum Vorwurf der Familie ihres Vaters.

„Nach der Heirat meiner Großmutter wurde Rebecca veranlasst, einige Jahre bei ihr zu leben. Meine Großtante Martha Grindall , eine alte Jungfer, die jetzt lebt, erinnert sich gut an sie damals und beschrieb sie als eine junge Frau von Süße Sie hatte ein sanftmütiges Wesen und war bei allen Familienmitgliedern sehr beliebt. Als ihr Vater von ihrem Unglück hörte, schrieb er ihr und lud sie freundlich ein, nach Neuengland zurückzukehren und bei ihm zu leben, und sie beschloss schließlich, dies zu tun. Mein Großonkel Robert, der ein Regierungsbüro in Port Royal auf der Insel Jamaika hatte, ging mit ihm aus, um von dort nach Boston zu segeln. Von dort aus schrieb sie meiner Großmutter einen Brief, den ich habe sie ebenfalls in meinem Besitz und informierte sie über ihre sichere Ankunft und darüber, dass sie einen alten Freund, Kapitän Robert Pike, gesehen hatte, dessen geschäftliche Angelegenheiten ihn auf die Insel gerufen hatten, der sich sehr freundlich und rücksichtsvoll um sie gekümmert hatte und ihr Angebot machte um sie mit seinem Schiff nach Hause zu bringen, das in ein paar Tagen ablegen sollte. In einem Nachtrag zu ihrem Brief erwähnt sie, dass sie Captain Pike in seinem Aussehen und seinen Manieren deutlich verbessert vorfand – einen echten, natürlichen Gentleman; und sie vergisst nicht zu bemerken, dass er immer noch Single war. Sie habe sich, wie sie sagte, nicht gewillt gefühlt, sein Angebot einer Heimreise anzunehmen, da sie sich solcher Höflichkeiten von seinen Händen für unwürdig gehalten habe; aber er hatte der Sache so viel Druck gemacht, dass sie, nicht ohne Bedenken, dem zugestimmt hatte.

„Aber es entsprach nicht der unergründlichen Weisheit der Vorsehung, dass sie jemals in das Haus ihres Vaters zurückgebracht werden sollte. Unter den Opfern des großen Erdbebens, das Port Royal wenige Tage nach dem Datum ihres Briefes zerstörte, befand sich diese unglückliche Dame. Es war ein schwerer Schlag für meine Großmutter, die ihrer Cousine die zärtlichste Zuneigung entgegenbrachte, und tatsächlich scheint sie dieser in jeder Hinsicht würdig gewesen zu sein – liebenswert im Aussehen, liebenswürdig im Benehmen und von großzügiger und edler Natur. Sie Sie hatte, besonders nach ihren großen Schwierigkeiten, eine etwas nachdenkliche und ernste Geisteshaltung, die im Gegensatz zu der Verspieltheit und unschuldigen Unbeschwertheit ihres frühen Lebens stand, wie sie im Tagebuch meiner Großmutter beschrieben wird, und doch war sie immer bereit, sich darin zu vergessen Sie diente dem Glück und den Freuden anderer. Sie war, wie ich erfahre, kein Mitglied der Kirche und hatte gewisse Skrupel in Bezug auf die Rituale, wie es aufgrund ihrer Ausbildung in Neuengland unter puritanischen Schismatikern selbstverständlich war; aber sie lebte ein Ihr frommes Leben und ihre ruhige und unaufdringliche Frömmigkeit veranschaulichten die Wahrheit der Sprache eines unserer größten Geistlichen, des Bischofs von Down and Connor: „Das Gebet ist der Frieden unseres Geistes, die Stille unserer Gedanken, das Ergebnis einer Stille.“ Gesinnung, Tochter der Barmherzigkeit und Schwester der Sanftmut. Optimus animus est pulcherrimus Dei cultus.

„RG"

# Geschichten und Skizzen
## von meinem Sommer mit Dr. SINGLETÄR.

## EIN FRAGMENT.

# KAPITEL I.
## DR. SINGLETARY IST TOT!

Nun, was ist damit? Alle, die leben, sterben früher oder später; Und beten Sie, wer Dr. Singletary war, dass sein Fall besondere Aufmerksamkeit erregen sollte?

Warum, erstens, Dr. Singletary, als ein Mann, der in unser gemeinsames Erbe von Freude und Leid, irdischen Instinkten und himmlischen Sehnsüchten hineingeboren wurde – unser Bruder in Sünde und Leid, Weisheit und Torheit, Liebe und Stolz und Eitelkeit? – hat Anspruch auf die allgemeine Sympathie. Was auch immer der lebende Mensch gewesen sein mag, der Tod hat ihm jetzt seine große Feierlichkeit verliehen. Er ist bei den Unsterblichen. Für ihn ist der dunkle Vorhang gelüftet. Die Schwächen, die Torheiten und die abstoßenden geistigen und persönlichen Eigenheiten, die ihn vielleicht von der Sphäre unseres Respekts und Mitgefühls ferngehalten haben, sind jetzt abgefallen, und er steht strahlend vor der Verklärung der Ewigkeit, Gottes Kind, unser anerkannter und anerkannter Bruder.

Dr. Singletary ist tot. Er war ein alter Mann und wagte sich in den letzten Jahren nur noch selten über die Grenzen seiner Nachbarschaft hinaus. Er war ein alleinstehender Mann, und sein Weggang hat keineswegs den Kreis der familiären Zuneigung zerstört. Er war der Öffentlichkeit kaum bekannt und wird heute kaum noch vermisst. Die Dorfzeitung fügte ihrer Bekanntgabe seines Todes einfach das übliche postmortale Kompliment hinzu: „Von allen, die ihn kannten, hochgeschätzt." und im jährlichen Katalog seiner Alma Mater wurde seinem Namen ein Sternchen hinzugefügt, über das vielleicht ein grauhaariger Überlebender seiner Klasse einen Seufzer ausstößt, wenn er das Bild des frischgesichtigen, strahlenden Blicks hervorruft Junge, der, aufstrebend, hoffnungsvoll, kraftvoll, mit ihm die Reise des Lebens antrat – ein Seufzer eher für sich selbst als für seinen unbewussten Erwecker.

Aber es sind schon ein paar Jahre vergangen, seit er uns verlassen hat; Dennoch sind bereits fast alle äußeren Erscheinungen, Wahrzeichen und Denkmäler des lebenden Menschen verschwunden oder entfernt worden. Sein Haus mit seinem breiten, moosbewachsenen Dach, das auf einer Seite fast bis zu den Rosensträuchern und Flieder abfällt, und mit seiner gemütlichen kleinen Veranda davor, wo er an angenehmen Sommernachmittagen zu sitzen pflegte, ist in neue Hände übergegangen, und wurde durch eine grelle weiße Farbschicht traurig entstellt; und anstelle des Namens des guten Doktors, der kaum lesbar auf der Ecktafel steht, steht jetzt in starren schwarzen und goldenen Buchstaben: „VALENTINE ORSON STUBBS, MD, indischer Arzt und Händler für Wurzeln und

Kräuter." Das alte Pferd des guten Doktors, dessen Besitzer jedem Mann, jeder Frau und jedem Kind im Dorf bekannt ist, ist in die Hände des Neuankömmlings gefallen, der (bereits darauf vorbereitet, das Beste aus ihm herauszuholen, seit er damit begonnen hat (Praxis der Heilkunst im Stall, von dort aus in den Salon aufsteigend) hat ihm verhältnismäßig glattes Aussehen verliehen, seine Mähne und seinen Schweif von den angesammelten Kletten vieler Herbste gereinigt und ihn zu einem ziemlich fröhlichen Nörgler gemacht. Auch der Wagen, in dem mindestens zwei Generationen von Jungen und Mädchen mit lauter Heiterkeit gefahren sind, wann immer sie ihm auf dem Weg zur Schule begegneten, ist so elegant bemalt und lackiert, dass, wenn sein früherer Besitzer vom Hügel herabblicken könnte – Am Hang, wo er liegt, würde er sein einst vertrautes Fahrzeug kaum wiedererkennen, während es glitzernd über die Hauptstraße zum Dorf wirbelt. Im Übrigen geht alles wie gewohnt weiter; Der Müller mahlt, der Schmied schlägt und bläst, der Schuster und Schneider näht und flickt, alte Männer sitzen in der Herbstsonne, alte Gerüchte rühren Tee und Skandal, Erweckungstreffen wechseln sich mit Apfelbienen und Sträuchern ab – Mühe, Vergnügen, Familienkrüge Kleine Nachbarschaftsstreitigkeiten, Brautwerbung und Heirat – alles, was das tägliche Leben eines Dorfes auf dem Land ausmacht, geht weiter wie zuvor. Die kleine Kluft, die sein Tod in den Herzen der Menschen, in denen er lebte und arbeitete, hinterlassen hat, scheint fast geschlossen zu sein. Es gibt nur noch ein Grab auf dem Friedhof , das ist alles.

Niemand soll aus dem, was ich gesagt habe, schließen, dass der gute Mann ohne Trauer gestorben ist; denn tatsächlich war es ein trauriger Tag mit seinen Nachbarn, als die lange erwartete Nachricht endlich von Haus zu Haus und von Werkstatt zu Werkstatt lief: „Dr. Singletary ist tot!"

Er hatte keinen Feind mehr unter ihnen; Auf die eine oder andere Weise war er der Freund und Wohltäter aller gewesen. Einige verdankten seiner Geschicklichkeit die Genesung von Krankheiten; andere erinnerten sich, wie er mit ängstlicher Fürsorge am Bett ihrer sterbenden Verwandten gewacht und sie getröstet hatte, als alle menschliche Hilfe vergeblich war, mit dem süßen Trost jener christlichen Hoffnung, die allein den großen Schatten des Grabes durchdringt und den sicheren Schritt zeigt. Steine über dem dunklen Wasser. Die Alten vermissten einen fröhlichen Gefährten und Freund, der ihnen viel beigebracht hatte, ohne ihren Stolz durch eine beleidigende Zurschaustellung seiner Überlegenheit zu verletzen, und der, während er sich über seine eigenen Prüfungen und Gebrechen lustig machte, dennoch mit echtem Mitgefühl den Nörglern zuhören konnte aufdringliche Beschwerden anderer. Zumindest einen Tag lang waren selbst die sonnigen Gesichter der Kindheit von ungewöhnlicher Nachdenklichkeit geprägt; Der Schatten des gemeinsamen Trauerns fiel über den Spielplatz und die Kinderstube. Das kleine Mädchen erinnerte sich unter Tränen daran, wie ihre Puppe mit gebrochenen Gliedmaßen den chirurgischen Einfallsreichtum ihres genialen alten Freundes auf die Probe gestellt hatte; und der Junge zeigte seinen Spielkameraden voller Trauer den Kreisel, den ihm der gute Doktor gegeben hatte. Wenn es unter den vielen, die an seinem Grab standen, nur wenige gab, die in der Lage waren, die hohe intellektuelle und spirituelle Natur, die den Hintergrund seines einfachen gesellschaftlichen Lebens bildete, richtig einzuschätzen und zu würdigen, so konnten alle spüren, dass kein gemeinsamer Verlust erlitten worden war und dass die Der freundliche und großzügige Geist, der von ihnen gestorben war, hatte nicht für sich allein gelebt.

Wenn Sie den Windungen eines der schönsten Flüsse Neuenglands folgen, können Sie ein paar Meilen oberhalb des Sea-Mart an seiner Mündung einen Hügel sehen, dessen grasbewachsener Hang mit dem anmutigen Laub der Heuschrecke gespickt ist und dessen Die Spitze hebt sich von einer noch höheren Erhebung ab, dunkel mit Eichen und Walnüssen, den weißen Steinen der Grabstätte. Es ist ein ruhiger Ort, aber ohne Düsternis, wie es sich für „God's Acre" gehört. Unten liegt das Dorf mit seinen Schaluppen und Fischerbooten an den Kais und seinen sich im Wasser spiegelnden Halbmonden aus weißen Häusern. Im Osten liegt die neblige Linie des großen Meeres. Blaue Gipfel ferner Berge rauhen den Horizont im Norden auf. Nach Westen windet sich der breite, klare Fluss in ein Labyrinth aus vorspringenden Klippen und malerischen bewaldeten Landzungen. Der hohe, weiße Stein am Westhang des Hügels trägt den Namen „Nicholas Singletary, MD" und markiert den Ort, den er viele Jahre vor seinem Tod ausgewählt hat. Als ich es letzten Frühling besuchte, duftete die Luft nach der Blüte von Dornbusch und Brombeere und dem balsamischen Duft des Süßfarns; Vögel sangen in den Birken an der Mauer; und zwei kleine Mädchen mit braunen Locken und fröhlichen Gesichtern machten Kränze aus Löwenzahn und Gräsern, die auf dem Grab des alten Mannes wuchsen. Die Sonne ging hinter den westlichen Flussklippen unter, überflutete das Tal mit sanftem Licht, verherrlichte jeden Gegenstand und verschmolz alles in Harmonie und Schönheit. Ich sah und fühlte nichts, was mich deprimieren oder traurig machen könnte. Ich hätte in das Lachen der Kinder einstimmen können. Der leise Pfiff eines jungen Fuhrmanns, der fröhlich nach Hause fuhr, hallte nicht in meinem Ohr wider; Denn von der verklärten Landschaft und von den singenden Vögeln und von der sportlichen Kindheit und von blühendem Dornbusch und von dem grasbewachsenen Hügel vor mir hörte ich nur das Flüstern eines einzigen Wortes, und dieses Wort war FRIEDEN.

# KAPITEL. II.
## EIN KONTO VON PEEWAWKIN AUF DEM TOCKETUCK.

GUT und wahrhaftig hat der weise Mann der alten Zeit gesagt: „Viel Studieren ist eine Ermüdung für das Fleisch." Harte und gründliche Anwendung während des Winters hatte mich schlecht darauf vorbereitet, den unheilvollen Einflüssen eines Frühlings in Neuengland zu widerstehen. Ich schreckte gleichermaßen vor den Stürmen im März, den launischen Veränderungen im April und den plötzlichen Wechseln im Mai zurück, von der mildesten Südwestbrise bis zu den schrecklichen und eisigen Ostböen, die wie der sagenumwobene Sanser , der Wind des Todes, über unsere Küste fegen. Der Schwung und die Kraft, die Frische und Schönheit des Lebens schienen mich zu verlassen. Fleisch und Geist harmonierten nicht mehr. Ich wurde von einem alptraumhaften Gefühl der Notwendigkeit einer Anstrengung gequält, gepaart mit dem Gefühl völliger Unfähigkeit. Tausend Pläne zu meinem eigenen Vorteil oder zum Wohl meiner Lieben oder meiner Mitmenschen im Allgemeinen gingen mir vor Augen; aber ich hatte keine Kraft, die guten Engel zu ergreifen und sie zurückzuhalten, bis sie ihren Segen verließen. Die Posaune erklang in meinen Ohren für das Turnier des Lebens; aber ich konnte das Gewicht meiner Rüstung nicht ertragen. Inmitten von Pflichten und Verantwortlichkeiten, die ich klar verstand, gab ich dem fesselnden Egoismus der Krankheit nach. Ich konnte nur arbeiten, wenn die scharfen Wellen der Notwendigkeit in meinen Seiten waren.

Es bedurfte nicht der bedrohlichen Warnungen meiner Bekannten, um mich davon zu überzeugen, dass eine entscheidende Änderung notwendig war. Aber was war zu tun? Eine Reise nach Europa wurde von meinen Freunden vorgeschlagen; aber unglücklicherweise rechnete ich niemanden unter ihnen, der wie der ehrliche Laird von Dumbiedikes bereit war , mit der Handtasche in der Hand zu fragen: „Wird Siller es tun?" Als ich mich nach einem anderen Ausweg umsah, fiel mir das hübsche, altmodische Dorf Peewawkin am Tocketuck River ein . Ich dachte, ein paar Wochen Freizeit, Landluft und Bewegung könnten für mich von entscheidendem Nutzen sein. Also wandte ich meinen Schlüssel meinen Sorgen und Studien zu und wandte der Stadt den Rücken zu, und eines schönen Abends Anfang Juni rumpelte die Postkutsche über die Tocketuck Bridge und ließ mich im Haus von Dr. Singletary zurück, wo ich das Glück gehabt hatte um Bett und Verpflegung zu sichern.

Das kleine Dorf Peewawkin war zu dieser Zeit ein gut erhaltenes Exemplar der alten, ruhigen, gemütlichen Weiler Neuenglands. Keine große Fabrik warf ihren bösen Schatten darüber; kein rauchender Dämon von einer

Lokomotive schleppte seinen langen Zug durch die Straßen; Kein
Dampfschiff schnaufte an seinen Kais oder pflügte den Fluss hinauf wie das
verzauberte Schiff des alten Seefahrers –



Der Marsch des Geistes hatte es nicht überholt. Es gab weder eine
Druckmaschine noch ein Lyzeum. So wie es die Väter vor ihnen getan hatten,
taten es auch seine Bewohner zum Zeitpunkt meines Besuchs. In ihrem
Geschäft gab es wenig oder gar keine Konkurrenz; Es gab keine reichen
Männer und auch keinen, der übermäßig darauf bedacht zu sein schien, es zu
werden. Jährlich wurden zwei oder drei kleine Schiffe von den Tischlerhöfen
am Fluss aus zu Wasser gelassen. Es gab eine Schmiedewerkstatt mit dem
Klirren von Eisen und dem Dröhnen von Blasebälgen; eine Töpferei,
garniert mit grobem Tongeschirr; ein Laden, in dem auf der einen Seite
Melasse, Zucker und Gewürze und auf der anderen Seite Kattun, Klebeband
und Bänder verkauft wurden. Jährlich verließen drei oder vier kleine Schoner
die Kaianlagen für die Fischerei in St. George's und Labrador. Gleich hinter
dem Dorf drehte ein heller, lauter Bach, der wie ein fröhliches Lachen aus
den Walnuss- und Eichenwäldern strömte, die sich weit nach Norden durch
eine schmale Lücke in den Hügeln erstreckten, das große Rad einer
Getreidemühle , und tobte wie eine böse Undine unter den Fenstern des
braunen, lila schattigen Hauses von Deacon Warner, dem Müller, herum, als
wollte er die hübschen Töchter des guten Mannes dazu verleiten,
Tanzunterricht zu nehmen. An einem Ende des kleinen halbmondförmigen
Dorfes, an der Ecke der Hauptstraße und der grünen Gasse zur Mühle von
Deacon Warner, stand das Schulhaus – ein kleines, schlecht genutztes,
spanischbraunes Gebäude mit geflickten Fenstern untrüglicher Beweis für
den schelmischen Charakter seiner Insassen. Am anderen Ende, weiter
flussaufwärts, stand auf einem felsigen Hügel, der allen Winden ausgesetzt
war, das Versammlungshaus – alt, zweistöckig und voller Fenster, dessen
vergoldeter Wetterhahn in der Sonne glitzerte. Die Glocke im Glockenturm
wurde Ende des letzten Jahrhunderts von Skipper Evans aus Frankreich
mitgebracht. Feierlich getauft und einem Heiligen geweiht, hatte es die
verschleierten Schwestern eines Klosters zum Gebet aufgerufen und in den
Massen für die Toten laut geläutet. Zunächst hatten einige Mitglieder der
Kirche Bedenken hinsichtlich der Zweckmäßigkeit, eine papistische Glocke
in einem puritanischen Kirchturmhaus aufzuhängen; Ihre Einwände wurden
jedoch vom Geistlichen zurückgewiesen, der weise darauf verwies, dass es
nicht verkehrt sein könne, eine katholische Glocke in einer orthodoxen
Kirche zum Dienst zu stellen, wenn Moses die von den Ägyptern geliehenen
Juwelen und Ornamente verwenden könne, um die Bundeslade des Herrn zu
schmücken und zu verschönern Glockenturm. Der Raum zwischen der

Schule und dem Versammlungshaus war mit etwa fünfzehn oder zwanzig Wohnhäusern besetzt, die vielfarbig und unterschiedlich in Alter und Aussehen waren. Jeder hatte seinen grünen Garten vor sich, seine Rosenbüsche und Flieder. Große Ulmen, die vor einem Jahrhundert gepflanzt wurden, streckten ihre schweren Arme über die Straße und verschränkten sie. Der Mühlenbach, der nahe der Mitte des Dorfes in den Tocketuek mündete , wurde von einer klapprigen Holzbrücke überspannt, die durch eine ehrwürdige, knorrige Weißeiche, die mit halb entblößten großen Wurzeln über ihr hing, malerisch wirkte das Wasser und verdrehte sich zwischen den moosigen Steinen des bröckelnden Widerlagers.

Das Haus von Dr. Singletary lag etwas abseits der Hauptstraße, direkt am Abhang von Blueberry Will – einer großen, grünen Landzunge, die sich weit vom Norden herab erstreckte und in einer steilen Klippe am Flussufer endete. Es überblickte das Dorf und den Fluss weit oben und unten. Es war ein braun aussehendes, veraltetes Herrenhaus, das der Großvater des Doktors in den frühen Tagen der Siedlung erbaut hatte. Die Räume waren groß und niedrig, mit großen, weiß getünchten Balken, die kaum über die Reichweite des Kopfes eines großen Mannes hinausgingen. Große Kamine, gefüllt mit Kiefernzweigen und Blumentöpfen, versprachen winterliche Feuer, brüllten und knisterten in ausgelassener Heiterkeit, als würden sie lachen, um die Torheit und Unbequemlichkeit unserer modernen Öfen zu verachten. Auf der Veranda an der Vordertür befanden sich zwei Sitze, auf denen der Doktor bei schönem Wetter mit seiner Pfeife und seinem Buch oder mit Freunden, die vorbeikamen, um eine halbe Stunde mit ihm zu verbringen, zu sitzen pflegte. Der Rasen davor hatte kaum einen anderen Schmuck als das grüne Gras, das das Pferd des Doktors kurz geschnitten hatte. Eine Steinmauer trennte es von der Gasse, die zur Hälfte mit wildem Hopfen oder Clematis überwuchert war, und zwei edle Felsenahornbäume wölbten sich mit ihrem dichten Laubwerk über das kleine rote Tor. Auf der einen Seite waren dunkle Waldgürtel, sanfte Hügelweiden, grüne, weite Wiesen und Mais- und Roggenfelder, die Gehöfte der Dorfbewohner, zu sehen; Auf der anderen Seite war der helle, klare Fluss mit hier und da einem weißen Segel, das sich von markanten, bewaldeten Ufern, hervorstehenden Felsen oder winzigen Inseln abhob, dunkel von immergrünen Zwergsträuchern. Es war ein ruhiges, ländliches Bild, ein fröhlicher und friedlicher Kontrast zu allem, was ich in den erschöpften, elenden Monaten gesehen hatte. Es linderte die nervöse Erregung von Schmerz und Leid. Ich vergaß mich selbst vor dem erfreulichen Interesse, das es erweckte. Die heilenden Wirkungen der Natur empfing ich mit allen Sinnen. Ich spürte die heilende Wirkung ihrer Anblicke, Geräusche und aromatischen Brisen. Aus dem grünen Rasen ihrer Hügel und den moosigen Teppichen ihrer Wälder schöpften meine trägen Schritte neue Kraft und Elastizität. Ich spürte Tag für Tag die Übertragung ihres starken Lebens.

Die häusliche Einrichtung des Doktors bestand aus der Witwe Matson, seiner Haushälterin, und einem müßigen Jungen, der, wenn er nicht gerade über den Fluss paddelte, in den Sümpfen jagte oder auf dem „Meetin'-us-Hill " Ball spielte ," wurde verwendet, um Besorgungen zu erledigen, die Kuh zu melken und das Pferd zu satteln. Witwe Matson war eine bemerkenswerte, schrillzüngige Frau, von der zwei leidgeprüfte Ehemänner etwas erlangt hatten, was man unter den gegebenen Umständen wohl als eine angenehme Befreiung bezeichnen könnte. Sie war fast makellos sauber und ordentlich, sparsam und fleißig und war, abgesehen von ihrem Hang zum Schelten, eine vorbildliche Haushälterin. Für den Doktor hegte sie eine so hohe Wertschätzung, dass nichts ihre Empörung übertreffen konnte, wenn irgendjemand außer ihr sich anmaßte, ihm Vorwürfe zu machen. Ihr Bellen war schlimmer als ihr Biss; sie hatte ein warmes Frauenherz, das zu sanften Nachgiebigkeiten fähig war ; Und das verstand der schelmische Laufbursche so gut, dass er die tägliche Zufügung ihrer Zunge mit einer gutmütigen Gleichgültigkeit ertrug, die ihm sehr zugute gekommen wäre, wenn sie nicht aus seiner selbstbewussten Erwartung resultiert hätte, dass er ein zusätzliches Stück Kuchen oder ein Stück davon bekommen würde Der Kuchen würde bald seinen Gaumen kitzeln, um das Kribbeln in seinen Ohren zu sühnen.

Man muss zugeben, dass der Doktor gewisse kleine Eigenheiten und Eigenarten hatte, die einem sanfteren Gemüt als dem der Witwe Matson hätte schaden können. Er war nachlässig und geistesabwesend. Trotz ihrer Mühen und Beschwerden verstreute er seine überflüssigen Kleidungsstücke, Bücher und Papiere in „viel bewunderter Unordnung" in seinen Zimmern. Er überließ die Freiheit seines Hauses den Jungen und Mädchen seiner Nachbarschaft, die, seiner Gutmütigkeit vertrauend, über ihre Vorwürfe und Drohungen lachten, während sie einander die schön polierte Treppe hinauf und hinunter jagten. Und was noch schlimmer war: Er war immun gegen die Beschimpfungen und Vorwürfe, mit denen sie ihn indirekt aus den Nischen ihrer Küche attackierte. Er rauchte seine Pfeife und döste so selbstgefällig wie eh und je über seiner Zeitung, während ihm seine Unterlassungs- und Begehungssünden zur Last gelegt wurden.

Peewawkin hatte immer den Ruf einer gesunden Stadt, und wenn es anders gewesen wäre, wäre Dr. Singletary der letzte Mann auf der Welt gewesen, der die Leiden und Beschwerden seiner Bewohner in Gold für die eigene Tasche verwandelt hätte. So ging es ihm im Alter von sechzig Jahren in puncto weltlicher Substanz kaum besser als damals, als er in den Besitz des kleinen Gehöfts seines Vaters kam. Er bestellte mit eigenen Händen sein Maisfeld und sein Kartoffelbeet und beschnitt seine Apfel- und Birnbäume, ebenso zufrieden mit seinem Erbe wie Horace mit seiner rustikalen Sabine-Villa. Neben der Pflege seines Gehöfts und seinen beruflichen Pflichten war er seit langem einer der Armenaufseher und Mitglied des Schulausschusses seiner Stadt; und er war eine Art ständiger Ansprechpartner bei allen Streitigkeiten über Löhne, Grenzen und Viehzucht in seiner Nachbarschaft. Dennoch hatte er viel Freizeit zum Lesen, für wohltätige Zwecke und für gesellschaftliche Besuche. Er liebte es, mit seinen Freunden, Elder Staples, dem Pfarrer, Diakon Warner und Skipper Evans zu reden. Er war ein erfahrener Angler und kannte alle Lebensräume von Hechtfischen und Forellen im weiten Umkreis. Sein Lieblingsaufenthaltsort war der Hügel hinter seinem Haus, der einen Blick auf das lange Tal des Tocketuck und das große Meer bot. Hier saß er, genoss die ruhige Schönheit der Landschaft und zeigte mir Orte, die aufgrund ihrer historischen oder traditionellen Assoziationen interessant waren oder in irgendeiner Weise mit humorvollen oder pathetischen Passagen seiner eigenen Lebenserfahrung verbunden waren. Einige dieser autobiografischen Fragmente haben mich tief berührt. Indem er sie erzählte, verlieh er vertrauten und alltäglichen Tatsachen etwas von der Faszination der Romantik. „Das menschliche Leben", würde er sagen, „ist überall gleich. Wenn wir nur der Wahrheit auf den Grund gehen könnten, würden wir feststellen, dass alle Tragödien und Komödien Shakespeares in diesem kleinen Dorf reproduziert wurden. Gott hat alles aus einem Blut gemacht." ; Was für einen Menschen gilt, trifft in gewisser Weise auch für einen anderen zu; Erscheinungsformen mögen unterschiedlich sein, aber die wesentlichen Elemente und die Triebfedern des Handelns sind dieselben. Oberflächlich betrachtet sieht im Moment alles an uns prosaisch und mechanisch aus; Sie sehen nur eine Art davon einer Rindenmühle, die den gleichen trüben, eintönigen Kern alltäglicher Kleinigkeiten mahlt. Aber unter all dem verbirgt sich ein ernstes Leben, reich und schön voller Liebe und Hoffnung oder dunkel vor Hass, Kummer und Reue. Dieser Fischer bei der Wer weiß, welche Lichter und Schatten ihre Erinnerungen prägen oder welche gegenwärtigen Gedanken , die aus dem Himmel oder der Hölle stammen, in der Zukunft zu guten oder bösen Taten heranreifen werden? „Ah, was habe ich nicht gesehen und gehört? Mein Beruf war für mich in gewisser Weise wie der Flaschengeist des Salamanca-Studenten; Es hat die Dächer dieser Häuser geöffnet und den Herzen ihrer Bewohner tiefe, dunkle Kammern geöffnet, auf die kein einziges Auge außer dem Gottes jemals geblickt hatte. Wo ich sie am wenigsten erwartet hätte, bin ich auf Formen des Bösen gestoßen; während ich andererseits bei denen, die mir frivol und selbstsüchtig erschienen waren, schöne, heroische Liebe und Selbstverleugnung gefunden habe.

So auch Dr. Singletary, als wir über Blueberry Hill schlenderten oder die schmale, von Weiden beschattete Straße entlangfuhren, die den Windungen des Flusses folgt. Er hatte in seinem zurückgezogenen, einsamen Leben viel gelesen und gedacht und war offenbar sehr zufrieden, in mir einen zufriedenen Zuhörer zu finden. Er sprach gut und flüssig, ohne Rücksicht auf logische Abläufe und mit etwas von dem Dogmatismus, der einem

Menschen eigen ist, dessen Meinungen selten einer genauen Prüfung unterzogen wurden. Er schien in den komplexesten Fragen der Theologie und Metaphysik ebenso zu Hause zu sein wie in den praktischeren Angelegenheiten des Makrelenfischens, des Maisanbaus und der Viehzucht. Es war offensichtlich, dass er zu seinem Buchwissen jene geduldige und genaue Beobachtung der Vorgänge in der Natur hinzugefügt hatte, die den ungebildeten Pflüger und Mechaniker oft auf eine höhere Ebene der verfügbaren Intelligenz stellt als die von Professoren und Schulmännern. Für ihn war nichts „gemein oder unrein", was seine Wurzeln in den ewigen Wahrheiten der Natur hatte. Der Schmied, der die dunklen Geister der Kohle- und Eisenminen seinem Willen unterwirft; der Töpfer mit seiner „Macht über den Ton"; der Kapitän, der sein zerbrechliches Angelboot zwischen den Eisbergen von Labrador hin und her geworfen hatte; der Bauer, der der Natur die okkulten Geheimnisse ihrer Wälder und Felder entzogen hatte; und selbst der vagabundierende Jäger und Angler, der mit den Gewohnheiten der Tiere und der Wanderung von Vögeln und Fischen vertraut war, war seine Lehrer gewesen; und er schämte sich nicht zuzugeben, dass sie ihm mehr beigebracht hatten als nur das College oder die Bibliothek.

# KAPITEL III.
## Das Matchmaking des Arztes.

„Guten Morgen, Mrs. Barnet", rief der Doktor, als wir uns während einer unserer Morgenfahrten einem hübschen Bauernhaus näherten.

Eine große, gesunde junge Frau in der Blüte ihrer matronenhaften Schönheit fütterte vor der Tür Hühner. Sie stieß einen Freudenschrei aus und eilte auf uns zu. Als sie einen Fremden im Wagen bemerkte, blieb sie mit einem Ausdruck der Verlegenheit stehen.

„Mein Freund, der ein paar Wochen bei mir verbringt", erklärte der Arzt.

Sie begrüßte mich höflich und drückte dem Doktor herzlich die Hand.

„Oh, es ist so lange her, seit du uns besucht hast, dass wir darüber gesprochen haben, ins Dorf zu gehen, um dich zu besuchen, sobald Robert von seinem Maisfeld wegkommt. Du weißt nicht, wie klein Lucy geworden ist." Du musst anhalten und sie sehen."

„Sie kommt selbst zu mir", antwortete der Doktor und winkte einem süßen blauäugigen Kind in der Tür zu.

Die entzückte Mutter holte ihren Liebling ein und hielt sie vor den Doktor.

„ Sieht sie nicht aus wie Robert?" sie erkundigte sich. „Seine Augen und seine Stirn! Segne mich! Hier ist er jetzt."

Ein kräftiger, gesunder junger Bauer in einem grob karierten Kleid und einem breiten Strohhut kam vom angrenzenden Feld herauf.

„Nun, Robert", sagte der Doktor, „wie stehen die Dinge jetzt bei Ihnen? Nun, das hoffe ich."

„In Ordnung, Doktor. Wir haben den letzten Cent der Hypothek abbezahlt und die Farm ist völlig frei und frei. Julia und ich haben hart gearbeitet, aber es geht uns nicht schlechter."

„Sie sehen gesund und glücklich aus, da bin ich mir sicher", sagte der Doktor. „Ich glaube nicht, dass es Ihnen leid tut, dass Sie den Rat des alten Doktors befolgt haben."

Der Kopf der jungen Frau senkte sich, bis ihre Lippen die ihres Kindes berührten.

"Entschuldigung!" rief ihr Mann aus. „Wir nicht! Wenn es im Umkreis von zehn Meilen von uns jemanden gibt, der glücklicher ist als wir? Ich kenne ihn nicht. Doktor, ich sage Ihnen, was ich an dem Abend, als ich die

Hypothek nach Hause brachte, zu Julia gesagt habe. ‚Nun', sagte ich „Diese Schuld ist beglichen; aber es gibt eine Schuld, die wir unser Leben lang niemals bezahlen können." „Ich weiß es", sagt sie, „aber Dr. Singletary möchte keine bessere Belohnung für seine Freundlichkeit, als uns glücklich zusammenleben zu sehen und für andere zu tun, was er für uns getan hat."

"Pah!" sagte der Doktor und ergriff seine Zügel und seine Peitsche. „Du schuldest mir nichts. Aber ich darf meinen Auftrag nicht vergessen. Die arme alte Witwe Osborne braucht heute Nacht einen Wächter; und sie besteht darauf, Julia Barnet zu haben und sonst niemanden. Was soll ich ihr sagen?"

„Ich werde auf jeden Fall gehen. Ich kann Lucy jetzt verlassen, oder auch nicht."

„Auf Wiedersehen, Nachbarn."

„Auf Wiedersehen, Doktor."

Als wir losfuhren, sah ich, wie der Doktor sich hastig mit der Hand über die Augen fuhr und einige Minuten lang nichts sagte.

„Die öffentliche Meinung", sagte er schließlich, als würde er seine Überlegungen laut fortsetzen, „die öffentliche Meinung ist in neun von zehn Fällen öffentliche Torheit und Unverschämtheit. Wir sind Sklaven des anderen. Wir wagen es nicht, unser Gewissen zu befragen." und Zuneigungen, aber wir müssen zwangsläufig die Vorurteile und Sitten der Bevölkerung ertragen, um für uns zu entscheiden, und auf ihren Willen werden Liebe und Freundschaft und alle besten Hoffnungen unseres Lebens geopfert. Wir fragen nicht: Was ist richtig und das Beste für uns?, sondern: Was Werden die Leute darüber sagen? Wir haben keine Individualität, keine selbstbeherrschte Stärke, kein Gefühl der Freiheit. Wir sind uns immer des Blicks des vieläugigen Tyrannen bewusst. Wir versöhnen ihn mit kostbaren Opfergaben; wir verbrennen ständig Weihrauch für Moloch, und durch sein Feuer gehen die heiligen Erstgeborenen unserer Herzen. Wie wenige wagen es , ihr eigenes Glück durch die Lichter zu suchen, die Gott ihnen gegeben hat, oder haben die Kraft, dem falschen Stolz und den Vorurteilen der Welt zu trotzen und fest in der Welt zu stehen Freiheit der Christen! Kann etwas bemitleidenswerter sein als der Anblick so vieler, die unter Gott die Wähler und Schöpfer ihrer eigenen Sphären des Nutzens und Glücks sein sollten, die sich selbst zu bloßen Sklaven des Anstands und der Sitte erniedrigt haben und deren wahre Natur unentwickelt ist? Ihre Herzen waren verkrampft und verschlossen, jeder fürchtete sich vor seinem Nächsten und sein Nachbar vor ihm, führte ein Leben der Unwirklichkeit, täuschte und wurde getäuscht und wandelte für immer in einer vergeblichen Show? Hier und jetzt haben wir gerade ein Ehepaar zurückgelassen, das glücklich ist, weil es auf seine ehrlichen Zuneigungen Rücksicht genommen hat und nicht auf die

Meinungen der Menge, und es gewagt hat, sich selbst treu zu bleiben, trotz unverschämtem Klatsch."

„Du sprichst wohl von dem jungen Bauern Barnet und seiner Frau?" sagte ich.

„Ja. Ich werde ihren Fall zur Veranschaulichung nennen. Julia Atkins war die Tochter von Fähnrich Atkins, der an der Mill-Road direkt oberhalb von Deacon Warner lebte. Als sie zehn Jahre alt war, starb ihre Mutter; und einige Monate später starb sie Ihr Vater heiratete Polly Wiggin, die Schneiderin, eine kluge, selbstsüchtige und geschäftstüchtige Frau. Julia, das arme Mädchen!, hatte eine traurige Zeit, denn der Fähnrich war zwar von Natur aus ein freundlicher und liebevoller Mann, aber zu schwach und nachgiebig, um sich zwischen sie zu stellen und seine willensstarke, scharfzüngige Frau. Sie hatte jedoch einen Freund, der immer bereit war, mit ihr zu sympathisieren. Robert Barnet war der Sohn ihrer Nachbarin, etwa zwei Jahre älter als sie; sie waren erwachsen geworden zusammen als Schulkameraden und Spielkameraden; und oft traf ich sie auf meinen Ausflügen Hand in Hand von der Schule oder mit Beeren und Nüssen aus dem Wald nach Hause, redete und lachte, als gäbe es keine schimpfenden Stiefmütter auf der Welt.

„Es geschah so, dass, als Julia in ihrem sechzehnten Lebensjahr war, ein berühmter Schreibmeister nach Peewawkin kam . Er war ein auffälliger, schneidiger Kerl mit einem modischen Kleid, einem bösen Blick und einer Zunge wie die der alten Schlange, wenn sie versuchte unsere Urgroßmutter. Julia war eine seiner Schülerinnen und vielleicht die hübscheste von allen. Der Schlingel wählte sie von Anfang an aus, und um sein Ziel besser zu erreichen, verließ er die Taverne und übernachtete beim Fähnrich. Er Bald erkannte er, wie die Dinge in der Familie standen, und regierte sich danach, wobei er sich besondere Mühe gab, die herrschende Autorität zu versöhnen. Die Frau des Fähnrichs hasste den jungen Barnet und wollte ihre Stieftochter loswerden. Der Schreibmeister hatte daher eine Er schmeichelte dem armen jungen Mädchen durch seine Aufmerksamkeiten und lobte ihre Schönheit. Ihre moralische Erziehung hatte sie nicht dazu befähigt, diesem verführerischen Einfluss standzuhalten; keine Mutterliebe mit ihrem schnellen, instinktiven Gefühl der Gefahr, die ihr Objekt bedrohte, stand zwischen ihr und ihr der Versucher. Ihr alter Freund und Spielkamerad – er, der sie allein hätte retten können  war von ihrer Stiefmutter unsanft aus dem Haus gewiesen worden; und empört und angewidert hatte er sich aus der Konkurrenz mit seinem furchtbaren Rivalen zurückgezogen. So ihrer eigenen undisziplinierten Fantasie überlassen, mit der Unerfahrenheit eines Kindes und den Leidenschaften einer Frau, wurde sie durch falsche Versprechungen getäuscht, verwirrt, fasziniert und zur Sünde verführt.

„Es ist die gleiche alte Geschichte vom Selbstvertrauen der Frau und der Doppelzüngigkeit des Mannes. Der schurkische Schreibmeister verließ unter dem Vorwand , eine Nachbarstadt zu besuchen, seine Unterkunft und kehrte nie zurück. Als ich zuletzt von ihm hörte, war er Mieter eines westlichen Gefängnisses Die arme Julia, die in Ungnade aus dem Haus ihres Vaters vertrieben worden war, fand Zuflucht in der bescheidenen Behausung einer alten Frau ohne besonders ehrenhaften Charakter. Dorthin wurde ich gerufen, sie zu besuchen; und obwohl ich an Szenen des Leids und der Trauer nicht gewöhnt war, tat ich es hatte noch nie zuvor eine so völlige Hingabe an Kummer, Scham und Reue erlebt. Ach, wie war Kummer für ihr Kummer? Die Geburtsstunde ihres Kindes war auch die Stunde seines Todes.

„Die Qual ihres Geistes schien größer zu sein, als sie ertragen konnte. Ihre Augen wurden geöffnet, und sie blickte mit Abscheu und Entsetzen auf sich selbst. Sie wollte keine Hoffnung, keinen Trost zulassen; sie wollte auf keine Linderung oder Entschuldigung ihrer Schuld hören." Ich konnte sie nur auf die Quelle der Vergebung und des Friedens hinweisen, an die das gebrochene und zerknirschte Herz nie umsonst appelliert.

„In der Zwischenzeit ging Robert Barnet an Bord eines Labrador-Schiffes. In der Nacht vor seiner Abreise besuchte er mich und drückte mir eine zwar kleine Geldsumme in die Hand, aber alles, was er damals befehlen konnte.

„‚Du wirst sie oft sehen', sagte er. ‚Lass sie nicht leiden; denn sie ist mehr zu bemitleiden als zu tadeln.'

„Ich antwortete ihm, dass ich alles in meiner Macht stehende für sie tun würde, und fügte hinzu, dass ich viel mehr von ihr halte, so reumütig und reuig sie auch sei, als von einigen, die damit beschäftigt waren, sie zu beschämen und zu tadeln."

„‚Gott segne dich für diese Worte!' sagte er und ergriff meine Hand. „Ich werde oft an sie denken. Sie werden mir ein Trost sein."

„Was Julia betrifft, so war Gott ihr gnädiger als die Menschen. Sie erhob sich nachdenklich und demütig von ihrem Krankenbett, aber mit Hoffnungen, die über die Welt ihres Leidens und ihrer Scham hinausgingen. Sie murrte nicht mehr über ihre traurige Zuteilung, sondern akzeptierte sie mit stiller und fast heiterer Resignation als angemessene Strafe für die gebrochenen Gesetze Gottes und der notwendigen Disziplin ihres Geistes. Sie konnte mit dem Psalmisten sagen: „Die Urteile des Herrn sind wahr, an sich gerechtfertigt. Du bist gerecht, o Herr, und." Dein Urteil ist richtig.' Durch meine Bemühungen erhielt sie eine Anstellung in einer angesehenen Familie, bei der sie sich durch ihre Treue, ihren fröhlichen Gehorsam und ihre ungekünstelte Frömmigkeit beliebt machte.

„Ihre Prüfungen hatten ihr Herz weich gemacht und Mitgefühl für alle in Not. Sie schien sich unweigerlich zu den Kranken und Leidenden hingezogen zu fühlen. In ihrer Gegenwart schien die Last ihres eigenen Kummers von ihr zu fallen. Sie war die fröhlichste und sonnigste Krankenschwester, die ich je hatte." Ich wusste es nie, und ich war mir immer sicher, dass meine eigenen Bemühungen gut unterstützt würden, wenn ich sie am Krankenbett eines Patienten fand. Es war schön zu sehen, wie dieses arme junge Mädchen, auf das die Welt immer noch mit Verachtung und Unfreundlichkeit blickte, sie aufmunterte Sie verzagte und gab sozusagen ihr eigenes starkes, gesundes Leben an die Schwachen und Schwachen weiter; sie stützte an ihrer Brust in müden Nächten die Köpfe derer, die sie bei guter Gesundheit für Verunreinigung gehalten hätten, oder sie zu hören den Sterbenden eine süße Hymne frommer Hoffnung oder Resignation vorsingen oder an den Trost des Evangeliums und die große Liebe Christi erinnern."

„Ich vertraue darauf", sagte ich, „dass die Gefühle der Gemeinschaft ihr gegenüber gemildert wurden."

„Sie wissen, was die menschliche Natur ist", entgegnete der Doktor, „und mit welcher herzlichen Befriedigung wir Sünde und Torheit anderer verabscheuen und tadeln. Es ist ein Luxus, auf den wir nicht einfach verzichten können, obwohl unsere eigene Erfahrung uns zeigt, dass Laster Konsequenzen haben." und Irrtum sind böse und bitter genug, auch ohne die Verärgerung durch Spott und Vorwürfe von außen. Sie brauchen sich also nicht zu wundern, wenn Sie erfahren, dass im Fall der armen Julia die Barmherzigkeit von Sündern wie ihr nicht mit der Barmherzigkeit und Vergebung dessen Schritt gehalten hat ist unendlich an Reinheit. Dennoch werde ich unserem Volk die Gerechtigkeit erweisen und sagen, dass ihr tadelloses und aufopferungsvolles Leben nicht ohne die entsprechende Wirkung auf sie blieb."

„Was ist aus Robert Barnet geworden?" Ich habe nachgefragt.

„Er kam nach mehrmonatiger Abwesenheit zurück und besuchte mich, bevor er seinen Vater und seine Mutter überhaupt gesehen hatte. Er erwähnte Julia nicht; aber ich sah, dass sein Auftrag mit mir sie betraf. Ich sprach von ihrem ausgezeichneten Benehmen und ihr Während ihres Lebens beschäftigte sie sich mit den mildernden Umständen ihres Fehlers und ihrer aufrichtigen und herzlichen Reue.

„Doktor', sagte er schließlich zögernd und verlegen, ,was würden Sie denken, wenn ich Ihnen sagen sollte, dass ich nach allem, was vergangen ist, halb entschlossen bin, sie zu bitten, meine Frau zu werden?' ?'

„Ich würde es mir anders überlegen, wenn du dich völlig entschieden hättest', sagte ich; ,und wenn du mein eigener Sohn wärst, würde ich mir

keine bessere Frau als Julia Atkins für dich wünschen. Zögere nicht, Robert
, aufgrund dessen, was manche böswillige Leute sagen mögen. Konsultieren
Sie zuerst Ihr eigenes Herz.'

„‚Mir gefällt das Gerede aller Wichtigtuer in der Stadt nicht', sagte er; ‚aber
ich wünschte, Vater und Mutter könnten für sie so empfinden wie Sie.'

„‚Überlassen Sie das mir', sagte ich. ‚Sie sind gutherzig und vernünftig, und
ich wage zu behaupten, dass sie bereit sein werden, das Beste aus der Sache
zu machen, wenn sie feststellen, dass Sie sich für Ihr Vorhaben entschieden
haben.'

„Ich habe ihn nicht wiedergesehen; aber ein paar Tage später erfuhr ich
von seinen Eltern, dass er auf eine andere Reise gegangen war. Es war jetzt
Herbst und die kränklichste Jahreszeit, die ich je in Peewawkin erlebt hatte .
Fähnrich Atkins und seine Frau fielen beide Sie wurde krank, und Julia nutzte
freudig die glückliche Gelegenheit, in das Haus ihres Vaters zurückzukehren
und die Pflichten einer Tochter zu erfüllen. Unter ihrer sorgfältigen Pflege
kam der Fähnrich bald wieder auf die Beine, aber seine Frau, deren
Konstitution schwächer war, versank im Fieber. Sie starb besser , als sie
gelebt hatte – reumütig und liebevoll, bat Julia um Vergebung für ihre
Vernachlässigung und Unfreundlichkeit und erflehte Segen für ihr Haupt.
Julia hatte nun, zum ersten Mal seit dem Tod ihrer Mutter, ein behagliches
Zuhause und eine Die Liebe und der Schutz ihres Vaters. Ihr sanftes
Temperament, ihre geduldige Ausdauer und ihre Selbstvergessenheit in ihrer
Arbeit für andere überwanden nach und nach die Skrupel und die harten
Gefühle ihrer Nachbarn. Sie begannen sich zu fragen, ob es für sie schließlich
verdienstvoll war, etwas zu tun jemand wie sie als Sünderin ohne Vergebung.
Elder Staples und Deacon Warner waren ihre engen Freunde. Die Töchter
des Diakons – die großen, blauäugigen, braunlockigen Mädchen, die Ihnen
neulich bei der Begegnung aufgefallen sind – waren unter den jungen Leuten
ein Beispiel dafür, sie als ihresgleichen und als Gefährtin zu behandeln. Die
lieben guten Mädels! Sie erinnerten mich an die Jungfrauen von Naxos, die
die unglückliche Ariadne aufmunterten und trösteten.

„Eines Abends mitten im Winter nahm ich Julia mit zu einem armen
kranken Patienten von mir, der unter mangelnder Pflege litt. Das Haus, in
dem sie lebte, lag an einem einsamen und verlassenen Ort, etwa zwei oder
drei Meilen unter uns, an einem sandige Ebene, gerade erhöht über den
großen Salzwiesen, die sich weit bis zum Meer erstreckt. Die Nacht wurde
dunkel und stürmisch; ein heftiger Nordostwind fegte über die ebene Wüste,
trieb dicke Schneewolken vor sich her und rüttelte an den Türen und
Fenstern Das alte Haus und das Dröhnen in seinem riesigen Schornstein. Die
Frau lag im Sterben, als wir ankamen, und ihr betrunkener Mann saß in

dummer Gleichgültigkeit in der Ecke des Kamins. Kurz nach Mitternacht atmete sie ihren letzten Atemzug aus.

„Inzwischen war der Sturm heftiger geworden; es lag ein blendender Schneefall in der Luft, und wir konnten die Stöße der großen Wellen spüren, als sie sich am Strand brachen.

„‚Es ist eine schreckliche Nacht für die Seeleute an der Küste‘, sagte ich und brach unser langes Schweigen mit den Toten. ‚Gott schenke ihnen Seeraum!‘

„Julia schauderte, als ich sprach, und im schwachen, flackernden Feuerschein sah ich, dass sie weinte. Ich wusste, dass ihre Gedanken bei ihrer alten Freundin und Spielkameradin auf dem wilden Wasser waren.

„‚Julia‘, sagte ich, ‚weißt du, dass Robert Barnet dich mit der ganzen Kraft eines ehrlichen und wahren Herzens liebt?‘

„Sie zitterte und ihre Stimme stockte, als sie gestand, dass Robert sie, als er zu Hause war , gebeten hatte, seine Frau zu werden.

„‚Und du hast ihn wie ein Narr abgelehnt, nehme ich an? – den tapferen, großzügigen Kerl!‘

„‚O Doktor!‘ rief sie. „Wie können Sie so reden? Nur weil Robert so gut, edel und großzügig ist, habe ich es nicht gewagt, ihn beim Wort zu nehmen. Sie selbst, Doktor, hätten mich verachtet, wenn ich es ausgenutzt hätte.“ sein Mitleid oder seine freundliche Erinnerung an die alten Zeiten, als wir zusammen Kinder waren. Ich habe bereits zu viel Schande über diejenigen gebracht, die mir lieb sind.'

„Ich versuchte sie als Antwort davon zu überzeugen, dass sie sich selbst Unrecht tat und ihrer besten Freundin Unrecht tat, deren Glück in hohem Maße von ihr abhing, als wir beide, getragen von dem starken Windstoß, einen leisen Schrei hörten ein Mensch in Not. Ich öffnete das Fenster, das sich zum Meer hin öffnete, und wir lehnten uns hinaus in die wilde Nacht und lauschten atemlos auf eine Wiederholung des Geräusches.

„Noch einmal, und nur ein einziges Mal, hörten wir es – einen leisen, erstickten, verzweifelten Schrei.

„‚Jemand geht verloren und stirbt im Schnee‘, sagte Julia. ‚Das Geräusch geht in Richtung der Pflaumenbüsche am Strand am Ufer des Sumpfes. Lass uns sofort gehen.‘

„Sie schnappte sich ihre Kapuze und ihren Schal und war bereits an der Tür. Ich fand eine Laterne, zündete sie an und überholte sie bald. Der Schnee war bereits tief und stark verweht, und es war äußerst schwierig, uns durch den Schnee zu kämpfen Wir hielten oft an, um Luft zu holen und zu lauschen; aber nur das Brausen des Windes und der Wellen war zu hören. Schließlich erreichten wir eine leicht erhöhte Stelle, bewachsen mit Zwergpflaumenbäumen, deren Äste undeutlich über dem Schnee sichtbar waren.

„‚Hier, bring die Laterne her!' rief Julia, die sich ein paar Meter von mir entfernt hatte. Ich eilte zu ihr und sah, wie sie den Körper eines scheinbar bewusstlosen Mannes hochhob. Die Strahlen der Laterne fielen voll auf sein Gesicht und auf uns beide gleichzeitig Augenblicklich erkannte Robert Barnet. Julia schrie weder auf, noch wurde sie ohnmächtig, aber als sie im Schnee kniete und immer noch den Körper stützte, warf sie mir einen Blick ernster und ängstlicher Frage zu.

„'Mut!' sagte ich. „Er lebt noch. Er wird nur von Müdigkeit und Kälte überwältigt."

„Mit großer Mühe – teils trugen, teils schleppten wir ihn durch den Schnee – gelang es uns, ihn zum Haus zu bringen, wo er sich in kurzer Zeit so weit erholte, dass er wieder sprechen konnte. Julia, die mir zur Seite gestanden hatte und … Er war ein tüchtiger Assistent bei seiner Wiederherstellung und zog sich in den Schatten des Zimmers zurück, sobald er aufzustehen und sich umzusehen begann. Er fragte, wo er sei und wer bei mir sei, und sagte, sein Kopf sei so verwirrt, dass er glaubte, Julia zu sehen Atkins neben dem Bett. „Du hast dich nicht geirrt", sagte ich; „Julia ist hier und du verdankst ihr dein Leben." Er stand auf und schaute sich im Zimmer um. Ich winkte Julia ans Bett; und ich werde nie vergessen, mit welcher dankbaren Ernsthaftigkeit er ihre Hand ergriff und Gott um seinen Segen anrief. Manche Leute halten mich für einen hartherzigen alten Kerl, und Das bin ich auch; aber diese Szene war mehr, als ich ertragen konnte, ohne Tränen zu vergießen.

„Robert erzählte uns, dass sein Schiff ein oder zwei Meilen tiefer auf den Strand geworfen worden sei und dass er befürchtete, die gesamte Besatzung sei außer ihm selbst umgekommen. Im Vertrauen auf seine Sicherheit ging ich noch einmal hinaus, in der schwachen Hoffnung, die Stimme zu hören von einem Überlebenden der Katastrophe; aber ich lauschte nur dem schweren Donner der Brandung, die am Horizont im Osten entlangrollte. Der Sturm hatte größtenteils aufgehört; das graue Licht der Morgendämmerung war gerade noch sichtbar; und ich war erfreut, es zu sehen Zwei der nächsten Nachbarn näherten sich dem Haus. Als sie von dem Wrack erfuhren, machten sie sich sofort auf den Weg zum Strand, wo mehrere halb im Schnee begrabene Leichen die Befürchtungen des einsamen Überlebenden bestätigten.

„Das Ergebnis all dessen kann man leicht vermuten. Robert Barnet verließ das Meer und kaufte mit Hilfe einiger seiner Freunde die Farm, auf der er jetzt lebt, und am Jahrestag seines Schiffbruchs war er der Ehemann von

Julia. I Ich kann Ihnen versichern, dass ich allen Grund hatte, mir selbst zu meinem Anteil an der Vermittlung zu gratulieren. Niemand wagte es, daran etwas auszusetzen, außer zwei oder drei mürrischen alten Wichtigtuern, die, wie Elder Staples treffend sagt, „sie verflucht hätten, wen Christus." hatte vergeben und verschmähte die weinende Magdalena von den Füßen ihres Herrn.""

# KAPITEL IV.
## BIS ZUM FRÜHLING.

Es war einer der hellsten und luftigsten Sommermorgen, als der Doktor und ich vom Armenhaus der Stadt nach Hause gingen, wo er immer einen oder mehrere Patienten hatte und wo sein Kommen von den Armen, Kranken und Alten stets willkommen geheißen wurde -getroffene Insassen. Dunkle, elende Gesichter eines einsamen und respektlosen Alters, überschrieben mit den düsteren Aufzeichnungen von Kummer und Sünde, schienen bei seiner Annäherung wie ein inneres Licht aufzuhellen, als ob die Anwesenheit des guten Mannes die Macht hätte, die besseren Naturen der armen Unglücklichen herbeizurufen in vorübergehende Überlegenheit. Müde, verdrießliche Frauen – vielleicht vor einem halben Jahrhundert glückliche Mütter in glücklichen Familien – spürten, wie sich ihre Herzen unter dem Einfluss seiner freundlichen Grüße und der stets geduldigen Gutmütigkeit, mit der er ihren wiederholten Klagen über echte oder reale Probleme zuhörte, erwärmten und erweiterten imaginäres Leiden. Wie auch immer es anderen ergangen sein mag, er vergaß nie den Mann oder die Frau im Armen. In seinen wohltätigen Diensten gab es nichts Besseres als Herablassung oder Bewusstsein; denn er war einer der wenigen Männer, die ich je gekannt habe, bei denen die Milch der menschlichen Güte niemals durch Verachtung für die Menschheit, in welcher Form auch immer, verdorben wurde. So hatte seine treue Ausübung seiner Berufspflichten, so abstoßend und unangenehm sie auch sein mochte, die Wirkung, dass Murillos Bild der heiligen Elisabeth von Ungarn die geschwürenen Gliedmaßen der Bettler verband. Die moralische Schönheit übertraf die Abscheulichkeit des physischen Übels und der Missbildung.

Unser nächster Weg nach Hause führte über die Weiden und über Blueberry Hill, direkt an dessen Fuß wir Elder Staples und Skipper Evans trafen, die ihre Kühe auf die Weide getrieben hatten und nun gemächlich zurück ins Dorf schlenderten. Wir mühten uns gemeinsam in der heißen Sonne den Hügel hinauf und waren froh, direkt am östlichen Abhang eine Weißeiche zu finden, die sich schwer über eine kleine Schlucht neigte, aus deren Grund eine klare Wasserquelle sprudelte und speiste ein kleiner Bach, dessen dunkelgrüne Spur weit den Hügel hinunter bis zur Wiese an seinem Fuß verfolgt werden könnte.

Ein breiter Felsvorsprung neben der Quelle, gepolstert mit Moosen, bot uns einen bequemen Ruheplatz. Elder Staples lehnte in seinem verblassten schwarzen Mantel und dem weißen Halstuch seinen ruhigen, nachdenklichen Kopf auf seinen silberbeschlagenen Stock. Ihm gegenüber saß der Doktor mit seiner kräftigen, rundlichen Gestalt und dem breiten, faltigen Gesicht, überragt von einem … grobe Stoppeln aus eisengrauem Haar, der scharfe und fast strenge Ausdruck seiner scharfen grauen Augen, die unter ihrem dunklen Penthouse aufblitzten, glücklich erleichtert durch die weicheren Linien seines Mundes, die auf sein wirklich freundliches und großzügiges Wesen schließen lassen. Skipper Evans, eine kleine, sehnige Gestalt, halb zusammengekrümmt, das Kinn auf seinen rauen Handflächen ruhend, saß auf einem niedrigeren Vorsprung des Felsens direkt unter ihm, in einer aufmerksamen Haltung, wie zu Füßen von Gatnaliel . Dunkel und trocken wie einer seiner eigenen Dunfish auf einer Labradorflocke oder ein Robbenfell in einer Esquimaux-Hütte, schien er von einer der großen Dreifaltigkeit der Versuchungen völlig verschont zu sein; und da ihm eine sichere Befreiung von der Welt und dem Teufel gewährt wurde, hatte er vom Fleisch kaum etwas zu befürchten.

Wir befanden uns nun am Lieblingsort des Doktors, grün, kühl, ruhig und gleichzeitig sehenswert. Das scharfe Licht enthüllte jeden Gegenstand im langen Tal unter uns; der frische Westwind ließ die Eichenblätter darüber flattern; und die leise Stimme des Wassers, das über nackte Wurzeln oder moosbewachsene Steine hinweg schmeichelte oder schimpfte, war gerade noch hörbar.

„Doktor", sagte ich, „diese Quelle mit der darüber hängenden Eiche ist vermutlich Ihr Bandusia -Brunnen . Sie erinnern sich, was Horaz über seine Quelle sagt, die so kühle Erfrischung brachte, als der Hundestern untergegangen war." Tag in Flammen. Was für ein schönes Bild er uns von diesem bezaubernden Teil seiner kleinen Farm gibt!"

Das Auge des Doktors entzündete sich. „Ich freue mich, Sie wie Horace zu sehen; nicht nur als klugen Satiriker und Verfasser von Liebes-Oden, sondern als wahren Naturliebhaber. Wie angenehm sind seine einfachen und schönen Beschreibungen seines gelben, fließenden Tiber, der Herden und Hirten." , die Erntehelfer, die Weinlese, die verschiedenen Aspekte seines Sabine-Refugiums in der heftigen Sommerhitze oder wenn die schneebedeckte Stirn von Soracte in Wintersonnenuntergängen purpurrot wurde! Verstreut durch seine Oden und die gelegentlichen Gedichte, die er an seine Freunde in der Stadt richtet, an Sie Entdecken Sie diese anmutigen und unnachahmlichen Akzente ländlicher Schönheit, jeder für sich ein Bild."

„Es ist lange her, dass ich mir meine alten Schulbegleiter, die Klassiker, angesehen habe", sagte Elder Staples; „Aber ich erinnere mich an Horace nur als einen unbeschwerten, witzigen, nachlässigen Genießer, berühmt für seine Texte, in denen er den falernischen Wein und fragwürdige Frauen lobte ."

„Etwas zu viel davon, zweifellos", sagte der Doktor; „Aber für mich ist Horace trotzdem ernst und zutiefst suggestiv. Hätte ich ihn beiseite gelegt, als ich das College verließ, wie Sie es getan haben, hätte ich mich vielleicht nur an diejenigen seiner epikureischen Texte erinnern können, die sich der Fantasie meiner Kindheit anschlossen. Ah, Ältester Staples, es gab eine Zeit, in der die Lyces und Glyceras des Dichters für uns keine Fiktion waren. Sie spielten mit uns Blindman's Buff in der Küche des Bauern, sangen mit uns im Versammlungshaus und tobten und lachten mit uns über Schälen und Quilten - Partys. Großmütter und nüchterne Jungfern wie sie jetzt sind, die Veränderung in uns ist vielleicht größer als in ihnen.

„Zu wahr", antwortete der Älteste, und das Lächeln, das gerade über sein blasses Gesicht gespielt hatte, verwandelte sich in etwas Traurigeres als die übliche Melancholie. „Die lebenden Gefährten unserer Jugend, denen wir täglich begegnen, sind für uns fremder als die Toten auf dem Friedhof. Sie allein bleiben unverändert!"

„Apropos Horace", fuhr der Doktor mit leicht heiserer Stimme fort, „er gibt uns strahlende Beschreibungen seiner winterlichen Freundeskreise, wo Heiterkeit und Wein, Musik und Schönheit die Stunden verzaubern, und von Sommertagen." Nachbildungen unter den weinbewachsenen Ulmen des Tiber oder an den luftigen Hängen von Soracte ; dennoch lese ich sie selten ohne ein Gefühl der Traurigkeit. Ein leises Wehklagen unstillbarer Trauer, ein Unterton von Klageliedern vermischt sich mit seinen fröhlichen Melodien. Sein unmittelbarer Horizont ist hell im Sonnenschein; aber dahinter liegt ein Land der Dunkelheit, dessen Licht Dunkelheit ist. Es ist von der ewigen Nacht umgeben. Das Skelett sitzt an seinem Tisch; ein Schatten des unvermeidlichen Schreckens ruht auf all seinen angenehmen Bildern. Er war ohne Gott auf der Welt; er hatte keine klare bleibende Hoffnung auf ein Leben jenseits dessen, was sich dem Ende näherte. Iss und trink, sagt er uns; genieße die gegenwärtige Gesundheit und Kompetenz; lindere gegenwärtige Übel oder vergiss sie im sozialen Verkehr, in Wein, Musik und sinnlichem Genuss; denn morgen müssen wir sterben. Der Tod war seiner Ansicht nach keine bloße Veränderung von Zustand und Beziehung; es war das schwarze Ende von allem. Es ist offensichtlich, dass er sich nicht auf die Mythologie seiner Zeit verließ und dass er die Fabeln von den Elysischen Feldern und ihren trüben und umherirrenden Geistern einfach im Lichte praktischer poetischer Fiktionen zur Veranschaulichung und Bildsprache betrachtete. Nichts kann meiner Meinung nach trauriger sein als seine Versuche, den Verlust von Freunden zu trösten. Erleben Sie seine Ode an Vergil anlässlich des Todes von Quintilius . Er sagt seinem berühmten Freund einfach, dass sein Unglück hoffnungslos, unwiederbringlich und ewig sei; dass es müßig ist, die Götter anzuflehen, die Toten wiederherzustellen; und dass er, obwohl seine Leier süßer sein mag als die von Orpheus, den Schatten seines Freundes nicht wiederbeleben oder „den geisterbezwingenden Gott" dazu überreden kann, die Tore des Todes zu öffnen. Er drängt auf Geduld als einzige Ressource. Nicht selten spielt er im gleichen verzweifelten Ton auf seinen eigenen Tod an. In der Ode an Torquatus – einer der schönsten und rührendsten von allen, die er geschrieben hat – stellt er seinem Freund in melancholischem Kontrast die Rückkehr der Jahreszeiten und des Mondes in neuem Glanz mit dem Ende des Menschen vor , der in der endlosen Dunkelheit versinkt und nichts außer Asche und Schatten hinterlässt. Dann fordert er Torquatus im wahren Geiste seiner Philosophie auf, seine gegenwärtige Stunde und seinen Reichtum den Vergnügungen und Freuden zu widmen, da er keine Zusicherung für morgen hatte.

„In etwa der gleichen Art", sagte ich, „moralisiert Moschus über den Tod von Bion : –

*Unsere Bäume und Pflanzen werden wiederbelebt; die Rose*

*Im jährlichen Glanz erstrahlt die Jugend der Schönheit;*

*Aber wenn der Stolz der Natur stirbt,*

*Mensch, der allein groß und weise ist,*

*Er erhebt sich nicht mehr ins Licht,*

*Der wache Schläfer der ewigen Nacht."'*

„Es erinnert mich", sagte Elder Staples, „an die traurige Bürde von Prediger, dem traurigsten Buch der Heiligen Schrift; denn während der Prediger ernsthaft über die Eitelkeit und Ungewissheit der Dinge der Zeit und des Sinns nachdenkt, hat er offensichtlich keine Hoffnung." der Unsterblichkeit, um das düstere Bild zu mildern. Wie Horaz sieht er nichts Besseres, als sein Brot mit Freude zu essen und seinen Wein mit fröhlichem Herzen zu trinken. Mir scheint, der weise Mann hätte in seiner Aufzählung der Torheit und Leere noch weiter gehen können des Lebens und verkündete sein eigenes Rezept auch für die böse Eitelkeit. Was ist es anderes, als Blumen an den Ufern des Baches zu pflücken, der uns über den Katarakt treibt, oder sich an der dünnen Kruste eines Vulkans an delikaten Fleischgerichten zu erfreuen, die über den Feuern zubereitet werden? werden uns bald überfluten? Oh, was für ein herrlicher Kontrast dazu ist das Evangelium von Ihm, der Leben und Unsterblichkeit ans Licht gebracht hat! Der Übergang von Koheleth zu den Briefen des Paulus ist wie der Übergang aus einer Höhle, in die tatsächlich das künstliche Licht fällt auf Edelsteinen und Kristallen, wird aber überall von unbekannter und unerforschter Dunkelheit umschrieben und überschattet, in das warme Licht und die freie Atmosphäre des Tages.

„Dennoch", fragte ich, „gibt es nicht Zeiten, in denen wir uns alle einen klareren Beweis für das unsterbliche Leben wünschen, als uns gegeben wurde; in denen wir uns sogar unbefriedigt von den Seiten des heiligen

Buches abwenden, mit all den mysteriösen Problemen des Lebens." Drängen wir um uns und schreien nach einer Lösung, bis wir ratlos und verdunkelt zu den stillen Himmeln aufblicken, als ob wir von dort aus eine sichtbare oder hörbare Antwort auf ihre Fragen suchten? Wir wollen etwas, das über die bloße Ankündigung der bedeutsamen Tatsache hinausgeht ein zukünftiges Leben; wir sehnen uns nach einem Wunder, um unseren schwachen Glauben zu bestätigen und die Zweifel, die uns quälen, für immer zum Schweigen zu bringen."

„Und was würde uns ein Wunder in solchen Zeiten der Dunkelheit und der starken Versuchung nützen?" sagte der Älteste. „Hat man uns nicht gesagt, dass diejenigen, die Moses und die Propheten nicht überzeugen konnten, nicht glauben würden, obwohl jemand von den Toten auferstanden wäre? Dass Gott uns nichts mehr offenbart hat, ist meiner Meinung nach ein ausreichender Beweis dafür, dass Er genug offenbart hat."

„Könnte es nicht sein", fragte der Doktor, „dass die Unendliche Weisheit sieht, dass eine klarere und umfassendere Offenbarung des zukünftigen Lebens uns weniger willens oder fähig machen würde, unsere angemessenen Pflichten im gegenwärtigen Zustand zu erfüllen? Verzaubert von einer klaren Sicht auf das." himmlischen Hügeln und unserer Lieben, die uns aus den Perlentoren der Stadt Gottes winken, könnten wir hier geduldig unsere Lebensaufgabe erfüllen oder die notwendigen Anstrengungen unternehmen, um für die Bedürfnisse dieser Körper zu sorgen, deren Belastung allein uns daran hindern kann vom Aufstieg auf eine höhere Ebene der Existenz?"

„Ich schätze", sagte der Kapitän, der ein aufmerksamer, wenn auch manchmal offenbar verwirrter Zuhörer gewesen war, „dass es bei uns ungefähr so sein würde wie bei einer Besatzung französischer Matrosen, die ich einst auf der Insel verschifft habe." Frankreich für den Hafen von Marseille. Ich hatte nie bessere Hände, bis wir in Sichtweite ihres Heimatlandes kamen , das sie seit Jahren nicht mehr gesehen hatten. Der erste Blick auf das Land machte sie alle verrückt; sie tanzten, lachten, schrien , zogen ihre besten Kleider an; und ich brauchte neue Hände, die mir halfen, das Schiff zu seinen Liegeplätzen zu bringen.

„Ihre Geschichte trifft den Punkt, Skipper", sagte der Doktor. „Wenn die Dinge anders geordnet worden wären, würden wir alle, fürchte ich, dazu neigen, die Arbeit aufzugeben und in Absurditäten zu verfallen, wie Ihre französischen Seeleute, und es so nicht schaffen, die Welt gerecht in den Hafen zu bringen."

„Gottes Wege sind die besten", sagte der Älteste; „Und ich sehe nicht, dass wir etwas Besseres tun können, als uns dem sehr kleinen Teil von ihnen, den Er uns bekannt gemacht hat, mit Ehrfurcht zu unterwerfen und Ihm für den Rest wie liebevolle und pflichtbewusste Kinder zu vertrauen."

# KAPITEL V.
# DER HÜGEL.

Die Pause, die natürlich auf die Beobachtung des Ältesten folgte, wurde vom Kapitän abrupt unterbrochen.

„ Hallo !" rief er und zeigte mit dem glasierten Hut, mit dem er sich Luft zugefächelt hatte. „Hier im Nordosten. Ich schätze, wir fahren die Küste entlang, um besser angeln zu können."

„Ein Adler, wie ich lebe!" rief der Doktor aus und folgte mit seinem Stock der Richtung des Kapitänshutes. „Sehen Sie nur, wie königlich er aufwärts und vorwärts rollt, seine segelbreiten Flügel bewegungslos ausgestreckt, abgesehen von einem gelegentlichen Schlag, um seinen Schwung aufrechtzuerhalten! Schauen Sie! Der Kreis, in dem er sich bewegt, wird enger; er ist eine graue Wolke am Himmel, a Punkt, ein bloßer Fleck oder Staubkörnchen. Und jetzt ist er völlig in der Ferne verschluckt. Der weise Mann der alten Zeit tat gut daran, seine Unwissenheit über den Weg eines Adlers in der Luft zu bekennen.

„Der Adler", sagte Elder Staples, „scheint ein beliebtes Beispiel für den heiligen Schreiber gewesen zu sein. ‚Die auf den Herrn warten, werden ihre Kraft erneuern; sie werden emporsteigen wie auf den Flügeln eines Adlers.'"

„Was halten Sie von dieser Passage?" sagte der Doktor. „Wie wenn ein Vogel durch die Luft geflogen ist, ist kein Hinweis auf seinen Weg zu finden; sondern die leichte Luft, die vom Schlag ihrer Flügel geschlagen und von ihrem heftigen Lärm und ihrer Bewegung geteilt wird, wird durchströmt, und darin ist später kein Hinweis auf ihren Weg mehr zu finden.'

„Ich erinnere mich nicht an die Passage", sagte der Älteste.

„Das wage ich zu sagen", sagte der Doktor. „Ihr Geistlichen geht davon aus, dass aus dem Nazareth der Apokryphen nichts Gutes kommen kann. Aber wo findet ihr etwas Schöneres und Erfreulicheres als diese Verse im Zusammenhang mit dem, was ich gerade zitiert habe? – ‚Die Hoffnung der Gottlosen.' ist wie Staub, der vom Wind verweht wird; wie der dünne Schaum, den der Sturm treibt; wie der Rauch, der vom Wirbelsturm hier und da verstreut wird; er vergeht wie die Erinnerung an einen Gast, der nur einen Tag verweilt . Aber die Gerechten leben in Ewigkeit; auch ihr Lohn liegt beim Herrn und ihre Fürsorge beim Allerhöchsten . Darum werden sie ein herrliches Königreich und eine wunderschöne Krone aus der Hand des Herrn empfangen; denn mit seiner rechten Hand wird er sie bedecken. und mit seinem Arm wird er sie beschützen.'"

„Das ist, wenn ich mich nicht irre, aus der Weisheit Salomos", sagte der Älteste. „Es ist eine bemerkenswerte Passage; und davon gibt es viele in den unkanonischen Büchern."

„Kanonisch oder nicht", antwortete der Doktor, „es ist Gottes Wahrheit und bedarf nicht der Unterstützung einer Reihe wohlmeinender, aber halbblinder Fanatiker und Pedanten, die sich anmaßen, der göttlichen Inspiration Maß und Grenzen zu setzen und zu entscheiden." Was ist Gottes Wahrheit und was ist die Lüge des Teufels? Aber wenn ich gerade von Adlern spreche, sehe ich nie einen dieser boshaften alten Seeräuber, ohne mir einzubilden, dass er die Seele eines verrückten Wikingers aus dem mittleren Jahrhundert sein könnte. Verlassen Sie sich darauf , dieser italienische Philosoph war mit seinen genialen Spekulationen über die zwischen bestimmten Menschen und bestimmten Tieren bestehenden Verwandtschaften und Sympathien nicht weit vom Weg entfernt und glaubte, dass er in den Gesichtern seiner Bekannten katzen- oder hundeartige Merkmale und Ähnlichkeiten sah.

„Swedenborg erzählt uns", sagte ich, „dass verlorene menschliche Seelen in der spirituellen Welt, wie sie von den Engeln gesehen werden, häufig die äußeren Formen der niederen Tiere tragen – zum Beispiel sehen die Rohen und Sinnlichen wie Schweine aus, und die Grausamen." und obszön wie üble Raubvögel wie Falken und Geier – und dass sie sich der Metamorphose überhaupt nicht bewusst sind, sich für wunderbare , anständige Menschen halten und mit ihrer Gesellschaft und ihrem Zustand recht zufrieden sind."

„Swedenborg", sagte der Älteste, „war ein verrückter Mann oder Schlimmeres."

„Vielleicht", sagte der Doktor; „Aber es steckt viel ‚Methode in seinem Wahnsinn' und auch schlichter gesunder Menschenverstand. Allen seinen Offenbarungen oder Spekulationen über das zukünftige Leben liegt eine großartige und schöne Idee zugrunde. Es ist diese: dass jeder Geist seine eigene Gesellschaft wählt." , und findet auf natürliche Weise seinen angemessenen Platz und Wirkungsbereich , indem es im neuen Leben, wie auch im gegenwärtigen, der Führung seiner vorherrschenden Lieben und Wünsche folgt, und dass daher niemand willkürlich gezwungen wird, gut oder böse, glücklich oder elend zu sein . Ein großes Gesetz der Anziehung und Gravitation regiert sowohl das spirituelle als auch das materielle Universum; aber wenn der Geist ihm gehorcht, behält er im neuen Leben die gesamte Willensfreiheit, die er in seiner ersten Seinsphase besaß. Aber ich sehe, wie der Älteste zittert sein Kopf, als würde er sagen: „Ich bin weise über das, was geschrieben steht", oder mische mich jedenfalls in Dinge ein, die über mein Verständnis hinausgehen. „Unser junger Freund hier", fuhr er fort und drehte sich zu mir um, „sieht aus wie ..." ein Zuhörer; aber ich vermute, dass er mit seinen eigenen Träumen beschäftigt ist oder die frischen Anblicke und Geräusche dieses schönen Morgens genießt. Ich bezweifle, dass unser Diskurs ihn erbaut hat.

„Verzeihen Sie", sagte ich; „Ich habe tatsächlich einem anderen und älteren Orakel zugehört."

„Nun, sagen Sie uns, was Sie hören", sagte der Doktor.

„Ein schwaches, leises Murmeln, das im Wind ansteigt und abfällt. Jetzt rollt es auf mich zu, Welle um Welle süßer, feierlicher Musik. Es gab einen gewaltigen Orgelschwung; und jetzt verstummt es wie in der unendlichen Ferne; aber Ich höre es immer noch – ob mit dem Ohr oder mit dem Geist, ich weiß es nicht – den wahren Geist des Klangs."

„Ah, ja", sagte der Doktor; „Ich verstehe, dass es die Stimme der Kiefern da drüben ist – eine Art Morgenlied zum Lob des Lebensspenders und Schöpfers der Schönheit. Mein Ohr ist jetzt stumpf und ich kann es nicht hören; aber ich weiß, dass es so klingt Das war der Fall, als ich an den hellen Junimorgen meiner Kindheit zum ersten Mal hierher geklettert bin, und es wird genauso weiterklingen, wenn die Taubheit des Grabes sich auf meine schwächelnden Sinne niederschlägt. Ist dir nie in den Sinn gekommen, dass diese Taubheit und Blindheit für mich normal ist? „Schönheit und Harmonie ist einer der traurigsten Gedanken, die mit der großen Veränderung verbunden sind, die uns erwartet? Haben Sie nicht manchmal gespürt, dass unsere gewöhnlichen Vorstellungen vom Himmel selbst, die aus den vagen Andeutungen und orientalischen Bildern der Heiligen Schrift abgeleitet sind, unserem Menschen leider nicht gerecht werden?" Wünsche und Hoffnungen? Wie gerne würden wir auf die goldenen Straßen und Perlentore, die Throne, Tempel und Harfen verzichten, um die Abendlichter unserer Heimattäler zu genießen; die Waldwege , deren Moosteppiche mit Veilchen und wilden Blumen gewebt sind; die Lieder der Vögel, das Geräusch des Viehs, das Summen der Bienen in der Apfelblüte – die süßen, vertrauten Stimmen des menschlichen Lebens und der Natur! Sollten wir anstelle seltsamer Pracht und unbekannter Musik nicht lieber das begrüßen, was uns an die alltäglichen Anblicke und Geräusche unserer alten Heimat erinnert?"

„Sie berühren eine traurige Saite, Doktor", sagte ich. „Ich wünschte, wir könnten uns der Ewigkeit von allem, was wir lieben, sicher sein!"

„Und habe ich in diesem Augenblick keine Gewissheit darüber?" gab der Doktor zurück. „Mein äußeres Ohr versagt mir; doch ich scheine wie früher das Rauschen des Windes in den Kiefern zu hören. Ich schließe meine Augen; und das Bild meines Zuhauses ist immer noch vor mir. Ich sehe den grünen Hügelhang und die Wiesen; das Weiße Der Schaft des Dorfturms ragt inmitten von Ahornbäumen und Ulmen empor, der Fluss strahlt in der Sonne, der breite, dunkle Waldstreifen und dahinter der ganze blaue Meeresspiegel. Und jetzt mit einer einzigen Anstrengung Willenslos kann ich mir ein Winterbild der gleichen Szene vor Augen führen. Es ist Morgen wie jetzt; aber wie anders! Die ganze Nacht ist der weiße Meteor gefallen, in breiten Flocken oder winzigen Kristallen, das Spiel und Spielzeug der Winde, die gewirkt haben Es verwandelt sich in tausend Formen wilder Schönheit. Hügel und Täler, Bäume und Zäune, Holzschuppen und Kehrbrunnen, Scheune und Schweinestall, gefrorene Fischzäune am Kai, gerippte Monster aus zerlegten Schiffskolonnen, die am Flussufer verstreut sind – alles Liegen verklärt in der weißen Herrlichkeit und im Sonnenschein. Das Auge, wohin es sich auch wendet, schmerzt von der kalten Brillanz, ohne Linderung, außer wo ... Der blaue Rauch der Morgenfeuer kräuselt sich träge von den Dächern von Parian oder von dort, wo der Hauptkanal des Flusses, der noch nicht zugefroren ist, seine lange, gewundene Linie aus dunklem Wasser zeigt, die wie eine Schlange in der Sonne glitzert. So erkennen Sie, dass der Geist ohne die Hilfe körperlicher Organe sieht und hört; und warum sollte es im Jenseits nicht mehr so sein? Schenke uns nur Erinnerung, und wir können durch den Tod nichts verlieren. Die Szenen, die jetzt vor uns ablaufen, werden in ewiger Reproduktion weiterleben und nach Belieben neu geschaffen werden. Wir werden den Himmel sicherlich nicht umso weniger lieben, als er durch keinen unüberwindlichen Abgrund von dieser schönen und schönen Erde getrennt ist und die angenehmen Bilder der Zeit wie Sonnenuntergangswolken am Horizont der Ewigkeit verweilen. Als ich jünger war, machte mir die unsichere Haltung, mit der meine Sinne die Schönheit und Harmonie der Außenwelt wahrnahmen, große Sorgen. Als ich das Mondlicht auf dem Wasser betrachtete oder die Wolkenschatten auf den Hügeln oder den Sonnenuntergangshimmel, vor dem sich die hohen, schwarzen Baumstämme und das wogende Laub abhoben, oder als ich einen sanften Schwall Musik aus dem Wasser hörte Ob ich den braunbrüstigen Pfeifenvogel in den Sommerwäldern oder das fröhliche Zittern des Bobolink im Maisland hörte, der Gedanke an den ewigen Verlust dieser vertrauten Anblicke und Geräusche erfüllte mich manchmal mit einem scharfen und bitteren Schmerz. Ich habe Grund, Gott zu danken, dass mich diese Angst nicht mehr beunruhigt. Nichts, was für uns wirklich wertvoll und notwendig ist, kann jemals verloren gehen. Die Gegenwart wird im Jenseits leben; Die Erinnerung wird die Kluft zwischen den beiden Welten überbrücken; Denn nur unter der Bedingung ihrer innigen Verbindung können wir unsere Identität und unser persönliches Bewusstsein bewahren. Lösche die Erinnerung an diese Welt aus, und was wäre für uns der Himmel oder die Hölle? Gar nichts. Der Tod wäre die einfache Vernichtung unseres wahren Selbst und der Ersatz dafür durch eine neue Schöpfung, an der wir nicht mehr Interesse haben sollten als an einem Bewohner des Jupiter oder der Fixsterne."

Hier mischte sich der Älteste ein, der bisher schweigend zugehört hatte, nicht ohne gelegentlich und offenbar unfreiwillig eine Meinungsverschiedenheit zum Ausdruck zu bringen.

„Verzeihen Sie, mein lieber Freund", sagte er; „Aber ich muss sagen, dass ich Spekulationen dieser Art, wie genial oder plausibel sie auch sein mögen, als unrentabel und geradezu anmaßend betrachte. Was mich selbst betrifft, weiß ich nur, dass ich ein schwacher, sündiger Mann bin, dem gegenüber Rechenschaft schuldig ist und der sich um ihn kümmert." ein gerechter und barmherziger Gott. Was Er für mich später bereithält, weiß ich nicht, und ich habe auch keine Berechtigung, in Seine Geheimnisse einzudringen. Ich weiß nicht, was es heißt, von einem Leben ins andere zu wechseln; aber ich hoffe demütig, dass Wenn ich im dunklen Wasser versinke, höre ich vielleicht seine Stimme des Mitgefühls und der Ermutigung: „Ich bin es; fürchte dich nicht."

„Amen", sagte der Kapitän feierlich.

„Ich wage zu behaupten, dass der Pfarrer im Großen und Ganzen Recht hat", sagte der Doktor. „Arme Geschöpfe im besten Fall, es ist für uns sicherer, wie Kinder auf die Güte unseres himmlischen Vaters zu vertrauen, als allzu neugierig über die Dinge eines zukünftigen Lebens zu spekulieren; und ungeachtet allem, was ich gesagt habe, bin ich ganz sicher." stimme mit dem guten alten Bischof Hall überein: „Es genügt mir, in der Hoffnung auszuruhen, dass ich sie eines Tages sehen werde; in der Zwischenzeit lass mich gelehrte Unwissenheit und gleichgültige Frömmigkeit sein und im Stillen die Macht und Weisheit meines unendlichen Schöpfers segnen." , der es versteht, sich durch all diese nicht offenbarten und glorreichen Unterordnungen zu ehren."'

# KAPITEL VI.
## DIE GESCHICHTE DES SKIPPERS.

„Naja, was gibt es unten für Neuigkeiten?" fragte der Doktor seine Haushälterin, als sie eines Nachmittags von einem klatschenden Besuch auf dem Treppenabsatz nach Hause kam. „Welcher neue Skandal ist jetzt im Umlauf?"

„Nichts, außer was Sie selbst betrifft", antwortete Witwe Matson säuerlich. „Mrs. Nugeon sagt, dass Sie ein halbes Dutzend Mal bei der Freundin ihres Nachbarn Wait waren – sie ist an den Masern erkrankt – und nie auch nur einen Löffel Medizin übrig gelassen haben; und sie würde gerne wissen, was für eine … Der Arzt ist ohne ärztliche Hilfe gut. Außerdem sagt sie, Lieutenant Brown wäre gesund geworden, wenn Sie sich um sie gekümmert hätten, ihm reichlich Grünkrauttee gegeben hätten und ihm ein gespaltenes Huhn in die Magengrube gelegt hätten.

„Ein gespaltener Stock auf ihrer eigenen Zunge wäre besser", sagte der Doktor mit einer bösen Grimasse.

„Die Isebel! Lass sie auf sich selbst aufpassen, wenn sie das nächste Mal Rheuma bekommt. Ich werde ihr von Kopf bis Fuß Blasen machen. Aber was ist sonst noch los?"

„Der Schoner Polly Pike ist an der Landung."

„Was, aus Labrador? Der, in den Tom Osborne gegangen ist?"

„Das nehme ich an. Ich habe Tom unten auf der Straße getroffen."

"Gut!" sagte der Doktor mit Nachdruck. „Die Gebete der armen Witwe Osborne werden erhört und sie wird ihren Sohn sehen, bevor sie stirbt."

„Und es wird ihr wirklich wenig nützen", sagte die Haushälterin. „Es gibt keinen betrunkeneren und fluchenderen Menschen in der Stadt als Tom Osborne."

„Das ist zu wahr", antwortete der Doktor. „Aber er ist ihr einziger Sohn; und Sie wissen, Mrs. Matson, das Herz einer Mutter."

Das harte Gesicht der Witwe wurde weicher; ein zarter Schatten ging darüber hinweg; die Erinnerung an einen alten Trauerfall ließ sie dahinschmelzen; Und als sie das Haus betrat, sah ich, wie sie ihre karierte Schürze vor die Augen legte.

Zu diesem Zeitpunkt hatte Skipper Evans, der sich einige Minuten lang langsam die Straße hinaufgearbeitet hatte, das Tor erreicht.

"Schau hier!" sagte er. „Hier ist ein Brief, den ich von Polly Pike bekommen habe, von einem Ihrer alten Patienten, den Sie vor langer Zeit für einen Toten abgegeben haben."

„Aus der anderen Welt natürlich", sagte der Doktor.

„Nein, nicht ganz, obwohl es aus Labrador stammt, was meiner Meinung nach ungefähr der letzte Ort ist, den der Herr geschaffen hat."

„Was, von Dick Wilson?"

„ Sartin ", sagte der Kapitän.

„Und wie geht es ihm?"

„Lebendig und kräftig. Ich sage Ihnen was, Doktor, medizinische Behandlung und Blasenbildung sind vielleicht alles in Ordnung; aber wenn Sie einen Kerl verkuppeln wollen, wenn er schon etwas heruntergekommen ist, gibt es nichts Besseres als einen Angelausflug nach Labrador, besonders wenn Er hat sich mit Lernen, Schreiben und dergleichen beschäftigt. Es gibt nichts Besseres als Fischsuppe, harte Kojen und Seenebel, um diesen Unsinn aus ihm herauszuholen. Nun, dieser Kerl" (der Skipper hier gab mir einen Stoß in den Rippchen als Bezeichnung) „Wenn ich ihn zwei oder drei Monate lang über den Sonnenuntergang hinaus bei mir haben könnte, würde er so herzhaft zurückkommen wie ein Schweinswal aus der Bay of Fundy."

Ich versicherte ihm, dass ich das Experiment gerne mit ihm als Kapitän ausprobieren würde, und bat ihn, die Geschichte des Falles zu erfahren, von dem er gesprochen hatte.

Der alte Fischer lächelte selbstzufrieden, zog seine Hosen hoch, setzte sich neben uns, und nachdem er ein Klappmesser aus der einen Tasche und eine Hand Tabak aus der anderen hervorgeholt und sich absichtlich mit einem frischen Pfund versorgt hatte, sagte er: entschuldigend, dass er vermutete, dass der Doktor alles schon einmal gehört hatte.

„Ja, zwanzigmal", sagte der Doktor; „Aber egal, es ist schon eine gute Geschichte. Mach weiter, Skipper."

„Nun, sehen Sie", sagte der Skipper, „dieser junge Wilson kommt im Frühjahr vom Hanover College hierher, so schlank wie ein Schatten aus Hundetagen. Er hatte sich halb blind studiert, und sein ganzes Blut war hineingeflossen." Also versuchte der Doktor, ihm mit seinen Potikaten zu helfen , und die Frauen mit ihren Kräutern, aber das alles half nichts. Schließlich riet ihm jemand, eine Angelkreuzfahrt nach Osten zu unternehmen; und so überredete er mich, ihn an Bord meiner zu nehmen Schoner. Ich wusste, dass er auf dem richtigen Weg sein würde und trotz all seiner Griechisch- und Lateinkenntnisse bestenfalls eine schlechte

Gesellschaft wäre; denn im Allgemeinen ist mir aufgefallen, dass eure College-Jungs ihren gesunden Menschenverstand gegen ihre Gelehrsamkeit eintauschen , und machen einen wirklich schlechten Handel daraus. Nun, er brachte seine Bücher mit und hielt sich so dicht an sie, dass ich befürchtete, wir müssten ihn von der Planke rutschen lassen, bevor wir den halben Weg nach Labrador geschafft hätten. Also habe ich es einfach erzählt Ihm klar, dass es nicht gehen würde und dass ich nichts dagegen hätte, wenn er Lust hätte, sich an Land umzubringen, aber er sollte es an Bord meines Schoners nicht tun. „Ich habe nur den Verstand", sage ich, „Ihre Bücher über Bord zu werfen." Ein Fischereifahrzeug ist kein Platz für sie ; Sie werden unser ganzes Glück verderben. Machen Sie sich hier unten in Ihrer Koje nicht zum Jonas, sondern gehen Sie an Deck, lassen Sie Ihre Bücher in Ruhe und beobachten Sie das Meer und die Wolken und die Inseln und die Nebelbänke und so weiter Fische und Vögel; „Für die Natur ", sage ich, lüge nicht und gib keine Gerüchte, sondern ist immer so wahr wie die Evangelien."

„Aber es hatte keinen Sinn zu reden. Da lag er in seiner Koje mit seinen Büchern über sich, und ich hätte ihn fast an Deck gezerrt, um die Seeluft zu schnuppern. Wie auch immer, eines Tages – Es war das heißeste der ganzen Saison – nachdem wir die Magdalenes verlassen hatten und den Gut of Canso hinunterliefen, kamen wir in Sichtweite der Gannet Rocks. Ich denke mir, ich werde ihm jetzt etwas zeigen, wo er kann. Das steht nicht in seinen Büchern. Also gehe ich direkt hinter ihm her; und als wir an Deck kamen, schaute er nach Nordosten, und wenn ich jemals einen Kerl sah, der staunen konnte, dann war er es. Direkt vor uns lag eine kühne, felsige Insel , mit etwas, das wie eine große Schneebank an seinem Südhang aussah, während die Luft über uns und rundherum voll war von scheinbar schwerem Schneefall. Der Tag war glühend heiß, und es war keine Wolke zu sehen gesehen.

„Was in aller Welt, Skipper, bedeutet das?' sagt er. „Wir segeln in Sekundenschnelle und bei klarem Himmel direkt in einen Schneesturm hinein."

„Zu diesem Zeitpunkt waren wir nahe genug herangekommen, um ein großes Rauschen in der Luft zu hören, das jeden Moment lauter und lauter wurde.

„Es ist nur ein Tölpelsturm', sage ich.

„Natürlich!' sagt er; „aber ich hätte es nicht für möglich gehalten."

Insel näherten, feuerte ich eine Waffe darauf ab: und so ein Flattern und Schreien, das kann man sich nicht vorstellen. Die großen Schneebänke bebten, zitterten, lösten sich und wurden ganz lebendig und wirbelten in die Luft Verwehungen in einem Nordwestwind . Millionen von Vögeln stiegen auf, kreisten und im Zickzack, ihre weißen Körper und Flügel mit schwarzen Spitzen kreuzten und kreuzten sich immer wieder und vermischten sich zu einem dichten grauweißen Dunst über uns.

„‚Du hast recht, Skipper‘, sagt Wilson zu mir;

*„Die Natur ist besser als Bücher.“*

„Und von da an war er so oft an Deck, wie es seine Gesundheit erlaubte , und nahm alles Neue und Ungewöhnliche sehr aufmerksam zur Kenntnis. Aber trotz alledem war der arme Kerl so krank und blass und erschöpft, dass Wir dachten alle, wir müssten ihn eines Tages über Bord werfen oder im Labrador-Moos begraben.

„Aber er ist doch nicht gestorben, oder?“ sagte ich.

„Sterben? Nein!“ rief der Kapitän; „nicht er!“

„Und deine Angelreise hat ihn also wirklich geheilt?“

„Ich kann nicht genau sagen, wie es war“, erwiderte der Skipper, indem er seinen Kopf von einer Wange zur anderen bewegte und dem Doktor schlau zuzwinkerte. „Tatsache ist, dass er, nachdem die Ärzte und die alten Kräuterfrauen ihn zu Hause abgegeben hatten, von einem kleinen schwarzäugigen französischen Mädchen an der Küste von Labrador geheilt wurde.“

„Zweifellos ein sehr angenehmes Rezept“, sagte der Arzt und wandte sich an mich. „Wie würde es Ihrer Meinung nach zu Ihrem Fall passen?“

„Es steht dem Patienten nicht zu, sein Heilmittel selbst zu wählen“, sagte ich lachend. „Aber ich frage mich, Doktor, dass Sie den Wert davon nicht schon vor langer Zeit durch ein Experiment an sich selbst getestet haben.“

„Ärzte sind sprichwörtlich schüchtern gegenüber ihren eigenen Medikamenten“, sagte er.

„Nun, sehen Sie“, fuhr der Skipper fort, „wir hatten eine harte Fahrt entlang der Küste von Labrador; Regenstürme und Nebel, so dicht, dass man sie mit dem Klappmesser in Dschunken zerschneiden könnte. Schließlich erreichten wir eine kleine Fischerstation weiter weg.“ Unten, wo die Sonne im Sommer nicht schläft, sondern nur um Mitternacht ein kleines Nickerchen macht. Hier ging Wilson an Land, mehr tot als lebendig, und fand eine bequeme Unterkunft bei einem kleinen, schmuddeligen französischen Ölhändler, der ein gemütliches Zimmer hatte , ein warmes Haus und einen Garten, in dem er in den kurzen Sommern ein paar Kartoffeln und Rüben anbaute, und ein erträgliches Grasfeld, das seine beiden Kühe den Winter über am Leben hielt. Das Land ringsum war trostlos genug; soweit Man konnte sehen, dass es nichts gab außer Moos und Felsen und kahlen Hügeln und Teichen mit seichtem Wasser, und hin und wieder ein Stück verkrüppelter Tannen. Aber für unseren armen kranken Passagier, der sich seit einigen Tagen danach gesehnt hatte, sah es zweifellos angenehm aus für Land. Der Franzose gab ihm ein hübsches kleines Zimmer mit Blick auf den Hafen, in dem es von Fischern und Indianern, die Robben jagten, wimmelte; Und meiner Meinung nach ist es an keinem Ort sehr langweilig, wo man das Salzwasser und die Schiffe sehen kann, die darauf vor Anker liegen oder mit Segeln in einer steifen Brise darüber gleiten, und wo man den Wechsel von Lichtern und Farben in aller Ruhe beobachten kann und schlechtes Wetter, morgens und abends. Die Familie bestand aus dem Franzosen, seiner Frau und seiner Tochter – einer kleinen Hexe von einem Mädchen, deren leuchtend schwarze Augen ihr braunes, gutmütiges Gesicht wie Lampen in einem Lagerhaus erhellten. Sie alle hatten große Sympathie für den jungen Wilson und waren bereit, alles für ihn zu tun. Er konnte bald herumlaufen; und wir sahen ihn oft mit der Tochter des Franzosen am Ufer entlang und zwischen den Moosen spazieren und mit ihr in ihrer eigenen Sprache reden. Als wir in unseren Booten unter den Felsen saßen, konnten wir oft ihr fröhliches Lachen hören, das zu uns herabklang.

„Wir blieben ungefähr drei Wochen auf der Station, und als wir uns zum Ablegen bereit machten, rief ich den Franzosen an, um Wilson mitzuteilen, wann er an Bord kommen sollte. Und die arme kleine Lucille wollte kein Wort von seinem Weggang hören. Sie sagte, er würde an Bord des Schiffes krank werden und sterben, aber wenn er bei ihnen bliebe , würde er bald gesund und kräftig sein, und sie würden reichlich Milch haben und Eier für ihn im Winter; und er sollte mit ihr im Hundeschlitten fahren, und sie würde sich um ihn kümmern, als wäre er ihr Bruder. Sie versteckte seine Mütze und seinen Mantel, und das unter Weinen und Schelten , und überredend vertrat sie ihren Standpunkt ziemlich genau.

„‚Sie sehen, ich bin ein Gefangener‘, sagt er; ‚sie lassen mich nicht gehen.‘

„‚Nun‘, sage ich, ‚das scheint dich nicht zu beunruhigen. Ich sage dir was, junger Mann‘, sage ich, ‚es ist jetzt wirklich schön, hier herumzuschlendern, Moose zu pflücken und Vögel zu jagen.‘ Eier mit diesem Mädchen; aber warte, bis November kommt, und alles gefriert steif und tot, außer Eisbären und Ingens , und es gibt kein nennenswertes Tageslicht mehr, und du wirst genug von deiner Wahl haben. Du wirst das nicht überleben Überwintern, und es ist ein schrecklicher Ort zum Sterben, wo der Boden so stark gefriert, dass man einen nicht begraben kann.‘

„‚Lucille sagt‘, sagt er, ‚dass Gott uns im Winter genauso nahe ist wie im Sommer. Tatsache ist, Skipper, ich habe in den Staaten keinen näheren Verwandten mehr als einen verheirateten Bruder, der mehr an ihn denkt Familie und Geschäft als von mir; und wenn es Gottes Wille ist, dass ich sterbe, kann ich genauso gut hier wie anderswo auf seinen Ruf warten. Ich habe hier gute Freunde gefunden; sie werden alles für mich tun, was sie können; und im Übrigen werde ich Vertraue der Vorsehung.'

„Lucille flehte mich an, ihn bleiben zu lassen; denn sie sagte, Gott würde ihre Gebete erhören und er würde gesund werden. Ich sagte ihr, ich würde ihn nicht mehr drängen , denn wenn ich so jung wäre wie er und es getan hätte So eine hübsche Krankenschwester, die sich um mich kümmert, ich wäre bereit, am Nordpol zu überwintern. Wilson gab mir einen Brief für seinen Bruder; und wir schüttelten uns die Hand, und ich verließ ihn. Als wir uns auf den Weg machten, standen er und Lucille auf am Landeplatz, und ich rief ihn zum letzten Mal und machte Zeichen, das Boot nach ihm zu schicken. Die kleine Französin verstand mich, sie schüttelte den Kopf und zeigte auf das Haus ihres Vaters; und dann drehten sie sich beide um Ab und zu blieben sie stehen und winkten uns mit ihren Taschentüchern zu. Es tat mir leid, ihn dort zurückzulassen, aber ich konnte es ihm beim besten Willen nicht verübeln.

„Das tue ich sicher nicht", sagte der Doktor.

„Nun, nächstes Jahr war ich im Hafen von Nitisquam , und obwohl es mir beim Angeln ziemlich gut ging, konnte ich mich nicht wohlfühlen, ohne nach Norden nach Brador zu rennen , um zu sehen, was aus meinem kranken Passagier geworden war. Es Es war ziemlich früh in der Saison, und im Hafen lag noch Eis; aber wir schafften es endlich, hineinzuarbeiten; wann hätte ich wen an Land sehen sollen außer den jungen Wilson, der so kräftig und kräftig war, dass ich ihn kaum hätte kennen sollen? Er brachte mich zu seiner Unterkunft und erzählte mir, dass er noch nie einen glücklicheren Winter verbracht habe; dass es ihm gut gehe und er stark sei und wie ein Eingeborener fischen und jagen könne; dass er nun ein Handelspartner des Franzosen sei und nur noch darauf warten müsse Der Priester aus den Magdalenen kam zu seinem jährlichen Besuch in die Siedlungen, um seine Tochter zu heiraten. Lucille war so hübsch, fröhlich und glücklich wie immer; und der alte Franzose und seine Frau schienen Wilson zu lieben, als wäre er ihr Sohn . Ich habe ihn seitdem nie wieder gesehen; aber er schreibt mir jetzt, dass er verheiratet ist und es ihm gesundheitlich und vermögend gut geht, und er meint, Labrador wäre das schönste Land der Welt, wenn es nur schwere Holzbäume gäbe."

„Man kann nur bewundern", sagte der Doktor, „diese weise und wohltätige Anordnung der Vorsehung, durch die der Geist des Menschen seine Macht über die Umstände ausübt, die rauen Formen der Materie zu ihrem feinen Ideal formt und aus Zwietracht Harmonie bringt – Färbung, Es wärmt und erleuchtet alles innerhalb des Kreises seines Horizonts. Ein liebendes Herz trägt unter jedem Breitengrad die Wärme und das Licht der

Tropen mit sich. Es pflanzt seinen Garten Eden in der Wildnis und an einem einsamen Ort und sät Blumen graue Trostlosigkeit aus Felsen und Moosen. Wohin die Liebe geht, da entspringt die wahre Herzensruhe, die sogar im Polareis Wurzeln schlägt. Für den jungen Kranken aus der Geschichte des Skippers ist die trostlose Wüste dessen, was Moore, wie Sie sich erinnern,

*' das düstere Ufer*

*Von dem kalten und erbarmungslosen Labrador,'*

sah wunderschön und einladend aus; denn er sah, wie es in einer Atmosphäre der Liebe gemildert und erleuchtet wurde. Seine kahlen Hügel, kahlen Felsen und der neblige Himmel waren nur die Kulisse und der Hintergrund für das süßeste Bild in der Galerie des Lebens. Abgesehen davon gibt es jedoch in Labrador, wie an jedem erdenklichen Ort, auch für die Übel des Bodens und des Klimas ihre Kompensationen und Linderungen. Die langen Winternächte erstrahlen im Mondlicht und die wechselnden Farben des Nordlichts spiegeln sich im Schnee. Der Sommer in Labrador hat eine ganz eigene Schönheit, ganz anders als in milderen Klimazonen, auf die seine Bewohner jedoch nicht verzichten würden, um das warme Leben und die üppige Üppigkeit tropischer Landschaften zu genießen. Die Zwergtannen werfen von den Enden ihrer Zweige gelbe Staubbüschel, wie kleine Lampen, die grüne Pyramiden zum Frühlingsfest schmücken; und wenn grünes Gras in großem Maße fehlt, wird sein Platz durch zarte Moose in den leuchtendsten Farben ersetzt. Die Wahrheit ist, dass jede Jahreszeit und jedes Klima ihre besonderen Schönheiten und Annehmlichkeiten hat ; die Fußspuren des guten und barmherzigen Gottes sind überall zu finden; und wir wären bereit, dankbar zuzugeben, dass „Er alle Dinge zu ihrer Zeit schön gemacht hat", wenn wir nicht eine Rasse neidischer, selbstsüchtiger, undankbarer Nörgler wären."

„Doktor! Doktor!" rief ein zerlumpter Junge mit schmutzigem Gesicht und rannte atemlos in den Hof.

„Was ist los, mein Junge?" sagte der Doktor.

„Mutter möchte, dass du direkt zu uns nach Hause kommst. Vater ist vom Heuwagen gefallen.

„Kein Zweifel, kein Zweifel", sagte der Doktor und erhob sich zum Gehen. „Similia similibus Curantur . Nichts geht über die Haare des Hundes, der dich beißt.

„Der Doktor redet gut", sagte der Skipper, der den Kommentaren seines Freundes zu seiner Geschichte eher zweifelnd zugehört hatte; „Aber er trägt manchmal zu viel Segel für mich, und ich kann nicht ganz neben ihm bleiben. Ich habe Elder. Staples einmal gesagt, dass ich es nicht gesehen habe, aber dass der Doktor ihn beim Predigen schlagen könnte. ‚Sehr wahrscheinlich‘, sagt der Älteste, sagt er; „denn du weißt, Skipper, ich muss bei meinem Text bleiben; aber die Bibel des Doktors ist die ganze Schöpfung.“

„Ja“, sagte der Älteste, der sich kurz zuvor zu uns gesellt hatte, „der Doktor hat einen weiten Horizont, oder, wie die Bauern sagen, einen weiten Schwaden, und er hat einige Vorstellungen von Dingen, die meiner Meinung nach ebenso wenig von Bedeutung sind.“ Grundlage in der wahren Philosophie, wie sie in der Heiligen Schrift begründet ist; aber wenn er manchmal falsch spekuliert, lebt er wahrhaftig, was bei weitem das Wichtigste ist. Der bloße tote Buchstabe eines Glaubensbekenntnisses, so sorgfältig bewahrt und ehrfurchtsvoll gehegt er auch sein mag nicht mehr spirituelle oder moralische Wirksamkeit als ein afrikanischer Fetisch oder ein indischer Medizinbeutel. Was wir wollen, ist Orthodoxie in der Praxis – die trockenen Knochen, bekleidet mit warmem, großzügigem, heiligem Leben. Es ist eine Sache, an dem starken Glauben festzuhalten unserer Väter – das Glaubensbekenntnis der freiheitsliebenden Puritaner und Hugenotten – und ein ganz anderes, die fünf Punkte des Calvinismus wie so viele Donnerstäbe über ein schlechtes Leben zu stellen, in der wahnsinnigen Hoffnung, den göttlichen Unmut abzuwenden Sünde."

# DER KLEINE EISENSOLDATEN

## ODER WAS AMINADAB IVISON TRÄUMTE.

AMINADAB IVISON fuhr in seinem Bett auf. Die große Uhr am Kopfende der Treppe, ein altes und angesehenes Erbstück der Familie, schlug eins.

„Ah", sagte er und stieß einen tiefen Seufzer aus den Tiefen seines Inneren aus, „ich habe eine schwere Zeit hinter mir."

„Und ich auch", sagte die Frau. „ Du hast die ganze Nacht getreten und gedrechselt. Ich frage mich, was dir fehlt."

Und das könnte sie auch; denn ihr Mann, ein wohlhabender, beleibter Herr mittleren Alters, der mit einem guten Gewissen, einem freundlichen Temperament und einer angenehmen Verdauung gesegnet war, konnte viel Schlaf ertragen und änderte selten eine Note die Bandbreite seines Schnarchens von Jahresende zu Jahresende.

„Eine sehr bemerkenswerte Übung", sagte Aminadab. "sehr."

„Meine Güte! Was war das?" fragte seine Frau.

„Es muss ein Traum gewesen sein", sagte Aminadab.

„Oh, ist das alles?" gab die gute Frau zurück. „Ich bin froh, dass es nichts Schlimmeres ist. Aber wovon hast du geträumt?"

„Es ist das Seltsamste, Hannah, von dem du je gehört hast", sagte Aminadab und ließ sich langsam wieder in seinem Bett nieder. Du erinnerst dich, Jones hat mir gestern eine Probe von Gussteilen aus der Gießerei geschickt. Nun, ich dachte, ich hätte die Kiste geöffnet und darin ein kleines Eisenmännchen in Regimentsform gefunden; mit seinem Schwert an der Seite und einem Dreispitz auf dem Kopf, der dem Bild in der Transparenz über dem Austernkeller von Nachbar O'Neal auf der anderen Straßenseite sehr ähnlich sieht. Ich hielt es für ziemlich unangebracht, dass Jones mir ein solches Muster zur Verfügung stellte, da es mir aufgrund seines kriegerischen Aussehens nicht leichtfallen würde, es meinen Kunden zu zeigen. Da die Arbeit jedoch gut gemacht war, nahm ich das kleine Bild und stellte es auf den Tisch, an die Wand gelehnt; und als ich mir gegenüber saß, begann ich über meine geschäftlichen Belange nachzudenken und berechnete, um wie viel sich der Gewinn steigern würde, falls ein Zollbeamter für die nächsten vier Jahre zu unserem Herrscher gewählt würde. Du weißt, dass ich nicht dafür bin, blutrünstige und kämpferische Männer zu wählen, die das Land regieren sollen. Dennoch scheint es angemessen, alle Umstände in diesem

Fall zu berücksichtigen, und zwar als der eine oder andere der Kandidaten der beiden großen Parteien muss gewählt werden, um das geringste von zwei Übeln zu ertragen. Plötzlich hörte ich ein leises, schnelles Klopfen auf dem Tisch; Und als ich aufblickte, stand der kleine Eisenmann dicht neben mir, zwinkerte und kicherte. „Das stimmt, Aminadab!" sagte er und klatschte mit seinen kleinen Metallhänden zusammen, bis er wie eine Glocke läutete: „Nimm das geringste von zwei Übeln." Seine Stimme hatte einen scharfen, klaren, klingelnden Klang, als würden Silberdollar in eine Kasse fallen. Es erschreckte mich so sehr, dass ich aufwachte, aber als ich feststellte, dass es nur ein Traum war, schlief ich wieder ein. Dann dachte ich, ich wäre unten in der Börse und habe mit dem Nachbarn Simkins über die Wahl und den Tarif gesprochen. „Ich möchte einen Wechsel in der Regierung, aber ich kann nicht für einen Militärhäuptling stimmen", sagte Nachbar Simkins, „da ich es für unziemlich für ein christliches Volk halte, Männer von Blut zu seinen Herrschern zu wählen." „Ich weiß nicht", sagte ich, „welche Einwände du gegen einen kämpfenden Mann haben kannst; denn du bist kein Freund und hast keine Gewissensskrupel gegen militärische Angelegenheiten. Ich für meinen Teil interessiere mich nicht besonders für Politik und habe noch nie in meinem Leben an einer Versammlung teilgenommen, da ich glaube, dass es das Beste ist, möglichst viel Stillschweigen zu bewahren und alles, was möglich ist, zu vermeiden, Dinge zuzulassen und zu behindern; Aber es kann Fälle geben, in denen die Wahl eines Militärmanns aus Übelgründen und als Mittel zur Förderung des Wohlstands des Landes in geschäftlichen Angelegenheiten erfolgt." 'Was!' sagte Nachbar Simkins: „Wirst du für einen Mann stimmen, dessen ganzes Leben damit verbracht wurde, Menschen zu töten?" Das ärgerte mich ein wenig, und ich sagte ihm, es sei so, dass man mit einem guten Prinzip zu weit gehe, und dass es ihm am Herzen liege, es zu bereuen, dass er seine Stimme weggeworfen habe, anstatt sie diskret zu nutzen. „Na ja, da ist das Eisengeschäft", sagte ich; Doch gerade in diesem Moment hörte ich ein Klappern neben mir, und als ich mich umsah, stand da der kleine Eisensoldat, der vor Freude in die Hände klatschte. „Das ist es, Aminadab!" sagte er; „Das Geschäft zuerst, das Gewissen danach!" Halten Sie den Eisenpreis ruhig aufrecht, wenn Sie können, aber halten Sie ihn auf jeden Fall hoch. Das weckte mich erneut in großer Sorge; Aber als ich mich daran erinnerte, dass man sagt, dass „Träume aus der Menge an Geschäften entstehen", beruhigte ich mich noch einmal, um einzuschlafen."

„Nun, was geschah als nächstes?" fragte seine Frau.

„Nun, ich dachte, ich wäre im Versammlungshaus und säße wie immer auf dem gegenüberliegenden Platz. Ich habe mich sehr bemüht, mich in einen ruhigen und demütigen Zustand zu versetzen, aber irgendwie haben die Sorgen der Welt die Oberhand gewonnen, und zwar schon vorher Ich war mir dessen durchaus bewusst, ich war mit der Berechnung der Wahlchancen und des wahrscheinlichen Anstiegs des Eisenpreises im Falle der Wahl eines Präsidenten, der für einen hohen Tarif günstig ist, weit fortgeschritten. Rap, tap, los etwas auf dem Boden. Ich öffnete meine Augen und da war das kleine Bild, glühend heiß, als käme es gerade aus dem Ofen, es tanzte und kicherte und klatschte in die Hände. „Das stimmt, Aminadab!" sagte er: „Machen Sie weiter, wie Sie begonnen haben; kümmern Sie sich in dieser Welt um sich selbst, und ich verspreche Ihnen, dass in der nächsten für Sie gesorgt sein wird. Frieden und Armut oder Krieg und Geld. Es ist eine Wahl des Übels." bestenfalls; und hier ist die Heilige Schrift, um die Sache zu entscheiden: „Seid nicht allzu gerecht."' Dann verzog das böse aussehende kleine Bild seine heißen Lippen und starrte mich mit seinen glühenden Augen an und kicherte und lachte mit einem Geräusch, als ob es so wäre „Eine Tüte Dollar war auf den Boden des Versammlungshauses geschüttet worden. Das hat mich gerade so erschreckt. Ich wünschte, du würdest mir sagen, Hannah, was du aus diesen drei Träumen machen kannst?"

„Es braucht keinen Daniel, um sie zu interpretieren", antwortete Hannah. „Du hast darüber nachgedacht, für einen bösen alten Soldaten zu stimmen, weil dir dein Eisengeschäft wichtiger ist als dein Zeugnis gegen Kriege und Kämpfe . Ich wundere mich nicht im Geringsten darüber, dass du den Eisensoldaten siehst, von dem du erzählst; und wenn Wenn du morgen für einen Mann von Blut stimmst, wäre es nicht verwunderlich, wenn er dich dein ganzes Leben lang verfolgen würde.

Aminadab Ivison schwieg, denn sein Gewissen sprach in den Worten seiner Frau. Er schlief in dieser Nacht nicht mehr und stand am Morgen als weiserer und besserer Mann auf.

Als er zu seinem Geschäftssitz ging, sah er die Menschenmengen hin und her eilen ; Über die Straßen wehten Transparente, an den Wänden hingen riesige Plakate, und er hörte alles um sich herum vom Trubel der großen Wahl.

„Freund Ivison", sagte ein Anwalt mit rotem Gesicht, fast atemlos vor Eile, „im zweiten Bezirk wird mehr Geld benötigt; unsere Komitees leisten dort großartige Arbeit. Wofür soll ich Sie hinstellen? Fünfzig Dollar? Wenn wir Wenn Sie die Wahl tragen, wird Ihr Vermögen um zwanzig Prozent steigen. Mal sehen; Sie sind im Eisengeschäft tätig, glaube ich?"

Aminadab dachte an den kleinen eisernen Soldaten seines Traums und entschuldigte sich. Plötzlich stürmte ein Bankdirektor in sein Büro.

„Haben Sie schon gewählt, Herr Ivison? Es ist Zeit, Ihre Stimme abzugeben. Ich frage mich, ob Sie jetzt in Ihrem Büro sein sollten. Für kein

Unternehmen steht bei dieser Wahl so viel auf dem Spiel wie für Ihr Unternehmen."

„Ich glaube nicht, dass es mir ganz einfach fallen wird, für den Kandidaten zu stimmen", sagte Aminadab.

„Mr. Ivison", sagte der Bankdirektor, „ich habe Sie immer für einen klugen, vernünftigen Mann gehalten, der die Menschen und die Dinge so nimmt, wie sie sind. Der Kandidat ist vielleicht nicht alles, was Sie sich wünschen können, aber wenn die Frage zwischen ihm und ihm selbst liegt." Und als schlimmerer Mensch ist das Beste, was man tun kann, das geringste der beiden Übel zu wählen."

„Genau das hat der kleine Eisenmann gesagt", dachte Aminadab. „„Geh hinter mich, Satan!' „Nein, Nachbar Discount", sagte er, „ich habe mich entschieden. Ich sehe überhaupt keinen Grund, mich für das Böse zu entscheiden. Ich kann diesen Mann nicht wählen."

„Sehr gut", sagte der Direktor und begann, den Raum zu verlassen; „Sie können tun und lassen, was Sie wollen; aber wenn wir durch die Skrupel von Ihnen und anderen zum ungünstigen Zeitpunkt besiegt werden und Ihr Geschäft infolgedessen klemmt, brauchen Sie nicht von uns zu erwarten, dass wir Männern helfen, die sich nicht selbst helfen wollen. Guten Tag." , Herr."

Aminadab seufzte schwer und sein Herz sank; aber er dachte an seinen Traum und blieb standhaft. Plötzlich hörte er schwere Schritte und das Klopfen eines Stocks auf der Treppe; und als sich die Tür öffnete, sah er das düstere Gewand des würdigen und hochgeschätzten Freundes, der an der Spitze der Versammlung neben ihm saß.

„Wie geht es dir, Aminadab?" sagte er. „ Du hast gewählt, nehme ich an?"

„Nein, Jacob", sagte er; „Ich mag den Kandidaten nicht. Ich sehe keinen klaren Weg, für einen Krieger zu stimmen."

„Nun, aber du wählst ihn nicht, weil er ein Krieger ist, Aminadab", argumentierte der andere ; „Du stimmst für ihn als Zollbeamten und Förderer der heimischen Industrie. Ich mag seine Kriege und Kämpfe nicht mehr als du ; aber mir wurde gesagt, dass er ein ehrlicher Mann ist und dass er den Krieg im Allgemeinen ablehnt. obwohl er in die Sache hineingezogen wurde. Wenn Sie in dieser Angelegenheit zärtlich sind, möchte ich Sie nicht dazu drängen; aber es scheint mir wirklich, dass Sie besser wählen sollten. Die Zeiten waren ziemlich hart, das wissen Sie; und wenn ja Wenn wir bei dieser Wahl abstimmen, können wir geschäftliche Angelegenheiten einfacher machen, ich sehe nicht, wie wir uns rechtfertigen können, zu Hause zu bleiben. Du weißt, dass es uns geboten ist, sowohl im Geschäft fleißig als auch im Geiste inbrünstig zu sein, und dass der Apostel ihn rechenschaftspflichtig gemacht hat der für seinen eigenen Haushalt nicht schlechter gesorgt hat als ein Ungläubiger. Ich halte es für wichtig, bei allen geeigneten Gelegenheiten unser Zeugnis des Evangeliums gegen Kriege und Kämpfe aufrechtzuerhalten ; aber Sie wissen , dass es so etwas gibt, wie ins Extreme zu gehen und übermäßig gewissenhaft zu werden, wie ich denke, dass du in diesem Fall bist. In Prediger heißt es: „Du weißt schon: ‚Sei nicht allzu gerecht; warum solltest du dich selbst zerstören?‘"

„Ah", sagte Aminadab zu sich selbst, „das hat der kleine Eisensoldat in der Versammlung gesagt." So wurde sein Entschluss gestärkt, und die Überzeugungskraft seines Freundes verlor sich für ihn.

Nachts saß Aminadab an seinem Wohnzimmerfeuer und fühlte sich sowohl in seinem inneren als auch in seinem äußeren Mann wohl. „Nun, Hannah", sagte er, „ich habe deinen Rat befolgt. Ich habe heute nicht für den großen Kämpfer gestimmt."

„Ich bin froh darüber", sagte die gute Frau, „und ich wage zu behaupten, dass es dir besser geht."

Aminadab Ivison schlief in dieser Nacht tief und fest und sah den kleinen Eisensoldaten nicht mehr.

# PASSACONAWAY. (1833.)

*Ich weiß nicht, ich frage nicht, welche Schuld in deinem Herzen ist, aber ich fühle*

*dass ich dich liebe, was auch immer du bist.*

*Moor.*

In der Gemeinde Haverhill am Merrimac befanden sich im Herbst 1641, im zweiten Jahr ihrer Besiedlung, nur sechs nahe beieinander liegende Wohnhäuser an der Stelle des heutigen Dorfes. Sie wurden hastig aus rohen Baumstämmen gebaut, klein und unbequem, aber nur einen Katzensprung von den Behausungen der einheimischen Bewohner der Wildnis entfernt. Um jeden herum war eine kleine Öffnung durch den dichten Wald bis zum Ufer des Flusses geschaffen worden, wo inmitten der verkohlten und häufigen Baumstümpfe und Fragmente umgestürzter Bäume die ersten Anbauversuche unternommen worden waren. Einige kleine Maisfelder, die inzwischen fast reif geworden waren, zeigten ihre dicken Ähren und quastenbesetzten Stängel, die von Frost und Sonnenschein gebleicht waren; und hier und da verriet ein Fleck gelber Stoppeln, der noch zwischen den rauen Lasten des Bodens zurückblieb, wo kürzlich eine spärliche Ernte gewöhnlichen englischen Getreides geerntet worden war. Spuren einiger früherer Gemüsesorten waren erkennbar, der Melone, der Erbse und der Bohne. Der Kürbis lag reifend auf seinen reifen Ranken, seine Sonnenseite hatte bereits eine leuchtend goldene Farbe angenommen; und die Rübe breitete trotz der Jahreszeit ihre grüne Blätterdecke aus. Alles um ihn herum erkannte das lebendige Bild von Bryants Emigrant, der:

*„Hat den dunklen alten Wald weggehauen,*

*Und gab dem Tag die jungfräulichen Felder*

*Und die Erbse und die Bohne neben der Tür*

*Blühte, wo noch nie zuvor solche Blumen geblüht hatten;*

*Und der Mais stand auf und der bärtige Roggen*

*Tief gebeugt im Atem eines unbekannten Himmels.*

Dahinter erstreckte sich der große Wald, riesig, grenzenlos, unerforscht, dessen ehrwürdige Bäume sich bisher nur der Gegenwart des Sturms, des Biberzahns und der Axt der Zeit gebeugt hatten, die in der melancholischen Stille des natürlichen Verfalls arbeiteten. Vor den Behausungen der weißen Abenteurer rollte der breite Merrimac leise durch das aufgetürmte Laubwerk seiner Ufer, reich an den Farben eines Neuengland-Herbstes. Die ersten strengen Fröste, die Vorboten des nahenden Winters, waren gefallen, und die ganze Wildnis stand in Blüte. Es war wie ein lebendiges Bild von Claude Lorraine, übersät mit seinen Sonnenuntergängen und Regenbögen, ein natürliches Kaleidoskop aus tausend Farben. Die Eiche am Hang war in sommerliches Grün gehüllt und bildete einen starken Kontrast zum topasfarbenen Walnussholz. Die Hemlocktanne brütete düster im Tiefland und bildete mit ihrer ununterbrochenen Schattenmasse einen dunklen Hintergrund für den hellen Ahorn daneben, der von seiner eigentümlichen Schönheit erstrahlte. Die feierlichen Schatten der Kiefer erhoben sich hoch in der dunstigen Atmosphäre und waren hier und da mit dem blassen Gelb der Birke kontrastiert.

„Wahrlich, Alice, das ist eines von Gottes großen Wundern in der Wildnis", sagte John Ward, der Pfarrer und ursprüngliche Planer der Siedlung, zu seiner jungen Frau, als sie in der Tür ihrer bescheidenen Behausung standen. „Das wäre ein seltener Anblick für unsere Freunde im alten Haverhill. Der Wald um uns herum hat für mich die Farben des Regenbogens, wenn er, mit den Worten des Weisen, den Himmel wie einen Kreis umgibt . und die Hände des Allerhöchsten haben es gebogen. Sehr schön hat Er tatsächlich die hervorragenden Werke Seiner Weisheit geschmückt."

„Ja, John", antwortete Alice in ihrem sanften, weiblichen Ton; „Der Herr achtet in der Tat keine Rücksicht auf die Person. Er hat den wilden Wilden eine schönere Show gegeben als alle anderen im alten England. Doch John, ich bin manchmal sehr traurig, wenn ich an unser altes Zuhause denke, an das kleine Wohnzimmer wo du und ich an einem Sonntagabend saßen. Der Herr war sehr großzügig mit diesem Land, und man kann von uns sagen, wie es von Israel in alter Zeit gesagt wurde: „Wie schön sind deine Zelte, o Jakob!" deine Hütten, o Israel!' Aber das Volk sitzt in der Finsternis, und die Heiden kennen den Gott unserer Väter nicht."

„Nein", antwortete ihr Mann, „die Heiden mögen heimgesucht und erlöst werden, der Geist des Herrn mag sich den Heiden zuwenden; aber unter uns ist ein noch sichereres Übel entstanden. Ich sage dir, Alice, es wird erträglicher sein." der Tag des Herrn, für Tyrus und Sidon, Sodom und Gomorra der Heiden, als für die Intriganten, die Scherzbolde , die Familisten und die Quäker, die wie der alte Satan unter die Söhne Gottes kommen. "

„Ich dachte", sagte Alice, „dass unser gottgefälliger Gouverneur diese aus der Kolonie verbannt hätte."

„Das hat er tatsächlich", antwortete Mr. Ward, „aber der böse Samen, den sie hier gesät haben, geht immer weiter auf und vermehrt sich. Die Quäker haben tatsächlich fast aufgehört, uns zu belästigen; aber eine andere Gruppe von Fanatikern, angeführt von Samuel Gorton, waren in letzter Zeit sehr problematisch. Ihre Familie wurde zerschlagen, und die Rädelsführer wurden zu Zwangsarbeit zum Nutzen der Kolonie verurteilt; je einer wurde in jede der alten Städte eingeteilt, wo es ihnen verboten ist, darüber zu sprechen Angelegenheiten der Religion. Aber es soll noch viele auf freiem Fuß geben, die unter der Ermutigung des Erzketzers Williams von der Providence-Plantage auch jetzt noch eifrig das böse Werk ihres Herrn verrichten. Aber, Alice," Er fuhr fort, als er sah, wie sich seine wenigen Nachbarn um eine ehrwürdige Eiche versammelten, die in der Mitte der Lichtung verschont geblieben war: „Jetzt ist unsere Zeit des Gottesdienstes nahe. Lasst uns uns unseren Freunden anschließen."

Und der Pfarrer und seine Frau traten in den kleinen Kreis ihrer Nachbarn ein. An den Ufern des Merrimac war bisher noch kein Gotteshaus mit Turm und verzierter Kanzel errichtet worden. Die strengen Siedler kamen unter dem offenen Himmel oder im Schatten der alten Bäume zusammen, um vor diesem Gott zu knien, dessen Werke und Manifestationen sie umgaben.

Die Übungen des Sabhath begannen. Es wurde ein Psalm der alten und heimeligen Fassung gesungen, mit echtem Gefühl, wenn auch nicht mit perfekter Rücksicht auf musikalische Wirkung und Harmonie. Das kurze, aber inbrünstige Gebet wurde gesprochen, und der gute Mann hatte gerade den Text seiner Predigt bekannt gegeben, als ein plötzliches Trampeln von Füßen und ein wirres Gemurmel menschlicher Stimmen die Ohren der Versammlung erklangen.

Der Pfarrer klappte seine Bibel zu; und die ganze Gruppe drängte sich enger zusammen. „Es handelt sich sicherlich um eine Kriegspartei der Heiden", sagte Mr. Ward, während er aufmerksam auf das herannahende Geräusch lauschte. „ Gott gebe, dass sie uns nichts Böses wollen!"

Die Geräusche kamen näher. Die dunkelhäutige Gestalt eines Indianers glitt durch das Unterholz auf die Lichtung, dicht gefolgt von mehreren Engländern. Als Antwort auf die eifrigen Fragen von Mr. Ward erklärte Kapitän Eaton, der Anführer der Partei, dass er Boston auf Befehl von Gouverneur Winthrop verlassen habe, um den Sachem Passaconaway zu sichern und zu entwaffnen , der feindlicher Absichten gegenüber verdächtigt wurde Weiße. Sie hatten den alten Häuptling vermisst, hatten aber seinen Sohn gefangen genommen und brachten ihn für den guten Willen seines Vaters als Geisel zum Gouverneur. Dann informierte er Mr. Ward darüber, dass Briefe vom Gouverneur der Siedlungen Good Hoop und Piquag in Connecticut eingegangen seien, in denen er rechtzeitig vor einem äußerst teuflischen Plan der Indianer warnte, ihre weißen Nachbarn bis aufs Äußerste abzuschneiden . Er wies den Minister darauf hin, dass ein Mitglied seiner Partei einer der Boten sei, der diese alarmierende Nachricht überbracht habe.

Er war ein großer, schlanker Mann mit glattem, strähnigem, sandfarbenem Haar, das rund um die schmale Stirn gleichmäßig geschnitten war und so

herabhing, dass es an Smolletts treffendes Bild von „einem Pfund Kerzen"
erinnerte.

„Welche Neuigkeiten bringen Sie uns über die Wilden?" fragte Mr. Ward.

„Das Volk hat gesündigt, und die Heiden sind die Werkzeuge, mit denen
der Herr sie züchtigen wollte", sagte der Bote mit dem eigentümlichen
nasalen Tonfall, der für den „ Unco ' Guid " so charakteristisch ist. „Der
große Sachem Miantonimo , Häuptling der Narragansetts, hat geplant, das
Volk des Herrn kurz nach der Ernte auszurotten, um ganz Alte und Junge,
sowohl Mädchen als auch kleine Kinder, zu töten."

„Woher wusstest du das?" fragte der Minister.

„So wie Paulus von denen wusste, die sich mit einem schweren Eid
geschworen hatten, ihn zu vernichten. Der Herr hat es getan. Einer der
blutigen Heiden wurde von den Ochsen unseres Volkes schrecklich
aufgespießt und litt unter großen körperlichen Schmerzen und Trübsal
Daraufhin schickte er nach Gouverneur Haines und teilte ihm mit, dass der
Gott des Engländers wütend auf ihn sei, weil er die Verschwörung, sein Volk
zu töten, verheimlicht habe, und dass er die Kuh des Engländers geschickt
habe, um ihn zu töten.

„Wirklich eine wunderbare Vorsehung", sagte Herr Ward; „Aber was ist
in Ihren Siedlungen infolgedessen geschehen?"

„Wir haben viele Tage gefastet", entgegnete der andere mit feierlichem
Ton, „und unsere frommen Männer haben den Herrn angefleht, dass er
Satan wie in alter Zeit zurechtweisen möge. Darüber hinaus haben sie fleißig
und ernsthaft nachgefragt: Woher kommt dieses Übel? Wer ist der Achan im
Lager unseres Israels? Es wurde große Befürchtung geäußert, dass die
Quäker und die Papisten Unkraut im Garten der wahren Anbetung gesät
haben. Wir haben diese daher unter Androhung des Todes verbannt; und
Wir haben es für jeden zur höchsten Strafe erklärt, diesen Ketzern und
Götzendienern Essen oder Unterkunft zu bieten. Wir haben eine strengere
Einhaltung des Sabbaths des Herrn angeordnet, nein, es ist niemandem
erlaubt, an diesem Tag zu gehen oder zu rennen, außer zum und vom
öffentlichen Gottesdienst, und auch dann nur in einer ehrfürchtigen und
angemessenen Weise; und niemand darf an dem Tag, der heilig gehalten
werden soll, Essen kochen, das Haus fegen, rasieren oder die Nägel kürzen
oder ein Kind küssen . Wir haben auch viele gesunde Gesetze gegen die
Eitelkeit und Zügellosigkeit der Zeit in Bezug auf Kleidung und Verhalten
erlassen und jedem jungen Mann verboten, während der Zeit des Werbens
eine Magd zu küssen, wie es zu ihrer Schande heißt: ist die Art vieler in den
alten Ländern.

„Sie haben in der Tat Gutes für die geistliche Welt getan", sagte Herr Ward; „Was haben Sie für Ihre zeitliche Verteidigung getan ?"

„Wir haben unsere Garnisonen und unsere Kapitäne und einen guten Vorrat an fleischlichen Waffen", antwortete der andere. „Und außerdem haben wir den guten Häuptling Uncas der Mohegans, der uns gegen die blutigen Narragansetts hilft."

„Aber, mein Freund", sagte der Minister und wandte sich an Kapitän Eaton, „es muss sicherlich ein Irrtum über Passaconaway vorliegen . Ich glaube wirklich, dass er der Freund der weißen Männer ist. Und das ist sein Sohn Wonolanset ? Ich habe ihn letztes Jahr gesehen." , und denken Sie daran, dass er der Stolz des alten Wilden, seines Vaters, war. Ich werde mit ihm sprechen, denn ich weiß etwas über seine barbarische Sprache."

„ Wonolanset !"

Der junge Wilde zuckte plötzlich bei dem Wort zusammen und verdrehte sein scharfes, helles Auge auf den Sprecher.

„Warum wird der Sohn des großen Häuptlings von meinen Brüdern gefesselt?"

Der Indianer blickte einen Augenblick auf die Stricke, die seine Arme fesselten, und warf dann einen grimmigen Blick auf seine Führer.

„Hat der große Häuptling seine weißen Freunde vergessen? Wird er seine jungen Männer schicken, um ihnen die Skalps abzunehmen, wenn die Narraganset es ihm befiehlt?"

Das Knurren des jungen Bären, wenn er aus seinem Versteck geweckt wird, ist nicht heftiger und bedrohlicher als die rauen Töne Wonolansets, als er mit zusammengebissenen Zähnen sagte:

„ Nummus- Quantum."

„Nein, nein", sagte Mr. Ward und wandte sich von dem Wilden ab, „sein Herz ist voller Bitterkeit; er sagt, er sei wütend, und wahrlich, mir gefällt seine Haltung nicht. Ich fürchte, da ist das Böse zu Fuß." Aber ihr seid weit gereist und müsst unbedingt müde sein, euch eine Weile auszuruhen, und glücklicherweise kann ich, während ihr euren Körper erfrischt, auch euren Geist mit heilsamen und angenehmen Lehren erfrischen."

Nachdem die Partei diesem Vorschlag zugestimmt hatte, wurde ihr Gefangener gesichert, indem ein Ende seines Seils an einem hervorstehenden Ast des Baumes befestigt wurde. Der Pfarrer nannte seinen Text noch einmal, war aber gerade erst zu den kleineren Teilen seiner Predigt übergegangen, als er erneut von einem lauten, klaren Pfiff vom Fluss und einem plötzlichen Überraschungsausruf der Menschen um ihn herum unterbrochen wurde. Ein einziger Blick genügte, um ihm den Indianer zu zeigen, der sich von seinem Seil gelöst hatte und sich vollständig zurückzog.

Eaton hob sein Gewehr ans Auge und rief dem jungen Sachem in seiner eigenen Sprache zu, er solle anhalten, sonst würde er auf ihn schießen. Der Indianer war sich offenbar des vollen Ausmaßes seiner Gefahr bewusst. Plötzlich drehte er sich um, zeigte flussaufwärts auf die Wohnung seines Vaters und sagte mit einer drohenden Geste:

„Nein, Passaconaway !"

"Halten!" rief Mr. Ward und ergriff Eatons Arm. „Er droht uns mit der Rache seines Vaters. Um Himmels willen, behalte dein Feuer!" Es war zu spät. Der Knall des Gewehrs brach scharf in die Stille des Sabbats ein. Die Antwort wurde mit einem Ruf vom Fluss her beantwortet, und man sah, wie ein kleines Kanu, von einem Indianer und einem Weißen gerudert, am Ufer entlangschoss. Wonolanset sprang unverletzt weiter, stürzte sich in den Fluss und erreichte bald das Kanu, das hastig zum gegenüberliegenden Ufer gepaddelt wurde. Als Kapitän Eaton und seine Gruppe es für unmöglich hielten, ihren Gefangenen zurückzuerobern, verabschiedeten sie sich von den Siedlern von Pentucket und reisten nach Boston ab, nachdem sie sich die Predigt von Mr. Ward angehört und eine körperliche Erfrischung zu sich genommen hatten .

Der Abend, der auf den Tag folgte, dessen Ereignisse wir erzählt haben, war eine jener besonderen Jahreszeiten von Schönheit, in denen das Klima Neuenglands dem Italiens vorzuziehen scheint. Die Sonne ging im sanften Dunst des Horizonts unter, während gleichzeitig im Osten der Vollmond aufging. Sein sanftes Silber vermischte sich mit dem tiefen Gold des Sonnenuntergangs. Der Südwestwind, so warm wie der des Sommers, aber sanfter, war in langen Abständen zu hören, wie er leise zwischen den Kiefern harrte und sein leises Seufzen mit dem beruhigenden Rauschen des Flusses vermischte. Die Einwohner von Pentucket hatten bei Einbruch der Nacht die Vorsichtsmaßnahme getroffen, ihre Musketen sorgfältig zu laden und sie für den sofortigen Einsatz im Falle eines Angriffs der Wilden bereitzuhalten. Ein solcher Vorfall war in der Tat nicht unwahrscheinlich, nach der groben Behandlung, die der Sohn des alten Passaconaway in der Siedlung erfahren hatte. Es war bekannt, dass der alte Häuptling mit einem Wort alle Krieger von Pennacook bis Naumkeag auf den Kriegspfad von Miantonimo schicken konnte ; auch der rachsüchtige Charakter der Indianer wurde verstanden; und im Falle eines Ausbruchs ihres Unmuts war die Siedlung Pentucket von allen anderen am meisten der Gefahr ausgesetzt.

„Geh heute Abend nicht zum Nachbarn Clements, Mary", sagte Alice Ward zu ihrer jungen, unverheirateten Schwester; „Ich fürchte, einige der gelbbraunen Indianer lauern hier. Mr. Ward sagt, er glaubt, dass sie gefährliche Nachbarn für uns sein werden."

Mary hatte ihren Schal über ihren Kopf geworfen und stieg gerade aus. „Es ist sozusagen nur ein Schritt, und ich habe meiner guten Frau Clements versprochen, dass ich auf jeden Fall kommen würde. Ich habe keine Angst vor den Indianern. Es gibt keinen von ihnen hier außer Red Sam, der mich von Mr. kaufen wollte. Schutz für seine Squaw; und ich werde keine Angst vor meinem alten Funken haben.

Das Mädchen stolperte leichtfüßig von der Schwelle zur Wohnung ihrer Nachbarin. Sie hatte fast die Hälfte der Strecke zurückgelegt, als sich der Pfad, bevor er für das Mondlicht geöffnet war, am Ufer des Flusses entlang zu winden begann, der von jungen Bergahornen und Hemlocktannen übersät war. Mit klopfendem Herzen und beschleunigtem Schritt schlich sie durch den Schatten, als sich plötzlich die Äste am Flussufer teilten und ein großer Mann vor ihr auf den Weg sprang. Sie zuckte vor Angst zurück und stieß einen leisen Schrei aus.

„Mary Edmands !" sagte der Fremde: „Fürchte dich nicht vor mir."

Tausend Gedanken jagten wild durch den Kopf des erstaunten Mädchens. Diese vertraute Stimme – dieses Wissen um ihren Namen – diese große und einprägsame Gestalt! Sie beugte sich eifrig nach vorne und sah dem Fremden ins Gesicht. Ein schwacher Mondschein fiel auf die dunklen Gesichtszüge männlicher Schönheit.

„Richard Martin! Kann das möglich sein!"

„Ja, Maria", antwortete die andere, „ich bin dir in die neue Welt gefolgt, in dieser Liebe, die weder Meer noch Land schwächen kann. Viele ermüdende Monate lang habe ich ernsthaft auf eine Begegnung wie diese und jene gewartet Seit jeher war ich vielen und schweren Gefahren ausgesetzt durch die Flut und die Wildnis und durch die heidnischen Indianer und noch mehr heidnische Verfolger unter meinem eigenen Volk. Aber ich darf nicht zögern oder zögern, meinen Auftrag zu verkünden. Maria, du kennst meine Liebe ; willst du meine Frau sein?"

Mary zögerte.

„Ich frage dich noch einmal, ob du das Schicksal eines Menschen teilen willst, der dich geliebt hat, seit du noch ein Kind warst , als du unter den Hüttenbäumen im alten Haverhill spieltest und der seinen weltlichen Besitz geopfert und das Heil seiner Seele für dich aufs Spiel gesetzt hat Willst du mit mir gehen und meine Frau sein?"

Die Töne von Richard Martin, die normalerweise hart und abweisend waren, klangen jetzt sanft und musikalisch an Marias Ohr. Er war ihre erste Liebe, ihre einzige. Was für ein Wunder, dass sie zustimmte?

„Lasst uns schnell abreisen", sagte Martin, „das ist kein Ort für mich. Wir werden zu den Plantagen in Providence gehen. Passaconaway wird uns auf unserer Reise helfen."

Der strahlende Glanz der Hoffnung und Freude verschwand aus dem Gesicht des jungen Mädchens. Sie erschrak aus der Umarmung ihres Geliebten.

„Was meinst du, Richard? Was hast du nicht darüber gesagt, dass wir zu diesem Abgrund der Bosheit in Providence gegangen sind? Warum gehst du nicht mit mir zurück zu Schwester Ward?"

„Mary Edmands !" sagte Martin in einem Ton feierlicher Strenge, „es ist angebracht, dass ich dir alles erzähle. Ich habe den bösen Lehren deines Schwagers und seiner Brüder in falschen Prophezeiungen abgeschworen. Es war ein harter Kampf, Maria; Der Geist war zwar willig, aber das Fleisch war schwach, überaus schwach, denn ich dachte an dich, Maria, und an deine Freunde. Aber mir wurde ein gewisses Maß an Kraft gegeben, wodurch ich in die Lage versetzt wurde, die Aufgabe zu erfüllen, die mir aufgetragen wurde Mich."

„Oh, Richard!" sagte Mary und brach in Tränen aus. „Ich fürchte, Sie sind ein Williams-Anhänger geworden , einer von denen, die, wie Mr. Ward sagt, weder in dieser noch in der kommenden Welt etwas zu hoffen haben."

„Der Herr tadele ihn!" sagte Martin mit lauter Stimme. „Wehe denen, die schlecht über die Zeugen der Wahrheit reden. Ich habe die völlige Blöße des Landes der fleischlichen Bekenner gesehen und bin dem Ruf gefolgt, aus ihrer Mitte herauszutreten und mich abzusondern. Ich gehöre zu dieser verfolgten Familie, die …" Die stolzen Priester und Herrscher dieser Kolonie haben ihre Grenzen vertrieben. Ich wurde zusammen mit vielen anderen vor die bösen Richter von Boston gebracht und zur Arbeit ohne Lohn für die Gottlosen verurteilt. Aber ich bin meinen Fesseln entkommen; und Der Herr hat für seinen Diener einen Freund erweckt, nämlich den Indianer Passaconaway , dessen Sohn ich vor Kurzem bei der Flucht vor seinen Häschern geholfen habe."

"Kann es sein?" schluchzte Mary, „kann das sein? Richard, unser eigener Richard, der dem Stamm von Gorton, dem Familisten, folgt ! Oh, Richard, wenn du mich liebst, wenn du Gottes Volk und seine wahre Anbetung liebst, dann entferne dich von diesen bösen Fanatikern. "

„Du steckst in der Galle der Bitterkeit und im Band der Ungerechtigkeit", antwortete Martin. „Höre, Mary Edmands , auf das Glaubensbekenntnis derer, die du Fanatiker nennst . Wir glauben an Christus, aber nicht an die Anbetung von Menschen. Der Christus, den wir verehren, ist der Schatten oder das Bild Gottes im Menschen; er wurde in Adam vor alters gekreuzigt. und wurde seitdem in allen Menschen gekreuzigt; seine Geburt, sein Leiden und sein Tod waren nur Manifestationen oder Bilder seiner Leiden in Adam und seinen Nachkommen. Glaube und Christus sind dasselbe, das spirituelle Bild Gottes im Herzen. Wir Erkenne keine Regel an als diesen Christus, diesen Glauben in uns, weder in zeitlichen noch in geistlichen Dingen. Und der Herr hat uns gesegnet und wird uns segnen, und die Wahrheit wird in uns verherrlicht und erhöht werden; und die Kinder der Heiden werden gebracht werden um diese große Erlösung, von der wir Zeugnis geben, zu erkennen und daran teilzuhaben. Aber wehe den falschen Lehrern und denen, die gegen Bezahlung prophezeien und sich ihre Wahrsagerei zunutze machen. Ihre Kirchen sind die Erfindungen Satans, der Stolz und die Eitelkeit des natürlichen Adam. Ihre Taufe ist Gotteslästerung, und ihr Sakrament ist ein Gräuel, ja, eine Beschwörung und ein Zauberspruch. Wehe denen, die den Schatten für die Substanz halten, die sich vor den Altären menschlicher Kunst und listiger Kunstfertigkeit verneigen, die ihre Zeremonien zu Götzen machen! Wehe den Hohenpriestern und den Pharisäern und den Obersten und den Obersten! Wehe denen, die den Lohn der Ungerechtigkeit lieben!"

Der Familist hielt vor völliger Erschöpfung inne, so vehement hatte er die Fülle seines Eifers zum Ausdruck gebracht. Mary Edmands , überwältigt von seiner Beredsamkeit, aber immer noch nicht überzeugt, konnte nur auf die Schande und Gefahr hinweisen, die sein Festhalten an solch verderblichen Lehren mit sich brachte. Zum Abschluss sagte sie ihm mit tränenerstickter Stimme, dass sie ihn als Anhängerin Gortons niemals heiraten könne.

„Dann bleib", sagte Martin und riss heftig ihre Hand von seiner, „bleibe und nimm teil am Fluch der Gottlosen, sogar am Fluch von Meroz , die dem Herrn nicht zu Hilfe kommen, gegen den mächtigen Halt, bis." Der Herr hat ein Dreschgerät für die Heiden gemacht, wodurch der Stolz der Fürsten, der Hohenpriester und der Obersten dieses Landes gedemütigt werden soll. Bleibt, bis die Schalen seines Zorns und das Blut über euch ausgegossen sind der starke Mann und die Magd und das kleine Kind sind miteinander vermischt!"

Die wilde Sprache, die wilden Töne und Gesten ihres Geliebten versetzten das unglückliche Mädchen in Angst und Schrecken. Sie blickte wild um sich, alles war dunkel und schattenhaft, eine unbestimmte Angst vor Gewalt überkam sie; und in Tränen ausbrechend drehte sie sich um und flog.

„Bleiben Sie noch einen Moment", sagte Martin mit heiserer und gedämpfter Stimme. Er ergriff ihren Arm. Sie schrie, als wäre sie in Lebensgefahr.

„Lass das Mädchen los, lass sie gehen!" sagte der alte Job Clements und stieß den langen Lauf seiner Waffe durch die Büsche, nur wenige Fuß vom Kopf des Familisten entfernt . „Ein weißer Mann, so sicher ich lebe! Ich dachte, Sartin , das war ein tarnaler In-in." Martin gab seinen Halt auf und wurde im nächsten Augenblick von den Siedlern umzingelt.

Nachdem eine kurze Erklärung zwischen Mr. Ward und seiner Schwägerin stattgefunden hatte, trat Ersterer vor und machte den Familisten zur Rede . „Richard Martin!" Er sagte: „Ich hätte kaum gedacht, dich so bald in der neuen Welt zu sehen, geschweige denn, dich so zu sehen, wie du bist. Es tut mir außerordentlich leid, dass ich dich hier nicht als Bruder begrüßen kann, weder in weltlicher noch in geistiger Hinsicht." Meine Schwester erzählt mir, dass Sie ein Anhänger dieses Dieners Satans, Samuel Gorton, sind und dass Sie versucht haben, sie mit in die Fanatikerkolonie Rhode Island zu locken, die treffend mit der Stadt verglichen werden kann, die Philipp von Mazedonien besaß bevölkert von Schurken und Vagabunden und den Abfällen der ganzen Erde."

„John Ward, ich kenne dich ", sagte der unerschütterliche Familist ; „Ich kenne dich als einen Mann, der weise ist über das, was geschrieben steht, als einen eitlen, barmherzigen Mann, der zu bösen Reden neigt. Ich schätze weder deine Sticheleien noch deinen Witz; denn das eine hat seinen Ursprung in der Bitterkeit, das andere in der Eitelkeit." , des natürlichen Adam. Diejenigen, die im wahren Licht wandeln und es aufgegeben haben, Christus in ihren Herzen zu kreuzigen, achten nicht im Geringsten auf die Vorwürfe und widerwärtigen Taten der Hohen und Mächtigen in der Ungerechtigkeit. Denn über uns ist es geschrieben worden : „Ich habe ihnen dein Wort gegeben und die Welt hat sie gehasst, weil sie nicht von der Welt sind. Wenn die Welt dich hasst , wisst ihr, dass sie mich gehasst hat, bevor sie euch gehasst hat. Wenn sie mich gehasst haben, werden sie euch auch hassen; Wenn sie mich verfolgt haben, werden sie dich verfolgen. Und von den Spöttern und Spöttern, den Weisen dieser Welt, deren Weisheit und Wissen sie verdreht haben und die in ihrem Herzen gesagt haben: „Es gibt keinen außer ihnen", steht geschrieben, ja, und wird erfüllt werden: Der Tag des Herrn der Heerscharen wird über jeden kommen, der stolz und hochmütig ist, und über jeden, der erhöht ist, und er wird erniedrigt werden; und die Hochmut des Menschen wird sich beugen, und der Hochmut des Menschen wird sich beugen erniedrigt werden; und der Herr allein wird an jenem Tag erhöht werden; und die Götzen wird er gänzlich abschaffen.' Von dir, John Ward, und von deiner Priesterbruderschaft verlange ich nichts; und für das große Böse, das ich erhalten habe und noch durch deine Hände erhalten werde, mögest du wie Alexander, der Kupferschmied, belohnt werden, jeder nach seinen Werken."

„Solche verabscheuungswürdige Ketzerei", sagte Mr. Ward an seine Nachbarn gerichtet, „darf sich nicht unter den Menschen ausbreiten. Meine Freunde, wir müssen diesen Mann zu den Richtern schicken."

Der Familist legte seine Hände auf seinen Monat und pfiff, ähnlich dem, was man am Morgen hörte und das der Flucht von Wonolanset vorausging . Die Antwort erfolgte mit einem Ruf vom Fluss her; und ein Dutzend Indianer kämpften sich durch das Unterholz hinauf.

„Abscheulicher Ketzer!" rief Mr. Ward, riss seinem Nachbarn eine Muskete aus der Hand und richtete sie voll auf Martins Kopf. „Sie haben uns in diese Gefahr verraten."

„ Wagh , down ähm gun", sagte ein mächtiger Indianer, als er seine raue Hand auf die Schulter des Ministers legte. „Du fängst Wonolanset , fesselst ähm, schießt ähm, erschreckt die Squaw. Der alte Sachem kommt jetzt, ich fessele den weißen Mann, schieße ähm, brate ähm;" und der alte Wilde lächelte grimmig und grimmig im undeutlichen Mondlicht, als er Zeuge der Angst und des Schreckens seines Gefangenen wurde.

„Warte, Passaconaway !" sagte Martin in der indischen Sprache. „Wird der große Häuptling sein Versprechen vergessen?"

Der Sachem ließ Mr. Wards Arm los. „Mein Bruder ist gut", sagte er; „Ich töte dich nicht, ich bringe dich dazu, durch den Wald zu gehen wie Wonolanset ." Martin flüsterte dem Chef ein paar Worte ins Ohr. Das Gesicht des alten Kriegers schien für einen Moment Unzufriedenheit auszudrücken; aber er gab dem mächtigen Einfluss nach, den der Familist auf ihn erlangt hatte, und sagte mit einigem Widerwillen: „Mein Bruder ist weise, ich tue es auch."

„John Ward", sagte der Familist und näherte sich dem Pfarrer, „du hast Böses gegen jemanden geplant, der dir nie etwas zuleide getan hat. Aber ich suche keine fleischliche Rache. Ich habe sogar jetzt den Zorn dieses heidnischen Häuptlings zurückgehalten, dem du und die anderen Unrecht getan hast." zutiefst. Lasst uns in Frieden trennen, denn wir werden uns vielleicht nie wieder auf dieser Welt treffen." Und er streckte seine Hand aus und schüttelte die des Ministers.

„Für dich, Maria", sagte er, „hatte ich gehofft, dich von dem Bösen zu befreien, das kommen wird, wie ein Brandmal aus der Verbrennung. Ich hatte gehofft, dich zum Manna der wahren Gerechtigkeit zu führen, aber du hast dich zuletzt erwählt." die Fleischtöpfe Ägyptens. Ich hatte gehofft, dich immer zu schätzen, aber du hast mich und meine Liebe vergessen, die mich um deinetwillen über die großen Wasser geführt hat. Ich werde unter die Heiden gehen, und wenn es der Wille des Herrn ist, Vielleicht kann ich ihren Zorn von meinem Volk abwenden. Wenn meine ermüdende Pilgerreise zu Ende ist, wird niemand das Grab von Richard Martin kennen; und niemand außer den Heiden wird um ihn trauern. Maria! Ich vergebe dir; möge der Gott aller Barmherzigkeit segnen dich! Ich werde dich nie wieder sehen."

Heiß und schnell fielen die Tränen dieses strengen Mannes auf die Hand Marias. Die Augen der jungen Frau blickten hastig über die Gesichter ihrer Nachbarn und richteten sich unter Tränen auf das ihres Geliebten. Tausend Erinnerungen an junge Zuneigung, an Gelübde und Begegnungen in einem anderen Land kamen ihr lebhaft in den Sinn. Das Zuhause ihrer Schwester, die Anweisungen ihres Bruders, ihr eigener starker Glaube und ihr bitterer Hass auf die Ketzerei ihres Geliebten waren vergessen.

„Richard, lieber Richard, ich bin deine Maria so sehr wie immer. Ich werde mit dir bis ans Ende der Welt gehen. Dein Gott soll mein Gott sein, und wo du begraben bist, werde auch ich sein."

Schweigend in der Ekstase freudiger Überraschung drückte der Familist sie an seine Brust. Passaconaway , der bisher ein unbewegter Zuschauer der Szene gewesen war, entspannte die indianische Ernsthaftigkeit seiner Züge und murmelte mit gedämpfter Stimme: „Gut, gut."

„Wird mein Bruder gehen?" erkundigte er sich und berührte Martins Schulter; „Meine Squaws haben eine feine Matte, ein großes Wigwam, weiches Samp für seine junge Frau."

„Maria", sagte Martin, „der Sachem ist ungeduldig; und wir müssen unbedingt mit ihm gehen." Mary antwortete nicht, aber ihr Kopf war an seine Brust gelehnt, und die Familistin wusste, dass sie sich völlig seiner Anweisung hingab. Er wickelte den Schal sorgfältiger um sie und trug sie das steile und zerklüftete Ufer des Flusses hinunter, dicht gefolgt von Passaconaway und seinen Gefährten.

„Komm zurück, Mary Edmands !" schrie Mr. Ward. „In Gottes Namen, komm zurück."

Ein halbes Dutzend Kanus schossen aus dem Schatten des Ufers hinaus in das klare Mondlicht. "Es ist zu spät!" sagte der Pfarrer, während er sich zum Ufer hinunterkämpfte. „Satan hat seine Hände auf sie gelegt; aber ich werde für sie kämpfen, so wie Michael einst für den Leib Moses kämpfte. Maria, Schwester Maria, aus Liebe zu Christus, erhöre mich."

Kein Laut kam von den Kanus, die wie Phantome lautlos und schnell durch das stille Wasser des Flusses glitten. „Der Feind hat gesiegt", sagte Mr. Ward; „Zwei Frauen haben in meiner Mühle gemahlen, die eine wird genommen und die andere bleibt zurück. Lasst uns nach Hause gehen, meine Freunde, und im Gebet gegen den Versucher ringen."

Der Ketzer und seine orthodoxe Braut zogen unter der Führung von Passaconaway in die dichte Wildnis und erreichten in wenigen Tagen das Eldorado der Ketzer und Verfolgten, die Kolonie von Roger Williams. Passaconaway blieb bis heute den weißen Männern gegenüber freundlich. Als die Zivilisation voranschritt , zog er sich vor ihr zurück, nach Pennacook , dem heutigen Concord, am Merrimac, wo die Stämme der Naumkeags , Piscataquas , Accomentas und Agawams seine Autorität anerkannten.

# DER OPIUMESSER. (1833.)

*Himmel! Was für eine Abscheu! Was für ein Aufruhr aus tiefster Tiefe*

*des inneren Geistes! Was für eine Apokalypse der Welt in mir!*

*Hier war ein Allheilmittel, ein Pharmakon nepenthes für alle*

*menschlichen Leiden; Hier*

*war das Geheimnis des Glücks, über das Philosophen gestritten hatten*

*seit so vielen Zeitaltern: Glück konnte man für einen Penny kaufen, und*

*Westentasche getragen. – DEQUINCEYs „Bekenntnisse eines*

*Opiumesser.*

Er war ein großer, dünner Mensch mit markanter Stirn und eingefallenem Auge.

Er ging zu einem Schrank seiner Wohnung und schüttete ein paar Tropfen einer dunklen Flüssigkeit hinein. Seine Hand zitterte, als er das Glas, das sie enthielt, an seine Lippen hob; und mit einem seltsamen Schauder, einem nervösen Zittern, als ob alle zarten Saiten seines Systems gelöst wären und zittern würden, wandte er sich von seinem furchtbaren Zug ab.

Er sah, dass mein Auge auf ihn gerichtet war; und ich konnte erkennen, dass sein Geist verzweifelt mit der Gebrechlichkeit seiner Natur kämpfte, als ob er sich für die völlige Schwäche seiner Stiftshütte schämte. Er ging hastig im Zimmer auf und ab. „Sie scheinen etwas krank zu sein", sagte ich in dem unentschlossenen Ton einer teilweisen Frage.

Er hielt inne und fuhr sich mit seinen langen, dünnen Fingern über die Stirn. „Ich bin tatsächlich krank", sagte er langsam und mit diesem zitternden, tiefen Atem, der so sehr auf seelische und körperliche Qual hinweist. „Ich bin schwach wie ein Kind, geistig und körperlich gleichermaßen schwach, selbst wenn ich unter dem unmittelbaren Einfluss dieser Droge stehe." Und während er sprach, zeigte er auf eine Phiole mit der Aufschrift „Laudanum", die auf einem Tisch in der Ecke des Raumes stand.

„Mein lieber Herr", sagte ich, „geben Sie um Gottes willen Ihre verzweifelte Praxis auf. Ich kenne die Natur Ihrer Leiden zwar nicht, bin mir aber sicher, dass Sie noch die Macht haben, glücklich zu sein. Sie haben zumindest warme Freunde, die mit dir sympathisieren. Aber verzichte, wenn möglich, auf dein schädliches Stimulans Laudanum. Es treibt dich ins Grab."

„Es könnte so sein", antwortete er, während ein weiterer Schauder seine Nerven durchlief; „Aber warum sollte ich mich davor fürchten? Ich, der ich für mich selbst wertlos und für meine Freunde lästig geworden bin; ich bin mir meines wahren Zustands vollkommen bewusst und möchte dennoch die Macht haben, ihn zu ändern; verflucht mit einer lebhaften Besorgnis über alles, was ich jetzt sein sollte , und doch völlig unfähig, auch nur den Versuch zu unternehmen, es zu sein! Mein lieber Herr, ich spüre zutiefst die Freundlichkeit Ihrer Beweggründe, aber es ist zu spät für mich, noch zu hoffen, von Ihrem Rat zu profitieren.“

Ich war schockiert über seine Antwort. „Aber kann es möglich sein“, sagte ich, „dass der Einfluss eines so übermäßigen Opiumkonsums eine Linderung des seelischen Leidens bewirken kann? Eine wirkliche Erleichterung für den geplagten Geist? Ist das nicht eher eine Verschlimmerung?“

„Ich weiß es nicht“, sagte er und setzte sich mit beträchtlicher Ruhe hin, „ich weiß es nicht. Wenn es das Böse nicht beseitigt hat, hat es zumindest seinen Charakter verändert. Es hat meinen Geist von seinem ursprünglichen Kummer abgelenkt und ist zerbrochen.“ Die konzentrierte Qual, die mich bedrückte, wurde aufgelöst und abgemildert. Es hat gewissermaßen eingebildete Leiden durch reale ersetzt. Ich kann jedoch nicht umhin zu gestehen, dass die Linderung, die es gebracht hat, durch die Gegenwirkung eines Schmerzes durch einen anderen hervorgerufen wurde ; ganz ähnlich dem des russischen Verbrechers, der sein eigenes Fleisch nagt, während er die Strafe der Knute erleidet.“‘

„Um Himmels willen“, sagte ich, „versuchen Sie, Ihren Geist von solch schrecklichen Bildern zu befreien. Es sind noch viele, sehr viele Ressourcen übrig. Probieren Sie die Wirkung der Gesellschaft aus und lassen Sie sie die feinen Talente zum Einsatz bringen, von denen alle zugeben, dass sie vorhanden sind.“ so gut geeignet, ihr Schmuck und Stolz zu sein. Verlassen Sie zumindest diese hypochondrische Atmosphäre und schauen Sie häufiger auf die Natur. Ihr Opium ist, wenn es ein Linderungsmittel ist, nach Ihrem eigenen Geständnis ein höchst melancholisches. Es exorziert einen Dämon, um einem Dutzend anderen Platz zu machen.

*„Mit anderen Diensten, du, o Natur!*

*Heile dein umherirrendes und krankes Kind.“‘*

Er lächelte bitter; es war eine herzlose, melancholische Entspannung der Gesichtszüge, eine bloße Muskelbewegung, mit der das Auge kein Mitgefühl hatte; denn sein wilder und verträumter Ausdruck, der übernatürliche Glanz , ohne Transparenz, blieb unverändert, als würde er mit seinem kalten, seltsamen Glanz den Spott um ihn herum zurechtweisen. Er saß vor mir wie eine Statue, deren Auge allein ihre steinerne und starre Starrheit behielt, während die anderen Gesichtszüge durch eine geheime Maschinerie zu einem „gespenstischen Lächeln“ bewegt wurden.

„Ich habe nicht den Wunsch, selbst wenn es durchführbar wäre", sagte er,
„den Gebrauch von Opium oder vielmehr seinen Missbrauch zu verteidigen.
Ich kann nur sagen, dass die Ersatzstoffe, die Sie vorschlagen, für meinen
Zustand nicht geeignet sind. Die Welt hat es getan." Jetzt gibt es für mich
keine Verlockungen mehr; die Gesellschaft keine Reize mehr. Liebe, Ruhm,
Reichtum, Ehre können die Aufmerksamkeit der Menge fesseln; für mich
sind sie alle Schatten; und warum sollte ich sie angreifen? In der Einsamkeit
meiner eigenen Gedanken, beim Schauen auf, aber ohne mich in sie
einzumischen, habe ich das volle Ausmaß ihrer hohlen Eitelkeiten erfasst.
Nein, überlass mich mir selbst, oder vielmehr der neuen Existenz, in die ich
eingetreten bin, der fremden Welt, in die mich mein tägliches Opiat einlädt.
In In der Gesellschaft bin ich allein, furchtbar einsam; denn mein Geist
brütet düster über seinem bedrückenden Kummer, und ich mache mich
doppelt elend, indem ich meine eigene Dunkelheit mit dem Licht und der
Freude von allem um mich herum kontrastiere; ja, Sie können sich nicht
vorstellen, was für eine schwere Sache das ist besteht in solchen Zeiten darin,
einige wilde Gefühle der Menschenfeindlichkeit zu überwinden, die sich
einstellen können. Aber wenn ich allein bin und unter dem Einfluss von
Opium stehe, verliere ich für eine Zeit lang meine Hauptquelle des Elends,
mich selbst; mein Geist nimmt einen neuen und unnatürlichen Kanal; und
ich habe oft gedacht, dass jeder , selbst der des Wahnsinns, dem natürlichen
vorzuziehen wäre. Es ist gleichsam aus sich selbst herausgezogen; und ich
erkenne in meiner eigenen Erfahrung die Fabel von Pythagoras, von zwei
unterschiedlichen Existenzen, die dasselbe intellektuelle Wesen genießt.

„Mein erster Opiumkonsum war die Folge einer frühen und sehr bitteren
Enttäuschung. Ich denke nicht gerne daran, geschweige denn darüber zu
sprechen. Ich erinnere mich, dass Sie bei einer früheren Gelegenheit eine
gewisse Neugier darüber geäußert haben. Ich habe das dann zurückgewiesen
Neugier, denn mein Geist war nicht in der Lage, sie zu befriedigen. Aber
jetzt, da ich von mir selbst gesprochen habe, denke ich, dass ich meine
Geschichte mit einer sehr anständigen Gelassenheit fortsetzen kann. Wenn
ich Ihrer Bitte nachkomme, kann ich das nicht sagen Meine eigene Erfahrung
rechtfertigt in jedem Fall die alte und allgemein verbreitete Vorstellung, dass
Trauer die Hälfte seiner Schärfe verliert, wenn es anderen offenbart wird. Es
war eine humorvolle Meinung von Sterne, dass ein Segen, der die Zunge
fesselt, und ein Missgeschick, das sie freigibt , sind als gleichwertig zu
betrachten; und tatsächlich habe ich einige Leute gekannt, die trotz aller
Schicksalsschläge glücklich waren, wenn sie geduldige Zuhörer finden
konnten. Tully weinte über seine tote Tochter, aber als er zufällig an die
großartigen Dinge dachte, die er konnte Sagen wir zu diesem Thema, er hielt
es im Großen und Ganzen für einen glücklichen Umstand. Aber ich für
meinen Teil kann das nicht mit dem Mariner in Coleridges Ballade sagen

Er hielt einen Moment inne und legte seinen Kopf auf seine Hand. „Sie haben Frau H———, von ——— gesehen?" erkundigte er sich etwas unvermittelt. Ich antwortete mit „Ja".

„Glauben Sie nicht, dass sie eine gute Frau ist?"

„Ja, gewiss, eine schöne Frau. Sie war einst, wie man mir erzählt, sehr schön."

„Einmal? Ist sie es jetzt nicht?" er hat gefragt. „Nun, das Gleiche habe ich schon einmal gehört. Manchmal denke ich, ich würde sie jetzt gerne sehen, jetzt, wo der Schimmel der Jahre und vielleicht auch der anklagenden Erinnerungen auf ihr lastet, und sehen, wie sie ihre grauen Locken wirft, wie sie es früher getan hat und wieder ihre alte List des Lächelns auf einem faltigen Gesicht anwenden. Nur Himmel! Wäre ich im vollen Ausmaß meines Unrechts rachsüchtig, könnte ich ihr keine schlimmere Strafe wünschen.

„Sie haben Ihnen wahrhaftig gesagt, mein lieber Herr: Sie war schön, nein, äußerlich makellos. Ihre Figur war die der Weiblichkeit und berührte gerade den Meridian der Vollkommenheit, von dem nichts weggenommen und dem nichts hinzugefügt werden konnte In ihrem Lächeln lag etwas Zauberhaftes, das über ihren feinen griechischen Gesichtszügen zitterte, wie das Spiel des Mondlichts auf einer sich bewegenden, wunderschönen Wolke.

„Ihre Stimme war Musik, leise, süß, verwirrend. Ich habe sie tausendmal in meinen Träumen gehört. Sie umschwebte mich wie die Töne eines seltenen Instruments, unsichtbar für den Hörer; denn so schön sie auch war, man konnte es." Denken Sie nicht an sie oder an ihre Lieblichkeit, während sie sprach; es war diese süße, wundervolle Stimme, die scheinbar von sich selbst abgelenkt war und den sanften Strom ihrer exquisiten Kadenz ausströmte, die allein die Aufmerksamkeit auf sich zog. Wie diese von Coleridges Heldinnen, man konnte halb fühlen, halb einbilden, dass es ein eigenständiges Wesen hatte, eine spirituelle Präsenz, die sich nur einem der Sinne manifestierte; ein lebendiges Etwas, dessen Existenzweise nur dem Ohr vorbehalten war . – (Siehe Memoiren von Maria Eleonora Schöning .)

„Aber was soll ich über den Geist sagen? Was ist mit dem Geist, der in einem so schönen Tempel wohnenden Göttlichkeit? Eitelkeit, Eitelkeit, alles war Eitelkeit; auch eine elende, persönliche Eitelkeit, die nicht durch ein edles Streben, ein großzügiges Gefühl gemildert wurde; Das weiß getünchte Grab

, von dem man spricht , ist alt , außen schön, aber innen dunkel und unziemlich.

„Ich blicke mit Staunen und Erstaunen auf jene Zeit meines Lebens zurück, als ein solches Wesen die ganze Hingabe meines Herzens beanspruchte und empfing. Ihre Idee vermischte sich mit allen anderen oder dominierte sie. Sie war der gemeinsame Mittelpunkt in meinem Geist, von dem aus alle entstanden." Die Gedankenstrahlen hatten ihre Richtung; der Kern, um den ich alles versammelt hatte, was meine leidenschaftliche Fantasie sich vorstellen konnte, oder eine Erinnerung, die mit all den köstlichen Träumen von Poesie und Liebesromanen, von weiblicher Exzellenz, Reinheit und Beständigkeit, gespeichert war.

„Es ist müßig, von den überlegenen Reizen intellektueller Schönheit im Vergleich zu bloßer äußerer Schönheit zu sprechen. Der Geist, unsichtbar, kompliziert und unbestimmt, wendet sich nicht direkt an die Sinne. Er wird nur durch seine Ähnlichkeit mit anderen erfasst. Es Selbst dann offenbart es sich, aber langsam und unvollkommen. Aber die Schönheit von Form und Farbe, die Anmut der Bewegung, die Harmonie des Tons werden sofort gesehen, gefühlt und geschätzt. Das Bild der substantiellen und materiellen Schönheit hinterlässt einen Eindruck, wenn man es einmal gesehen hat so deutlich und vollkommen auf der Netzhaut des Gedächtnisses wie auf der der Augen. Es erhebt sich nicht in losgelösten und unzusammenhängenden Proportionen vor uns wie die spirituelle Schönheit, sondern in Menschenmengen, in der Einsamkeit und in all den drängenden Varianten des Denkens und Gefühl und Handlung, das symmetrische Ganze, die schöne Vollkommenheit erscheint in der Vision der Erinnerung und steht wie ein strahlender Engel zwischen uns und allen anderen Eindrücken äußerer oder immaterieller Schönheit.

„Ich sah sie und konnte sie nicht vergessen; ich suchte ihre Gesellschaft und war damit zufrieden. Es ist wahr, dass ich manchmal (in den ersten Phasen meiner Bindung) meine Bedenken in Bezug auf ihren Charakter hatte. Ich hatte manchmal Angst davor Ihre Vorstellungen beschränkten sich zu sehr auf die vergängliche Schönheit ihrer Person, sondern auf die Betrachtung ihrer anmutigen Gestalt, wie sie sich dem Tanz hingab oder sich in seiner trägen Symmetrie zurücklehnte, auf das schöne Farbenspiel auf ihren Wangen und den Mondschein, der sie durchströmte Lächeln; ihre makellosen Gesichtszüge in ihrer zarten und sogar nachdenklichen Ruhe zu studieren, oder wenn sie in gesprächige Lebhaftigkeit erleuchtet wurden, bedeutete, alles zu vergessen, außer der übergroßen und verwirrenden Faszination, die vor mir lag. Wie der silberne Schleier von Khorassan verbarg es meinen Blick Ich konnte nicht mit mir selbst über sie nachdenken; ich hatte keine Fähigkeit zu rationalisieren, die den blendenden Glanz ihrer Schönheit überwinden konnte. Die Meisterleidenschaft, die alle anderen niedergekämpft hatte, gab jedem Gefühl des Geistes etwas von seinem ganz eigenen Charakter.

„Ich werde Sie nicht mit einer zusammenhängenden Geschichte meiner ersten Liebe belästigen, meiner Jungenliebe, wie Sie sie vielleicht nennen könnten. Es genügt zu sagen, dass auf die Offenbarung dieser Liebe von ihrem Objekt herzlich und mitfühlend geantwortet wurde . Das hatte ich Ich wagte es kaum, auf ihre Gunst zu hoffen, denn ich hatte sie zu etwas erhoben, das weit über die sterbliche Wüste hinausging, und aus ihren eigenen Lippen ein Bekenntnis der Zuneigung zu hören, kam mir eher wie die Herablassung eines mitleidigen Engels vor als wie das Mitgefühl eines leidenschaftlichen und zerbrechlichen Geschöpfs wie ich selbst. Ich habe mich kläglich selbst getäuscht; und Selbsttäuschung ist von Natur aus höchst widersprüchlich für das gesunde Funktionieren der Wahrheit. Wir verdächtigen andere, aber selten uns selbst. Die Täuschung wird zu einem Teil unserer Selbstliebe; wir halten das zurück Fehler, selbst wenn die Vernunft ihn uns wegnehmen würde.

„Man kann davon ausgehen, dass unser ganzes Leben aus ernsthaften Sehnsüchten nach Objekten besteht, deren Wert mit der Schwierigkeit, sie zu erlangen, zunimmt und die aufgrund unserer unvollkommenen Kenntnis ihrer Natur größer und begehrenswerter erscheinen, genau wie die Objekte der äußeren Vision vergrößert und erhaben, wenn man es durch ein natürliches Nebelteleskop betrachtet. Die Vorstellungskraft füllt sich und liefert das Bild, von dem wir nur die Umrisse erfassen können, mit Farben, die leuchtender und Formen vollkommener sind als die der Realität. Und doch fragen Sie sich vielleicht, warum , nachdem mein ernster Wunsch befriedigt worden war, nachdem meine Liebe Sympathie in ihrem Gegenstand gefunden hatte, analysierte ich die inhärenten und tatsächlichen Eigenschaften ihres Herzens und Intellekts nicht näher. Aber da ich, wie ich es tat, in beträchtlicher Entfernung von ihr lebte, und da ich sie nur unter Umständen sah, die dazu geeignet waren, frühere Eindrücke zu bestätigen, hatte ich, selbst wenn ich es gewollt hätte, kaum einen Vorteil darin, ihren wahren Charakter zu studieren. Die Welt hatte mir ihre unhöfliche Lektion noch nicht beigebracht. Ich hatte noch nicht gelernt, die philosophische Analyse auf die Objekte um mich herum anzuwenden und durch einen kalten, aus eifersüchtiger Beobachtung abgeleiteten Prozess der Argumentation die Realität all dessen zu prüfen, was äußerlich den Anschein von Unschuld und Schönheit trug. Und es kann auch sein, dass der Glaube, ja die Versicherung aus ihren eigenen Lippen und aus den tausend stummen, aber beredten Zeichen, die unsere Gespräche kennzeichneten, dass ich geliebt wurde, mich bestrebt machte, sogar mich selbst zu täuschen, indem ich sie anvertraute mit jenen Gaben des Intellekts und des Herzens, ohne die ihre Liebe ihr Ziel entwürdigt hätte. Es liegt nicht in der Natur des Menschen, zumindest nicht in meiner, das köstliche Nahrungsmittel, das unserer Eitelkeit angeboten wird, dadurch zu verbittern, dass man unbequeme Zweifel an der Quelle zulässt, aus der es stammt.

„Und so kam es, dass ich sorglos und sicher weiterging und immer wieder denselben strahlenden Traum träumte; ohne jeden Zweifel, ohne Angst und in der vollkommenen Zuversicht eines grenzenlosen Vertrauens, bis die Maske auf einmal abfiel; ohne mir Zeit für die Vorbereitung zu geben, ohne Vorwarnung oder Zwischenspiel; und die Merkmale des kalten, herzlosen, systematischen Verrats strahlten mir mit voller Wucht entgegen.

„Ich sah, wie sie mit einer anderen verheiratet war. Es war ein wunderschöner Morgen; und noch nie schien die Sonne auf eine fröhlichere Versammlung als die, die sich in der Dorfkirche versammelte. Ich war Zeuge der imposanten Zeremonie, die das einzige Wesen, das ich je hatte, wirklich vereinte." geliebt zu einem glücklichen und bevorzugten, weil wohlhabenderen Rivalen. Als der grauhaarige Mann die fragende Herausforderung aussprach: „Wenn jemand einen gerechten Grund darlegen kann, warum sie nicht rechtmäßig zusammengefügt werden dürfen, möge er jetzt sprechen oder für immer schweigen." „Ich kämpfte mich vorwärts und hätte am liebsten geschrien, aber die Worte erstarben in meiner Kehle. Und die Zeremonie ging weiter, und die todesähnliche Trance, in die ich gefallen war, wurde durch die Stimme des Priesters gebrochen: „Ich verlange." und fordert euch beide auf, wie ihr am schrecklichen Tag des Gerichts antworten werdet, wenn die Geheimnisse aller Herzen enthüllt werden, dass ihr jetzt gesteht, wenn einer von euch irgendein Hindernis kennt, weshalb ihr nicht rechtmäßig in der Ehe miteinander verbunden werden dürft denn seien Sie versichert, dass die Ehe von Personen nicht rechtmäßig ist, wenn sie anders miteinander verbunden werden, als es das Wort Gottes zulässt.' Als die feierlichen Töne des alten Mannes in den Kirchengängen verklangen, erwartete ich fast, eine übernatürliche Stimme zu hören, die ihn zur Nachsicht aufrief. Aber es war kein Ton zu hören. Einen Moment lang trafen meine Augen die der Braut; das Blut kochte schnell an ihre Stirn und sank dann zurück, und sie war so bleich, als wäre der Tod in dem Blick gewesen , den ich ihr zugeworfen hatte. Und ich konnte sehen, wie die Falten ihres reichen Kleides zitterten und ihre schönen Lippen zitterten; und sie wandte sich von ihr ab Augen, und die feierlichen Riten waren abgeschlossen.

„Ich kehrte in meine Unterkunft zurück. Ich achtete nicht auf das fröhliche Lächeln und die freie Fröhlichkeit der Menschen um mich herum. Ich eilte weiter wie jemand, der in einem dunklen Traum umherwandert; denn ich konnte mir die Ereignisse des Morgens kaum als Dinge der Realität vorstellen. Aber als ich mein Pferd zur Seite trieb und die Kutsche, in der sich die Frischvermählte befand, an mir vorbeifuhr, überkam mich die schreckliche Wahrheit wie eine greifbare Substanz, und ein schwarzer und böser Gedanke ging mir durch den Kopf, wie die geflüsterte Eingebung Satans. Es war ein Gefühl von Blut, ein Gefühl, als würde man die würgende Kehle eines Feindes ergreifen. Ich zuckte mit Entsetzen zusammen. Zum ersten Mal war in meiner Brust der Gedanke an einen Mord aufgetaucht, und ich unterdrückte ihn mit dem natürlichen Abscheu von einer Natur, die zu Milde und Frieden neigt.

„Ich erreichte mein Zimmer und warf mich geistig und körperlich erschöpft auf mein Bett, konnte aber nicht einschlafen. Ein Gefühl völliger Verzweiflung und Einsamkeit überkam mich, vermischt mit einem Gefühl bitteren und unverdienten Unrechts. Ich Ich erinnerte mich an die vielen Zuneigungsbekundungen, die ich von ihr erhalten hatte, die sich an diesem Tag in der Gegenwart des Himmels einem anderen hingegeben hatte, und ich erinnerte mich an die tausend Opfer, die ich für ihre leichtesten Launen in allen Schattierungen und Variationen gebracht hatte ihr Temperament; und dann kam das wahnsinnig werdende Bewusstsein der schwarzen Undankbarkeit, die solche Zärtlichkeit gefordert hatte. Dann kam auch der für einen Stolz wie meinen bittere Gedanke, dass die kalte Welt Kenntnis von meinem Unglück hatte und dass man mich zurechtweisen sollte Er stellte sich als enttäuschter Mann dar, ein Gegenstand des Mitleids einiger und der Verachtung und des Spottes anderer. Wut und Scham vermischten sich mit der scharfen Qual empörter Gefühle. „Ich werde es nicht ertragen“, sagte ich im Geiste und sprang aus meinem Kopf Bett und durchquerte das Zimmer mit geröteter Stirn und starkem Schritt; 'niemals!' Und ich biss meine Zähne aufeinander, während ein grelles Licht in mein Gehirn einzudringen schien; Es war das Licht des Lächelns des Versuchers, und ich hätte fast laut gelacht, als der schreckliche Gedanke an Selbstmord vor mir aufkam. Ich hatte das Gefühl, dass ich der Tortur der öffentlichen Verachtung und des Mitleids entgehen könnte; dass ich der Welt und ihrer Falschheit die Stirn bieten und durch eine einzige männliche Anstrengung die Qual einer Existenz beenden könnte, deren jeder Atemzug Qual war.

„Mein Vorsatz stand fest: ‚Ich werde nie wieder einen Morgen sehen!‘ Sagte ich streng, aber mit einer Ruhe, die mich fast erstaunte. Tatsächlich schien ich mit einer übernatürlichen Festigkeit ausgestattet zu sein, als ich meine Vorbereitungen für den letzten Tag des Leidens traf, den ich ertragen sollte. Ein paar Freunde waren zum Essen eingeladen Ich bereitete mich darauf vor, sie zu treffen. Sie kamen zur vereinbarten Stunde mit lächelnden Gesichtern und herzlichen und freundlichen Grüßen; und ich empfing sie, als wäre nichts geschehen, mit einem noch enthusiastischeren Empfang, als ich es gewohnt war.

„Oh! Es ist schrecklich zu lächeln, wenn das Herz bricht! Leicht, frei und fröhlich zu reden, wenn jedes Gefühl des Geistes von unaussprechlicher

Qual geplagt wird; sich in das Lachen und in die fröhlichen Salven der geselligen Gemeinschaft zu mischen,





„Dennoch ertrug ich das alles Stunde für Stunde, bis meine Freunde gingen und ich ihre Hände drückte wie zum gemeinsamen Abschied, während mein Herz einen ewigen Abschied flüsterte!

„Es war spät, als sie mich verließen. Ich ging hinaus, um ein letztes Mal die Natur in ihrer überragenden Schönheit zu betrachten. Ich habe mir kaum eingestanden, dass dies meine Absicht war; aber dennoch hatte ich das Gefühl, dass es so war; und dass ich es war." Ich nahm einen ewigen Abschied von den schönen Dingen um mich herum. Die Sonne ging gerade unter, und die Hügel, die sich wie Säulen des blauen Horizonts erhoben, leuchteten in einem Licht, das schnell die Täler verließ. Es war ein Sommerabend, alles war still; kein Blatt bewegte sich im dunklen, überschattenden Laub; aber still und schön wie ein Bild erstreckte sich die weite Landschaft aus Felsen, Hügeln und Wäldern vor mir; und so schön sie auch war, schien sie eine zu besitzen Neuheit und Tiefe der Schönheit, die über ihr gewöhnliches Erscheinungsbild hinausgeht, als ob sie die Schmerzen des letzten, langen Abschieds verschlimmern wollten.

„Diejenigen irren sich nicht, die glauben, dass der Mensch eine Sympathie sogar mit der unbelebten Natur hat, die sich aus einem gemeinsamen Ursprung ableitet: einer Kette von Koexistenz und Affinität, die die äußeren Formen natürlicher Objekte mit seiner eigenen furchterregenden und wunderbaren Maschinerie verbindet; kurz gesagt, etwas , manifestiert in seiner Liebe zu fließenden Gewässern und sanften grünen Schatten und angenehm wehenden Blumen und in seiner Bewunderung für den Berg, der sich in den Himmel erstreckt, erhaben und schrecklich in seiner wolkigen Ferne; das Wogen und Anschwellen des unendlichen Ozeans; die Der Donner des springenden Katarakts und das vorwärtsströmende Rauschen mächtiger Flüsse, das von seiner ursprünglichen Quelle erzählt und Beweise für seine verwandtschaftlichen Verwandtschaften liefert. Auch der Traum der alten Chaldäer war nicht „alles ein Traum". Die Sterne des Himmels, die Schönheit und Herrlichkeit über uns, haben ihren Einfluss und ihre Macht, nicht böse und bösartig und parteiisch und unwiderruflich, sondern heilig und beruhigend und gütig, ein moralischer Einfluss, von dem alle profitieren können, wenn sie es tun . Und ich habe mich oft über die harte Verderbtheit dieses menschlichen Herzens gewundert , das in der ruhigen Einsamkeit der Natur und umgeben von den bleibenden Beweisen einer übermächtigen Intelligenz eine Gewalttat und ein Verbrechen gutheißen konnte. Ich konnte mir Verbrechen vorstellen, wenn ich aufwuchs und monströs in der ungesunden Atmosphäre der überfüllten Stadt, inmitten des Makels moralischer und physischer Pest und nur von Menschen und deren Werken umgeben. Aber es gibt etwas in der Harmonie und Ruhe der natürlichen Welt, das einen Tadel darstellt Antagonismus zu den heftigeren Leidenschaften des menschlichen Herzens; ein Auge feierlicher Tadel blickt aus den stillen Orten der Natur, als hätte die große Seele des Universums die stummen Geschöpfe seiner Macht dazu erwählt, die Zeugen der Taten zu sein, die in der Natur begangen wurden Körper, die Forscher der Männerbrüste.

„Und dann, selbst in diesem schrecklichen Moment, konnte ich die milden und sanften Dienste der Natur spüren; ich konnte fühlen, wie das Fieber meines Herzens abkühlte und ein sanfterer Dunst der Melancholie sich über die Schwärze meiner Verzweiflung schlich; und die wilden Leidenschaften, die …" hatte mich abgelenkt und der Ruhe einer besänftigten Angst, einer tiefen Trauer, der stillen Düsterkeit eines alles überschattenden Kummers Platz gemacht, in dem Liebe, Hass und Unrecht verschlungen und verloren gingen. Ich hasste die Welt nicht mehr, aber ich spürte, dass sie es war hatte nichts für mich; dass ich nicht länger ein Teil und Teil seiner harmonischen Elemente war; das Leid hatte mich für immer vom Bereich menschlichen Glücks und Mitgefühls ausgeschlossen, und die Hoffnung deutete nur auf die Ruhestätte des Grabes!

„Ich stand unentwegt da und starrte auf die untergehende Sonne. Sie berührte und setzte sich auf die Hügelkuppe wie ein großer Feuerkreis. Noch nie zuvor hatte ich das Gefühl des liebenswürdigen, aber fehlgeleiteten Rousseau vollständig begriffen, der er in seiner Todesstunde sein wollte ins Freie gebracht, damit der letzte Blick seines schwachen Auges die Herrlichkeit des Abendhimmels in sich aufnehmen und das Licht seines großen Intellekts und das der Natur gleichzeitig erlöschen könnten. Denn sicherlich hat der mexikanische Götzendiener nie tiefere Gefühle hervorgerufen Der Gott seiner Anbetung, der zum letzten Mal sein schreckliches Antlitz verschleierte, als ich, unbefleckt vom Aberglauben, aber voller vollkommener Liebe für die Werke der Unendlichen Weisheit, über den Weggang des Glorreichsten von allen wachte. Ich fühlte, bis zur Qual, die Wahrheit dieser exquisiten Zeilen des Milesian-Dichters:

*„Gesegnete Kraft des Sonnenscheins, herrlicher Tag!"*

*Welche Freude, welches Leben ist in deinem Strahl!*

*Dich zu spüren ist so wahre Glückseligkeit,*

*Das hatte die Welt keine Freude außer dieser,*

*Im Sonnenschein sitzen, ruhig und süß,*

„Nie werde ich meine Empfindungen vergessen, als die Sonne völlig aus meinem Blickfeld verschwand. Es war, als würde ich den letzten Blick eines sterbenden Freundes erhalten. Anderen mag er am nächsten Tag Leben, Gesundheit und Freude bringen; aber für mich würde er niemals auferstehen." . Als dieser Gedanke mich überkam, spürte ich ein erstickendes Gefühl in meiner Kehle, Tränen traten mir in die Augen und mein Herz schwankte fast von seinem Ziel. Aber der gespannte Bogen hatte sich nur für einen einzigen Augenblick entspannt, dann kehrte er wieder zu seiner Stärke zurück und anhaltende Spannung.

„Ich war wieder allein in meiner Kammer. Eine einzelne Lampe brannte düster vor mir; und auf dem Tisch neben mir stand ein Glas Laudanum. Ich hatte alles vorbereitet. Ich hatte meinen letzten Brief geschrieben und musste ihn jetzt nur noch trinken Ich hörte, wie die alte Dorfuhr elf schlug. „Ich kann es jetzt genauso gut tun wie immer", sagte ich im Geiste und bewegte meine Hand auf das Glas zu. Aber mein Mut ließ mich im Stich; Meine Hand zitterte, und einige Augenblicke vergingen, bis ich meine Nerven ausreichend beruhigen konnte, um das Glas mit der tödlichen Flüssigkeit anzuheben. Das Blut lief mir kalt ins Herz, und mein Gehirn schwankte, als ich das Gift immer wieder an meine geschlossenen Lippen hob. „Es muss getan werden", dachte ich, „ich muss es trinken." Mit einer verzweifelten Anstrengung öffnete ich meine zusammengebissenen Zähne und die Tat war vollbracht!

„„O Gott, erbarme dich meiner!' Ich murmelte, als das leere Glas aus meiner Hand fiel. Ich warf mich auf das Bett und wartete auf das schreckliche Ende. Ein Zeitalter unsäglichen Elends schien in einem kurzen Moment zusammengepfercht zu sein. Alle Ereignisse meines vergangenen Lebens, eines Lebens, wie es ist dann schien es mir, aus Torheit und Verbrechen zusammengesetzt, deutlich vor mir aufzutauchen, wie anklagende Zeugen, als hätte der registrierende Engel mir den vollständigen und schwarzen Katalog meiner zahllosen Sünden entfaltet: —



„Ich hatte das Gefühl, dass das, was ich getan hatte, unwiderruflich war; und das Phantom des Todes nahm, je näher es kam, ein dunkleres und schrecklicheres Aussehen an. Ich dachte an den Sarg, das Leichentuch und das stille und schmale Grab, in dessen Stummheit und gefrorene Einsamkeit dringt niemand außer dem nagenden Wurm ein. Und dann wanderten meine Gedanken in die Unbestimmtheit und das Mysterium der Ewigkeit, ich stürzte unaufgefordert in die Gegenwart eines gerechten und reinen Gottes, mit einem Geist, der keine Reue zeigt, ungeglüht! Und ich habe es versucht beten und konnte nicht; denn eine Schwere, eine dumpfe, seltsame Erstarrung überkam mich. Das Bewusstsein erlosch langsam. „Das ist der Tod", dachte ich; doch ich fühlte keinen Schmerz, nichts außer einer müden Schläfrigkeit, gegen die ich vergeblich ankämpfte.

„Meine nächsten Empfindungen waren die der Ruhe, tief, unbeschreiblich, eine überirdische Stille; eine Aussetzung oder vielmehr Vergessenheit aller geistigen Leiden; ein Zustand des Geistes zwischen den Gedanken des Wachens und den Träumen des Schlafes. Es schien mir, als ob die Kluft Der Unterschied zwischen Geist und Materie war übergangen worden und ich hatte eine neue Existenz begonnen. Ich hatte keine Erinnerung, keine Hoffnung, keinen Kummer; nichts als das schwache Bewusstsein eines angenehmen und ruhigen Wesens. Allmählich verschwand die Täuschung jedoch. Ich hatte das Gefühl, die Fesseln des Fleisches noch zu tragen, doch sie schmerzten nicht mehr; die Last wurde von meinem Herzen genommen, es schlug glücklich und ruhig wie in der Kindheit. Wie die stärkeren Einflüsse meines Opiats (denn ich hatte wirklich nichts geschluckt). Mehr noch, als der Apotheker, der aufgrund der Inkohärenz meiner Sprache vermutete, dass ich über einen furchtbaren Zweck nachdachte, mir einen harmlosen, wenn auch nicht wirkungslosen Trank verabreichte, kamen mir die Ereignisse der Vergangenheit wieder in den Sinn. Es war wie … Langsames Aufziehen eines Vorhangs vor einem Bild, dessen Betrachter ich war, über das ich ruhig nachdenken und dessen Licht und Schatten leidenschaftslos nachzeichnen konnte. Nachdem ich mich davon überzeugt hatte, dass ich mit der Menge an Opium, die ich eingenommen hatte, getäuscht worden war, kam ich auch zu der Überzeugung, dass ich endlich das große Gegenmittel entdeckt hatte, für das die Philosophie ihre Ressourcen erschöpft hatte: das sagenumwobene Lethe, die Vergessenheit des menschlichen Leids. Die starke Notwendigkeit zum Selbstmord war verschwunden; Selbst für mich könnte das Leben erträglich gemacht werden durch das souveräne Allheilmittel Opium, das einzig wahre Heilmittel für einen kranken Geist, das gefundene gesuchte „ Kalon ".

„Von diesem Tag an war ich ein gewohnheitsmäßiger Opiumesser. Ich bin mir vollkommen darüber im Klaren, dass der ständige Konsum der schädlichen Droge meine Gesundheit beeinträchtigt hat; aber ich kann nicht darauf verzichten. Vor einiger Zeit habe ich den Entschluss gefasst, völlig und sofort damit aufzuhören ; aber ich hatte nicht die Kraft, es in die Praxis umzusetzen. Der bloße Versuch, dies zu tun, brachte mich fast in den Wahnsinn. Die große Last geistiger Qual, die durch die täglich angewendete

Kraft des Opiums aufgehoben und ferngehalten worden war, sank auf mein Herz zurück wie ein erdrückendes Gewicht. Auch damals waren meine körperlichen Leiden extrem; eine unbeschreibliche Gereiztheit, ein allgemeines Unbehagen quälte mich unaufhörlich. Ich kann es mir nur als eine völlige Störung des gesamten Nervensystems vorstellen, als das Erschüttern aller tausend Akkorde Empfindlichkeit, jeder Nerv hat seinen eigenen besonderen Schmerz. – (Essay on the Effects of Opium, London, 1763.)

„De Quincey betrachtet in seiner wilden, metaphysischen und beredten, aber in vielerlei Hinsicht ausgefallenen Skizze das große Übel, das aus dem Gebrauch von Opium resultiert, als die Wirkung, die während der Stunden des Schlafes auf den Geist ausgeübt wird, die furchtbare Unruhe Unnatürliche Träume. Meine eigenen Träume waren sicherlich von anderer Art als die, die mich verfolgten, bevor ich Opium gegessen habe. Aber ich kann nicht leicht glauben, dass Opium zwangsläufig eine größere Veränderung in den Schlafvorgängen des Geistes bewirkt als in denen im Wachzustand .

„Eines Tages, als ich unter einer allgemeinen, nervösen Schwäche litt, von der ich bis heute nur teilweise befreit bin, wurde mein unruhiger und gebrochener Schlaf von etwas überschattet, das ich nur als ‚Schrecken vor dichter Dunkelheit‘ bezeichnen kann.“ In meinen Visionen war nichts Deutliches oder Sicheres, alles war verschwommen, vage, abscheulich; Geräusche waren schwach und schrecklich, aber dennoch unbekannt; der Schwung schwerer Flügel, das hohle Geräusch unzähliger Schritte, der Blick auf unzählige Erscheinungen und die Dunkelheit, die wie ein … herabfiel große Wolke vom Himmel.

„Ich kann Ihnen kaum eine angemessene Vorstellung von meiner Situation in diesen Träumen geben, ohne sie mit der der alten Ägypter zu vergleichen, die unter der Plage der Dunkelheit litten. Ich habe nie die schreckliche Beschreibung dieses Fluches gelesen, ohne viele seiner Schrecken damit in Verbindung zu bringen die meiner eigenen Erfahrung.

„‚Aber sie schliefen in dieser Nacht denselben Schlaf, der wirklich unerträglich war und der aus den Tiefen der unvermeidlichen Hölle über sie kam,

„‚Teils wurden sie von monströsen Erscheinungen geplagt, teils fielen sie in Ohnmacht; denn eine plötzliche, unerwartete Angst überkam sie.‘

„‚Denn auch die Ecke, die sie festhielt, konnte sie nicht vor Furcht bewahren; aber Geräusche wie von herabfallendem Wasser erklangen um sie herum, und traurige Visionen erschienen ihnen mit schweren Gesichtern.

„„Ob es ein pfeifender Wind war , oder eine melodische Vogelstimme zwischen den sich ausbreitenden Ästen, oder ein angenehmer, heftig fallender Wasserstrahl;

„Oder ein schreckliches Geräusch von herabgeworfenen Steinen, oder ein Laufen, das man nicht sehen konnte, von hüpfenden Tieren, oder die brüllende Stimme der wildesten wilden Tiere, oder ein widerhallendes Echo aus den hohlen Bergen: diese Dinge brachten sie dazu vor Angst ohnmächtig werden.' —( Weisheit Salomos, Kapitel xvii.)

„Diese schöpferische Fähigkeit des Auges, auf die Mr. De Quincey so viel Wert legt, habe ich selbst erlebt. Tatsächlich war sie die Hauptursache des Leidens, das mit meiner Angewohnheit, Opium zu essen, zusammenhängt. Sie entwickelte sich zunächst in eine Wiederkehr der kindlichen Fähigkeit, auf die Dunkelheit zu malen, was immer sich dem Geist darbot; bald wurden jene Figuren, die zuvor nur nach Belieben aufgerufen worden waren, zur Ursache und nicht zur Wirkung der Beschäftigung des Geistes; mit anderen Worten: sie kamen in der Nacht vor mir vor, wie wirkliche Bilder und unabhängig von jedem vorherigen Gedankenwillen. Ich habe oft, nachdem ich mich in mein Bett zurückgezogen hatte, durch die dichte Wand der Dunkelheit um mich herum die Gesichter derer gesehen, die Ich hatte es seit Jahren, ja schon seit meiner Kindheit nicht mehr gekannt; auch die Gesichter der Toten, die sozusagen vom Kirchhof und der Wildnis und den tiefen Wassern herbeigerufen wurden und nichts von den schrecklichen Geheimnissen des Grabes verrieten. Und Auf die gleiche Weise schwebten einige der bedeutendsten Persönlichkeiten der Geschichte und der Romantik, von denen ich gelesen hatte, oft wie eine Ansammlung von Erscheinungen vor mir, von denen jeder inmitten der vielfältigen Kombinationen meiner Visionen seine eigene Individualität und besondere Eigenschaften bewahrte. — (Vide Emanuel Count Swedenborg, Nicolai of Berlin's Account of Spectral Illusion, Edinburgh Phrenological Journal.)

„Diese Bilder waren, wie Sie vielleicht vermuten, ausreichend beunruhigend, doch sie kamen und gingen, ohne irgendwelche Gefühle des Schreckens hervorzurufen. Aber schließlich überkam sie eine Veränderung, eine schreckliche Deutlichkeit und ein Anschein von Realität, die, weil sie auf die Nerven einwirkte, schwächer wurde und krank war, erschütterte mit abergläubischer Ehrfurcht die Tiefen meines Geistes und gegen die Vernunft und Philosophie eine Zeit lang vergeblich ankämpften.

„Ich hatte einige Tage lang mit großer Sorge an einen engen Freund gedacht, der in einer fernen Stadt wohnte. Ich hatte gehört, dass er sehr krank war, dass er sogar an seinem Leben verzweifelte; und das darf ich in dieser Zeit überhaupt erwähnen Mein Geist arbeitete zögerlich, es gab keine plötzlichen Emotionen, die Leidenschaft schien erschöpft zu sein, und wenn einmal ein neuer Gedankengang angedeutet worden war, fügte er sich nach und nach mit den vorangegangenen zusammen, bis er schließlich allein und vorherrschend und ebenso sicher wurde Pflanzen der tropischen Inseln schlängeln sich umher, vermischen sich mit denen einer anderen Art und nehmen schließlich deren Platz ein. Und vielleicht liegt es an dieser Besonderheit der mentalen Ökonomie, der allmählichen Konzentration des Geistes in einem Kanal, der sich zu dem Punkt der Verdichtung verengt, an dem das Denken stattfindet sowohl optisch als auch fühlbar ist, kann hauptsächlich auf die Vision zurückgeführt werden, die ich gleich beschreiben werde.

„Ich lag lustlos und träge in meinem Bett; es war heller Tag, denn das östliche Licht fiel stark durch die geteilten Vorhänge. Ich verspürte plötzlich eine starke Neugier, gemischt mit einer unerklärlichen Angst, auf einen zu schauen Ich war mir sicher, etwas Schreckliches zu sehen, und doch wusste ich nicht, was; Ehrfurcht und Faszination überkamen mich, noch schrecklicher, weil sie so vage waren. Ich lag einige Zeit zögernd und tatsächlich zitternd da. bis die Qual der Spannung zu stark wurde, um sie auszuhalten. Ich öffnete meine Augen und richtete sie auf den gefürchteten Gegenstand. Auf dem Tisch lag etwas, das mir wie eine Leiche vorkam, eingewickelt in die winterlichen Gewänder des Grabes, die Leiche meines Freundes.

*(William Hone, berühmt für seine antiquarischen Forschungen, hat gegeben*

*eine eindeutige und hochinteressante Darstellung der Spektralillusion, in*

*seine eigene Erfahrung, in seinem Every Day Book. Der Künstler Cellini hat*

*hat eine ähnliche Aussage gemacht.)*

„Für einen Moment waren die Umstände von Zeit und Ort vergessen; und das Gespenst schien mir eine natürliche Realität zu sein, über die ich zwar traurig sein, mich aber nicht wundern konnte. Der völlige Irrtum dieser Idee wurde schnell erkannt; und dann versuchte ich, darüber nachzudenken." Die jetzige Vision war, wie die vorangegangenen, eine bloße Täuschung, ein Teil der Phänomene des Opiumessens. Ich schloss daher für einen Moment die Augen und schaute dann wieder in der vollen Erwartung, dass der schreckliche Gegenstand nicht mehr sichtbar sein würde. Es war immer noch da; der Körper lag auf der Seite; das Gesicht war mir voll zugewandt – ruhig, ruhig, sogar schön, aber sicherlich das des Todes:

*„Da sind noch Decays verlöschende Finger."*

*Hatte die Zeilen gefegt , in denen die Schönheit verweilt.*

und die weiße Stirn, das helle, schattige Haar und die kalten, noch vertrauten Gesichtszüge waren im Einströmen der stärker werdenden Dämmerung deutlich sichtbar. Eine kalte Qual überkam mich; Ich vergrub meinen Kopf in kindlicher Angst in der Bettdecke, und als ich es erneut wagte, nach oben zu schauen, war das Gespenst verschwunden. Das Ereignis hinterließ bei mir einen starken Eindruck; und ich kann kaum das Gefühl der Erleichterung ausdrücken, das ein paar Tage später durch einen Brief desselben Freundes vermittelt wurde, in dem er mich über seine Genesung informierte.

„Es wäre eine mühsame Aufgabe, und Sie würden mir zweifellos dafür danken, dass ich sie ablehnte, die Umstände von hundert ähnlichen Besuchen im Detail zu beschreiben, von denen die meisten tatsächlich nur unterschiedliche Kombinationen derselben Illusion waren. Eine bemerkenswerte Ausnahme I Ich werde es erwähnen, da es sich auf einige Passagen meiner frühen Geschichte bezieht, die Sie bereits gehört haben.

„Ich habe Frau H. seit ihrer Heirat nie wieder gesehen. Die Zeit und die anhaltende Wirkung des Opiums, das die alten Gefühle des Herzens abtötet und neue erweckt, haben eine wunderbare Veränderung in meinen Gefühlen ihr gegenüber bewirkt. So wenig das Geständnis auch widerlegen mag Zugunsten meiner frühen Leidenschaft denke ich selten an sie, außer mit einem Gefühl, das sehr eng mit Gleichgültigkeit verbunden ist. Dennoch habe ich sie oft in meinen gespenstischen Illusionen gesehen, jung und schön wie immer, aber immer unter Umständen, die einen großen Kontrast zwischen ihnen bildeten ihre gespenstische Erscheinung und alle meine Erinnerungen an die reale Person. Das gespenstische Gesicht, das ich oft in meinem Arbeitszimmer auf mich herabblicken sah, wenn die Tür angelehnt und nur im unsicheren Lampenlicht sichtbar war oder wenn es im Mondlicht über mich blickte Die Einsamkeit meines Schlafzimmers, als ich gerade aus dem Schlaf erwachte, war durchweg Gegenstand und Ausdruck eines schrecklichen Hasses oder einer noch schrecklicheren Qual. Sein erster Anblick war äußerst erschreckend. Es war das Gesicht eines von ihnen die sagenumwobenen Furien: Der Dämon starrte ins Auge, das Nasenloch war geweitet, die blasse Lippe zusammengedrückt und die Braue gebogen und verdunkelt; Doch vor allem und mit allem vermischt war die Überlegenheit menschlicher Schönheit offensichtlich, als ob der Traum des östlichen Aberglaubens verwirklicht worden wäre und ein wilder und übler Geist nach einer schönen, im Grabe schlafenden Person gesucht und sie zu einer teuflischen Existenz belebt hätte. Den anderen Gesichtsausdruck der Erscheinung, den der Qual, habe ich nach rationalen Prinzipien erklärt. Vor einigen Jahren sah ich eine Reihe von Gemälden, die die Folterungen eines Juden in der Heiligen Inquisition darstellten, und war zutiefst davon berührt; und den Ausdruck des Schmerzes im Gesicht des Opfers erkannte ich sofort in dem der Erscheinung, der durch die weiblichen und schönen Gesichtszüge, auf denen er ruhte, noch beunruhigender wurde.

„Ich bin von Natur aus nicht abergläubisch; aber obwohl mein Geist durch den Konsum von Opium erschüttert und getrübt war, konnte ich ihn nicht ganz von der Angst befreien, als mich diese Phantome bedrängten. Doch bei allen anderen Gelegenheiten, außer der Angst vor ihrer unmittelbaren Anwesenheit." Es fiel mir nicht schwer, ihre Existenz einem erkrankten Zustand der Körperorgane und einer entsprechenden Sympathie des Geistes zuzuordnen, der ihn in die Lage versetzte, die falschen, phantastischen und unnatürlichen Bilder, die ihm präsentiert wurden, aufzunehmen und zu reflektieren.

*(Einer unserer berühmtesten medizinischen Autoren betrachtet Spectral*

*Illusion ist eine Krankheit, bei der es bei manchen zu falschen Wahrnehmungen kommt*

*der Sinne; wenn also die Erregung der Bewegung in a erzeugt wird*

*Ein bestimmtes Organ vibriert nicht bei dem Eindruck*

*darauf gemacht, sondern teilt es einem anderen Teil mit, auf dem a*

*früher wurde ein ähnlicher Eindruck gemacht. Nicolai gibt an, dass er es geschafft hat*

*seine Illusion war eine Quelle philosophischen Vergnügens. Die Gespenster*

*was ihn verfolgte, kam sowohl am Tag als auch in der Nacht, und*

*häufig, wenn er von seinen Freunden umgeben war; die idealen Bilder*

*Er vermischt sich mit den echten und ist nur für ihn selbst sichtbar. Bernhard*

*Barton, der berühmte Quäkerdichter, beschreibt eine Illusion davon*

*Natur auf eine besonders auffällige Weise : —*


*„Ich kannte dich nur so, wie du warst,*

*Ein Wesen, das nicht von der Erde ist!*

*„Ich habe mich sehr gewundert, dass sie nichts sehen konnten*

*Du kommst von oben*

*Und oft sagte ich mir:*

„Ich erinnerte mich, dass die Methode des Exorzismus, die Nicolai von Berlin erfolgreich anwandte, als er von ähnlichen Fantasien heimgesucht wurde, ein Rückgriff auf den einfachen Prozess des Aderlasses war. Ich habe es daher ausprobiert, aber ohne die gewünschte Wirkung. Ängstlich, Aufgrund der Darstellungen meiner Ärzte und aufgrund einiger meiner eigenen Empfindungen, dass die fast tägliche Wiederholung meiner Visionen letztendlich zum Wahnsinn führen könnte, kam ich zu dem Entschluss, meine tägliche Opiumdosis zu reduzieren und mich auf das Meiste zu beschränken Als ich die starre Beharrlichkeit auf eine Menge von nicht mehr als einem Drittel dessen, was ich zuvor eingenommen hatte, einnahm, wurde mir schnell eine äußerst wesentliche Veränderung meines Zustands bewusst: ein Zustand vergleichsweiser geistiger und körperlicher Gesundheit mit ruhigerem Schlaf und einer natürlicheren Betätigung der Organe Ich habe viele Versuche zu einer weiteren Verkleinerung unternommen, war aber aufgrund der dadurch verursachten extremen und fast unerträglichen Qual durchweg erfolglos.

„Die besondere schöpferische Fähigkeit des Auges, die schreckliche Gabe einer kranken Sehkraft, bleibt bestehen, aber materiell geschwächt und ihrer früheren Schrecken beraubt. Mein Geist hat seine erschütterten und suspendierten Fähigkeiten einigermaßen wiedererlangt. Aber das Glück, das Lebendige und Elastische.“ Das Glück früherer Tage ist für immer vergangen. Obwohl ich offenbar ein praktischer Schüler Behmens bin , glaube ich nicht an sein visionäres Glaubensbekenntnis. Ruhe ist kein Glück, und die Abwesenheit aller starken und schmerzhaften Emotionen kann die müde Schwere der Trägheit auch nicht ausgleichen Existenz, leidenschaftslos, traumlos, unveränderlich. Der Geist erfordert die Erregung aktiven und wechselhaften Denkens; die intellektuelle Quelle hat, wie der Teich von Bethesda, einen heilsameren Einfluss, wenn ihr tiefes Wasser aufgewühlt ist. Darin kann tatsächlich Glück liegen gelegentliche „Sabbate der Seele“, an denen die Ruhe sie wie ein Baldachin überschattet und der

Geist für eine kurze Zeit ruhig im Kreis herumwirbelt, anstatt weiterzufegen; aber keiner kann in der langen und ermüdenden Stagnation der Gefühle existieren , die Stille, die eintönige, nie endende Ruhe, gebrochen von weder Hoffnung noch Angst."

# DIE PROSELYTEN. (1833)

DER Student saß an seinen Büchern. Den ganzen Tag hatte er über einem alten und abgenutzten Buch gebrütet; und der Abend fand ihn immer noch in seinen Inhalt vertieft. Es gehörte zu dieser endlosen Reihe kontroverser Bände, die die theologischen Spekulationen der alten Kirchenväter enthielten. Mit der für seine Landsleute so charakteristischen geduldigen Beharrlichkeit bemühte er sich, inmitten der zahllosen Widersprüche hitziger Kontroversen die Wahrheit herauszufinden; widersprüchliche Vorschläge in Einklang zu bringen; den Faden der scholastischen Argumentation inmitten des Geschwätzes der Vorurteile und der Ausfälle der Leidenschaft und der groben Beschimpfungen eines Geistes persönlicher Bitterkeit zu erforschen, aber wenig im Einklang mit der schrecklichen Schwere der fraglichen Frage.

Müde und ratlos in seinen Nachforschungen klappte er schließlich den Band zu und legte seine von Sorgen gezeichnete Stirn auf seine Hand. „Was nützen", sagte er, „diese langen und schmerzhaften Bemühungen, diese Mitternachtswachen, diese ermüdenden Studien, vor denen Herz und Fleisch versagen? Was habe ich gewonnen? Ich habe meine Forschungen weit und breit vorangetrieben; mein Leben war eins." lange und ermüdende Lektion; ich habe die geschäftige und schöne Welt von mir ausgeschlossen; ich habe jeden jugendlichen Impuls gezüchtigt; und in einem Alter, in dem das Herz am leichtesten und der Puls am freiesten sein sollte, bin ich ernst und still und traurig", und Der Frost eines verfrühten Zeitalters sammelt sich um mein Herz. Inmitten dieser schweren Wälzer, umgeben von den ehrwürdigen Gefäßen alter Weisheit, atmete ich statt der freien Luft des Himmels den Grabstaub der Antike und habe mich den Gegenständen um mich herum assimiliert Ich; meine ganze Natur hat eine Metamorphose durchgemacht, von der Pythagoras nie geträumt hätte. Ich bin nicht länger ein denkendes Wesen, das alles innerhalb des Kreises menschlicher Forschung mit einer klaren und eigenständigen Vision betrachtet, sondern der betrogene Anhänger metaphysischer Absurditäten, a bloßes Echo scholastischer Subtilität. Gott weiß, dass mein Ziel ein hohes und reines war, dass ich mich in diesem lebendigen Grab begraben habe und die Gesundheit dieses schwachen und äußeren Bildes für nichts im Vergleich zu der seiner unsterblichen und inneren Darstellung und seines Schattens gehalten habe eigener unendlicher Geist; dass ich mich durch das abgemüht habe, was die Welt Weisheit nennt, das Wissen der alten Väter und die altehrwürdige Philosophie, nicht für den Traum von Macht und befriedigtem Ehrgeiz, nicht für das Gold des Alchemisten oder das lebensspendende Elixier, sondern mit einem einzigen Blick darauf das, was ich als das geeignetste Ziel eines gottähnlichen Geistes empfand, die Entdeckung der Wahrheit — vollkommene und ungetrübte Wahrheit, Wahrheit in ihrer strengen und vollkommenen Schönheit, Wahrheit, wie sie in Ehrfurcht und Heiligkeit in der Gegenwart ihres Originals und ihrer Quelle ruht !

„War mein Ziel zu hoch? Das kann nicht sein; denn mein Schöpfer hat mir einen Geist gegeben, der einen niedrigeren Geist verschmähen würde. Ich habe gelernt, in Übereinstimmung mit Seinem Willen zu handeln; doch habe ich mich die ganze Zeit wie jemand gefühlt, der in Blindheit wandelt. I Ich habe den lebenden Verfechtern der Kirche zugehört; ich habe über den Überresten der Toten gebrütet; aber Zweifel und schwere Dunkelheit liegen immer noch auf meinem Weg. Ich finde Widerspruch, wo ich nach Harmonie gesucht hatte; Zweideutigkeit, wo ich Klarheit erwartet hatte; Eifer der Ort der Vernunft; Wut, Intoleranz, persönliche Fehden und sektiererische Bitterkeit, endlose Diskussionen und ermüdende Kontroversen; während die unendliche Wahrheit, nach der ich gesucht habe, immer noch dahinter liegt oder, wenn überhaupt, nur durch flüchtige und unbefriedigende Einblicke gesehen wird, verdunkelt und verdunkelt durch jämmerliche Feinheiten und kabbalistische Geheimnisse.“

Er wurde durch das Eintreten eines Dieners mit einem Brief unterbrochen. Der Student brach das wohlbekannte Siegel auf und las in zartem Chirographie die folgenden Worte:

„LIEBER ERNEST, – ein Fremder aus dem englischen Königreich, von sanfter Geburt und Bildung, hat mich auf Wunsch der guten Prinzessin Elisabeth von der Pfalz besucht. Er ist ein Prediger des neuen Glaubens, ein eifriger und ernsthafter Gläubiger der Gaben des Geistes, aber nicht wie John de Labadie oder die Lady Schurmans .

*(J. de Labadie, Anna Maria Schurmans und andere, Andersdenkende aus*

*Die französischen Protestanten ließen sich 1670 in Holland nieder.)*

*„Er spricht wie jemand, dem eine Botschaft vom Himmel überbracht wurde, eine Botschaft der Weisheit*

*und Erlösung. Komm, Ernest, und sieh ihn dir an; denn er hat nur eine kurze Stunde*

*bei uns verweilen. Wer weiß , außer dass dieser Fremde es sein könnte*

*beauftragt, uns zu dem zu führen, was wir so lange und sehnsüchtig erwartet haben*

*gesucht – die Wahrheit, wie sie in Gott ist.*

*„LEONORA.“*

„Möge der Himmel nun den süßen Enthusiasten für diese Unterbrechung
meiner bitteren Überlegungen segnen!" sagte der Student mit der ernsten
Zärtlichkeit leidenschaftlichen Gefühls. „Sie weiß, wie gerne ich ihrem Ruf
gehorchen werde; sie weiß, wie bereitwillig ich die Dogmen unserer weisesten
Gelehrten aufgeben werde, um den geringsten Wünschen eines Herzens zu
gehorchen, das so rein und großzügig ist wie ihres."

Er ging eilig durch eine der Hauptstraßen der Stadt zur Wohnung der
Dame Eleonora.

In einer großen und prächtigen Wohnung saß der Engländer, dessen
schlichte und schlichte Kleidung einen starken Kontrast zu dem Reichtum
und Luxus um ihn herum bildete. Er war offenbar recht jung und von großer,
imposanter Gestalt. Sein Gesichtsausdruck war ruhig und wohlwollend; es
trug keine Spur von Leidenschaft; Sorgfalt hatte es nicht geprägt; In seinem
Ausdruck lag eine heilige Gelassenheit, die ein Zeichen jenes inneren
„Friedens zu sein schien, der alles Verständnis übersteigt ".

„Und das ist deine Freundin, Eleonora?" sagte der Fremde, als er Ernest
seine Hand reichte. „Ich höre", sagte er zu Letzterem, „du warst ein fleißiger
Student und ein Liebhaber der Philosophie."

„Ich bin nur ein bescheidener Forscher nach der Wahrheit", antwortete
Ernest.

„Woher hast du es gesucht?"

„Aus dem heiligen Buch, aus dem Wissen der alten Väter, aus den Quellen
der Philosophie und aus meiner eigenen kurzen Erfahrung des menschlichen
Lebens."

„Und hast du dein Ziel erreicht?"

„Leider nein!" antwortete der Student; „Ich habe bisher vergeblich
gearbeitet."

„Ah! So müssen sich die Kinder dieser Welt immer abmühen, müde,
erschöpft, aber vergebens. Wir greifen nach Schatten, wir ringen mit der
modischen Luft, wir wandeln in der Blindheit unserer eigenen eitlen
Vorstellungen, wir umkreisen Himmel und Erde unsere Ziele, und wir
wundern uns, dass wir sie nicht finden. Die Wahrheit, die von Gott ist, die
Krone der Weisheit, die überaus kostbare Perle, erfordert nicht diese
vergebliche , herrliche Forschung; leicht zu erbitten, liegt sie in der
Reichweite aller. Das Auge des demütigsten Geistes kann es erkennen. Denn
wer die Person seiner Kinder nicht respektiert , hat es nicht in die Ferne
gestellt, unzugänglich für die Stolzen und Erhabenen, sondern hat seine
erfrischenden Quellen sozusagen zum Murmeln gebracht Tür unseres
Herzens. Aber in der belastenden Hektik der Welt nehmen wir es nicht wahr;

im Lärm unserer täglichen Eitelkeiten hören wir nicht die Wasser von Siloah
, die sanft dahinfließen. Wir blicken weit in die Ferne; wir verlieren uns in
vergeblichen Spekulationen; wir Wandern Sie auf den krummen Pfaden
derer, die vor uns gegangen sind; ja, in der Sprache eines der alten Väter: Wir
fragen die Erde und sie antwortet nicht, wir befragen das Meer und seine
Bewohner, wir wenden uns an die Sonne und die Mond und die Sterne des
Himmels, und sie mögen uns nicht befriedigen; wir fragen unsere Augen, und
sie können nicht sehen, und unsere Ohren, und sie können nicht hören; wir
greifen zu Büchern, und sie täuschen uns; wir suchen nach Philosophie, und
aus ihrem toten und stillen Lernen kommt keine Antwort.

*(August. Soliloq . Kap. XXXI. " Interrogavi Terram usw.)*

„Es ist nicht im Himmel oben, noch in der Luft umher, noch auf der Erde
unten; es ist in unserem eigenen Geist, es lebt in uns; und wenn wir es finden
würden, wie das verlorene Silber der Frau aus dem Gleichnis Wir müssen
nach Hause schauen, zum inneren Tempel, den das innere Auge entdeckt
und in dem sich der Geist aller Wahrheit manifestiert. Die Stimme dieses
Geistes ist still und leise, und das Licht um sie herum leuchtet in der
Dunkelheit. Aber die Wahrheit ist dort; und wenn wir es in geringer Demut
suchen, in einem geduldigen Warten auf seinen Autor, mit der Aufgabe
unseres natürlichen Wissensstolzes, einer Selbstverführung, einer Stille von
allen äußeren Bemühungen, wird es mit Sicherheit offenbart und vollständig
verwirklicht bekannt. Denn wie einst der Engel vom Altar Manoahs aufstieg,
so wird die Wahrheit aus dem demütigenden Opfer der Selbsterkenntnis und
der menschlichen Eitelkeit in all ihrer ewigen und unbeschreiblichen
Schönheit entstehen.

„ Suchst du wie Pilatus die Wahrheit? Schaue in dich hinein. Das heilige
Prinzip ist da, das, in dessen Licht sich die reinen Herzen aller Zeiten gefreut
haben. Es ist „das große Licht der Zeitalter", von dem Pythagoras spricht,
das „Gute". Geist" von Sokrates; der „göttliche Geist" von Anaxagoras; das
„vollkommene Prinzip" von Platon; das „unfehlbare und unsterbliche
Gesetz und die göttliche Kraft der Vernunft" von Philo. Es ist das
„ungezeugte Prinzip und die Quelle allen Lichts" davon Timmus bezeugt ;
der „innere Führer der Seele und ewige Grundlage der Tugend", von dem
Plutarch spricht. Ja, es war die Hoffnung und der Führer dieser tugendhaften
Heiden, die von Natur aus die im Gesetz enthaltenen Dinge taten und sich
selbst zum Gesetz wurden.

„Schau auf dich selbst. Wende deinen Blick nach innen. Achte nicht auf
die Meinung der Welt. Verlasse dich nicht auf das zerbrochene Rohr deiner
Philosophie, deine verbale Orthodoxie, deine Zungenkünste, deine Kenntnis
der Väter. Denke daran, dass die Wahrheit von den gesehen wurde."
demütige Fischer von Galiläa und übersehen vom Hohepriester des Tempels,

vom Rabbi und vom Pharisäer. Du kannst nicht hoffen, es durch die Metaphysik von Vätern, Konzilen, Gelehrten und Universitäten zu erreichen. Es liegt nicht in den Höhen von menschliche Gelehrsamkeit; es ist im stillen Heiligtum deines eigenen Herzens; denn Er, der dir eine unsterbliche Seele gab, hat sie mit einem Teil dieser Wahrheit gefüllt, die das Abbild seines eigenen unzugänglichen Lichts ist. Die Stimme dieser Wahrheit ist in dir Achte auf sein Flüstern. Ein Licht wird in deiner Seele entzündet, das, wenn du sorgfältig darauf achtest , immer heller leuchten wird, sogar bis zum vollkommenen Tag."

Der Fremde hielt inne und der Student brach in Tränen aus. "Fremder!" Er sagte: „Du hast eine schwere Last von meinem Herzen und einen schweren Schleier von meinen Augen genommen. Ich habe das Gefühl, dass du eine Weisheit offenbart hast, die nicht von dieser Welt ist."

„Nein, ich bin nur ein bescheidenes Werkzeug in der Hand dessen, der die Quelle aller Wahrheit und der Anfang und das Ende aller Weisheit ist. Möge die Botschaft, die ich dir überbracht habe, zu deinem Wohlergehen geheiligt werden."

„Oh, erhöre ihn, Ernest!" sagte die Dame. „Es ist die heilige Wahrheit, die gesprochen wurde. Lasst uns an dieser Wahrheit jubeln und, die Welt vergessend, nur für sie leben."

„Oh, möge der, der über alle seine Kinder wacht , dich im Glauben an deinen Entschluss bewahren!" sagte der Prediger inbrünstig. „Demütigt euch, Unterweisung zu empfangen, und sie wird euch gegeben werden. Wendet euch jetzt in eurer Jugend von den verderblichen Vergnügungen der Welt ab, achtet nicht auf ihre hohlen Eitelkeiten und auf den Frieden, der nicht so ist, wie ihn die Welt gibt, den Frieden Gottes." was alles Verständnis übersteigt , soll dein sein. Doch lass nicht die Gerechtigkeit der Welt, der Frieden der Welt, der sich in der Einsamkeit verschließt, dein sein. Schließe nicht den Körper ein, sondern verschließe vielmehr die Seele vor der Sünde. Lebe in der Welt, aber Überwinde es: Führe ein Leben in Reinheit angesichts seiner Verlockungen: Lerne aus dem heiligen Prinzip der Wahrheit in dir, in den Augen seines Urhebers gerecht zu handeln, Vorwürfen ohne Zorn zu begegnen, ohne Beleidigung zu leben und diese zu lieben die euch beleidigen, die Witwen und Waisen zu besuchen und euch von der Welt unbefleckt zu halten."

„Eleonora!" sagte der demütige Schüler, „die Wahrheit liegt klar vor uns; können wir ihren Lehren folgen? Ach, kannst du, die Tochter eines edlen Hauses, den Ruhm deiner Geburt vergessen und in der Schönheit deiner Jahre in dieser Demut wandeln." Weg, den die Weisheit der Welt für Torheit hält ?

„Ja, Ernest, voller Freude kann ich es schaffen!" sagte die Dame; und der helle Schein eines erhabenen Ziels gab ihrer majestätischen Schönheit einen spirituellen Ausdruck. „Ehre sei Gott in der Höhe, dass er uns in Barmherzigkeit besucht hat!"

"Dame!" „Der Morgenstern der Wahrheit ist in deinem Herzen aufgegangen", sagte der Prediger. „Folge seinem Licht bis zur Erlösung. Lebe ein harmonisches Leben gemäß der seltsamen Form und dem Rahmen deiner Schöpfung, und lass dich von der Schönheit deiner Person lehren, dich zu verschönern." Dein Geist mit Heiligkeit, der Zierde der Geliebten Gottes. Denke daran, dass die Tochter des Königs von Zion in ihrem Innern allherrlich ist; und wenn deine Seele überragend ist , wird dein Körper nur den Glanz deines Geistes hervorheben . Lass den Geist davon nicht aus Die Welt, ihre Sorgen und ihre vielen Eitelkeiten, ihre Moden und Reden haben Vorrang vor der Höflichkeit deiner Natur. Denke daran, dass die Sünde den ersten Mantel brachte, und du wirst wenig Grund haben, stolz auf deine Kleidung oder den Schmuck deines Körpers zu sein. Suche lieber der bleibende Schmuck eines sanftmütigen und ruhigen Geistes, die Schönheit und Reinheit des Altars des Tempels Gottes und nicht die Dekoration seiner Außenwände. Denn wie der spartanische Monarch einst zu seiner Tochter sagte, als er ihr das Tragen verbot die reichen Kleider Siziliens: „Du wirst mir ohne sie lieblicher erscheinen", so wirst du in deiner Demut und Demut lieblicher erscheinen in den Augen des Himmels und in den Augen der Reinen auf Erden. Oh, bewahre deine gegenwärtigen Gefühle in ihrer Frische, warte in demütiger Ergebung und in Geduld, auch wenn es dein ganzes Leben lang ist, auf die Manifestationen dessen, der sich wie ein Vater um alle seine Kinder kümmert ."

„Ich werde mich bemühen, ich werde mich bemühen!" sagte die Dame, demütig im Geiste und unter Tränen.

Der Fremde nahm jedem die Hand. "Lebewohl!" Er sagte: „Ich muss unbedingt gehen, denn ich habe viel Arbeit vor mir. Gottes Friede sei mit dir, und die Liebe sei um dich herum, die für mich wie die grüne Weide und das stille Wasser, der Schatten in einem müden Land war." ."

Und der Fremde ging seines Weges; Aber die Dame und ihr Geliebter erinnerten sich in ihrem ganzen späteren Leben und inmitten der Prüfungen und Verfolgungen, die sie im Namen der Wahrheit ertragen mussten, mit Freude und Dankbarkeit an die Anweisungen des reinherzigen und beredten William Penn.

# DAVID MATSON.

*Ursprünglich veröffentlicht in Our Young Folks, 1865.*

WER meiner jungen Freunde hat die traurige Geschichte von „Enoch Arden" gelesen, die der große englische Dichter so liebevoll und einfach erzählt? Es ist die Geschichte eines Mannes, der zur See fuhr und eine süße junge Frau und eine kleine Tochter zurückließ. Er wurde auf eine einsame Insel geworfen, wo er mehrere Jahre blieb, als er von einem vorbeifahrenden Schiff entdeckt und mitgenommen wurde. Als er in seine Heimatstadt zurückkehrte, fand er seine Frau mit einem alten Spielkameraden verheiratet, einem guten, reichen und angesehenen Mann, mit dem sie glücklich zusammenlebte. Der arme Mann, der ihr keinen Schmerz und keine Verwirrung bereiten wollte, beschloss, sich ihr nicht zu offenbaren, und lebte und starb allein. Das Gedicht hat mich an eine sehr ähnliche Geschichte aus meinem eigenen Viertel in Neuengland erinnert, die ich oft gehört habe und die ich versuchen werde, nicht in Gedichten wie die von Alfred Tennyson, sondern in meiner eigenen dürftigen Prosa zu erzählen. Ich kann meinen Lesern versichern, dass es sich in den wesentlichen Einzelheiten um eine wahre Geschichte handelt.

An einem hellen Sommermorgen vor nicht mehr als sechzig Jahren stand David Matson mit seiner jungen Frau und seinen beiden gesunden, barfüßigen Jungen am Ufer des Flusses in der Nähe ihrer Behausung. Sie warteten darauf, dass Pelatiah Curtis mit seinem Werry die Landzunge umrundete und den Mann und den Vater zum Hafen brachte, der ein paar Meilen tiefer lag. Die lebhafte Schildkröte wollte gerade eine Reise nach Spanien antreten, und David sollte sie als Steuermann an Bord nehmen. Sie standen dort im hellen Morgensonnenschein und unterhielten sich fröhlich; Aber wenn man nahe genug gewesen wäre, hätte man Tränen in Anna Matsons blauen Augen sehen können, denn sie liebte ihren Mann und wusste, dass auf dem Meer immer Gefahr lauerte. Und Davids schroffe, fröhliche Stimme zitterte hin und wieder ein wenig, denn der ehrliche Seemann liebte sein gemütliches Zuhause auf dem Merrimac, mit der lieben Frau und ihren hübschen Jungs. Doch plötzlich kam der Wagen nebenher, und David betrat ihn gerade, als er sich wieder umdrehte, um seine Frau und seine Kinder noch einmal zu küssen.

„Mit dir, Mann", sagte Pelatiah Curtis. „Bei Ebbe ist keine Zeit für Küsse und solche Albernheiten."

Und so trennten sie sich. Anna und die Jungen gingen zurück zu ihrem Haus und David zum Hafen, von wo aus er mit der Lively Turtle lossegelte. Und Monate vergingen, der Herbst folgte dem Sommer und der Winter dem

Herbst, und dann kam der Frühling, und plötzlich war es Sommer am Flussufer, und er kam nicht zurück. Und ein weiteres Jahr verging, und dann schüttelten die alten Seeleute und Fischer feierlich den Kopf und sagten, dass die Lively Turtle ein verlorenes Schiff sei und niemals in den Hafen zurückkehren würde. Und die arme Anna hatte ihr Bombazine-Kleid schwarz gefärbt und ihre Strohhaube mit Trauerbändern besetzt, und von da an war sie nur noch als Witwe Matson bekannt.

Und wie war es die ganze Zeit mit David selbst?

Nun müssen Sie wissen, dass das mohammedanische Volk von Algier und Tripolis sowie Mogadore und Sallee an der Berberküste seit langem die Gewohnheit hatte, Galeeren und bewaffnete Boote auszurüsten, um die Handelsschiffe christlicher Nationen zu kapern machten ihre Besatzungen und Passagiere zu Sklaven, so wie Männer, die sich in Amerika Christen nannten, Schiffe nach Afrika schickten, um schwarze Sklaven für ihre Plantagen zu fangen. Die Lively Turtle fiel in die Hände eines dieser Seeräuber, und die Besatzung wurde nach Algier gebracht und auf dem Marktplatz als Sklaven verkauft, darunter auch der arme David Matson.

Als Junge hatte er bei seinem Vater auf der Merrimac den Beruf des Schiffszimmermanns erlernt; und nun wurde er zur Arbeit in den Werften geschickt. Sein Meister, der von Natur aus ein freundlicher Mann war, überanstrengte ihn nicht. Er hatte täglich drei Brote Brot, und als seine Kleidung abgenutzt war, wurde ihr Platz durch das grobe Tuch aus Wolle und Kamelhaar ersetzt, das von den Berberfrauen gewebt wurde. Drei Stunden vor Sonnenuntergang wurde er von der Arbeit entlassen, und der Freitag, der mohammedanische Sabbath , war ein völliger Ruhetag. Einmal im Jahr, zur Zeit des Ramadan, hatte er eine ganze Woche Zeit zur freien Verfügung. So verging die Zeit – Tage, Wochen, Monate und Jahre. Sein dunkles Haar wurde grau. Er träumte immer noch von seinem alten Zuhause am Merrimac und von seiner guten Anna und den Jungs. Er fragte sich, ob sie noch lebten, was sie von ihm hielten und was sie taten. Die Hoffnung, sie jemals wiederzusehen, wurde immer schwächer und erlosch schließlich fast; und er ergab sich seinem Schicksal als lebenslanger Sklave.

Doch eines Tages betrat ein hübscher Herr mittleren Alters in der Kleidung eines seiner eigenen Landsleute, begleitet von einem großen Offizier der Dey, die Werft und rief die amerikanischen Gefangenen vor sich her. Der Fremde war kein anderer als Joel Barlow, der Kommissar der Vereinigten Staaten, der die Befreiung der Sklaven dieser Regierung erwirken sollte. Als sie heraufkamen, nahm er die Männer bei der Hand und sagte ihnen, dass sie frei seien. Wie zu erwarten war, waren die armen Kerle sehr dankbar; einige lachten, einige weinten vor Freude, einige schrien und sangen und warfen ihre Mützen hoch, während andere, darunter auch David

Matson, auf den Chips niederknieten und Gott für die großartige Befreiung dankten.

„Das ist eine sehr bewegende Szene", sagte der Kommissar und wischte sich die Augen. „Ich muss den Eindruck davon für meine ‚ Columbiad ' behalten;" Er zog seine Tafel hervor und schrieb an Ort und Stelle einen Apostroph an die Freiheit, der später einen Platz in seinem großen Epos fand.

David Matson hatte während seiner Gefangenschaft durch Gelegenheitsjobs und Arbeit an Feiertagen etwas Geld gespart. Er bekam eine Überfahrt nach Malaga, wo er für seine Frau einen schönen Schal und für jeden seiner Jungen eine Uhr kaufte. Dann ging er zum Kai, wo ein amerikanisches Schiff lag, das gerade bereit war, nach Boston auszulaufen.

Fast der erste Mann, den er an Bord sah, war Pelatiah Curtis, der ihn sieben Jahre zuvor zum Hafen gerudert hatte. Er stellte fest, dass sein alter Nachbar ihn nicht kannte, so verändert war er mit seinem langen Bart und seiner maurischen Kleidung, woraufhin er, ohne seinen Namen zu nennen, begann, Fragen über sein altes Zuhause zu stellen, und ihn schließlich fragte, ob er eine Frau kenne. Matson.

„Das glaube ich eher", sagte Pelatiah ; " sie ist meine Frau."

"Deine Frau!" rief der andere. „Sie gehört mir vor Gott und den Menschen. Ich bin David Matson und sie ist die Mutter meiner Kinder."

"Und meiner auch!" sagte Pelatiah . „Ich habe sie mit einem Baby im Arm zurückgelassen. Wenn Sie David Matson sind, ist Ihr Recht auf sie verboten; auf jeden Fall gehört sie mir, und ich bin nicht der Mann, der sie aufgibt."

"Gott ist großartig!" sagte der arme David Matson und wiederholte unbewusst die vertrauten Worte muslimischer Unterwerfung. „Sein Wille geschehe. Ich habe sie geliebt, aber ich werde sie nie wieder sehen. Gib diese mit meinem Segen der guten Frau und den Jungen", und er überreichte seufzend das kleine Bündel mit den Geschenken für seine Frau und seine Kinder.

Er schüttelte seinem Rivalen die Hand. „ Pelatiah ", sagte er und blickte zurück, als er das Schiff verließ, „sei nett zu Anna und meinen Jungs."

„Ja, ja, Herr!" antwortete der Seemann in einem nachlässigen Ton. Er sah zu, wie der arme Mann langsam die schmale Straße hinaufging, bis er außer Sichtweite war. „Es ist ein schwerer Fall für den alten David", sagte er und nahm sich einen frischen Tabak, „aber ich bin froh, dass ich das letzte Mal von ihm gesehen habe."

Als Pelatiah Curtis nach Hause kam, erzählte er Anna die Geschichte ihres Mannes und legte ihr seine Geschenke in den Schoß. Sie schrie weder, noch wurde sie ohnmächtig, denn sie war eine gesunde Frau mit starken Nerven; aber sie stahl sich allein davon und weinte bitterlich. Sie lebte viele Jahre später, konnte sich aber nie dazu überreden lassen, den hübschen Schal zu tragen, den ihr Ehemann als Abschiedsgeschenk geschickt hatte. Es gibt jedoch eine Überlieferung, dass es ihrem letzten Wunsch entsprechend im Sarg um ihre armen alten Schultern gewickelt und mit ihr begraben wurde.

Die kleine alte Volltrefferuhr, die sich immer noch im Besitz eines ihrer Enkelkinder befindet, ist jetzt alles, was von David Matson, dem verlorenen Mann, zu erzählen ist.

# Der Fisch, den ich nicht gefangen habe.

*Ursprünglich veröffentlicht in The Little Pilgrim, Philadelphia, 1843.*

UNSER altes Gehöft (das Haus war für ein neues Land sehr alt, da es ungefähr zu der Zeit erbaut wurde, als der Prinz von Oranien Jakob den Zweiten vertrieb) lag eingebettet unter einer langen Hügelkette, die sich nach Westen erstreckte. Es war in alle Richtungen von Wäldern umgeben, außer im Südosten, wo eine Lücke in der Laubwand den Blick auf niedrige grüne Wiesen freigab, malerisch mit bewaldeten Inseln und vorspringenden Landzungen. Durch diese schlängelte sich ein kleiner Bach, der lautstark schäumte, plätscherte und lachte seine felsigen Wasserfälle an unserem Gartenrand hinab , still und kaum sichtbar zu einem noch größeren Bach, der als „Country Brook" bekannt ist. Dieser Bach wiederum fand seinen Weg zum großen Fluss, nachdem er in zwei oder drei Säge- und Getreidemühlen seinen Dienst verrichtet hatte und dessen Klackern wir an stillen Tagen in den dazwischen liegenden Wäldern hören konnten, und der Fluss nahm ihn auf und trug ihn hinunter zum großen Meer.

Ich habe nicht viel Grund, gut über diese Wiesen oder vielmehr Moore zu sprechen, denn sie waren die meiste Zeit des Jahres nass; Doch in der Anfangszeit waren sie bei den Siedlern hochgeschätzt, da sie eine natürliche Mahd ermöglichten, bevor das Hochland von Holz und Steinen befreit und zu Gras werden konnte. Einer Überlieferung zufolge stritten sich die Heuernter zweier benachbarter Städte über eine Grenzfrage und lieferten sich an einem Sommermorgen in jener alten Zeit einen harten Kampf, der nicht völlig unblutig, aber keineswegs so tödlich war wie der Kampf zwischen den rivalisierenden Highland-Clans , beschrieben von Scott in „The Fair Maid of Perth". Ich habe mich immer über ihre Torheit gewundert, als ich über die rauen Sitzkissen stolperte, knietief im schwarzen Schlamm versank und das scharfe, sichelförmige Gras zusammenharkte, das wir mitten im Winter, wenn die bittere Kälte herrschte, an das junge Vieh verfütterten gab ihnen Appetit auf selbst solches Futter. Ich hatte einen fast irischen Hass auf Schlangen, und diese Wiesen waren voll von ihnen: gestreifte, grüne, schmuddelige Wasserschlangen und ab und zu eine hässliche gefleckte Natter, die sich mit bloßen Füßen überhaupt nicht angenehm berühren ließ. Auch auf den Felsvorsprüngen der benachbarten Hügel gab es große schwarze Schlangen; und einmal im frühen Frühling befand ich mich inmitten von mindestens zwanzig von ihnen, die an einem Sabbatmorgen am Rande einer tiefen Quelle auf den Wiesen ihr böses Treffen abhielten. Ein Blick auf ihre wild schimmernden Perlen im Sonnenschein, als sie bei meiner Annäherung aufsprangen, reichte aus, um mich mit voller Geschwindigkeit in Richtung des nächsten Hochlandes zu schicken. Die Schlangen flohen gleichermaßen verängstigt in die gleiche Richtung; und als ich zurückblickte, sah ich die dunklen Monster, die mir dicht auf den Fersen folgten, schrecklich wie das Rebellenregiment der Black Horse bei Bull Run. Glücklicherweise hatte ich noch genug Verstand, um zur Seite zu treten und die hässliche Truppe in die Büsche gleiten zu lassen.

Dennoch hatten die Wiesen ihre Vorteile. An Frühlingsmorgen machten die Amseln und Bobolinks sie mit Liedern musikalisch; und abends krächzten und schrien große Ochsenfrösche; und in Sommernächten liebten wir es, die weißen Nebelkränze zu beobachten, die im Mondlicht aufstiegen und wie Gespenstertruppen dahintrieben, während die Glühwürmchen immer wieder ihre Ankunft signalisierten. Aber der Bach war weitaus attraktiver, denn er hatte geschützte Badestellen mit klarem, weißem Sand und krautigen Abschnitten, wo sich der scheue Seeschwalbe gerne aufhielt, und tiefe Teiche, wo der dumme Saugnapf den schwarzen Schlamm mit seinen Flossen aufwirbelte. Ich war ihm den ganzen Weg von seinem Geburtsort in den angenehmen Hügeln von New Hampshire, durch die Sonne weiter, offener Wiesen und im Schatten dichter Wälder gefolgt. Es war größtenteils ein nüchterner, ruhiger kleiner Fluss; aber ab und zu brach es in ein leises, plätscherndes Lachen über Felsen und umgestürzte Baumstämme aus. Der Überlieferung nach soll es an seinen Ufern einst ein Hexentreffen mit sechs kleinen alten Frauen in kurzen, himmelblauen Mänteln gegeben haben; und wenn man einem betrunkenen Fuhrmann zutrauen konnte, wurde einmal ein Geist gesehen, der unter der Country Bridge nach Aalen suchte. Es mahlte unseren Mais und Roggen für uns in seinen beiden Getreidemühlen; und wir trieben unsere Schafe zur Frühjahrswaschung dorthin, ein Jubiläum, dem wir mit größter Freude entgegensahen, denn es war für die Kleinen immer ein seltener Spaß. Macaulay hat gesungen:

*„In diesem Jahr junge Jungs in Umbro*

*Soll die kämpfenden Schafe stürzen;"*

und sein Bild vom römischen Schafwaschen erinnerte, als wir es lasen, an ähnliche Szenen im Country Brook. An seinen Ufern konnten wir immer die frühesten und neuesten Wildblumen finden, von der blassblauen, dreilappigen Leberblümchen und kleinen, zarten Buschwindröschen bis hin zur gelben Blüte der Zaubernuss, die in den blattlosen Oktoberwäldern brennt.

Dennoch denke ich, dass die Hauptattraktion des Baches für meinen Bruder und mich die guten Angelmöglichkeiten waren, die er uns bot. Unser unverheirateter Onkel, der bei uns lebte (in jeder Generation unserer Familie gab es immer einen aus dieser unglücklichen Klasse), war ein ruhiger, freundlicher Mann, der sich sehr für die Jagd und den Fischfang interessierte; und es war eine der großen Freuden unseres jungen Lebens, ihn auf seinen

Expeditionen nach Great Hill, Brandy-brow Woods, zum Pond und, was das Beste von allem war, zum Country Brook zu begleiten. Wir waren durchaus bereit, hart im Maisfeld oder auf dem Heuplatz zu arbeiten, um in der Saison die nötige Tagesarbeit für einen Nachmittagsspaziergang durch den Wald und am Bachufer zu erledigen. Ich erinnere mich an meinen ersten Angelausflug, als wäre es erst gestern gewesen. Ich war in meinem Leben schon oft glücklich, aber noch nie war ich glücklicher, als als ich die erste Angelrute aus der Hand meines Onkels erhielt und mit ihm durch Wälder und Wiesen stapfte. Es war ein immer noch süßer Frühsommertag; die langen Nachmittagsschatten der Bäume lagen kühl auf unserem Weg; Die Blätter schienen grüner, die Blumen leuchtender, die Vögel fröhlicher als je zuvor. Mein Onkel, der aus langjähriger Erfahrung wusste, wo sich die besten Plätzchen für Hechte befanden, platzierte mich rücksichtsvoll an der günstigsten Stelle. Ich warf meine Leine aus, wie ich es so oft bei anderen gesehen hatte, und wartete gespannt auf einen Biss, wobei ich den Köder in schnellen Stößen auf der Wasseroberfläche bewegte, um den Sprung eines Frosches nachzuahmen. Daraus wurde nichts. „Versuchen Sie es noch einmal", sagte mein Onkel. Plötzlich verschwand der Köder außer Sichtweite. „Jetzt aber", dachte ich; „Hier ist endlich ein Fisch." Ich machte einen kräftigen Zug und brachte ein Gewirr Unkraut zum Vorschein. Immer wieder warf ich mit schmerzenden Armen meine Leine aus und zog sie leer zurück. Ich sah meinen Onkel flehend an. „Versuchen Sie es noch einmal", sagte er. „Wir Fischer müssen Geduld haben."

Plötzlich zerrte etwas an meiner Leine und flog mit ihr ins tiefe Wasser. Als ich es hochzog, sah ich einen schönen Pflücker, der sich in der Sonne bewegte. "Onkel!" Ich weinte und blickte in unkontrollierbarer Aufregung zurück: „Ich habe einen Fisch!" „Noch nicht", sagte mein Onkel. Während er sprach, plätscherte es im Wasser; Ich sah den pfeilförmigen Schimmer eines verängstigten Fisches, der mitten in den Bach schoss; Mein Haken hing leer an der Leine. Ich hatte meinen Preis verloren.

Wir neigen dazu, die Sorgen der Kindheit im Vergleich zu denen erwachsener Menschen als Kleinigkeiten zu bezeichnen; Aber wir können uns darauf verlassen, dass die jungen Leute nicht unserer Meinung sind. Unser Kummer, der durch Vernunft, Erfahrung und Selbstachtung modifiziert und gezügelt wird, behält die Anstandsregeln bei und vermeidet, wenn möglich, eine Szene; aber der Kummer der Kindheit, unvernünftig und alles absorbierend, ist eine völlige Hingabe an die Leidenschaft. Die Nase der Puppe ist gebrochen und die Welt bricht damit zusammen; Die Murmel rollt außer Sicht, und die massive Kugel rollt mit der Murmel davon.

So überwältigt von meiner großen und bitteren Enttäuschung, setzte ich mich auf die nächstgelegene Sitzbank und weigerte mich eine Zeit lang, mich trösten zu lassen, nicht einmal durch die Versicherung meines Onkels, dass es noch mehr Fische im Bach gäbe. Er befestigte meinen Köder wieder, drückte mir die Angelrute wieder in die Hand und forderte mich auf, mein Glück noch einmal zu versuchen.

„Aber denk dran, Junge", sagte er mit seinem klugen Lächeln, „prahle niemals damit, einen Fisch zu fangen, bis er auf dem Trockenen ist. Ich habe ältere Leute gesehen, die das auf mehr als eine Weise getan und sich dadurch lächerlich gemacht haben." Es nützt nichts, mit etwas zu prahlen, bis es fertig ist, und auch dann nicht, denn es spricht für sich selbst."

Wie oft wurde ich seither an den Fisch erinnert, den ich nicht gefangen habe! Wenn ich höre, wie Leute mit einer noch nicht erledigten Arbeit prahlen und versuchen, den Verdienst zu antizipieren, der nur der tatsächlichen Leistung gebührt, erinnere ich mich an die Szene am Bachufer, und die weise Warnung meines Onkels in diesem besonderen Fall nimmt die Form an ein Sprichwort von universeller Gültigkeit: „Prahl dich nie mit deinem Fisch, bevor du ihn gefangen hast."

# YANKEE-ZIGEUNER.



*VERBRENNUNGEN.*

Ich gestehe es, ich reagiere äußerst empfindlich gegenüber „Skyey-Einflüssen". Ich behaupte, dass ich den Bewegungen dieses launischen alten Herrn, der als Wetterschreiber bekannt ist, nicht gleichgültig gegenüberstehe. Ich kann mein Interesse am Verhalten dieses patriarchalischen Vogels nicht verbergen, dessen hölzernes Abbild auf dem Kirchturm kreist. Der eigentliche Winter reicht völlig aus. Lassen Sie das Thermometer auf Null gehen, wenn dies der Fall ist. Umso besser, wenn dadurch selbst die Winde eingefroren sind und nicht in der Lage sind, mit ihren steifen Flügeln zu schlagen. Glockenklänge in der klaren Luft, klar, musikalisch, herzergreifend; schnelles Stolpern heller Mokassinfüße auf glitzerndem Eispflaster; strahlende Augen blickten über den erhobenen Muff wie die einer Sultanin hinter den Falten ihres *Yashmac* ; Schuljungen, die wie verrückte Grönländer die Straße entlangrollten; der kalte Glanz schräger Sonnenstrahlen, die von weiten glitzernden Schneeflächen zurückblitzen oder auf den Eisschmuck von Bäumen und Dächern strahlen. An all dem gibt es nichts zu meckern. Ein Sommersturm hat seine erlösenden Erhabenheiten – seine langsamen, emporsteigenden Wolkenberge, die am westlichen Horizont düster erscheinen wie neugeschaffene Vulkane, von Feuer durchzogen, zerschmettert von explodierenden Donnerschlägen. Sogar die wilden Stürme der Tagundnachtgleiche haben ihre Varianten: Geräusche von windgeschüttelten Wäldern und Gewässern, Knarren und Klappern von Schildern und Fensterflügeln, Orkanstöße und herabstürzende Regengüsse. Aber dieser trübe, dunkle Herbsttag mit Tauwetter und Regen, an dem selbst die Wolken zu kraftlos und träge erscheinen, um direkt zu stürmen oder dem schönen Wetter aus dem Weg zu gehen; unten und oben nass; erinnert an die strahlenlose Atmosphäre von Dantes Drittem Kreis, wo der höllische Priessnitz seine hydropathischen Qualen ausübt , –



Thompson -Dampfbox im großen Stil ausprobiert ; keine Geräusche außer dem schweren Aufprall schlammiger Füße auf dem Bürgersteig; die monotone Melancholie, die von Bäumen und Dächern tropft; das quälende Gurgeln der Wasserleitungen , das Verschlucken des schmutzigen Amalgams aus den Dachrinnen; ein trüber, bleifarbener Horizont von nur wenigen Metern Durchmesser, der sich um etwa einen Meter verschließt, hinter dem nichts sichtbar ist außer einer schwachen Linie oder einer dunklen Projektion; der Geist eines Kirchturms oder das Eidolon eines Schornsteins. Wer dem Destillierkolben eines solchen Tages angenehme Emotionen entlocken kann, verfügt über einen Trick der Alchemie, mit dem ich überhaupt nicht vertraut bin.

Horchen! ein Klopfen an meiner Tür. Begrüßen Sie jetzt alle. Man gewinnt nichts, wenn man versucht, die Wettergeister auszuschließen. Sie kommen durch das Schlüsselloch herein; sie spähen durch die tropfenden Scheiben; Sie dringen durch die Spalten des Fensterflügels ein oder fallen rittlings auf den Regentropfen in den Schornstein.

Ich stehe auf und öffne die Tür. Eine große, schlurfende Gestalt mit lockeren Gelenken; ein verkniffenes, kluges Gesicht, sonnengebräunt und windgetrocknet; kleine, schnell zwinkernde schwarze Augen. Da steht er, das Wasser tropft von seinem breiigen Hut und den zerschlissenen Ellbogen.

Ich spreche mit ihm, aber er antwortet nicht. Mit einer stummen Zurschaustellung des Kummers, die ziemlich rührend ist, reicht er mir ein schmutziges Stück Pergament, auf dem ich einen angeblich melancholischen Bericht über Schiffbruch und Katastrophen lese, zum besonderen Nachteil, Verlust und zur Verdammung eines gewissen Pietro Frugoni , der es ist , dem es infolgedessen schmerzlich an den Almosen aller wohltätigen christlichen Personen mangelt, und der, kurz gesagt, der Träger dieses wahrhaftigen, von einem italienischen Konsul in einer unserer atlantischen Städte ordnungsgemäß beglaubigten und bestätigten Dokuments von hoher Bedeutung ist , aber für Yankee-Orgeln ein unaussprechlicher Name.

Hier beginnt ein Kampf. Jeder Mensch, sagen uns die Mohammedaner, hat zwei begleitende Engel – den guten auf seiner rechten Schulter, den bösen auf seiner linken. „Gib", sagt Benevolence, während ich mit einiger Mühe eine kleine Münze aus der Tiefe meiner Tasche herausfische. „Keinen Cent", sagt die selbstsüchtige Prudence; und ich lasse es aus meinen Fingern fallen. „Denken Sie", sagt der gute Engel, „an den armen Fremden in einem fremden Land, der gerade den Schrecken des Seesturms entkommen ist, in dem sein kleiner Besitz umgekommen ist, halbnackt und hilflos an unsere Küsten geworfen, ohne es zu wissen." unserer Sprache und nicht in der Lage, eine seinen Fähigkeiten entsprechende Beschäftigung zu finden." „Ein abscheulicher Betrüger!" antwortet der linke Wächter. „Seine Zeitung, gekauft von einem dieser Fertigschreiber in New York, die Bettlerzeugnisse zum niedrigen Preis von einem Dollar pro Exemplar herstellen, mit Erdbeben, Bränden oder Schiffbrüchen, je nach Kundenwunsch."

Inmitten dieser Sprachverwirrung untersuche ich meinen Besucher erneut. Ha! ein Licht geht mir auf. Dieses kluge alte Gesicht mit seinen scharfen, zwinkernden Augen ist mir nicht fremd. Pietro Frugoni , ich habe dich schon einmal gesehen. Si, Signor, Ihr Gesicht hat mich über ein schmutziges weißes Halstuch hinweg angeschaut, mit nach unten gezogenen Winkeln dieses listigen Mundes und mit diesen kleinen Augen, die in scheinheiliger Ernsthaftigkeit nach oben gerichtet waren, während Sie einer Schar halbwüchsiger Jungen ein improvisiertes Stück anboten Ermahnung in der Eigenschaft eines reisenden Predigers. Habe ich es nicht gesehen, wie es unter einer Decke hervorlugte, wie das eines armen Penobscot-Indianers, der beim Fangen auf der Madawaska den Gebrauch seiner Hände verloren hatte? Ist es nicht das Gesicht des verlassenen Vaters von sechs kleinen Kindern, den die „ Markurs- Ärzte" „ vergiftet " und verkrüppelt hatten? Gehörte es nicht diesem Unglücklichen aus dem Osten, der in das „Genesee-Land" gereist war und den „ Fevern-Nager " bekommen hatte und dessen Hand so jämmerlich zitterte, als er ihm mein armes Geschenk entgegenstreckte? Derselbe, unter allen Verkleidungen – Stephen Leathers aus Barrington – er und kein anderer! Lassen Sie mich ihn in sein eigenes Ebenbild zaubern: –

„Nun, Stephen, was gibt es Neues vom alten Barrington?"

„Na ja, ich dachte, ich kenne dich", antwortet er, nicht im Geringsten beunruhigt. „Wie geht es dir? Und wie geht es deinen Leuten? Alles in Ordnung, hoffe ich. Ich habe dieses Papier mitgenommen, um einem armen Kürschner zu helfen, der sich genauso wenig verständlich machen konnte wie eine Wildgans. Ich dachte, ich Ich würde ihn einfach ein wenig nach vorne bringen. Es schien mir eine Herausforderung zu sein , es zu tun.

Gut und zwielichtig geantwortet, du zerlumpter Proteus. Einem solchen Kerl kann man nicht böse sein. Ich werde mich nur nach dem gegenwärtigen Stand seiner Evangeliumsmission und nach der Lage seines Stammes auf dem Penobscot erkundigen; und es ist vielleicht nicht verkehrt, ihm zu dem Erfolg der Dampfärzte zu gratulieren, die ihm die „ Pisen " der regulären Fakultät entzogen haben. Aber er hat offenbar keine Lust , sich auf leere Gespräche einzulassen. Mit seinem wohlwollenden Auftrag beschäftigt, klappert er bereits die Treppe hinunter. Unwillkürlich schaue ich gerade rechtzeitig aus dem Fenster, um einen einzigen Blick auf ihn zu erhaschen, bevor er vom Nebel verschluckt wird.

Er ist gegangen; und so ein Schurke er auch ist, ich kann kaum anders, als auszurufen: „Das Glück geh mit ihm!" Er hat den düsteren Gang meiner Gedanken unterbrochen und angenehme und dankbare Erinnerungen vor mir wachgerufen. Das alte Bauernhaus liegt eingebettet in seinem Tal; Im Süden erstrecken sich Hügel und im Osten grüne Wiesen; der kleine Bach, der geräuschvoll seine Schlucht hinunterfloss, die alte Gartenmauer umspülte und sanft über gefallene Steine und moosige Wurzeln von Buchen und Hemlocktanne plätscherte; die hohen Wächterpappeln am Tor; der Eichenwald, der sich ununterbrochen bis zum nördlichen Horizont erstreckt;

der grasbewachsene Kutschenweg mit seiner rauen und verrückten Brücke – die liebe alte Landschaft meiner Kindheit liegt ausgebreitet vor mir wie eine Daguerreotypie von dem Bild, das ich auf all meinen Wanderungen mit mir herumgetragen habe. Ich bin wieder ein Junge, mir ist wieder das Gefühl bewusst, halb Entsetzen, halb Jubel, mit dem ich die Annäherung dieses Vagabunden und seiner „Verwandtschaft nach dem Fleisch" verkündete.

Das Aufkommen der umherziehenden Bettler oder „alten Nachzügler", wie wir sie zu nennen pflegten, war ein Ereignis von ungewöhnlichem Interesse in der allgemein eintönigen Stille unseres Bauernlebens. Viele von ihnen waren bekannt; sie hatten ihre periodischen Revolutionen und Transite; wir könnten sie wie Finsternisse oder Neumonde berechnen. Einige waren stämmige Schurken, fett und frech; und wenn sie feststellten, dass die „Männerleute" abwesend waren, bestellten sie Lebensmittel und Apfelwein wie Männer, die erwarteten, dafür zu bezahlen, und setzten sich mit der Miene von Falstaff an den Herd oder Tisch: „Soll ich mich nicht wohlfühlen?" mein Gasthaus?" Andere, arm, blass, geduldig, wie Sternes Mönch, schlichen mit dem Hut in der Hand zur Tür und standen in ihrer grauen Erbärmlichkeit mit einem Ausdruck von Herzschmerz und Verlorenheit da, der nie ohne Wirkung auf unser jugendliches Empfinden blieb. Manchmal erlebten wir jedoch einen leichten Gefühlsabstoß, wenn selbst diese bescheidensten Kinder des Kummers unser angebotenes Brot und unseren Käse etwas gereizt ablehnten und stattdessen ein Glas Apfelwein verlangten. Was auch immer die Abstinenzgesellschaft in solchen Fällen getan hätte, es lag uns nicht im Herzen, den armen Geschöpfen einen Schluck ihres Lieblingsgetränks zu verweigern; Und war es nicht eine Genugtuung, ihre traurigen, melancholischen Gesichter aufleuchten zu sehen, als wir ihnen den vollen Krug reichten, und als wir ihn leer aus ihren braunen, faltigen Händen zurückerhielten, ihnen zuzuhören, halb atemlos von ihrem langen, köstlichen Bier? Entwurf, dankte uns für die Gunst, als „liebe, gute Kinder!" Nicht selten tauchten diese wandernden Prüfungen unseres Wohlwollens in interessanten Gruppen von Männern, Frauen und Kindern auf, malerisch in ihrer Erbärmlichkeit und Ausdruck einer rührseligen Zuneigung, die den Nachtschwärmern bei Poosie-Nansie Ehre gemacht hätte , unsterblich in der Kantate von Verbrennungen. Ich erinnere mich an einige, die offensichtlich der Monomanie zum Opfer fielen, von dunklen Gedanken heimgesucht und verfolgt wurden und von einer festen Idee besessen waren. Eine, eine schwarzäugige Frau mit wildem Haar, auf deren Gesicht eine ganze Tragödie aus Sünde, Scham und Leid stand, besuchte uns oft, wärmte sich an unserem Winterfeuer und versorgte sich mit einem Vorrat an Kuchen usw kaltes Fleisch; aber es war nie bekannt, dass er eine Frage beantwortete oder stellte. Sie lächelte nie; der kalte, steinerne Ausdruck ihrer Augen veränderte sich nie; ein stilles, teilnahmsloses Gesicht, starr erstarrt durch ein großes Unrecht oder eine große Sünde. Wir schauten mit Ehrfurcht auf die „stille Frau" und dachten an den Dämonen der Heiligen Schrift, der einen „stummen Geist" hatte.

Einer – ich glaube, ich sehe ihn jetzt, grimmig, hager und gespenstisch, wie er sich langsam zu unserer Tür hinaufarbeitet – sammelte früher Kräuter am Wegrand und nannte sich Arzt. Er war bärtig wie ein Ziegenbock und täuschte Lahmheit vor, doch wenn er glaubte, allein zu sein, lief er munter weiter, als ginge es um eine Wette. Schließlich geriet er, wie zur Strafe für seine Täuschung, bei seinen Streifzügen in einen Unfall, wurde ernsthaft lahm und humpelte fortan nur noch mit Mühe auf seinen knorrigen Krücken. Ein anderer pflegte gebückt, wie Bunyans Pilger, unter einem Rucksack aus einem alten Bettsack zu schlendern, der in äußerst üppige Dimensionen gestopft war, auf einem Paar kleiner, dürftiger Beine hin und her zu taumeln und mit seinem wilden, haarigen Gesicht unter seinem hervorzuschauen Last wie eine Spinne mit großem Körper. Dieser „Mann mit dem Rudel" erfüllte mich immer mit Ehrfurcht und Ehrfurcht. Riesig, fast erhaben, in seiner spannungsgeladenen Rundheit, der Vater aller Packungen, nie beiseite gelegt und nie geöffnet, was könnte da nicht drin sein? Mit welcher fleischdurchdringenden Neugier lief ich in sicherer Entfernung darum herum und erwartete halb, dass die gestreifte Decke von den Bewegungen eines geheimnisvollen Lebens bewegt würde oder dass irgendein böses Monster daraus herausspringen würde, wie Räuber von Ali Baba Gläser oder bewaffnete Männer vom Trojanischen Pferd!

Es gab eine andere Klasse wandernder Philosophen – halb Hausierer , halb Bettelmönche –, die es pflegten, uns zu besuchen. Wir erinnern uns an einen, einen lahmen, unrasierten, finsteräugigen, ungesunden Kerl mit seinem Korb voller alter Zeitungen und Broschüren und seinem zerschlissenen blauen Regenschirm, der eher als Spazierstock denn als Schutz vor dem Regen diente. Als er uns einmal nach der Ursache seiner Lahmheit fragte, erzählte er uns einmal, dass er als junger Mann auf der Farm des obersten Richters eines Nachbarstaates beschäftigt gewesen sei; wo sich, wie sein Pech es wollte, die hübsche Tochter des Gouverneurs in ihn verliebte. Eines Tages wurde er von ihrem Vater im Zimmer der jungen Dame erwischt; Daraufhin warf ihn der jähzornige alte Herr kurzerhand aus dem Fenster und lag lebenslang auf dem Ziegelsteinpflaster darunter, wie Vulkan auf den Felsen von Lemnos. Was die Dame betraf, versicherte er uns: „Sie hat sich furchtbar darüber aufgeregt." „Ist sie gestorben?" wir fragten besorgt. In den Augen des alten Schurken lag ein schlaues Funkeln, als er antwortete: „Nein, das hat sie nicht . Sie hat geheiratet."

Zweimal im Jahr, normalerweise im Frühling und Herbst, wurden wir mit einem Anruf von Jonathan Plummer geehrt, dem Versdichter, Hausierer und Dichter, Arzt und Pfarrer, einem Yankee-Troubadour, dem ersten und letzten Minnesänger des Merrimac-Tals. Umgeben für meine staunenden jungen Augen vom Nimbus der Unsterblichkeit. Er brachte Nadeln, Nadeln, Klebeband und Baumwollgarn für meine Mutter mit; Klappmesser, Rasiermesser und Seife für meinen Vater; und Verse, die er selbst verfasst hat, grob gedruckt und mit groben Holzschnitten illustriert, zur Freude der jüngeren Zweige der Familie. Kein liebeskranker Jugendlicher könnte sich ertränken, kein verlassenes Mädchen den Mond beklagen , kein Schurke den Galgen besteigen, ohne in Plummers Versen ein angemessenes Denkmal zu setzen. Erdbeben, Brände, Fieber und Schiffbrüche betrachtete er als persönliche Gefälligkeiten der Vorsehung, die das Rohmaterial für Lieder und Balladen lieferten. Willkommen bei uns in der Abgeschiedenheit unseres Landes, als Autolycus dem Clown im Wintermärchen, wir lauschten mit unendlicher Befriedigung seiner Lesung seiner eigenen Verse oder seiner bereitwilligen Improvisation über einen häuslichen Vorfall oder ein von seinen Zuhörern vorgeschlagenes Thema. Als er die Schwierigkeiten am Anfang eines neuen Themas einigermaßen überwunden hatte, flossen seine Reime frei, „als ob er Balladen gegessen hätte und alle Ohren der Menschen zu seinen Melodien wuchsen“. Seine Inszenierungen entsprachen, soweit ich mich erinnern kann, Shakespeares Beschreibung einer richtigen Ballade: „ein trauriges Thema, das fröhlich dargelegt wird, oder ein sehr angenehmes Thema, das beklagenswert gesungen wird.“ Er war äußerst gewissenhaft, fromm, neigte zu theologischen Abhandlungen und war darüber hinaus ein Experte in der Heiligen Schrift. Er war völlig unabhängig; schmeichelte niemandem, kümmerte sich um niemanden, vertraute niemandem. Wenn er eingeladen wurde, sich an unseren Esstisch zu setzen, nahm er stets die Vorsichtsmaßnahme vor und stellte seinen Korb mit Wertsachen zur sicheren Aufbewahrung zwischen seine Beine. „Kümmere dich nicht um deinen Korb, Jonathan“, sagte mein Vater; „Wir sollen deine Verse nicht stehlen.“ – „Da bin ich mir nicht sicher“, erwiderte der misstrauische Gast. „Es steht geschrieben: ‚Vertraut keinem Bruder.‘“

Auch du, oh Pfarrer B————, mit deiner blassen Studentenstirn und der rubinroten Nase, mit deinem rostigen und zerfetzten schwarzen Mantel, der von weißen, wallenden Locken übersät ist , mit deinem professionellen weißen Halstuch, das peinlich genau gepflegt wurde, als selbst ein Hemd auf deinem Rücken problematisch war, – Kunst darf in der Liste der umherziehenden Herren, die den Haupteingang unseres Bauernhauses besitzen, keinesfalls überschen werden. Wir erinnern uns noch gut daran, mit welch ernster und würdevoller Höflichkeit er über die Schwelle trat und seine Bewohner mit derselben Miene gnädiger Herablassung und Gönnerschaft begrüßte, mit der er in besseren Tagen die Herzen seiner Gemeindemitglieder erfreut hatte. Armer alter Mann! Er war einst der bewunderte und fast verehrte Pfarrer der größten Kirche der Stadt gewesen, wo er später als armer Mann im Winter Unterstützung fand. Er war schon früh in maßlose Gewohnheiten verfallen; und im Alter von sechzig und zehn

Jahren war er, wenn ich mich an ihn erinnere, nur dann nüchtern, wenn ihm die Mittel fehlten, anders zu sein. Ob betrunken oder nüchtern, er vergaß jedoch nie ganz die Anstandsregeln seines Berufs; er war immer ernst, anständig und vornehm; Er hielt an der Form gesunder Worte fest, und die Schwäche des Fleisches tat der Strenge seiner strengen Theologie keinen Abbruch. Er war ein Lieblingsschüler des gelehrten und klugen Emmons gewesen und war bis zuletzt ein standhafter Verteidiger der eigentümlichen Dogmen seiner Schule. Als wir ihn das letzte Mal sahen, hielt er eine Versammlung in unserem Bezirksschulhaus ab, bei der ein vagabundierender Hausierer als Diakon und Reisebegleiter fungierte. Das Band, das das ungleiche Paar vereinte, war zweifellos dasselbe, das Tam O'Shanter bei den Südstaaten beliebt machte :

*„Sie waren schon seit Wochen zusammen .“*

Als Text wählte er die ersten sieben Verse des Schlusskapitels des Predigers und lieferte in sich selbst dessen passende Veranschaulichung. Die bösen Tage waren gekommen; die Hüter des Hauses zitterten; Die Fenster des Lebens waren verdunkelt. Einige Monate später wurde die silberne Schnur gelöst, die goldene Schale zerbrochen, und zwischen dem armen alten Mann und den Versuchungen, die ihn bedrängten, fielen die dicken Vorhänge des Grabes.

Eines Tages erhielten wir einen Anruf von einem schüchternen alten Carle von einem wandernden Schotten. Ihm verdanke ich meine erste Bekanntschaft mit den Liedern von Burns. Nachdem er sein Brot und seinen Käse gegessen und seinen Becher Apfelwein getrunken hatte, gab er uns Bonny Doon, Highland Mary und Auld Lang Syne. Er hatte eine satte, volle Stimme und ließ sich voll und ganz auf den Geist seiner Texte ein. Seitdem habe ich dieselben Melodien aus den Lippen von Dempster gehört, als den schottischen Barden keinen süßeren und wahrhaftigeren Interpreten hatte; Doch dem gekonnten Auftritt des Künstlers fehlte der neuartige Charme des Gaberlunzie-Gesangs in der alten Bauernküche. Ein anderer Wanderer machte uns mit der humorvollen alten Ballade „Our gude man cam hame at e'en“ bekannt. Er beantragte Abendessen und Unterkunft und machte sich am nächsten Morgen daran, Steine auf der Weide zu spalten. Während er damit beschäftigt war, ritt der Dorfarzt auf seinem schönen, temperamentvollen Pferd die Straße entlang und blieb stehen, um mit meinem Vater zu sprechen. Der Kerl beäugte das Tier aufmerksam, als wäre er mit all seinen Vorzügen vertraut, und summte über eine Strophe des alten Gedichts:

*„Unser guter Mann kam um abend,*
*Und Hame Cam sein;*
*Und da sah er ein Reitpferd*
*Wo kein Pferd sein sollte.*

*„Wie kam dieses Pferd hierher?*
*Wie kann es sein?*
*Wie kam dieses Pferd hierher?*
*Ohne meine Erlaubnis?'*
*'Ein Pferd?' Quo sie.*
*„Ja, ein Pferd", sagte er.*
*„Ihr alter Narr, ihr blinder Narr, –*
*Und blinder könntet ihr sein, –*
*Es ist nichts weiter als eine Milchkuh*
*Meine Mama hat es mir geschickt.'*
*Eine Milchkuh?' Quo er.*
*„Ja, eine Milchkuh", sagte sie.*
*„ Na , so weit bin ich geritten,*
*Und Muckle hae ich gesehen;*
*Aber Kühe mit Sätteln melken*
*Ich habe gesehen, dass ich es nie getan habe ."*

Noch in derselben Nacht machte sich der Schuft auf den Weg und nahm das Pferd des Doktors mit, und man hörte nie wieder etwas von ihm.

Oft sahen wir im Morgengrauen einen oder mehrere „Gaberlunzie-Männer", die ihr Gepäck auf der Schulter und den Stab in der Hand aus der Scheune oder anderen Nebengebäuden kamen, in denen sie die Nacht verbracht hatten. Einmal wurde ich am späten Abend in die Scheune geschickt, um das Vieh zu füttern, und als ich in den Rasen kletterte, um zu diesem Zweck Heu abzuwerfen, wurde ich von der plötzlichen Erscheinung eines Mannes erschreckt, der vor mir aufstand und in der Dunkelheit gerade noch erkennbar war Mondlicht strömte durch die Nähte der Bretter. Ich machte einen schnellen Rückzug die Leiter hinunter; und wurde nur dadurch beruhigt, dass ich den Gegenstand meines Schreckens nach mir rufen hörte und seine Stimme als die eines harmlosen alten Pilgers erkannte, den ich schon einmal gekannt hatte. Unser Bauernhaus lag in einem einsamen Tal, halb umgeben von Wäldern, ohne Nachbarn in Sicht. In einer dunklen, bewölkten Nacht, als unsere Eltern zufällig abwesend waren, saßen wir mit unserer alten Großmutter im schwindenden Licht des Küchenfeuers und versetzten uns in einen sehr befriedigenden Zustand der Aufregung und des Schreckens, indem wir einander all das Düstere erzählten Wir erinnerten uns an Geschichten von Geistern, Hexen, Spukhäusern und Räubern, als wir plötzlich von einem lauten Klopfen an der Tür erschreckt wurden. Als Vierzehnjähriger galt ich selbstverständlich als Familienoberhaupt; So ging ich mit vielen Bedenken zur Tür, die ich langsam öffnete, wobei ich zitternd die Kerze über meinen Kopf hielt und in die Dunkelheit hinausspähte. Der schwache Schimmer spielte mit der Erscheinung eines riesigen Reiters, der auf einem Ross saß, dessen Größe einem solchen Reiter würdig war – kolossal, bewegungslos, wie aus der festen Nacht herausgeschnittene Bilder.

Der seltsame Besucher grüßte mich barsch; und nachdem er mehrere vergebliche Versuche unternommen hatte, sein Pferd durch die Tür hereinzutreiben, stieg er ab und folgte mir ins Zimmer, offensichtlich genoss er den Schrecken, den seine gewaltige Anwesenheit auslöste. Er verkündete, er sei der große indische Arzt, richtete sich vor dem Feuer auf, streckte die Arme aus, ballte die Fäuste, schlug sich auf die breite Brust und lenkte unsere Aufmerksamkeit auf das, was er seinen „sterblichen Körper" nannte. Er verlangte nacheinander allerlei berauschende Getränke; Und als man ihm versicherte, dass wir niemanden hätten, den man ihm geben könnte, wurde er wütend, drohte, meinen jüngeren Bruder lebendig zu verschlingen, und indem er mich an den Haaren meines Kopfes packte, wie es der Engel mit dem Propheten in Babylon tat, führte er mich von Zimmer zu Zimmer Zimmer. Nach einer erfolglosen Suche, bei der er einen Krug Öl mit einem Krug Brandy verwechselte und entgegen meinen Erklärungen und Einwänden darauf bestand, einen Teil des Inhalts zu schlucken, ließ er mich los, begann zu weinen und zu schluchzen, und ... gestand, dass er bereits so betrunken war, dass sein Pferd sich seiner schämte. Nachdem er zu seiner Befriedigung geklagt und sich selbst bemitleidet hatte, wischte er sich die Augen und setzte sich neben meine Großmutter, um ihr zu verstehen zu geben, dass er mit ihrem Aussehen sehr zufrieden sei; Er fügte hinzu, dass er, wenn es ihr genehm sei, das Privileg haben möchte, ihr seine Adressen zu geben. Während er sich vergeblich bemühte, der hervorragenden alten Dame seinen sehr schmeichelhaften Vorschlag verständlich zu machen, wurde er durch die Rückkehr meines Vaters unterbrochen, der, nachdem er die Sache sofort begriffen hatte, ihn ohne Umschweife nach draußen schickte.

Einmal, vor ein paar Jahren, als ich abends vom Feld zurückkehrte, wurde mir erzählt, dass ein Ausländer während der Nacht um eine Unterkunft gebeten hatte, meine Mutter dies jedoch aufgrund seines dunklen, abstoßenden Aussehens sehr widerstrebend abgelehnt hatte Anfrage. Ich fand sie mit ihrer Entscheidung keineswegs zufrieden. „Was wäre, wenn ein Sohn von mir in einem fremden Land wäre?" fragte sie selbstvorwurfsvoll. Zu ihrer großen Erleichterung meldete ich mich freiwillig, um den Wanderer zu verfolgen, und überholte ihn bald, als ich einen Querweg über die Felder nahm. Er war gerade im Haus unseres nächsten Nachbarn abgewiesen worden und stand in einem Zustand zweifelhafter Ratlosigkeit auf der Straße. Sein Aussehen bestätigte den Verdacht meiner Mutter. Er war ein olivfarbener, schwarzbärtiger Italiener, mit einem Auge wie glühende Kohle, einem Gesicht, wie es einem Reisenden in den Pässen der Abruzzen vielleicht auffällt – eines dieser Banditengesichter, die Salvator gemalt hat. Mit einiger Mühe gab ich ihm mein Anliegen zu verstehen, als er mich mit Dank überschüttete und mir freudig zurück folgte. Er nahm mit uns am Abendbrottisch Platz; und als wir uns an diesem kalten Herbstabend alle um den Herd versammelten, erzählte er uns teils mit Worten, teils mit Gesten die Geschichte seines Lebens und seiner Unglücke und unterhielt uns mit Beschreibungen der Weinlese und der Feste seiner sonnigen Zeit Klima, erbaute meine Mutter mit einem Rezept für die Herstellung von Kastanienbrot; Und als am Morgen nach dem Frühstück sein dunkles, mürrisches Gesicht aufleuchtete und sein wildes Auge vor dankbarer Rührung feucht wurde, während er mit seinem eigenen silbernen toskanischen Akzent seinen Dank ausschüttete, staunten wir über die Ängste, die unsere Tür so nahe verschlossen hatten gegen ihn; und als er ging, hatten wir alle das Gefühl, dass er uns den Segen der Armen hinterlassen hatte.

Es kam nicht oft vor, dass die Klugheit meiner Mutter, wie im oben genannten Fall, die Oberhand über ihre Barmherzigkeit gewann. Die regelmäßigen „alten Nachzügler" betrachteten sie als eine treue Freundin; und der Anblick ihrer schlichten Mütze war für sie eine Zusicherung bevorstehender Geborgenheit. Es gab tatsächlich einen Stamm fauler Spaziergänger, die ihren Treffpunkt in der Stadt Barrington, New Hampshire, hatten und deren niedrige Laster sie sogar über den Rand ihrer Güte hinausgebracht hatten. Sie waren sich ihres schlechten Rufs nicht bewusst; und die Erfahrung hatte sie gelehrt, dass es notwendig war, ihren wahren Charakter unter geschickten Verkleidungen zu verbergen. Sie kamen in allen Formen und mit allen Erscheinungen zu uns, bis auf die wahre, mit den elendsten Geschichten von Missgeschicken und Krankheiten und allen „Übeln, deren Erbe das Fleisch ist". Es war besonders ärgerlich, zu spät zu entdecken, dass unser Mitgefühl und unsere Nächstenliebe solch unbarmherzigen Vagabunden wie den „Barrington-Bettlern" galten. Eine alte verdorrte Hexe, bekannt unter dem Namen Hopping Pat – die weise Frau ihres Stammes – pflegte uns mit ihrem hoffnungsvollen Enkel zu besuchen, der „eine Gabe zum Predigen" und zu vielen anderen Dingen hatte nicht gerade mit heiligen Befehlen vereinbar. Manchmal brachte er eine zahme Krähe mit, einen schlauen, schurkisch aussehenden Vogel, der, wenn er Lust dazu hatte, wie Barnaby Rudges Rabe sprechen konnte. Er pflegte zu sagen, er könne „ nichts tun , um zu ermahnen , ohne ein weißes Taschentuch um den Hals und Geld in der Tasche zu haben" – eine Tatsache, die die Meinungen des Bischofs von Exeter und der Puseyiten im Allgemeinen, die es geben kann, bei weitem bestätigt kein Priester ohne Zehnten und Chorrock.

Diese Menschen leben seit mehreren Generationen getrennt von der großen Masse der Gemeinschaft, wie die Zigeuner Europas, denen sie in vielerlei Hinsicht sehr ähneln. Sie haben die gleiche ausgeprägte Abneigung gegen die Arbeit und die gleiche Neigung, sich die Früchte des Fleißes anderer zunutze zu machen. Sie lieben ein wildes Leben im Freien, singen Lieder, erzählen Wahrsagereien und hegen einen instinktiven Hass auf „Missionare und kaltes Wasser". Es wurde gesagt – ich weiß nicht mit welcher Begründung –, dass ihre Vorfahren tatsächlich ein wahrer Import englischer Zigeuner waren ; aber wenn ja, haben sie zweifellos einen Großteil des malerischen Charmes ihres unbehausten und freien Zustands verloren. Ich befürchte sehr, dass meine Freundin Mary Russell Mitford, die netteste aller Landmalerinnen Englands, die den Blick eines Dichters für die Feinheiten des Zigeunercharakters besitzt, ihren Ansprüchen auf Brüderlichkeit mit ihren eigenen Landstreicherfreunden, deren Lagerfeuer willkommen waren, kaum nachgeben würde sie in ihr neues Zuhause in Swallowfield.

„Das eigentliche Studium der Menschheit ist der Mensch", und meiner Ansicht nach ist keine Phase unseres gemeinsamen Menschseins einer Untersuchung völlig unwürdig. Diesem Glauben folgend, wandte ich vor zwei oder drei Sommern, als ich in Begleitung meiner Schwester einen kleinen Ausflug in die Hügellandschaft von New Hampshire machte, den Kopf meines Pferdes nach Barrington, um diese halbzivilisierten Spaziergänger in ihren Zügen zu sehen ihr eigenes Zuhause und kehrten ein für alle Mal zu ihren zahlreichen Besuchen zurück. Wir verabschiedeten uns von unseren gastfreundlichen Cousins im alten Lee mit ungefähr so viel Feierlichkeit, wie wir es uns vorstellen können. Major Laing trennte sich von seinen Freunden, als er sich auf die Suche nach dem von der Wüste umgebenen Timbuctoo machte. Wir fuhren mehrere Meilen über eine holprige Straße und passierten unbehelligt die Höhle des Teufels , überquerten einen lärmenden kleinen Bach, der sich lärmend in ein Tal bahnte, wo er in eine einsame, halb verfallene Mühle verwandelte, und als wir dahinter einen steilen Hügel hinaufstiegen, sahen wir vor uns eine breite Sandebene, die im Westen und Norden von niedrigen, schroffen Felsen gesäumt war Hügel und hier und da mit Zwergkiefern übersät. Im Zentrum dieser öden Region befanden sich etwa zwanzig oder dreißig kleine Behausungen, die so unregelmäßig wie ein Hottentottenkraal gruppiert waren. Ohne Zäune, unbewacht, allen Ankömmlingen und Besuchern offen, stand die Stadt der Bettler – keine Mauer oder Zäune zwischen den zerlumpten Hütten, die an die eifersüchtigen Eigentumsunterschiede erinnerten. Die große Idee ihrer Gründer schien in ihrer unangemessenen Freiheit sichtbar. War nicht die ganze runde Welt ihr Eigentum? und sollten sie um Grenzen und Eigentumsurkunden feilschen? Für sie reiften auf fernen Ebenen goldene Ernten; Für sie arbeiteten in weit entfernten Werkstätten fleißige Hände; Für sie, wenn sie nur die Gnade hätten, es zu bemerken, legte die weite Erde ihr Gewand der Schönheit an, und über ihnen hing das stille Geheimnis des Himmels und seiner Sterne. Diese bequeme Philosophie, die der moderne Transzendentalismus nur undeutlich zum Vorschein gebracht hat – dieser poetische Agrarismus, der jedem alles und jedem allen gibt – ist das wahre Leben dieser Stadt der Arbeitslosigkeit . Auf jeden seiner schmuddeligen Bewohner könnte nicht unpassend die Sprache einer Person angewendet werden, die mir, wie ich vertraue, verzeihen werde, wenn ich in diesem Zusammenhang ihr wunderschönes Gedicht zitiere:

*„Andere Hände mögen das Feld oder den Wald ergreifen,*

*Stolze Besitzer mögen in Prunk glänzen;*

*Du bist reicher, die ganze Welt gehört dir.*

Aber schau! Die Wolken brechen auf. „Schönes Wetter kommt aus dem Norden." Der Wind hat die Nebel verweht; auf der vergoldeten Turmspitze der John Street schimmert ein Sonnenstrahl; Und da ist der Himmel wieder, hart, blau und kalt in seiner ewigen Reinheit, nicht im Geringsten vom Sturm verschlimmert. In der schönen Gegenwart wird die Vergangenheit nicht mehr benötigt. Lege seinen Band ehrfürchtig und dankbar beiseite; Und wenn erneut die Schatten der äußeren Welt auf den Geist fallen, möge es mir nicht an einem guten Engel mangeln, der mich an seinen Trost erinnert, selbst wenn er in der Gestalt eines Bettlers aus Barrington daherkommt.

# DAS TRAINING.



WAS liegt jetzt im Wind? In dieser stillen Oktoberluft wehen Klänge ferner Musik an mein Fenster. Eiliger Trommelschlag, schrille Pfeifentöne, klagende Trompetentöne und zur Begleitung Hurra der Bengel auf den überfüllten Gehwegen. Hier kommen die Bürgersoldaten, jeder kriegerische Fuß schlägt den Schlamm des gestrigen Sturms mit der langsamen, regelmäßigen Auf- und Abbewegung eines altmodischen Buttermessers auf. Den Takt mit den Füßen unten haltend, bewegen sich etwa sechzig Federköpfe feierlich unter mir. Schräger Sonnenschein glitzert auf polierten Kanonenläufen und mit Lametta verzierten Uniformen. Ernsthaft und nüchtern gehen sie vor, als wären sie gebührend beeindruckt von der tiefen Verantwortung ihrer Position als selbsternannte Verteidiger der letzten Hoffnung der Welt – der Vereinigten Staaten von Amerika und möglicherweise Texas. Sie blicken mit ehrlichen, bürgerlichen Gesichtern unter ihren ledernen Visieren hervor (ihre Wildheit ist größtenteils das Werk des Schneiders und Kesselflickers), und ich bezweifle nicht, dass sie in diesem Moment ebenso unschuldig an Blutdurst sind wie der würdige Ackerbauer der Tewksbury Hills, der sitzt still in seinem Wagen und verteilt Äpfel und Rüben, ohne auch nur einen Blick auf die Prozession zu werfen. Wahrscheinlich gibt es keinen von ihnen, der zögern würde, sein letztes Tabakgeld mit seinem schlimmsten Feind zu teilen. Soziale, gutherzige Christen, die Psalmen singen, Predigten hören und den Sabhath halten; Und doch, wenn wir uns die Tatsachen anschauen, waren genau diese Männer den ganzen Nachmittag dieses schönen Tages unter Gottes heiligem Sonnenschein unterwegs und so eifrig am Werk, wie Satan es sich nur wünschen konnte, indem sie lernten, wie man ihre Mitgeschöpfe abschlachtet und sich die wahre wissenschaftliche Methode aneignen, einen verlassenen Mexikaner mit einem Bajonett aufzuspießen oder eine bleierne Rakete in das Gehirn eines unglücklichen Briten zu versenken, der durch den doppelten Anreiz von Sixpence pro Tag in seiner Tasche und der Katze in Reichweite gedrängt wird. -Neunschwänziger auf dem Rücken!

Ohne die Absicht zu haben, meine seit vielen Generationen friedliche Abstammung herabzusetzen, hege ich immer noch den starken Verdacht, dass mir etwas vom alten normannischen Blut, etwas vom Grinsen-Berserker-Geist vermacht wurde. Wie sonst könnte ich den intensiven kindlichen Eifer erklären, mit dem ich den Geschichten alter Aktivisten zuhörte, die ihre Schlachten manchmal noch einmal in meinen Ohren austrugen? Warum bin ich in meiner jungen Fantasie mit Jonathan, dem Sohn

Sauls, hinaufgezogen, um die stationierten Philister von Michmas zu schlagen
, oder mit dem wilden Sohn Nuns gegen die Städte Kanaans? Warum war
Mr. Greatheart in Pilgrim's Progress mein Lieblingscharakter? Was machte
die Erzählung der großen homerischen Begegnung zwischen Christian und
Apollyon im Tal so faszinierend? Warum folgte ich Ossian über Morvens
Schlachtfelder und jubelte über die Geierschreie des Blinden über seine
gefallenen Feinde? Warum versorgten mich die Zeitungen noch später mit
Stoffen zur Heldenverehrung, nämlich dem halb wahnsinnigen Sir Gregor
McGregor und Ypsilanti an der Spitze seiner schurkischen Griechen? Ich
kann es nur mit der Annahme erklären, dass das Unheil angeboren war – ein
Erbstück der alten Seekönige des neunten Jahrhunderts.

Bildung und Reflexion haben seitdem tatsächlich eine Veränderung
meiner Gefühle bewirkt. Die Trompete des Cid oder sogar Ziskas Trommel
konnten diesen alten Kampfgeist jetzt nicht erwecken. Die bullige Wildheit
eines halb betrunkenen Angelsachsen, der sich blind gegen das
zusammenlaufende Kanonenfeuer der zerstörten Mauern von Ciudad
Rodrigo drängt, eignet sich weder für meinen Verstand noch für meine
Vorstellungskraft. Ich betrachte jetzt die Berichte über die blutige Passage
der Brücke von Lodi und über französische Kürassiere, die sich wahnsinnig
auf die Bajonette von Wellingtons Plätzen stürzten, mit genau demselben
Gefühl von Entsetzen und Abscheu, das eine Einzelheit über die
Heldentaten eines Soldaten hervorruft Indischer Schläger oder die eines
verrückten Malaiens, der mit Creese in der Hand durch die Straßen von Pulo
Penang rennt. Euer Waterloo und die Schlachten am Nil und an der Ostsee
– was sind das, nüchtern betrachtet, anderes als Gladiatorenmordspiele im
großen Stil – menschliche Nachahmungen von Stierkämpfen, bei denen
Satan als großer Alguazil und Zeremonienmeister sitzt? Nur wenn ein großer
Gedanke sich in Taten verkörpert und verzweifelt danach strebt, auch in
Säbelkämpfen und Schüssen seinen Ausdruck zu finden, oder wenn
Wahrheit und Freiheit in ihrem falschen Eifer und Misstrauen gegenüber
ihren eigenen Kräften die Kampfrüstung anlegen, dass ich Verständnis für
rein körperliche Wagemut empfinden kann. Die muskulöse Schlachterei von
Männern, deren Verstand, wie der von Ajax, in ihren Sehnen liegt und die
„wie Zugochsen gespannt und gezwungen sind, die Kriege zu pflügen", ist
keine Verwirklichung meines Ideals von wahrem Mut.

Dennoch bin ich mir nicht bewusst, dass ich meine anfängliche
Bewunderung für heroische Leistungen in irgendeiner Weise verloren habe.
Das Gefühl bleibt; aber es hat neue und bessere Objekte gefunden. Ich habe
gelernt, das zu schätzen, was Milton die „ unwiderstehliche Macht der
Sanftmut" des Märtyrers nennt – die ruhige, klaglose Ausdauer derer, die der
Verfolgung standhalten können, ohne sich durch Mitgefühl oder Beifall zu
erfreuen, und mit einer vollen und scharfen Wertschätzung für den Wert aller

Dinge zu opfern sind sie aufgerufen, begegnen Gefahr und Tod in selbstloser Pflichterfüllung. Fox, der durch seine Gefängnistore predigte oder Oliver Cromwell inmitten seines Soldatenhofs zurechtwies; Henry Vane unter der Axt des Henkers; Mary Dyer auf dem Schafott in Boston; Luther beendete seine Rede in Worms mit der erhabenen Betonung seines „Hier stehe ich; ich kann nicht anders; Gott helfe mir"; William Penn verteidigt die Rechte der Engländer vom Baledock des Flottengefängnisses aus; Clarkson klettert auf die Decks der Liverpooler Sklavenschiffe; Howard dringt in infizierte Kerker vor; sanftmütige Schwestern der Barmherzigkeit, die in überfüllten Krankenhäusern Ansteckung atmen – all dies und solche wie diese helfen mir jetzt, das höhere Ideal des christlichen Heldentums zu formen.

Der blinde Milton kommt meiner Vorstellung von einem wahren Helden fast nahe. Was für ein Bild haben wir von diesem erhabenen alten Mann, als krank, arm, blind und von Freunden verlassen, hielt er dennoch an seiner heroischen Integrität fest und tadelte mit seinem unbeugsamen Republikanismus den Verrat, die Feigheit und die Unterwürfigkeit seiner alten Mitarbeiter! Er hatte die Hoffnungen und seligen Visionen seiner Jugend überlebt; Er hatte gesehen, wie die großmäuligen Verfechter der Freiheit die Freiheit einer Nation dem schamlosen, ausschweifenden und meineidigen Karl II. zu Füßen warfen, wie sie sich vor dem von Dirnen überfüllten Hof des Tyrannen niederwarfen und gleichzeitig ihrer Religion und ihrem Republikanismus abschworen. Die Axt des Henkers war unter seinen Freunden beschäftigt gewesen. Vane und Hampden schliefen in ihren blutigen Gräbern. Cromwells Asche war von ihrer Ruhestätte geschleppt worden; denn selbst im Tode hasste und fürchtete der verweichlichte Monarch den Eroberer von Naseby und Marston Moor. Er wurde allein gelassen, im Alter, in der Not und in der Blindheit, bedrückt von dem Wissen, dass alles, was seine freie Seele verabscheute, in sein geliebtes Land zurückgekehrt war. Doch der Geist des strengen alten Republikaners blieb bis zuletzt ungebrochen und erkannte die Wahrheit der Sprache seines eigenen Samson Agonistes: –

> *„Aber Geduld ist häufiger die Übung*
>
> *Von Heiligen, die Prüfung ihrer Stärke,*
>
> *Jeder von ihnen ist sein eigener Befreier*
>
> *Und Sieger über alles*
>
> *Diese Tyrannei oder dieses Vermögen kann zu Unrecht führen."*

Der Fluch des religiösen und politischen Abfalls lastete schwer auf dem Land. Hurerei und Atheismus standen an oberster Stelle; und die „Zärtlichkeiten von Zügellosen und die Scherze von Possenreißern bestimmten die Maßnahmen einer Regierung, die gerade genug Fähigkeit hatte, zu täuschen, gerade genug Religion, um zu verfolgen." Aber während Milton über diese katastrophale Veränderung trauerte, mischte sich in seine Trauer kein Selbstvorwurf. Bis zuletzt hatte er gegen den Unterdrücker gekämpft; und als er in seiner engen Gasse eingesperrt war, ein Gefangener in seiner eigenen gemeinen Behausung, wie ein weiterer Prometheus auf seinem Felsen, richtete er immer noch einen Blick unbändigen Trotzes auf ihn. Wer, der seinen eindringlichen Appell an seine Landsleute gelesen hat, als sie kurz davor standen, die Tyrannei und Missherrschaft, die auf Kosten von so viel Blut und Schätzen abgeworfen worden war, wieder willkommen zu heißen, könnte das jemals vergessen? Wie edel spricht die Freiheit durch ihn! „Wenn ihr", sagte er, „eine Monarchie wieder willkommen heißt, wird das künftig der Triumph aller Tyrannen über jedes Volk sein, das sich der Unterdrückung widersetzt; und ihr Lied wird dann für andere lauten: ‚Wie schnell haben die rebellischen Engländer geeilt?' aber an unsere Nachkommen: ‚Wie schnell sind die Rebellen, eure Väter, vorangekommen?'" Wie feierlich und schrecklich ist sein Schlussabsatz! „Was ich gesprochen habe, ist die Sprache dessen, was nicht als ‚die gute alte Sache' bezeichnet wird." Wenn es irgendjemandem merkwürdig vorkommt, so hoffe ich, dass es Abtrünnigen nicht mehr fremdartig als überzeugend erscheint. So viel hätte ich sagen sollen, obwohl ich mir sicher war, dass ich nur mit Bäumen und Steinen hätte sprechen sollen und niemanden hatte, zu dem ich weinen konnte, außer mit dem der Prophet: „O Erde, Erde, Erde!" um dem Boden selbst zu sagen, wofür seine perversen Bewohner taub sind; ja, obwohl das, was ich gesagt habe, beweisen sollte (was Du nicht duldest, der Du die Menschheit frei gemacht hast, und Du als Nächster, der uns davon erlöst hast, Diener der Sünde zu sein). seien die letzten Worte unserer erlöschenden Freiheiten.

# DIE STADT EINES TAGES.

Als der Schriftsteller 1843 in Lowell lebte, steuerte er dieses und die Begleitstücke zu „The Stranger" in Lowell bei.

Das ist also Lowell – eine Stadt, die wie die verzauberten Paläste der arabischen Erzählungen wie in einer einzigen Nacht emporschießt und ihr Chaos aus Ziegelmauerwerk und bemalten Schindeln weit und breit ausdehnt und den Winkel des Zusammenflusses ausfüllt die Concord und die Merrimac mit den Sehenswürdigkeiten und Klängen von Handel und Industrie. Wunderbar haben Kunst und Arbeit hier ihre modernen Wunder vollbracht. Ich kann mir kaum vorstellen, dass diese Flüsse vor ein paar Jahren, jetzt gezähmt und den Zwecken der Menschen unterworfen und zur sklavischen Unterwerfung durch den Zauberer der Mechanik verzaubert, das Wasser des Winnipesaukee und der von Felsen gesäumten Quellen ungehindert in Richtung Ozean strömten der Weißen Berge und plätscherten ihre Wasserfälle in der wilden Freiheit der Natur hinab. Ein Fremder fühlt sich angesichts all dieser wunderbaren Veränderungen gleichsam in ein neues Jahrhundert hineingestoßen; er scheint den äußeren Kreis des Jahrtausends der Dampfmaschinen und Baumwollspinnereien zu betreten. Die Arbeit ist hier der Schutzpatron. Alles trägt sein Bild und seine Aufschrift. Hier ist kein Platz für die angesehene Klasse von Bürgern, die man Gentlemen nennt, und ihre viel verunglimpften Brüder, die allgemein als Faulenzer bekannt sind. Über den Toren dieser neuen Welt prangt in Manchester die Inschrift „Arbeite oder stirb". Hier

*„Jeder Wurm unter dem Mond*

*Zieht verschiedene Themen an, und zwar spät oder bald*

*Dreht sich und müht sich ab, seinen eigenen Kokon auszuspinnen.*

Die Gründer dieser Stadt haben wahrscheinlich nie von der Theorie von Charles Lamb über den Ursprung der Arbeit geträumt:

*„Wer hat als Erster die Arbeit erfunden und dadurch gebunden?*

*Die Feiertagsfreude lässt nach*

*Auf die nie endende Aufdringlichkeit*

*Von Geschäften auf der grünen Wiese und in der Stadt?*

*„ Sabbatlos Satan, der Unglückliche*

*Die Aufgabe liegt immer inmitten rotatorischer Verbrennungen*

Vielmehr würden sie natürlich Carlyles Apostroph übernehmen: „Göttliche Arbeit, edel, immer fruchtbar – das große, einzige Wunder des Menschen"; denn dies ist in der Tat eine Stadt, die der Sparsamkeit geweiht ist und mit jedem Quadratstab der Göttlichkeit der Arbeit gewidmet ist; das Evangelium der Industrie wurde täglich und stündlich in etwa dreißig Tempeln gepredigt, von denen jeder größer war als der Mailänder Dom oder der Tempel von Jeddo , die Moschee der Heiligen Sophia oder die chinesische Pagode mit hundert Glocken; seine mächtigen Predigten, gehalten von Dampf und Wasserkraft; seine Musik ist der ewige Klang der Mechanik und das Orgelrauschen vieler Wasser; die Baumwoll- und Wollblätter seines Evangeliums von den Flügeln von Dampfschiffen und Eisenbahnwaggons im ganzen Land verstreuen ; seine tausend Priester und seine tausenden Priesterinnen dienen um ihre Altäre aus Spinnjenny und Webstühlen oder drängen sich im hellen Licht des Sonnenuntergangs durch die langen, schattigen Straßen. Schließlich kann durchaus in Frage gestellt werden, ob dieses Evangelium laut Poor Richard's Almanac genau auf die Erlösung der Menschheit ausgerichtet ist. Arbeit, die auf die einfachen Wünsche, Bedürfnisse und unverfälschten Geschmäcker des Menschen abgestimmt ist, ist zweifellos gut; aber alles darüber hinaus ist Ermüdung des Fleisches und des Geistes. Jedes Netz, das von diesen ruhelosen Webstühlen fällt, hat eine Geschichte, die mehr oder weniger mit Sünde und Leid verbunden ist, angefangen mit der Sklaverei bis hin zu Überarbeitung und vorzeitigem Tod.

Als ich vor ein paar Jahren in Pennsylvania unterwegs war, begegnete ich einem kleinen Deutschen mit dunkelbraunen Augenbrauen namens Etzler . Er war von der Überzeugung erfüllt, dass die Welt allein durch die Kraft der Mechanik in ihren paradiesischen Zustand zurückversetzt werden könne, und dass er selbst die Mittel entdeckt hatte, um diese sehr wünschenswerte Vollendung herbeizuführen. Seine gesamte geistige Atmosphäre war von gespenstischer Maschinerie erfüllt; Rad im Rad; Pläne des größten Mechanismus; Brobdignagische Dampfmaschinen; Niagaras der Wasserkraft; Windmühlen mit „segelbreiten Wagen", wie die des Satans im Chaos, durch deren richtige Anwendung jedes Tal erhöht und jeder Hügel erniedrigt werden sollte; alte Wälder wurden an ihren zottigen Wipfeln gepackt und entwurzelt; alte Moraste trockengelegt; die Tropen machten kühl; das ewige Eis schmolz um die Pole herum; Der Ozean selbst ist mit künstlichen Inseln bedeckt, blühende Gärten der Seligen, die sanft auf dem Schoß der Tiefe schaukeln. Geben Sie ihm „dreihunderttausend Dollar und zehn Jahre Zeit", und er würde sich verpflichten, die Arbeit zu erledigen.

Unrecht, Schmerz und Sünde wären seiner Ansicht nach nur die Ergebnisse unserer physischen Bedürfnisse, unbefriedigten Wünsche und natürlichen Sehnsüchte nach einem besseren Zustand und sollten vor dem Jahrtausend des Mechanismus verschwinden. „Es wäre“, sagte er, „dann genauso lächerlich, über die Lebensgrundlagen zu streiten und zu streiten, wie es jetzt um Wasser zum Trinken an mächtigen Flüssen oder um die Erlaubnis, die gemeine Luft zu atmen, wäre.“ Für ihn nahmen die großen Kräfte der Natur die Gestalt mächtiger und gütiger Geister an, die hierher gesandt wurden, um als Diener des Menschen ihm sein verlorenes Paradies wiederherzustellen. Sie warten nur auf sein Befehlswort, um ihre enormen Energien für die Aufgabe einzusetzen, kämpfen aber noch blind und ziellos und geben immer wieder sanfte Hinweise, wie Erdbeben, Feuer und Überschwemmung, dass sie des Müßiggangs überdrüssig sind würde gerne an die Arbeit gehen. Als ich jetzt auf diese riesigen Ziegelwerkstätten herabschaute, dachte ich an den armen Etzler und fragte mich, ob er, wenn er bei mir wäre, zugeben würde, dass seine mechanischen Kräfte hier ihren richtigen Einsatz gefunden haben, um das Jahrtausend zu schaffen. Sich weiterbewegend, jeder in seinem eisernen Geschirr, unsichtbar und doch durch seine regulierte und unterdrückte Kraft sein riesiges Gefängnis vom Keller bis zum Schlussstein erschütternd, ist es wahr, dass hier wirklich die Genies der Mechanik am Werk sind und uns per Rad hochziehen und mit Dampf und Wasserkraft langsam die schiefe Ebene hinauf, von deren Spitze sich das weite Hochland der Verheißung erstreckt?

Viele Straßen von Lowell wirken belebt und gepflegt und sind mit hübschen öffentlichen und privaten Gebäuden geschmückt. aber ein angenehmes Merkmal älterer Städte fehlt ihnen: breite, ausladende Schattenbäume. Man ist geneigt, mit dem charakteristischen Utilitarismus der ersten Siedler zu streiten, der die grüne Schönheit der Natur so völlig vernichtete. In den letzten Tagen war es hier so heiß wie in Nebukadnezars Ofen oder Monsieur Chaberts Ofen, und die Sonne schien von einem kupfernen Himmel auf diese kahlen, baumlosen Straßen herab, bei deren Durchqueren man versucht ist, die Sprache eines Warmwetterdichters zu übernehmen:

> *„Die Mageren gehen wie wandelnde Skelette blass und düster umher;*
>
> *Das Fett löst in mir, wie rotglühende Warmhaltepfannen, noch heißere Fantasien aus;*
>
> *Ich erwache aus Träumen vom Polareis, auf dem ich gerutscht bin,*
>
> *Wie Fische, die vom Meer träumen und in der Spinne aufwachen.*

Wie unähnlich die von Ulmen gesäumten Alleen von New Haven, von deren kühlem und anmutigem Panorama der Fremde auf die Judge's Cave herabblickt, oder die weinbehangenen Gipfel von West Rock, deren hohe Türme weiß und klar über das ebene Grün ragen! oder das luftige Laub von Portland mit seinen bewaldeten Inseln in der Ferne, das von grüner Schönheit übersät ist und in derselben kühlen Brise kräuselt und weht, die das Wasser der wunderschönen Bucht von Casco bewegt! Aber die Zeit wird all dem Abhilfe schaffen; und wenn Lowell die Hälfte der Jahre seiner Schwesterstädte gezählt hat, werden sich seine neu gepflanzten Ulmen und Ahorne, die uns jetzt nur noch dazu veranlassen, ihre schattenlosen Stämme mit der Blätterpracht ihrer Eltern des Waldes zu kontrastieren, dem zukünftigen Besucher entgegenstrecken Arme des Willkommens und der Ruhe.

Es gibt einen wunderschönen Hain in Lowell – den auf Chapel Hill –, wo eine Gruppe schöner alter Eichen ihre kräftigen Stämme und grünen Zweige in unmittelbarer Nähe der überfüllten Stadt emporhebt und das kühle Rascheln ihrer Blätter mit dem Lärm der Maschinen vermischt . Wenn ich sie in dieser grauen Dämmerung betrachte, wirken sie einsam und isoliert, als würden sie sich fragen, was aus ihren alten Waldgefährten geworden ist, und als würden sie vergeblich versuchen, in den überfüllten und staubigen Straßen vor ihnen diese alten, anmutigen Kolonnaden aus Ahorn und dichten Bäumen zu erkennen. schattige Eichenlandschaften, die sich von Fluss zu Fluss erstrecken, bedeckt mit Frühlingsblumen und Gräsern oder knöcheltief mit Herbstblättern, durch deren Blätterdach das Sonnenlicht auf wilde Vögel, scheue Hirsche und Indianer schmolz. Mögen diese Eichen uns noch lange daran erinnern, dass, wenn das Neue nützlich ist, die alten, grünen Puseyiten der Natur Schönheit enthalten, die uns in die Vergangenheit zurückrufen, aber wie ihre Oxford-Brüder vergeblich rufen; Denn weder in der Polemik noch in der Kunst können wir in einer Zeit, deren Motto immer „Vorwärts" lautet, zurückgehen.

Die Bevölkerung von Lowell besteht hauptsächlich aus Neuengländern; aber es gibt hier Vertreter fast aller Teile der zivilisierten Welt. Das gut gelaunte Gesicht des Milesiers begegnet einem fast auf Schritt und Tritt; der kluge, feierliche Schotte, der transatlantische Yankee, der die listige Sparsamkeit von Bryce Snailsfoot mit dem strengen religiösen Heldentum von Cameron verbindet; der blauäugige, blondhaarige Deutsche von den hoch aufragenden Hügeln, die den Rhein überblicken, – langsam, schwerfällig und vielversprechend in seinem Äußeren, doch von der gleichen Form und dem gleichen Mut der Männer, die sich auf den Ruf der Tyrteren für „Vaterland" versammelten Korner und schlug die Ritterlichkeit Frankreichs von den Ufern des Katzback zurück – die Landsleute von Richter und Goethe und unseren eigenen Follen . Auch hier sind Händler aus Hamburg, Bayern und Polen mit ihren scharfen jüdischen Gesichtern und schwarzen, scharfen Augen. In diesem Moment stehen unter meinem

Fenster zwei stämmige, sonnengebräunte Schweizer Mädchen, die mit Musik ihren Lebensunterhalt bestreiten und in einem fremden Yankee-Land die einfachen Lieder ihrer alten Heimat in den Bergen einstudieren, an die sie mich durch ihre fremde Kleidung und Sprache erinnern



Arme Wanderer, ich kann nicht sagen, dass ich ihre Musik liebe; Aber jetzt, wo die Töne verklingen und, um die Worte von Dr. Holmes zu verwenden, „die Stille wie ein Umschlag wirkt, der das verletzte Ohr heilt", bin ich dankbar für ihren Besuch. Fernab von überfüllten Durchgangsstraßen, von Backsteinmauern und staubigen Alleen bin ich beim Anblick dieser armen Bauern in Gedanken in das Tal von Chamouny gegangen und habe mit Coleridge den Morgenstern auf dem „kahlen, schrecklichen Kopf des souveränen Blanc" stehen bleiben sehen , und die Sonne geht auf und unter mit schneebedeckten Bergen, in deren Tälern die Nacht noch verweilt; und folgten den Spuren von Byron und Rousseau und beobachteten die länger werdenden Schatten der Hügel auf dem wunderschönen Wasser des Genfersees. Segen also für diese jungen Wanderer, denn sie haben „mich ohne es zu merken" gesegnet. In einer Stunde der Krankheit und Mattigkeit haben sie für mich das Wunder der Loretto-Kapelle vollbracht und mich von den Szenen um mich herum und dem Gefühl persönlichen Leidens in dieses wundervolle Land getragen, in dem die Natur immer noch zu sprechen scheint, aus See und Tal und von Bergen, deren ewiger Schnee sich an den harten, blauen Himmel lehnt, die Echos dieser mächtigen Hymne einer neu geschaffenen Welt, als „die Morgensterne gemeinsam sangen und alle Söhne Gottes vor Freude jubelten."

Aber von allen Ausländerklassen sind die Iren bei weitem am zahlreichsten. Leichtherzig, falsch, impulsiv, unberechenbar, mit einer orientalischen Vorliebe für Übertreibungen und allzu oft einer allgemeinen Abneigung gegen kaltes Wasser und gegen den Edelstein, von dem die Fabel erzählt, dass er auf dem Grund des Brunnens ruht, so sind es die keltischen Elemente ihres Charakters Sie passen sich nicht ohne weiteres den harten, kühlen und selbstbewussten Angelsachsen an. Es steht mir frei, eine völlige Abneigung gegen ihre religiöse Intoleranz und Bigotterie zu bekennen, aber ich begnüge mich damit, auf die Veränderung zu warten, die die Zeit und die Zermürbung neuer Umstände und Ideen in dieser Hinsicht zwangsläufig herbeiführen müssen. In der Zwischenzeit würde ich mich bemühen, den Menschen als Menschen zu verehren, unabhängig von seinem Geburtsort. Ein Fremder in einem fremden Land ist für mich immer ein Gegenstand von Sympathie und Interesse. Inmitten all seiner offensichtlichen Heiterkeit im Herzen, seiner nationalen Skurrilität und seinem Witz hat der arme irische Auswanderer traurige Gedanken an seine „ alte Mutter", die einsam in ihrer einsamen Hütte am Moorufer sitzt; Erinnerungen an den Segen eines Vaters und den Abschied einer Schwester verfolgen ihn; ein Grabhügel auf einem fernen Kirchhof weit jenseits der „weiten Wasser " hat ein ewiges Grün in seiner Erinnerung; denn dort liegt vielleicht ein „ Lieblingskind " oder ein „ Schläger ". Krather , der ihn einst liebte. Die neue Welt ist für einen Moment vergessen; das blaue Killarney und der Liffey funkeln vor ihm, und Glendalough streckt unter sich seinen dunklen, stillen Spiegel aus; er sieht, wie derselbe Abendsonnenschein auf dem Segen der Natur ruht und gleichermaßen heiligt die Ruinen der sieben Kirchen des apostolischen Zeitalters Irlands, der zerbrochene Hügel der Druiden und die runden Türme der phönizischen Sonnenanbeter; angenehme und traurige Erinnerungen an seine Heimat erwachen in ihm; und das Raue und scheinbar Sorglose und Unbeschwerte Der Arbeiter bricht in Tränen aus. Es ist keine leichte Sache, sein eigenes Land und seine Hausgötter zu verlassen. Berührend und schön war die Aufforderung des Propheten der Hebräer:

„Ihr sollt den Fremden nicht unterdrücken; denn ihr kennt das Herz des Fremden, denn ihr seid Fremde im Land Ägypten."

# PATUCKET FÄLLT.

Vor VIELEN Jahren las ich in einer alten Chronik über die frühe Geschichte Neuenglands einen Absatz, der seitdem in meinem Gedächtnis herumgeistert und romantische Assoziationen von wilder Natur und wilderem Menschen hervorruft:

„Der Sachem Wonolanset , der an den Groat Falls von Patucket am Merrimac lebte ."

Mit dieser Passage im Kopf besuchte ich zum ersten Mal die Stromschnellen des Merrimac oberhalb von Lowell.

Als ich die Straße am Krankenhaus hinaufging, einem großen und eleganten Herrenhaus, umgeben von Bäumen, Büschen und Kletterpflanzen, befand ich mich, nachdem ich ein paar Ruten weiter gegangen war, in voller Sicht auf den Merrimac. Zwischen mir und der Dracut-Küste erstreckte sich ein tiefer und felsiger Kanal, entlang dem das seichte Wasser rauschte – eine schwache, gebrochene und gewundene Strömung, die sich zwischen zersplitterten Felsen hindurchschlängelte und scharf und gezackt in alle Richtungen anstieg. Oberhalb der Wasserfälle durch den Kanal entwässert, ähnelte es einem Gebirgsbach im alten Spanien oder einem arabischen Watt , das von der einjährigen Dürre erschöpft war. Weiter oben überspannten die Bögen der Brücke das schnelle, unruhige Wasser; und noch weiter oben überquerte der Damm, dessen Umrisse so unregelmäßig waren, dass er weniger wie ein Kunstwerk als vielmehr ein Werk der Natur wirkte, das Flussbett, eine seeartige Ruhe oben im Kontrast zum Schaum und Rauschen der Wasserfälle unten. Und das war alles, was von den „großen Patucket Falls" der alten Zeit durch moderne Verbesserungen übrig geblieben war . Der wilde Fluss war gezähmt; Der Geist der Wasserfälle, dessen heisere Stimme der Indianer einst hörte, als das große Wasser die Felsen hinabstürzte, war zum Sklaven des Erzbeschwörers Art geworden; und wie ein geschorener und geblendeter Riese mahlte er im Gefängnis seines Zuchtmeisters.

guten Leuten aus Concord und Woburn" vorgekommen sein muss, die ihn 1652 zum ersten Mal besuchten, als er, erschöpft von der Müdigkeit und nass von der Fahrt der trägen Concord, „wo sich die Furt befand". „Keiner", schlängelten sie sich langsam durch den Wald und folgten dem zunehmenden Rauschen der Wasserfälle, bis sich schließlich der breite, schnelle Fluss vor ihnen erstreckte und sein weißer Gischt in der Sonne blitzte. Was kümmerte diese robusten alten Puritaner die wilde Schönheit der Landschaft, die sich ihnen so offenbarte? Ich glaube, ich sehe sie dort im goldenen Licht eines letzten Oktobertages stehen, mit ihren düsteren braunen Wamsen und

Schlapphüten und ihren schweren Luntenschlössern – solche Männer, mit denen Ireton auf dem Schlachtfeld von Naseby dem Tod entgegentrat, oder solche, die es tun stolzierte mit Cromwell über die zerbrochene Mauer von Drogheda und schlug „im Namen des Herrn" Alte und Junge, „sowohl Mädchen als auch kleine Kinder". Mir kommt es vor, als würde ich das Abendlicht sehen, das das Flusstal durchflutet, die westlichen Hügel, die sich bis zum Horizont erstrecken, übersät mit Bäumen, die wunderschön sind und in den Farbtönen des Herbstes leuchten – ein mächtiger Blumengarten, der im Bann des Zauberers Frost erblüht; der rauschende Fluss mit seinen anmutigen Wasserkurven und seinem weißen Schaum; und ein stetiges Murmeln, tiefe, tiefe Stimmen des Wassers, der sanfteste, süßeste Klang der Natur, vermischt sich mit dem Seufzen des Südwinds in den Kiefernwipfeln. Aber diese hartgesichtigen Heiligen aus Neu-Kanaan „kümmern sich um nichts davon." Die kräftigen Herzen, die unter ihren ledernen Wämsern schlagen, sind ein Schutz vor den süßen Einflüssen der Natur. Sie sehen nur „eine große und heulende Wildnis, in der es viele Indianer gibt, in der man aber auch Fische fangen kann, und in der es Wiesen für den Lebensunterhalt des Viehs gibt", und die im Großen und Ganzen „ein bequemer Ort ist, um eine Gruppe von Indianern unterzubringen." Gottes Volk, das mit Gottes Segen an diesem Ort sowohl für die Kirche als auch für den Staat Gutes tun kann." (Vide Petition an das Gericht, 1653.)

Beim Lesen der Tagebücher und Erzählungen der frühen Siedler Neuenglands ist nichts bemerkenswerter als das völlige Schweigen der würdigen Schriftsteller in Bezug auf die natürliche Schönheit oder Erhabenheit der Landschaft, in der sich ihr Schicksal befand. Sie bezeichneten den großen und herrlichen Wald, der von Seen durchzogen und von großen Flüssen durchzogen ist und von tausend Bächen durchzogen wird, die schöner sind als diejenigen, die die Alte Welt dem Gesang und der Romantik gegeben hat, als „eine Wüste und schreckliche Wildnis". Der wilde, malerische Indianer, der sein Birkenkanu die Wasserfälle des Amoskeag hinabjagte oder auf den Wildspuren des Waldes dahingleitete, war ihrer Ansicht nach nichts weiter als ein „schmutziger Tawnie ", ein „Bergungsheide" und „Teufelskobold". ." Viele von ihnen waren gut gebildet, Männer von vielfältiger und profunder Gelehrsamkeit und mit den besten Exemplaren der griechischen und römischen Literatur vertraut; Dennoch scheint es ihnen völlig an jenem poetischen Gefühl oder dieser poetischen Fantasie mangelt zu haben, deren subtile Alchemie das Schöne im Vertrauten entdeckt. Ihre Hymnen und spirituellen Lieder scheinen ausdrücklich berechnet worden zu sein, wie „die Musikschleifer" von Holmes –

*„Um die Augen der Gefühle auszureißen,*

*Und kupiere den Schwanz des Reims,*

Sie waren geschworene Feinde der Musen; Hasser von Theaterliteratur, profanen Liedern und mutwilligen Sonetten; Kurz gesagt, von allem, was sie an die Tage der ausgelassenen Kavaliere und bekleideten Schönheiten am Hofe „des Mannes Charles" erinnerte, dessen Kopf unter dem Schwert der puritanischen Justiz gefallen war. Hart, hart, unschön, aber dennoch mit vielen Tugenden und edlen Charaktereigenschaften ausgestattet, waren sie zweifellos für ihre Arbeit als Pioniere in der Wildnis geeignet. Mit strenger Pflichttreue, in Gefahr, Leid und Selbstverleugnung schufen sie auf dem rauen Boden Neuenglands die edelsten historischen Epen. Sie lebten eine wahrere Poesie als Homer oder Virgil schrieben.

Die Patuckets , einst ein mächtiger einheimischer Stamm, hatten zur Zeit des Besuchs der Weißen von Concord und Woburn im Jahr 1652 ihre Hauptsiedlungen rund um die Wasserfälle. Gookin, der indische Historiker, gibt an, dass dieser Stamm von den Großen fast vollständig zerstört wurde Pest von 1612. Im Jahr 1674 gab es im gesamten Stamm nur zweihundertfünfzig Männer. Ihr oberster Sachem wohnte gegenüber den Wasserfällen; und in seinem Wigwam hielt der Historiker zusammen mit John Eliot, dem indischen Missionar, ein „Treffen zum Gottesdienst am 5. Mai 1676" ab, bei dem Herr Eliot ab „dem zweiundzwanzigsten Matthäusevangelium" predigte.

Die weißen Besucher aus Concord und Woburn waren mit dem Erscheinungsbild des Ortes und den Aussichten, die er zum Anpflanzen und Fischen bot, zufrieden und beantragten beim Gericht die Gewährung des gesamten Landstrichs, der jetzt in den Grenzen von Lowell und Chelmsford liegt. Sie machten keinerlei Rücksicht auf die Rechte der armen Patuckets ; aber da sie es für „einen bequemen Ort zur Unterbringung des Volkes Gottes" hielten, waren sie zweifellos darauf vorbereitet, mit den heidnischen Bewohnern umzugehen, wie es Josua, der Sohn Nuns, einst mit den Jebusitern und Perisitetern, den Hiwitern und den Hethitern tat. Die Indianer fanden jedoch einen Freund im Apostel Eliot, der in ihrem Namen eine Petition vorlegte, wonach das Land rund um die Patucket- und Wamesit - Wasserfälle ausschließlich zu ihrem Nutzen und ihrer Nutzung angeeignet werden sollte. Das Gericht gab der Petition der Weißen statt, mit Ausnahme des Gebietes im Winkel der beiden Flüsse, an dem die Patuckets siedelten. Der indianische Titel dieses Gebiets erlosch erst 1726 endgültig, als der schöne Name Wamesit in dem von Chelmsford verloren ging und der letzte der Patuckets den Gräbern seiner Väter den Rücken kehrte und unter den fremden Indianern ein neues Zuhause suchte des Nordens.

Aber was hat das alles mit den Wasserfällen zu tun? Als die Eisenbahnwaggons durch seine Seenlandschaft donnerten, versuchte Wordsworth, sie durch ein Sonett zu bannen; und wenn ich kein sehr entschiedener Yankee wäre, könnte ich möglicherweise seinem Beispiel folgen und in diesem Zusammenhang meinen Protest gegen die Schändung von Patucket Falls äußern und mit Schimpfstrophen auf diese Dämme und Mühlen kämpfen, als Balmawapple mit seiner Pferdepistole auf sie schoss Stirling Castle. Felsen und Bäume, Stromschnellen, Kaskaden und andere Wasserwerke sind zweifellos alle sehr gut; Aber sind Baumwollhemden und Wollmäntel angesichts unserer sieben Frostmonate im Großen und Ganzen nicht immer noch besser? Was die Geister des Flusses betrifft, die Merrimac-Najaden, oder wie auch immer sie im indischen Vokabular heißen mögen, sie haben keinen guten Grund, sich zu beschweren; insofern als die Natur bei der Markierung und Aushöhlung des Flussbettes den Blick eher auf das Nützliche als auf das Malerische gerichtet zu haben scheint. Nach ein paar anfänglichen Possen und jugendlichen Launen oben in den White Hills erreicht der Merrimac die Küste, ein klarer, fröhlicher und arbeitsreicher Yankee-Fluss . Seine zahlreichen Wasserfälle und Stromschnellen scheinen eher das Niveau des Ingenieurs als den Bleistift des Touristen einzuladen; und der Maurer, der die riesigen Ziegelsteine zu ihren Füßen auftürmt, wird, wie ich vermute, selten von sentimentaler Reue oder poetischen Bedenken geplagt. So bieder und sachlich der Merrimac auch ist, er hat dennoch einige kapriziöse und exzentrische Nebenflüsse; der Powow zum Beispiel mit seinen achtzig Fuß Fallhöhe in ein paar Ruten, und der wilde, von Indianern heimgesuchte Spicket, der in Sichtweite des Gemeindehauses des Dorfes seinen nahezu senkrechten Sprung von dreißig Fuß macht und sonntags seine heidnischen Fersen hochwirft und das alles aus reiner Verachtung der puritanischen Zehntengeber. Dieser letztere Wasserfall wurde jetzt durch die Hand der Kunst etwas verändert, ist aber immer noch, wie Professor Hitchcock in seiner „ Scenographical Geology" darüber sagt, „ein Gegenstand von nicht geringem Interesse". Mein Freund T., bekannt als Übersetzer von „Undine" und als Schriftsteller mit feiner und zarter Fantasie, besuchte Spicket Falls, bevor man neben ihnen das Geräusch eines Hammers oder das Klicken einer Kelle hörte. Sein Tagebuch „Ein Tag auf dem Merrimac" gibt eine ansprechende und anschauliche Beschreibung ihres ursprünglichen Aussehens, wie es durch das Teleskop einer poetischen Fantasie betrachtet wird. Die Leser von „Undine" werden mir für ein oder zwei Passagen aus dieser Skizze danken:

„Das Rauschen des Wassers wird immer tiefer. Etwas Übernatürliches liegt in ihrem wirren Murmeln; es lässt mich den Autor der Apokalypse besser verstehen und mit ihm sympathisieren, wenn er von der Stimme vieler Wasser spricht und Bild auf Bild häuft, um deren Kraft zu vermitteln." seine Vorstellung.

„Durch die Ulmenzweige erhasche ich ein paar schneebedeckte Blicke auf Schaum in der Luft. Sehen Sie, wie Gischt und Dampf das Immergrün zu meiner Linken hinaufrollen. Die beiden seitlichen Abgründe, hundert Fuß voneinander entfernt und ohne Objekte von untergeordneter Bedeutung, verdunkeln sich und konzentrieren das Aussicht. Die Wasser dazwischen ergießen sich über den rechten und linken Gipfel, strömen herab und vereinigen sich zwischen den schroffsten und schroffsten Felsen. Oh , was für eine ganze Bergseite aus diesem lebendigen Schaum! Die Sonne hinterlässt einen schwachen prismatischen Farbton. Diese Die Wasserfälle sind im Vergleich zu denen des Missouri nichts, nichts als die kleinste Miniatur; und doch helfen sie mir, mir eine Vorstellung von dieser herrlichen Weite zu machen.

„Ein Stück einer Eiche, das vom Blitz abgerissen wurde, kämpft mit der Strömung auf halber Höhe; während der zerschmetterte Stamm stirnrunzelnd über die Verwüstung blickt, majestätisch in Ruinen. Das ist in der Nähe der südlichen Klippe. Weiter nördlich erhebt sich ein Felsvorsprung aus dem Bach, es Die Oberseite ist mit grünem Klee von lebhafter Frische bedeckt. Nicht nur die ganze Nacht, sondern den ganzen Tag über liegt der Tau auf seiner Reinheit. Während mein Auge den obersten Rand erreicht, wo das Wasser überschießt, schaue ich in den westlichen Himmel , und erkenne dort (was du am wenigsten erwartest) eine Kuh, die mit bewundernswerter Gelassenheit wiederkäut, und weiter oben mehrere Schafe und Lämmer, die Himmelsknospen abgrasen. Sie stehen auf der Anhöhe, die den Hintergrund meiner jetzigen Ansicht bildet. Die Illusion ist äußerst malerisch, – wie Allston selbst es nicht schaffen würde. „Wer kann malen wie die Natur?"

Für eine Bevölkerung wie die von Lowell ist die wöchentliche Pause von der eintönigen Hausarbeit, die der erste Tag der Woche bietet, besonders dankbar. Für den müden und überarbeiteten Mitarbeiter ist der Sabbat nachdrücklich ein Ruhetag. Es öffnet sich für ihn in etwa wie für George Herbert, wie er es in seinem exquisiten kleinen Gedicht beschreibt:

„Süßer Tag, so kühl, so ruhig, so hell,

Die Braut der Erde und des Himmels!"

Abgesehen von den beruhigenden religiösen Assoziationen bringt es die Gewissheit von körperlichem Wohlbefinden und Freiheit mit sich. Es ist etwas, den Morgen vom Tagesanbruch bis zum Frühstück in diesem luxuriösen Zustand zwischen Schlafen und Wachen einschlafen zu können, in dem sich der Geist langsam und friedlich im Kreis dreht, anstatt weiterzustürmen – die Zukunft leer, die Vergangenheit vernichtet vorhanden, aber ein schwaches Bewusstsein einer angenehmen Existenz. Auch die Befriedigung, die abgenutzten und schmutzigen Arbeitsgewänder abzulegen und in gepflegter und bequemer Kleidung zu erscheinen, ist keineswegs unerheblich. Der moralische Einfluss der Kleidung wurde selbst von Carlyles Professor in seinem Sartor Resartus nicht überbewertet . William Penn sagt, dass Sauberkeit mit Frömmigkeit gleichzusetzen ist. Bei einem gut gekleideten Mann ist die Wahrscheinlichkeit, seinen Charakter unter sonst gleichen Bedingungen zu gefährden, nicht halb so hoch wie bei einem, der sich der Schäbigkeit nähert. Lawrence Sterne pflegte zu sagen, dass er sich sofort rasierte, seine Perücke bürstete, sein bestes Kleid anzog, als er spürte, wie er deprimiert war und ein Gefühl der Niedergeschlagenheit und Wertlosigkeit verspürte – eine Art Veranlagung für alle möglichen kleinen Gemeinheiten – seine goldenen Ringe und schlug so die azurblauen Dämonen seines unglücklichen Temperaments in die Flucht . Es besteht irgendwie eine enge Verbindung zwischen moralischer Reinheit und sauberer Wäsche; und die Geister unserer täglichen Versuchung, die durch einen kaputten Hut oder einen Riss im Ellbogen leichten Zugang zu uns zu finden scheinen, sind offensichtlich verwirrt über die „vollkommene Qualität" eines sauberen und anständigen Kleides. Ich erinnere mich, wie meine Mutter einmal unserem Hausarzt erzählte, dass eine Frau aus der Nachbarschaft, die sich nicht gerade durch ihre Sauberkeit auszeichnete, Mitglied der Kirche geworden sei. „Hmpf!" sagte der Arzt auf seine schnelle, sarkastische Art: „Was ist damit? Wissen Sie nicht, dass kein unreines Ding in das Himmelreich gelangen kann?"

„Wenn Sie Lowell richtig sehen würden", wie Walter Scott über Melrose Abbey sagt, müssen Sie einen angenehmen ersten Tag am Ende des sogenannten „Nachmittagsgottesdienstes" erleben. Dann blühen die Straßen wie ein wandernder Blumengarten; als ob die Tulpen, Lilien und Rosen in der Gärtnerei meines Freundes W. im Tal von Nonantum es sich in den Kopf setzen würden, zur Bewegung spazieren zu gehen. Tausende strömen herbei, die wochentags in den Mühlen eingesperrt sind. Bunte Farben wechseln sich mit schneeweißem Weiß ab; Die extremste Mode stößt auf die schlichte Zurückhaltung des altmodischen Methodismus.

Helle, blasse Gesichter erhalten durch den freien Sonnenschein und die frische Luft einen wärmeren Farbton. Der träge Schritt wird elastisch durch die „federnde Gangbewegung", die Charles Lamb bewunderte. Dennoch ist der allgemeine Eindruck der Stadt von Ruhe geprägt; Die jugendliche Menge geht ruhig weiter, ihre Stimmen sind zu einem tieferen und sanfteren Ton gedämpft, als fürchtete sie, die Ruhe des Ruhetages zu stören. Ein Fremder, der frisch von den fröhlich verbrachten Sabbathen des europäischen Kontinents kommt, wäre zweifellos erstaunt über den Anstand und die Nüchternheit dieser überfüllten Straßen.

Ich bin bei äußerlichen Bräuchen nicht übermäßig genau; Dennoch begrüße ich mit ungeheuchelter Freude diesen ersten Tag der Woche, die süßeste Pause in unserem harten Lebensmarsch, den grünsten Rastplatz in der heißen Wüste, die wir durchschreiten. Die Fehler derer, die seine gütige Ruhe mit der eisernen Herrschaft des jüdischen Sabbats verwechseln und ihn folglich mit Strafen absichern und sich vor ihm in sklavischer Angst beugen, sollten uns nicht weniger dankbar für den wahren Segen machen, den er uns bringt. Als einen Tag, der dem Gott dieser Welt in gewissem Maße entrissen wurde, als eine Gelegenheit für nachdenkliche Selbstkommunikation, lasst uns ihn als ein gutes Geschenk unserer himmlischen Eltern in Liebe und nicht in Angst annehmen.

Als ich heute Morgen die Central Street entlangging, wurde meine Aufmerksamkeit von dem Freund gelenkt, der mich auf eine Gruppe von Arbeitern begleitete, die mit ausgezogenen Mänteln und hochgekrempelten Ärmeln an Hebeln herumrudelten und mit Vorschlaghämmern einschlugen, mit voller Sicht auf die Straße Rand des Kanals, direkt über der Central Street Bridge. Ich rieb mir die Augen und rechnete fast damit, dass ich nur einer optischen Täuschung ausgesetzt war. aber ein zweiter Blick bestätigte nur den ersten. Um mich herum waren feierliche Gesichter zu sehen, die einem Treffen entgegentraten – lächelnlos und schrecklich; und ganz in der Nähe waren die grabenden, schuftenden, schlammverschmierten Arbeiter. Niemand schien darüber überrascht zu sein; Niemand bemerkte, dass es etwas Außergewöhnliches war. Und dies auch in einer Stadt, in der streng auf die Sabbatbräuche geachtet wird; wo etwa zwanzig Kanzeln Anathemas über alle aussprechen, die „den Tag des Herrn entweihen "; wo einfache Mitteilungen über Treffen aus moralischen Gründen kaum gelesen werden können; wo viele es für falsch halten, an diesem Tag für den Sklaven zu sprechen, der keinen Sabbat der Ruhe kennt, oder für den Trunkenbold, der, von seinen Gelüsten verdorben, ihn nicht genießen kann. Wahrlich, es gibt seltsame Widersprüche in unserer konventionellen Moral. Augen, die beim Blick über den Atlantik auf die fröhlichen Sabbattänze französischer Bauern vor Entsetzen nach oben gerichtet sind, sind irgendwie blind für die Angelegenheiten, die uns am Herzen liegen. Was bei einem Einzelnen eine Sünde ohne Reue wäre, wird in einem Unternehmen völlig angemessen. Es stimmt, der Sabbat ist heilig; aber die Kanäle müssen repariert werden. Jeder sollte zur Versammlung gehen; aber die Dividenden dürfen nicht gemindert werden. Der kirchliche Ablass ist schließlich nicht auf Rom beschränkt.

Für einen genauen Beobachter der menschlichen Natur ist es nicht verwunderlich, dass eine Klasse von Menschen, die bei diesem Opfer der Sabhath- Heiligkeit gegenüber dem Dämon des Gewinns ein Augenzwinkern haben, gleichzeitig mit strenger Missbilligung auf alles blicken, was den Charakter von Vergnügen hat , wie unschuldig und gesund auch immer, an diesem Tag. Aber ich selbst, wenn ich im Licht eines goldenen Abends auf diese ruhig vorbeiziehenden Gruppen herabschaue, kann es mir nicht zu

Herzen nehmen, sie dafür zu verurteilen, dass sie an diesem einzigen Freizeittag die notwendigen Einflüsse von geselligem Vergnügen, hemmungsloser Bewegung und Frische suchen Luft. Ich kann mir nicht vorstellen, dass aus der Umwandlung ihres Ruhetags in einen jüdischen Sabbat und der daraus resultierenden Inhaftierung, wie so viele sehnsüchtige Gefangene, in engen und überfüllten Pensionen ein wesentlicher Dienst für die Religion oder die Menschheit resultieren würde. Ist Fröhlichkeit nicht eine Pflicht, ein besserer Ausdruck unserer Dankbarkeit für Gottes Segen als bloße Worte? Und welche Antwort hatten die Pharisäer selbst nach dem alten Ritualgesetz auf die Frage: „Ist es nicht erlaubt, am Sabbat Gutes zu tun?“

Ich habe von Natur aus ein nüchternes Temperament und bin außerdem Mitglied jener Sekte, die Dr. More fälschlicherweise „die melancholischste von allen“ genannt hat; Aber ich gestehe eine besondere Abneigung gegen entstellte Gesichter, protzige Zurschaustellung von Frömmigkeit und Stolz, der Demut nachahmt. Askese, Verdrießlichkeit, Selbstquälerei, Undankbarkeit angesichts herabströmender Segnungen und schmerzhafte Zurückhaltung der besseren Gefühle unserer Natur mögen einem hinduistischen Fakir oder einem Mandan-Medizinmann mit Büffelschädeln an seinen zerrissenen Muskeln zustehen; Aber sie scheinen mir für einen Gläubigen des frohen Evangeliums des Neuen Testaments leider fehl am Platz zu sein. Das Leben des göttlichen Lehrers bietet dieser mürrischen und düsteren Heiligkeit keinen Halt und verschließt das Herz vor den süßen Einflüssen menschlichen Mitgefühls und den gesegneten Diensten der Natur. Zum Entsetzen und zum kleiderzerreißenden Erstaunen blinder Pharisäer äußerte er die bedeutungsvolle Wahrheit, dass „der Sabhath für den Menschen gemacht wurde und nicht der Mensch für den Sabhath “. Aus der dichten Luft überfüllter Städte, aus überfüllten Tempeln und Synagogen – wo Priester und Leviten eine Zurschaustellung der Anbetung aufführten und umso lauter auf hohlen Zeremonien trommelten, um der Leere des Lebens Ausdruck zu verleihen, so wie die Hülsen umso lauter rascheln, wenn das Korn aufgebraucht ist , – Er führte seine Jünger in die Stille des Landes, unter klarem östlichen Himmel, auf den luftigen Gipfeln der Berge, im Schatten von Obstbäumen, an der Seite von Brunnen und durch gelbe Erntefelder, um seine Lehren in die Tat umzusetzen göttliche Moral durch Vergleiche und Gleichnisse, die durch die ihn umgebenden Gegenstände oder die fröhlichen Ereignisse der gesellschaftlichen Menschheit nahegelegt werden – der Weinberg, die Feldlilie, der Spatz in der Luft, der Sämann im Saatfeld, das Fest und die Hochzeit. So sanft, so süß, freundlich und fröhlich kam das Evangelium der Menschheit von seinen Lippen; liebe die Erfüllung jedes Gesetzes; Unsere Liebe zueinander misst und manifestiert unsere Liebe zu Ihm. Die Taufe, mit der Er getauft wurde, war die der göttlichen Erfüllung der Bedürfnisse unserer Menschheit; die tiefen Wasser unserer Sorgen ergossen sich über Ihn; unbeschreibliche Reinheit, die um unseretwillen den dunklen Abgrund der Sünde erkundet; Doch wie ein Strom aus Licht fließt dieses heitere und schöne Leben durch die Erzählungen der Evangelisten! Er brach das Brot mit dem armen, verachteten Zöllner; Er setzte sich mit den Fischern am See Genezareth zusammen; Er sprach mitfühlende Worte zur sündenkranken Magdalena; Er heiligte durch seine Gegenwart die geselligen Freuden des Zuhauses und der Freundschaft in der Familie von Bethanien; Er legte seine segnende Hand auf die sonnigen Stirnen der Kinder; Er berücksichtigte sogar die rein tierischen Bedürfnisse der Menge in der Wildnis; Er missbilligte keine der einfachen und natürlichen Freuden des Lebens. Die Last seines Evangeliums war Liebe; und durch Leben und Wort lehrte er immer wieder die getrennten und zerstreuten Kinder einer großen Familie, dass sie sich nur dann Ihm nähern könnten, der ihr gemeinsamer Mittelpunkt sei, wenn sie einander näherkämen ; und dass, während kein zur Schau gestelltes Gebet oder strenges Befolgen von Zeremonien den Menschen in den Himmel erheben könnte, die einfache Ausübung der Liebe in Gedanken und Taten den Himmel zum Menschen herabholen könnte. Er lehrte müde und unruhige Geister die große Wahrheit, dass Glück darin besteht, andere glücklich zu machen. Kein Kloster für müßige Kniebeugen und Perlenzählen, kein Haartuch für die Lenden, keine Geißel für die Glieder, sondern Werke der Liebe und des Nutzens unter dem fröhlichen Sonnenschein, die die verlassenen Orte der Menschheit erfreuen und die Wüste des Herzens zum Blühen bringen. Warum sollten wir uns dann auf die Suche nach dem abgelegten Sacktuch des Pharisäers machen? Sind wir Juden oder Christen? Muss selbst unsere Dankbarkeit für die „freudige Botschaft großer Freude" verzagen? Muss der Hymnus unseres Dankes für unzählige Gnaden und das unaussprechliche Geschenk Seines Lebens immer den Unterton einer Trauerklage haben? Was! Sollen wir murren und klagen, einander kalt anschauen und weder Schönheit noch Licht noch Freude in dieser guten Welt sehen, in der wir das herrliche Vorrecht haben, auf Gottes Erntefeld zu arbeiten, mit Engeln als Begleitern, Segen und Segen? gesegnet sein?

Für den, der die Offenbarungen der unmittelbaren Pflicht vernachlässigt und bedauernd hinter sich und ängstlich vor sich blickt, mag das Leben durchaus wie ein feierliches Geheimnis erscheinen, denn wohin er sich auch wendet, eine Mauer der Dunkelheit erhebt sich vor ihm; Aber auf die Gegenwart fällt, wie durch ein Oberlicht zwischen den Schatten, ein klarer, stiller Glanz, wie Strahlen aus einem Auge des Segens; und im Kreis dieser göttlichen Erleuchtung verschmelzen Schönheit und Güte, Wahrheit und Liebe, Reinheit und Fröhlichkeit wie Urfarben in der klaren Harmonie des Lichts. Der Autor von „Proverbial Philosophy" hat in diesem Zusammenhang eine Passage, die nicht unwürdig ist, wenn er von dem Zug spricht, der die Gerechten im Himmel begleitet:

„ Auch in der immer größer werdenden Truppe sehe ich einige in Triumphgewändern gekleidet, deren schöne und sonnige Gesichter ich auf Erden gekannt und geliebt habe. Willkommen, ihr verherrlichten Lieben, Gnaden, Wissenschaften und Musen, die wie Schwestern der Nächstenliebe für mich gesorgt haben das Krankenhaus dieser Welt; Willkommen, denn wahrlich, ich wusste, dass ihr nicht anders könnt, als Kinder des Lichts zu sein; Willkommen, vor allem willkommen, denn ich habe festgestellt, dass ich Freunde im Himmel habe, und einige habe ich kaum gesucht; wie du, unbeschwerte Mirth; Auch du, in die Sterne gehüllte Urania, und du mit dem seltsamen Spiegel, der sich daran freut , Schönheit zu verfolgen, wo das Auge zu stumpf war, um sie zu bemerken. Und gehörst du auch zu der gesegneten, milden, viel verletzten Poesie? Das belebt dich mit Licht und Schönheit das bleierne Antlitz der Materie, das nicht unhörbar, wenn auch still, die Gärten der Erde mit Musik erfüllt, und nicht unsichtbar, wenn auch ein Geist, von den Sternen auf uns herabschaut.“

# DAS AUFLEUCHTEN.

*„Er hat mit den Spionagebeamten gesprochen , um es zu spionieren .“*

*Piers Pflüger.*

HEUTE Abend, der 20. des neunten Monats, ist die Zeit, zu der die Mühlen für die Nachtarbeit angezündet werden; und ich bin gerade zurückgekehrt, nachdem ich zum ersten Mal die Wirkung der neuen Beleuchtung gesehen habe.

Als ich über die Brücke ging, fast bis zum Dracut-Ufer, hatte ich einen schönen Blick auf die lange Reihe von Mühlen, die Stadt dahinter und die weite Breite des Flusses von den Wasserfällen aus. Das Licht eines ruhigen und wunderschönen Sonnenuntergangs verblasste langsam vom Fluss und vom Himmel, und die Schatten der Bäume an den Dracut-Hängen vermischten sich in düsterer Unschärfe mit dem großen Schatten der Nacht. Plötzlich brachen Lichtstrahlen aus den schwarzen Mauerwerksmassen am Lowell-Ufer, zunächst schwach und verstreut, huschten von Fenster zu Fenster, erschienen und verschwanden wie Irrlichter in einem Wald oder Glühwürmchen in einer Sommernacht. Eine Reihe nach der anderen wurde von Fenstern erleuchtet, bis die gesamte riesige Wand, die sich vom Keller bis zum Dach weit flussaufwärts erstreckte, von Licht durchzogen war, das von den Sternenstrahlen des stillen Wassers darunter reflektiert wurde. Mit ein wenig Fantasie könnte man die so beleuchteten riesigen Mühlen leicht in Paläste verwandeln, die für Festanlässe beleuchtet werden, und die Figuren der Arbeiter, die vor den Fenstern hin und her gehen , in Formen von Schönheit und Mode verwandeln, die einziehen anmutige Tänze.

Ach! Diese Musik des Shuttles und der tagelange Tanz dazu sind nicht ganz von der Art, von der Milton spricht, wenn er die „sanften lydischen Allüren“ üppiger Muße beschwört. Von diesem Zeitpunkt an werden die Arbeiter ein halbes Jahr lang, vom Glockenläuten der Morgendämmerung bis halb sieben Uhr abends, mit kurzen Pausen für zwei hastige Mahlzeiten, auf ihre Aufgaben beschränkt sein. Die sprichwörtliche Fähigkeit der Yankees, ihre Abendessen in kürzester Zeit zu verschicken , scheint von den Lowell-Konzernen ausgenutzt und auf ein System reduziert worden zu sein. So seltsam es für den Uneingeweihten auch erscheinen mag, schaffen es die Arbeiter und Arbeiterinnen hier, in nur einer halben Stunde zu ihren Unterkünften zu gelangen, die notwendigen vorläufigen Waschungen vorzunehmen, ihr Rindfleisch und ihren Pudding zu verschlingen und zu ihren Webstühlen und Wagenhebern zurückzukehren Stunde. Auf diese Weise wird der Arbeitstag in Lowell das ganze Jahr über auf durchschnittlich zwölfeinhalb Stunden verkürzt. Dies ist ein ernstes Übel, das eine ernsthafte

Berücksichtigung des Humanen und Philanthropischen erfordert. Beide Klassen – Arbeitgeber und Arbeitnehmer – würden letztendlich von der allgemeinen Einführung des „Zehn-Stunden-Systems" stark profitieren, obwohl die eine einen leichten Rückgang des Tageslohns und die andere einen leichten Rückgang des Jahresgewinns hinnehmen müsste. Dennoch ist es schwer vorstellbar, wie diese äußerst wünschenswerte Änderung bewirkt werden soll . Der stärkere und gesündere Teil der Betriebswirte könnte dagegen ebenso energisch protestieren wie der entfernte Aktionär, der nur auf seine halbjährlichen Dividenden hofft. Gesundheit wird zu oft zweitrangig betrachtet. Gewinn ist das große, alles absorbierende Objekt. Vergleichsweise betrachten nur sehr wenige Lowell als ihre „Fortsetzungsstadt". Sie blicken sehnsüchtig zurück auf die grünen Täler von Vermont, auf ruhige Bauernhäuser an den Quellflüssen von Connecticut und Merrimac und auf alte, vertraute Häuser an der luftigen Küste Neuenglands, wohin sie das Wissen getrieben hat, dass sie hier sind kann in einer bestimmten Zeit mehr Geld verdienen als an jedem anderen Ort oder in jeder anderen Beschäftigung. Sie kommen hierher, um Gewinn zu machen, nicht zum Vergnügen; für hohe Löhne, nicht für die Annehmlichkeiten, die ein Zuhause mit sich bringt. Hier sind arme Witwen, die sich abmühen, ihre Kinder zu erziehen; Töchter, die ihren Lohn horten, um verpfändete väterliche Gehöfte abzulösen oder um die Ausgaben kranker und gebrechlicher Eltern zu bestreiten; junge verlobte Mädchen, die im Begriff sind, ihre Ersparnisse denen ihrer Landliebhaber hinzuzufügen. Andere sind in reiferem Alter, einsam und arm und werden hierher getrieben von einer stolzen Abneigung, die Barmherzigkeit von Freunden und Verwandten auf die Probe zu stellen, und einer starken Sehnsucht nach dem „herrlichen Privileg, unabhängig zu sein". Alle Ehre sei ihnen! Was auch immer ihnen die Tore der Ehe verschlossen haben mag, sei es ihre eigene Verstocktheit oder die Treulosigkeit oder Gleichgültigkeit anderer, anstatt sich in einem Nonnenkloster einzuschließen oder die Gutmütigkeit ihrer Freunde durch ständige Forderungen nach Mitgefühl und Unterstützung wie schwache Weinreben zu belasten Ist es für sie nicht besser und klüger, ruhig an die Arbeit zu gehen und zu zeigen, dass die Frau eine selbsterhaltende Kraft hat? dass sie etwas für sich ist; dass auch sie eine Rolle im Leben spielt und, gemeinsam mit den selbstgewählten „Herren der Schöpfung", einen direkten Bezug zum absoluten Sein hat? Dafür bietet die Fabrik die Gelegenheit, den ersten und wesentlichen Schritt zu unternehmen, um innerhalb eines angemessenen Zeitraums eine komfortable Kompetenz zu erlangen.

Mit dem Betrieb dieser Mühlen sind zweifellos viele Übel verbunden; Sie werden jedoch teilweise dadurch kompensiert, dass hier, mehr als bei jeder anderen mechanischen Beschäftigung, die Arbeit der Frau im Wesentlichen auf der gleichen Stufe wie die des Mannes steht. Hier wird zumindest eine der vielen sozialen Behinderungen beseitigt, unter denen die Frau als eigenständiges Individuum, unabhängig vom anderen Geschlecht, seit jeher gelitten hat; die Arbeit ihrer Hände wird angemessen belohnt; und sie geht ihrer täglichen Aufgabe mit dem Bewusstsein nach, dass sie „ihre Kraft nicht umsonst verschwendet".

„The Lowell Offering", das seit vier Jahren monatlich in dieser Stadt erscheint und ausschließlich aus Artikeln besteht, die von in den Mühlen beschäftigten Frauen verfasst wurden, hat große Aufmerksamkeit erregt und eine weite Verbreitung gefunden. Dies mag zum Teil auf die neuartigen Umstände seiner Veröffentlichung zurückzuführen sein; aber es ist etwas mehr und besser als eine bloße Neuheit. In seinen Bänden finden sich lebhafte Schilderungen häuslicher Szenen und Charaktere, äußerst fantasievolle Stücke, Geschichten von echtem Pathos und Humor sowie erfreuliche Märchen und Fabeln. „The Offering" entstand aus einem Leseverein der Mühlenmädchen, der unter dem Namen „Improvement Circle" einmal im Monat zusammentrat. Bei seinen Treffen wurden zur Belustigung und Kritik des Unternehmens Stücke gelesen, die von seinen Mitgliedern verfasst und heimlich in eine Art „Löwenmaul" geworfen worden waren, um die Autoren vor Entdeckung zu schützen . Dieser Kreis existiert noch; und ich verdanke meiner Einführung darin einige der angenehmsten Stunden, die ich in Lowell verbracht habe.

Die Art und Weise, wie das „Opfer" in diesem Land allgemein wahrgenommen wurde, entsprach meiner Meinung nach nicht ganz dem guten Geschmack oder der Selbstachtung. Es ist kaum zu entschuldigen für Männer, die, was auch immer ihre gegenwärtige Stellung sein mag, mit uns allen Brüder, Schwestern oder andere Verwandte haben, die in der Werkstatt und in der Molkerei beschäftigt sind, und die kaum den Boden aus ihren eigenen beruflichen Händen gewaschen haben der Arbeit, um über das Erscheinen einer Zeitschrift, deren Artikel von Fabrikmädchen geschrieben werden, sehr deutliche Erstaunensbekundungen zu zeigen. Als ob die Vereinbarkeit geistiger Kultivierung mit körperlicher Arbeit und die Gleichheit und Brüderlichkeit der Menschheitsfamilie noch offene Fragen wären, deren Entscheidung stark von der Erbringung positiver Beweise dafür abhängt, dass Aufsätze geschrieben und Teppiche mit denselben Fingern gewebt werden können !

Die Wahrheit ist, dass es unserer Demokratie an Ruhe und Festigkeit mangelt, an der Ruhe und Eigenständigkeit, die aus langer Gewohnheit und fester Überzeugung resultieren. Wir haben noch nicht gelernt, seine einfachen Wahrheiten mit der anmutigen Leichtigkeit und der ruhigen Miene unaufgeforderter Sicherheit zu tragen, mit der der betitelte Europäer seine sozialen Fiktionen ausführt. Als Volk spüren und leben wir unsere große Erklärung nicht. Uns fehlt der Glaube an den Menschen, das Vertrauen in die einfache Menschheit, unabhängig von ihrer Umgebung.

„Das Alter zeigt meiner Meinung nach mehr Ungläubige gegenüber Adam,

    Als direkt, von Beruf, einfache Ungläubige zu Gott.“


Elizabeth B. Browning.

# KOMFORT NEHMEN.

In den letzten Tagen hat mich das schöne Wetter von Büchern und Papieren und der engen Luft der Wohnungen auf die offenen Felder gelockt, unter den sanften, warmen Sonnenschein und das sanftere Licht eines Vollmonds. Die schönste Jahreszeit des ganzen Jahres – diese vergängliche, aber entzückende Zeit zwischen den Stürmen der „wilden Tagundnachtgleiche mit all ihrer Nässe" und den dunklen, kurzen, trostlosen Tagen, die der Strenge des Winters vorausgehen – ist jetzt bei uns. Die Sonne geht durch eine weiche und dunstige Atmosphäre auf; die leichten Nebelwolken schmelzen allmählich vor ihm dahin; und sein Mittagslicht ruht warm und klar auf stillen Wäldern, ruhigen Gewässern und Gräsern, die grün sind vom Spätherbstregen. Die rauen, bewaldeten Hänge von Dracut mit Blick auf die Wasserfälle des Flusses; Fort Hill, jenseits der Concord, wo der Rote Mann seinen letzten Widerstand leistete und wo noch immer der Graben zu sehen ist, den er um seine rohe Festung ausgehoben hat; die wunderschönen Wälder an den Ufern von Lowell und Tewksbury am Concord; der Friedhof; der Patucket Wasserfälle – alle in Reichweite eines mittelschweren Spaziergangs – bieten zu dieser Jahreszeit ihre neuesten und schönsten Attraktionen.

Eines schönen Morgens vor nicht allzu langer Zeit schlenderte ich den Merrimac entlang am Ufer von Tewksbury. Ich kenne keinen Spaziergang in der Nähe von Lowell, der so einladend ist wie der am Flussufer entlang, der sich fast eine Meile vom Dorf Belvidere entfernt erstreckt. Der Weg schlängelt sich grün und mit Blumen gesäumt zwischen Buchen und Eichen, durch deren Äste Sie einen Blick auf das glitzernde und plätschernde Wasser erhaschen können. Riesige und malerische Felsen ragen in den Bach hinein und bieten herrliche Ausblicke auf den Fluss und die ferne Stadt.

Halb erschöpft von meinem Spaziergang warf ich mich auf den felsigen Abhang des Ufers, wo das Panorama von Erde, Himmel und Wasser klar und deutlich um mich herum lag. Weit oben, still und düster wie ein Bild, lag die Stadt mit ihrem riesigen Mühlenmauerwerk, den wirren Schornsteinspitzen und Kirchtürmen; Näher erhob sich die Höhe von Belvidere mit seiner verlassenen Grabstätte und den vernachlässigten Grabsteinen, die sich auf seinem kahlen, kahlen Gipfel scharf gegen den Himmel abzeichneten; Vor mir strömte der Fluss seinen zerklüfteten Kanal hinab und sandte sein ewiges Rauschen herauf; über mir hing die Birke mit ihren Quasten; und die letzten Wildblumen des Herbstes säumten üppig den felsigen Rand des Wassers. Direkt gegenüber erstreckten sich die Dracut-Wälder vom Ufer aus, wunderschön in den Farbtönen des Frosts, leuchtender in Farbtönen, die reicher und tiefer waren als die, die Claude oder Poussin vermischten, als ob die Regenbogen eines Sommerregens zwischen sie gefallen wären. Etwas weiter rechts stand eine Gruppe Rinder bis zur Mitte des Flusses; und eine Schar Kinder warf mit leuchtenden und fröhlichen Augen Kieselsteine von einem vorspringenden Felsvorsprung nach ihnen. Über allem schmolz ein warmer, aber gedämpfter Sonnenschein vom schlummernden Herbsthimmel herab.

Meine Träume waren unangenehm gebrochen. Ein leises, grunzendes Geräusch, halb bestialisch, halb menschlich, erregte meine Aufmerksamkeit. Ich war nicht allein. Dicht neben mir, halb verdeckt von einem Büschel Büsche, lag ein Mensch, in voller Länge ausgestreckt, das Gesicht buchstäblich im Kies verwurzelt. Ein kleiner Junge, fünf oder sechs Jahre alt, sauber und gesund, mit seinen hellen braunen Locken und blauen Augen, stand oben am Ufer und blickte mit einem Ausdruck des einfachen und ungekünstelten Mitleids der Kindheit auf ihn herab.

"Was kränkt dich?" fragte der Junge ausführlich. „Warum liegst du da?"

Der am Boden liegende Kerl kämpfte sich bis zur Hälfte nach oben und zeigte dabei das aufgedunsene und schmutzige Gesicht eines Trunkenbolds. Er machte zwei oder drei Versuche, auf die Beine zu kommen, verlor das Gleichgewicht und fiel nach vorne auf sein Gesicht.

"Was machst du da?" fragte der Junge.

„Ich tröste mich", murmelte er, den Mund im Dreck.

Nimm seinen Trost! Da lag er – elend und abscheulich unter dem strahlenden Himmel – ein ungebildeter Mann. Die heiligen Harmonien der Natur, das Rauschen sprudelnder Wasser, das Rascheln der Blätter über ihm, die wilden Blumen, die Frostblüte der Wälder – was bedeuteten das für ihn? Bewusstlos, taub und blind, in der Benommenheit eines lebendigen Todes, lag er da und erkannte buchstäblich den äußerst bitter bedeutsamen östlichen Fluch: „Mögest du Dreck essen!"

Als ich die außerordentliche Schönheit und Harmonie der unbelebten Natur mit der menschlichen Erniedrigung und Missbildung vor mir verglich, spürte ich, wie ich gestehen muss , noch nie zuvor, die Wahrheit der Aussage eines seltenen Denkers, dass „die Natur als Stadt geliebt wird". Gott, obwohl, oder besser gesagt, weil er keinen Bürger hat. Die Schönheit der Natur muss immer universell und spöttisch sein, bis die Landschaft so gute menschliche Figuren hat wie sie selbst. Der Mensch ist gefallen; die Natur ist aufrecht." – (Emerson.) Wie ich Als er sich noch einmal dem ruhigen blauen Himmel, den dunstigen Herbsthügeln und dem schlummernden Wasser zuwandte, das vom Laubwerk seiner Ufer träumerisch gefärbt war, schien es, als ob ein Schatten der Scham und des Kummers über das angenehme Bild fiele; und selbst der Westwind, der die Baumwipfel über mir bewegte, hatte ein trauriges Murmeln, als ob die Natur die Entweihung ihrer Heiligkeit und die Zwietracht von Sünde und Torheit spürte, die ihre süßen Harmonien beeinträchtigte.

Gott segne die Abstinenzbewegung! Und Er wird es segnen; denn es ist sein Werk. Es ist eines der großen Wunder unserer Zeit. Nicht Pater Mathew in Irland, noch Hawkins und seine kleine Truppe in Baltimore, sondern Er, dessen Fürsorge über allen Werken Seiner Hand liegt und der in Seiner göttlichen Liebe und seinem Mitgefühl „die Herzen der Menschen umdreht , wie die Wasserströme umgedreht werden", „hat es geschafft. Ihm gebührt alle Ehre.

# CHARME UND FEENGLAUB



Aus tiefer Kenntnis der menschlichen Natur heraus bemerkte Lord Bacon, als er über die Wahrheit sprach, dass eine Mischung aus Lüge immer Vergnügen bereite. „Bezweifelt irgendjemand", fragt er, „dass, wenn eitle Meinungen, schmeichelhafte Hoffnungen, falsche Bewertungen und Einbildungen aus den Köpfen der Menschen entfernt würden, dies aber den Geist einer Reihe von Menschen arm, geschrumpft und voller Dinge zurücklassen würde." melancholisch und unwohl und ihnen selbst unangenehm?" Diese anerkannte Tendenz unserer Natur, diese Liebe zum angenehmen Rausch der Unwahrheit, Übertreibung und Einbildungskraft ist vielleicht der Grund für die große Freude, die Kinder und Nationen noch in der Kindheit der Zivilisation an fabelhaften Legenden und Wundergeschichten empfinden. Der Araber hört heute mit gespanntem Interesse denselben Geschichten über Genien und Afriten, Zauberer und verzauberte Prinzessinnen zu, die seine Vorfahren zur Zeit von Haroun al Raschid begeisterten . Der sanfte, kirchliche Isländer unserer Zeit betört die lange Nacht seines Winters mit genau den Sagen und Runen, die mit nicht unerfreulichem Grauen die Herzen der altnordischen Seeräuber erbeben ließen. Welches Kind, obwohl angelsächsisch geboren, entgeht einem vorübergehenden Aufenthalt im Märchenland? Wer von uns erinnert sich nicht an die große Befriedigung, Fibel und Rechtschreibbuch für gestohlene ethnografische Studien über Zwerge und Riesen beiseite geworfen zu haben? Sogar in unserem eigenen Land und in unserer Zeit klammern sich alter Aberglaube und Leichtgläubigkeit immer noch mit katzenhafter Hartnäckigkeit an das Leben. Hier und da, am häufigsten in unseren festen, von Tälern geschützten Dörfern im Landesinneren – dem schlummernden Rip Van Winkles, unfortschrittlich und selten besucht – kann man den gleichen alten Glauben an Vorzeichen, Warnungen, Hexerei und

übernatürliche Zaubersprüche finden, den unsere Vorfahren mitbrachten sie
vor zwei Jahrhunderten aus Europa.

Die Praxis von Zaubersprüchen oder das, was im Volksmund
„Probierprojekte" genannt wird, wird in Neuengland bis zu einem gewissen
Grad noch immer fortgesetzt. Die unnachahmliche Beschreibung, die Burns
für ähnliche Praktiken in seinem Halloween gibt, trifft möglicherweise nicht
in jeder Hinsicht auf diese häuslichen Beschwörungen zu; aber das Folgende
erfordert nur den Ersatz von Nüssen durch Apfelkerne :

> *„Die Wheel- Hoordet- Nissen der alten Frau*
>
> *Sind rund und rund geteilt;*
>
> *Das Schicksal vieler Jungs und Mädels*
>
> *Gibt es in dieser Nacht entschieden.*
>
> *Ein paar Kindle Couthie nebeneinander*
>
> *alles ordentlich verbrennen ;*
>
> *Manche fangen plötzlich an mit frechem Stolz*
>
> *Und spring aus dem Chimlie heraus .*

Eines der häufigsten dieser „Projekte" ist folgendes: Eine junge Frau geht
mit einem Spiegel in der Hand in den Keller oder in ein dunkles Zimmer und
sieht darin das Gesicht ihres zukünftigen Mannes sie durch die Dunkelheit,
wobei der Spiegel für die damalige Zeit genauso wirksam war wie das
berühmte Cambuscan- Glas, von dem Chaucer spricht. Ein Nachbar von mir
führt, als er von dieser Beschwörung spricht, ein typisches Beispiel an. Eine
ihrer Schulkameradinnen machte das Experiment und sah das Gesicht eines
fremden Mannes im Glas; und viele Jahre später sah sie genau diesen Mann
an der Tür ihres Vaters vorbeigehen. Es stellte sich heraus, dass er ein
englischer Emigrant war, der gerade gelandet war, und wurde zu gegebener
Zeit ihr Ehemann. Burns spielt auf so etwas wie den oben beschriebenen
Zauber an :

> *„ Die kleine Jenny sagt zu ihrer Oma:*
>
> *Willst du mit mir gehen , Oma ?*
>
> *Einen Apfel im Glas essen*
>
> *Ich habe es von Onkel Johnnie bekommen?'*
>
> *Sie bläst ihre Pfeife mit einem Trottel ,*
>
> *Im Zorn war sie so verdampft ,*
>
> *Sie bemerkte , dass die Hauptlast nicht ausreichte*

Es ist nicht zu leugnen und um der Wahrheit willen auch nicht zu bedauern, dass dieser amüsante, jugendliche Glamour seine besten Tage in Neuengland erlebt hat. Der Schulmeister war aus irgendeinem Grund im Ausland. Nicht ohne Erfolg haben unsere Lyceum-Dozenten und die Reisen von Peter Parley alles im Himmel oben und auf der Erde unten auf das Niveau der kindlichen Fähigkeiten gebracht. Heutzutage durchlaufen Kinder in unseren Städten und Großstädten die Eröffnungsakte des wunderbaren Dramas des Lebens mit ebenso wenig Verwunderung und Überraschung wie der Inder durch die Straßen einer zivilisierten Stadt, die er zum ersten Mal betritt. Doch früher oder später bestätigt die Natur ihre Geheimnisse; Stimmen aus dem Unsichtbaren durchdringen den Lärm der Zivilisation. Der kindliche Philosoph und Materialist wird oft zum Visionär reiferer Jahre und stößt auf Illuminismus, Magnetismus und Transzendentalismus mit seinen inspirierten Priestern und Priesterinnen, seinen Offenbarungen und orakelhaften Antworten.

Aber in vielen grünen Tälern im ländlichen Neuengland gibt es noch Kinder; Jungen und Mädchen sind immer noch nicht ganz von der geistigen Entwicklung überholt. Es gibt auch Schalen und Apfelbienen und Stepppartys und riesige, altmodische Kamine voller knisternder Walnüsse, die ihr rosiges Licht über die glücklichen Gesichter der Jugend und des kaum weniger glücklichen Alters werfen. Wenn es wahr ist, dass laut Cornelius Agrippa „ein Holzfeuer dunkle Geister vertreibt", so ist es doch auch wahr, dass um es herum der einfache Aberglaube unserer Vorfahren noch immer gerne verweilt; und dort wird am häufigsten auf die halb sportlichen, halb ernsten Reize zurückgegriffen, von denen ich gesprochen habe. Es wäre völlig unangebracht, an sie neben unseren schwarzen, unansehnlichen Öfen oder in der tristen und dunklen Monotonie unserer ofengeheizten Räume zu denken. Im Lichtkreis des offenen Feuers könnten die jungen Zauberer sicher das Schicksal in Frage stellen; denn nur freundliche und sanfte Boten aus dem Wunderland konnten sich unter sie wagen. Und wer von uns, der an die langen Herbstabende der Kindheit zurückblickt, als der Schein des Küchenfeuers auf den geliebten Gesichtern zu Hause ruhte, hat nicht das Gefühl, dass in dem, was der soeben zitierte urige alte Autor behauptet, Wahrheit und Schönheit steckt? „So wie die Geister der Dunkelheit im Dunkeln stärker werden, so werden die guten Geister, die Engel des Lichts sind, vermehrt und gestärkt, nicht nur durch das göttliche Licht der Sonne und der Sterne, sondern auch durch das Licht unserer gemeinsamen Holzfeuer ." Sogar Lord Bacon, der die abergläubischen Glaubensvorstellungen seiner Zeit verurteilt, gibt zu, dass sie für winterliche Gespräche am Kamin dienen könnten.

Wir können mit Fug und Recht sagen, dass der Feenglaube jetzt überall tot ist – sogar begraben –, denn der verrückte Maler Blake sah die Beerdigung des letzten der kleinen Leute, und ein respektloser englischer Bischof hat ihr Requiem gesungen. Es hatte nie großen Einfluss auf das Gemüt der Yankees, da unser Aberglaube meist strengerer und weniger poetischer Art war. Die irischen Presbyterianer, die sich um das Jahr 1720 in New Hampshire niederließen, brachten tatsächlich neben anderen seltsamen Dingen Kartoffeln und Feen mit; Aber während die ersteren Wurzeln schlugen und unter uns blühten, starben die letzteren aus, nachdem sie ein paar Jahre in sehr melancholischer und trostloser Weise verweilt hatten und mit Bedauern auf ihre Tänze auf dem grünen Rasen, ihre Feierlichkeiten im Mondschein und ihr fröhliches Kuscheln um die Feuerfeuer Irlands zurückblickten . Das letzte Mal, dass man von ihnen hörte, war vor etwa vierzig oder fünfzig Jahren in einem Wirtshaus in S————, New Hampshire. Der Wirt war ein boshafter kleiner Mann, dessen säuerlicher, verkniffener Blick eine ständige Verleumdung des Zustands seiner Speisekammer war. Durch seine Verdrießlichkeit machte er sein Haus so ungemütlich, dass Reisende selbst bei Einbruch der Dunkelheit an seiner Tür vorbeikamen und in die nächste Stadt fuhren. Fuhrmänner und Viehtreiber, die damals sehr durstig waren, lernten, noch bevor Mäßigkeitsgesellschaften erfunden wurden, auf dieser Straße völlige Abstinenz zu praktizieren, ließen ihre Peitschen knallen und stachelten ihre Gespanne vor den Augen einer überaus verlockenden Truppe an aus Flaschen und Gläsern, hinter denen der mürrische kleine Wirt sie mit einem Blick anstarrte, der alle möglichen bösen Wünsche, gebrochene Beine, umgestürzte Kutschen, verdorbene Pferde, verstauchte Ochsen, unappetitliches Geflügel, beschädigte Butter und schlechte Märkte auszudrücken schien . Und wenn ein Wanderer aus Notwendigkeit, um „die Kälte aus seinem Magen fernzuhalten", gelegentlich sein Gespann anhielt und es wagte, „ etwas Wärmendes " zu rufen, rührte der gereizte Wirt das Getränk auf so boshafte Weise auf , dass der arme Kunde fast Angst hatte, den Mund zu öffnen, als er den schäumenden Schaum aus seiner Hand erhielt, aus Angst, dass das glühende Flip-Eisen in seine Speiseröhre fallen könnte.

Wie selbstverständlich kam die Armut wie ein bewaffneter Mann über das Haus und seine Bewohner. Lose Schindeln klapperten im Wind; Lumpen flatterten aus den zerbrochenen Fenstern; In den Türen befanden sich zerfetzte Kinder und dürftige Kost. Die Frau des Wirts war eine stämmige, dralle Frau irischer Abstammung und schaffte es, wie sie sagte, ihr „eigenes Herz unversehrt" zu bewahren, obwohl sie es kaum schaffte, indem sie ihren Mann ausschimpfte und ihn in seiner Abwesenheit großzügig besuchte das gilt für die Hosen ihrer Kinder und ihr eigenes selbstgesponnenes Kleid. Sie sagte zuversichtlich voraus, dass „ein besserer Tag kommen würde", was tatsächlich das einzig Hoffnungsvolle an den Räumlichkeiten war. Und es kam tatsächlich. Nicht nur alle regelmäßigen Reisenden auf der Straße legten Wert darauf, in der Taverne Halt zu machen, sondern auch Gäste aus allen umliegenden Städten füllten die seit langem verlassenen Räume – deren Geheimnis darin bestand, dass es irgendwie zu einer Schar von Feen gelangt war hatten in der Herberge ihr Quartier bezogen und unterhielten sich täglich in der geräumigen Stube miteinander. Ich habe diejenigen, die damals die Taverne besuchten, sagen hören, dass sie mehrere Wochen lang buchstäblich überfüllt war. Kleine, quiekende Stimmen sprachen in dem verwunschenen Raum in einer Art yankee-irischen Dialekt, was zum Erstaunen und zur Bewunderung Hunderter Menschen führte. Das Gasthaus wurde durch diesen Feenbesuch natürlich gesegnet; Die Schindeln hörten auf zu krachen, durchsichtige Scheiben ersetzten die Lumpen in den Fensterläden, und die kleine Kasse unter der Theke wurde von Tag zu Tag voller Münzen. Der magische Einfluss reichte noch weiter; Denn es war zu beobachten, dass der Wirt ein gutmütiges Gesicht hatte und dass die Besuche der Wirtin in der Ginflasche immer seltener wurden. Aber es lag in der Natur der Sache, dass die Sache nicht lange weitergehen konnte. Es war zu spät am Tag und auf der falschen Seite des Wassers. Als die Neuheit nachließ, begannen die Menschen zu zweifeln und darüber nachzudenken. Wäre der Ort von einem Geist durchzogen oder von einer Hexe gestört worden, hätten sie sich ruhig damit abfinden können; Aber dieser seltsame Glaube an Feen war für die Leichtgläubigkeit der Yankees insgesamt eine Überforderung. Wie zu erwarten war, verabschiedeten sich die kleinen Fremden, die in der Atmosphäre des Zweifels und des Misstrauens nicht atmen konnten, bald und schüttelten als Zeugnis gegen eine ungläubige Generation den Staub ihrer Elfenfüße ab. Es wurde tatsächlich gesagt, dass einige unhöfliche Kerle aus dem Bay State ein Brett von der Decke entfernten und es den Feen in Gestalt der drei schlampigen Töchter der Wirtin zugänglich machten. Aber der Leser, der über ein gewisses Maß an Nächstenliebe verfügt, die nichts Böses denkt, wird eher der Aussage der Feen selbst Glauben schenken, wie sie von der Hausherrin berichtet wurde, „dass sie des neuen Landes

überdrüssig waren und keinen Rhythmus mehr in ihrem Leben hatten." unter
den Yankees und gingen zurück nach Ould Ireland.

Es ist eine merkwürdige Tatsache, dass die Indianer eine Vorstellung von
einer Rasse von Wesen hatten, die in vieler Hinsicht den englischen Feen
entsprach. Schoolcraft beschreibt sie als kleine Kreaturen in
Menschengestalt, die Felsen, Klippen und romantische Täler bewohnen und
sich besonders an Landpunkten erfreuen, die in Seen und Flüsse hineinragen
und mit Kiefern bedeckt sind . Sie wurden Puckweedjinees genannt – kleine
Verschwinder.

Aus poetischer Sicht ist es bedauerlich, dass unsere Vorfahren es nicht für
lohnenswert hielten, uns mehr von den einfachen und schönen Traditionen
und Überzeugungen der „Heiden um sie herum" zu überliefern. Einige
Hinweise darauf finden wir in den Schriften des Missionars Mayhew und dem
merkwürdigen kleinen Buch von Roger Williams. Vor allem möchte man
mehr über diesen häuslichen Dämon Wetuomanit erfahren , der die
Haushaltsangelegenheiten leitete, der jungen Squaw bei ihrem ersten Aufsatz
über die Wigwam-Haltung half, rechtzeitig auf Gefahren aufmerksam
machte und böse Geister auf Distanz hielt – eine Art von New-World-
Brownie, sanft und nützlich.

Sehr eindrucksvoll ist auch die Geschichte von Pumoolah , einem
mächtigen Geist, dessen Heimat auf dem großen Katahdin-Berg liegt und der
dort mit seiner irdischen Braut (einer wunderschönen Tochter der
Penobscots , die durch ihre Liebe in eine Unsterbliche verwandelt wurde) in
heiterem Sonnenschein sitzt , über dem Sturm, der zu seinen Füßen brummt
und knurrt. Niemand außer den vollkommen Reinen und Guten kann seinen
Wohnsitz erreichen. Viele haben es von Zeit zu Zeit vergeblich versucht;
Einige wurden, nachdem sie den Gipfel fast erreicht hatten, von Blitzen oder
heftigen Wirbelstürmen zurückgedrängt.

Nicht weit von meinem Wohnort entfernt liegen in einer engen, von
Bäumen gesäumten Schlucht die Ruinen einer Mühle. Vor etwa vierzig
Jahren sollte es in der Mühle spuken; und deshalb wurden Hufeisen über die
Türen genagelt. Ein würdiger Mann, dessen Geschäft außerhalb der Mühle
lag, hatte Angst, allein daran vorbeizugehen; und seine Frau, die weniger
Angst vor übernatürlichen Belästigungen hatte, begleitete ihn. Der kleine alte
Müller im weißen Kittel, der dort Mais und Weizen für seine Nachbarn
mahlte, pflegte, wann immer er seine Mühle besonders früh besuchte, sie in
vollem Betrieb zu hören – das tapfere Wasserrad und das alte, klapprige
Gebäude klappernd im Glas mit den Steinen. Doch sobald seine Hand den
Riegel oder sein Fuß die Schwelle berührte, verstummte alles bis auf das
melancholische Tropfen des Wassers vom Damm oder das leise Gurgeln des

kleinen Baches, der zwischen Weidenwurzeln und moosigen Steinen in der Schlucht darunter wirbelte.

Diese verwunschene Mühle hat mich immer an die schönste aller schottischen Balladen erinnert, das Lied vom Elfin Miller, in dem Feen dargestellt werden, die ohne Mühe das Wasser des armen Mannes mahlen: –

*„Voller Fröhlich klingelt der Mühlstein rund;*

*Voll fröhlich klingelt das Rad;*

*Voller Fröhlich sprudelt das Wasser heraus;*

*Kommen Sie und probieren Sie mein duftendes Essen.*

*Der Müller, er ist ein vorsichtiger Mann,*

*Und Maun hae doppelte Gebühr;*

*Zeichne also die Schleuse im Churl-Damm*

*lass den Strom frei!*

Brainerd, der den Namen eines amerikanischen Dichters wirklich verdient, hat eine Ballade über die indianische Legende vom schwarzen Fuchs hinterlassen, der den Salmon River, einen Nebenfluss des Connecticut, heimgesucht hat. Seine wilde und malerische Schönheit lässt uns bedauern, dass nicht noch mehr der noch immer vorhandenen Traditionen der roten Männer zum Thema seines Verses gemacht wurden:

# DER SCHWARZE FUCHS.

„Wie kalt, wie schön, wie hell
Der wolkenlose Himmel über uns leuchtet!
Aber es ist eine heulende Winternacht;
Es würde die Kiefern des Waldes erfrieren lassen.


„Der Wind weht, während die Sterblichen schlafen;
Die Sterne blicken hervor, während die Augen geschlossen sind;
Der festgenagelte Schnee liegt tief verweht
Rund um unsere arme und einsame Hütte.


„Mit stillem Schritt und lauschendem Ohr,
Mit Pfeil und Bogen, Hund und Gewehr,
Wir werden seine Spur markieren, – sein Streifzug hören wir:
Jetzt ist unsere Zeit! Aufleuchten! Komm schon!


„Über manchen Zaun, durch manchen Wald,
Dem verwirrten Geruch des Hundes folgend,
In ängstlicher Eile und ernster Stimmung,
Der Weiße und der Indianer gingen.


„Die Waffe ist gespannt; der Bogen ist gespannt;
Der Hund steht mit erhobener Pfote da;
Und sowohl Kugel als auch Pfeil werden geschickt,
Auf den Kiefer des Herumtreibers gerichtet.


„Der Ball, um diesen Fuchs zu töten, ist gelaufen.“
Nicht in einer von Sterblichen geschaffenen Form ;

Der Pfeil, den dieser Fuchs meiden sollte

Wurde nie aus irdischem Schilf geformt.


„Die indischen Druiden des Waldes

Wissen Sie, wo die tödlichen Pfeile wachsen;

Sie entspringen nicht der Sommerflut;

Sie dringen nicht durch den Winterschnee.


„Warum kauert der Hund, dessen Schnüffelnase

Wurde bisher noch nie getäuscht?

Und warum inmitten des eisigen Schnees

Wischt sich einer der Jäger über die Stirn?


„Zum ersten Mal sehen sie seine schreckliche Höhle;

Es ist eine dunkle Wolke, die sich langsam bewegt

Nachts um die Häuser der Männer herum,

Am Tag liebt es den Bach entlang .


„ Wieder ist der Hund auf der Spur,

Die Jäger jagen über Täler und Hügel;

Sie blicken vielleicht nicht zurück, obwohl sie es täten;

Sie müssen vorwärts gehen, noch weiter vorwärts.


„Sie gehen weiter und kehren nie um,

Inmitten einer Nacht, die keinen Tag kennt;

Denn nie mehr wird die Morgensonne scheinen

Erleuchte sie auf ihrem endlosen Weg.


„Die Hütte ist verlassen; und da

*Der ausgehungerte Hund allein kehrt zurück;*

*Auf den kalten Stufen baut er sein Versteck;*

*An der verschlossenen Tür legt er seine Gebeine nieder.*


*„Jetzt lehnt der müde Sportler seine Waffe*

*Gegen die Ruinen auf seinem Gelände,*

*Und denkt über die getane Jagd nach*

*Von den verlorenen Wanderern der Nacht.*


*„Und da sind die kleinen Landmädchen*

*Ich werde aufhören zu flüstern, zuzuhören und zu schauen,*

*Und erzählen Sie, während Sie ihre sonnigen Locken frisieren,*

*Vom Schwarzfuchs von Salmon Brook.*

Derselbe Autor hat mit Freude einen angenehmen Aberglauben aus dem Tal des Connecticut verdichtet. Es wird vermutet, dass Maifische von einer Art Yankee-Bogle in Form eines Vogels vom Golf von Mexiko nach Connecticut geführt werden.

# DER SHAD-GEIST.

„Jetzt lassen Sie den Bolzen fallen und nageln ihn fest
Das Hufeisen über der Tür;
Das ist eine kluge Vorsichtsmaßnahme; und wenn es scheitern sollte,
Es ist noch nie gescheitert.


„Erkennt den Hirten, der seine Herde zusammentreibt
Wo die Stürme der Tagundnachtgleiche wehen
Von jedem unbekannten Riff und versunkenen Felsen
Im Golf von Mexiko —


„Während der Monsun knurrt und die Passatwinde bellen,
Und die Wachhunde des Aufschwungs
Verfolge den gefräßigen Hai durch die wilden Wellen
Das schleicht um ihren Schützling herum?


„Um Connecticuts nördlichste Quelle gerecht zu werden,
Über Sandbänke, Stromschnellen und Wasserfälle,
Der Shad-Geist setzt seinen Kurs fort
Mit den Herden, die seine Pfeife ruft.


„Oh, woher soll er wissen, wohin er vorher gegangen ist?
Wird er für immer umherwandern?
Die Maifischköpfe des letzten Jahres sollen am Ufer leuchten,
Um ihn den Fluss hinauf anzuzünden.


„Und gut, er kann genau die Zeit erkennen
Seine Aufgabe übernehmen

*Wenn das Schweinefass niedrig ist, setzt er sich auf den Kinn*

*Und Fässer auf dem leeren Fass.*


*„Der Wind ist leicht und die Welle ist weiß*

*Mit dem Fell der Herde, die in der Nähe ist ;*

*Wie der Hauch der Brise kommt er über die Meere*

*Und führt sie treu hierher.*


*„Und jetzt ist er an der verriegelten Tür vorbei*

*Wo das verrostete Hufeisen klebt;*

*Tragen Sie also die Netze zum nächsten Ufer,*

*Und nimm, was der Shad-Geist bringt.*

Die vergleichsweise unschuldige Natur und die einfache poetische Schönheit dieser Klasse von Aberglauben haben den Moralisten zweifellos oft dazu veranlasst, bei der Aufdeckung ihrer Absurdität zu zögern und, wie Burns angesichts seiner Nationaldistel, zu:

*„Drehen Sie den Jäthaken zur Seite*

*Und verschone das Symbol, Schatz.*

Aber das Alter ist ihnen ziemlich entwachsen und sie fallen durch einen natürlichen Peelingprozess ab. Das Wunderland der Kindheit muss fortan im Bereich der Wahrheit gesucht werden. Die seltsamen Tatsachen der Naturgeschichte und die süßen Geheimnisse von Blumen und Wäldern sowie Hügeln und Gewässern werden gewinnbringend den Platz der Märchen der Vergangenheit einnehmen, und Poesie und Romantik nehmen immer noch ihren gewohnten Platz im Kreis der Heimat ein, draußen Sie bringen die bösen Geister der Leichtgläubigkeit und Unwahrheit mit sich. Die Wahrheit sollte die erste Lektion des Kindes und das letzte Streben des Mannes sein; Denn es wurde mit Recht gesagt, dass das Erforschen der Wahrheit, also das Liebesspiel mit ihr, das Wissen der Wahrheit, das ihre Gegenwart ist, und der Glaube an die Wahrheit, das heißt, sie zu genießen, das höchste Gut des Menschen sind Natur.

# ZAUBERER UND HEXENVOLK.

FASZINATION, sagt Henry Cornelius Agrippa im fünfzigsten Kapitel seines ersten Buches über okkulte Philosophie, „ist eine Bindung, die vom Geist der Hexe durch die Augen des Verhexten kommt und in sein Herz eindringt; denn das Auge wird geöffnet." und auf irgendjemanden gerichtet, schießt er mit einer starken Einbildungskraft seine Strahlen, die das Vehikulum des Geistes sind, in die Augen dessen, der ihr gegenübersteht; dieser zarte Geist trifft seine Augen, erregt sein Herz, verwundet es und infiziert es Sein Geist. Daher sagt Apuleius: „Deine Augen, die durch meine Augen in mein innerstes Herz gleiten, entfachen ein äußerst heftiges Brennen." Und wenn die Augen wechselseitig aufeinander gerichtet sind und wenn Strahlen mit Strahlen und Lichter mit Lichtern verbunden sind, dann verbindet sich der Geist des einen mit dem des anderen; so werden starke Bindungen geschlossen und leidenschaftliche Liebe entfacht. Wenn wir diese Definition von Hexerei annehmen, befürchten wir leider, dass sie unter uns immer noch in sehr großem Umfang praktiziert wird. Das Beste, was wir darüber sagen können, ist, dass das Geschäft in letzter Zeit in jüngere Hände gefallen zu sein scheint; seine Opfer scheinen sich nicht als besondere Objekte des Mitgefühls zu betrachten; und weder Kirche noch Staat scheinen geneigt zu sein, sich einzumischen.

Wie es in einer klugen Gemeinschaft wie der unseren zu erwarten ist, werden nicht selten Versuche unternommen, über das Übernatürliche zu spekulieren – um „Wahrsagen auszunutzen". Im Herbst letzten Jahres träumte oder träumte eine „weise Frau" , dass eine große Geldsumme in Gold- und Silbermünzen mitten im großen Sumpf in Poplin, New Hampshire, begraben liege; Daraufhin wurde sofort nach dem Edelmetall gesucht. Unter dem trostlosen Novemberhimmel, bei eisigem Frost und Schneeregen regten etwa zwanzig oder mehr erwachsene Männer, Absolventen unserer allgemeinen Schulen und als Sohn jeder Mutter dafür verantwortlich, zu Diakonen, Knappen, allgemeinen Gerichtsmitgliedern und so weiter ernannt zu werden Andere Exerzieroffiziere, die für den Marsch des Geistes erforderlich sein mögen, konnte man dabei beobachten, wie sie mit grimmigem Ernst in die Tiefe gruben, die gefrorene Erde aufbrachen, Sumpfahorne und Hemlocktannen ausrissen und mit Schlitten und Brecheisen ungewohnte Echos in einer Einsamkeit erweckten, die es bisher nur gegeben hatte antwortete auf die Axt des Holzfällers oder den Schrei des Wildvogels. Der Schnee im Dezember machte ihrer Arbeit ein Ende; aber die gähnende Ausgrabung bleibt bestehen, ein stiller, aber einigermaßen ausdrucksstarker Kommentar zum Zeitalter des Fortschritts.

Noch später wurde in einer unserer atlantischen Städte ein zumindest teilweise erfolgreicher Versuch unternommen, eine Firma zu gründen, um in einer der verlassenen Sandinseln Westindiens nach Geld zu graben. Es scheint, dass ein fasziniertes „Subjekt" im Verlauf einer dieser somnambulen Entdeckungsreisen, bei denen der Reisende , wie Satan im Chaos, –

*„Über Moor, über steil, durch gerade, rau, dicht oder selten,*

*Mit Kopf, Händen, Flügeln oder Füßen verfolgt er seinen Weg,*

*Und schwimmt oder sinkt oder watet oder kriecht oder fliegt"* –

Während er neugierig in die Geheimnisse der Erde blickte, wurden seine Augen zufällig durch den Anblick einer riesigen Truhe voller spanischer Münzen erfreut, zweifellos die Beute einer reich beladenen Argosy oder Carthagena- Galeone in den seltenen Tagen von Königin Elisabeths Christian Freibeuter.

Im letzten Vierteljahrhundert wurde eine farbige Frau in einem der Dörfer an der Südgrenze von New Hampshire von Hunderten besorgten Zukunftsforschern konsultiert. Durch ihre langjährige Erfahrung in ihrem Beruf hat sie etwas von dem ausgeprägten Verständnis ihres Charakters, jenem schnellen und scharfen Verständnis für die Fähigkeiten, Gewohnheiten und Wünsche ihrer Besucher erlangt, das die verstorbene berühmte Madame Le Normand von Paris so bemerkenswert auszeichnete; und wenn diese alte, schmutzige Zauberin in ihrem engen Pariser Dachboden, der nach Knoblauch duftete und mit den fettigen Utensilien einer erbärmlichen Hausfrau übersät war, wie behauptet wurde, von solchen Persönlichkeiten wie der schönen Josephine Beauharnois und dem „Mann des Schicksals" konsultiert wurde, „Napoleon selbst, ist es seltsam, dass der Wunsch, den Schleier des großen Geheimnisses vor uns zu lüften, in gewissem Maße unser eigenartiges und äußerst republikanisches Vorurteil gegenüber der Farbe überwindet und uns mit der unangenehmen Notwendigkeit versöhnt, die Zukunft durch ein schwarzes Medium zu betrachten?

Vor etwa vierzig Jahren lebte am Ufer des hübschen kleinen Baches, der Berwick in Maine von Somersworth in New Hampshire trennte, in Sichtweite des Hauses meiner Mutter, ein schlichtes, ruhiges Mitglied der Gesellschaft der Freunde namens Bantum . Als Zauberer und geschickter Kenner der Zauberkunst durchquerte er einen Umkreis von mehreren Meilen . Zu ihm kamen Bauern, die ihr Vieh verloren hatten, Matronen, deren Haushaltsgegenstände, Silberlöffel und Tischwäsche gestohlen worden waren, oder junge Mädchen, deren Liebhaber abwesend waren; und der stille, sanftmütige alte Mann empfing sie alle freundlich, setzte seine riesige Eisenbrille auf, schlug sein „Beschwörungsbuch" auf, das meine Mutter als großen, gefalteten Band in seltsamer Sprache und schwarzer Schrift beschreibt, und so weiter sorgfältige Überlegung und Überlegung lieferten die erforderlichen Antworten ohne Geld und ohne Preis. Der merkwürdige alte Band befindet sich noch immer im Besitz der Familie des Zauberers. So unvereinbar diese Ausübung der schwarzen Kunst offenbar auch mit der Einfachheit und Wahrhaftigkeit seines religiösen Bekenntnisses war, konnte ich nicht erfahren, dass er deswegen jemals getadelt wurde. Möglicherweise verteidigte sich unser moderner Zauberer mit ähnlichen Gründen wie der berühmte Ritter von Nettesheim im Vorwort zu seinem ersten Buch der Magie: „Einige", sagt er, „könnten weinen ." darauf , dass ich verbotene Künste lehre, den Samen der Häresien säe, fromme Ohren beleidige und hervorragende Köpfe empöre; dass ich ein Zauberer bin, abergläubisch und teuflisch, der tatsächlich ein Zauberer ist. Wem antworte ich, dass ein Zauberer unter den Gelehrten nicht einen Zauberer oder einen Abergläubischen oder Teufel bedeutet , sondern einen weisen Mann, einen Priester, einen Propheten, und dass die Sibyllen am deutlichsten von Christus prophezeiten; dass Magier als weise Männer durch die wunderbaren Geheimnisse der Welt wussten, dass Christus geboren wurde, und zuallererst kamen, um ihn anzubeten; und dass der Name Magicke von Philosophen angenommen, von Geistlichen gelobt wird und für das Evangelium nicht inakzeptabel ist."

Das Studium der Astrologie und okkulten Philosophie, dem sich viele der besten Köpfe des Mittelalters ohne Belästigung durch die Kirche widmeten, wurde nach der Reformation nie ungestraft praktiziert . Die Puritaner und Presbyterianer, die die Bibel als ihre Herrschaft betrachteten, „dulden keine Hexe am Leben"; und sie begnügten sich nicht damit, die Bücher derer zu verbrennen, die nach Art der Epheser „merkwürdige Künste anwendeten", sondern opferten auch die Studenten selbst auf demselben Stapel. Daher hören wir in Neuengland wenig von gelehrten und wissenschaftlichen Zauberern. Ein bemerkenswerter Charakter dieser Art scheint jedoch der Wachsamkeit unserer modernen Lehrer des mosaischen Gesetzes entgangen zu sein. Dr. Robert Child kam um das Jahr 1644 in dieses Land und ließ sich in der Kolonie Massachusetts nieder. Er war ein wohlhabender Mann und besaß Plantagen in Nashaway , dem heutigen Lancaster, und in Saco in Maine. Er beherrschte Mineralogie und Metallurgie und scheint viel Geld für die Suche nach Minen ausgegeben zu haben. Er ist als Autor der ersten entschiedenen Bewegung für Gewissensfreiheit in Massachusetts bekannt. Sein Name stand an der Spitze der berühmten Petition von 1646 für eine Änderung der Gesetze in Bezug auf den religiösen Gottesdienst und beklagte sich in scharfen Worten darüber Entzug des Wahlrechts von Personen, die nicht der Kirche angehören. Dieser Protest löste eine ungeheure Aufregung aus; Geistliche und Richter schlossen sich der Verurteilung an; Dr. Child und seine Mitarbeiter wurden verhaftet, wegen Missachtung der Regierung vor

Gericht gestellt und mit hohen Geldstrafen belegt. Das Gericht versicherte dem Doktor bei der Urteilsverkündung, dass sein Verbrechen nur mit dem von Korah und seiner Truppe vergleichbar sei, die gegen Moses und Aaron rebellierten. Er beschloss, beim englischen Parlament Berufung einzulegen und traf Vorkehrungen für seine Abreise, wurde jedoch verhaftet und angewiesen, in seinem eigenen Haus gefangen zu bleiben, bis das Schiff, mit dem er segeln sollte, Boston verlassen hatte. Anschließend wurde er für längere Zeit inhaftiert und fand nach seiner Freilassung die Möglichkeit, nach England zurückzukehren. Die Koffer des Doktors wurden von den puritanischen Behörden durchsucht, während er im Gefängnis war; aber es scheint nicht, dass sie die okkulten Studien entdeckt hätten, nach denen Lüge süchtig war, ein glücklicher Umstand, der zweifellos darauf zurückzuführen ist, dass der erste Verfechter der Religionsfreiheit in der Neuen Welt nicht als Zauberer gehängt wurde.

Dr. Child war Absolvent der renommierten Universität Padua und hatte viel in der Alten Welt gereist. Wahrscheinlich hatte er, wie Michael Scott:

> *„Habe die Kunst des Glammare erlernt*
>
> *In Padua, jenseits des Meeres;"*

denn ich finde in der Widmung einer englischen Übersetzung eines kontinentalen Werks über Astrologie und Magie, das 1651 „im Zeichen der drei Bibeln" gedruckt wurde, dass seine „erhabene hermetische und theomagische Überlieferung" mit der von Hermes und Agrippa verglichen wird. Er wird als Meister der Mysterien Roms und Deutschlands gelobt und als jemand, der seine Forschungen unter den Philosophen der Alten Welt und den Indianern der Neuen Welt fortsetzte und „nichts unversucht ließ, dessen Umdrehung zur Entdeckung beitragen könnte". von dem, was okkult ist.

Es gab noch ein anderes Mitglied der Freundesgesellschaft in Vermont, mit Namen Austin, der, wie er annahm, als Antwort auf sein Gebet und den lang gehegten Wunsch, seinen leidenden Mitgeschöpfen zu helfen,, wie er glaubte, Folgendes erhielt: ein besonderes Geschenk der Heilung. Mehrere Jahre lang besuchten ihn Bewerber aus fast allen Teilen Neuenglands mit der Geschichte ihres Leidens und dem Gebet um Erleichterung, die, wie behauptet wird, in vielen Fällen tatsächlich erlangt wurde. Man schickte ihm Briefe von Kranken, die ihn nicht besuchen konnten, in denen sie ihre Krankheiten schilderten; und viele leben noch, die glauben, dass sie auf wundersame Weise genau zu der Zeit wiederhergestellt wurden, als Austin damit beschäftigt war, ihre Briefe zu lesen. Einer meiner Onkel hatte den Auftrag, ihm eine große Anzahl Briefe von Kranken aus seiner Nachbarschaft zu überbringen. Er fand den alten Mann in seiner schlichten Stube im einfachsten Gewand seiner Sekte sitzend, ernst, nachdenklich, ehrwürdig, einen trist gekleideten Fürsten von Hohenlohe. Er nahm die Briefe schweigend entgegen, las sie langsam und warf sie einen nach dem anderen auf einen großen Stapel ähnlicher Briefe in einer Ecke der Wohnung.

Vor einem halben Jahrhundert war in fast jedem Viertel Neuenglands ein oder mehrere renommierte Zauberhändler ansässig. Zwanzig Jahre später gab es zwei arme alte Schwestern, die Schulkinder und „großgewachsene Kinder" erschreckten, wenn sie auf ihren hageren Skelettpferden, bespannt mit Körben für den Newburyport-Markt, von New Hampshire herritten. Sie waren sich der weit verbreiteten Meinung über sie bewusst und nutzten sie nicht selten aus, um ihren leichtgläubigen Nachbarn eine Art Erpressung aufzuerlegen. Eine Begleiterin bei der Beerdigung einer dieser Schwestern, die zu Lebzeiten etwa so körperlos war wie Ossians Geist, durch den die Sterne sichtbar waren, erzählte mir, dass ihr Sarg so schwer sei, dass vier beleibte Männer ihn kaum heben könnten.

Eine meiner frühesten Erinnerungen ist die einer alten Frau, die etwa zwei Meilen von meinem Geburtsort entfernt lebte und viele Jahre lang den wenig beneidenswerten Ruf einer Hexe getragen hatte. Sie hatte auf jeden Fall das Aussehen einer solchen Person – eine Kombination aus Form, Stimme und Gesichtszügen, die einem englischen Hexenfinder zu Zeiten von Matthew Paris oder Sir John Podgers von Dickens das Vermögen eingebracht hätte und ihr eine schnelle Verurteilung im King bescherte James's High Court of Justiciary. Ihr wurden verschiedene Verfehlungen vorgeworfen , etwa die Verhinderung der Umwandlung der Sahne im Butterfass ihrer Nachbarin in Butter und das Auslöschen von Kerzen bei Schäl- und Stepppartys.

> *„Sie durchstreifte das Land weit und breit,*
>
> *Verzauberte die Kinder der Bauern,*
>
> *Die Kühe ausgetrocknet und die Hirsche lahmgelegt,*
>
> *Und lutschte die Eier und tötete die Fasane.*

Die arme alte Frau ärgerte sich schließlich so sehr über ihren schlechten Ruf, dass sie sich die Mühe machte, vor einen Friedensrichter zu gehen und einen feierlichen Eid ablegte, dass sie eine Christin und keine Hexe sei.

Es ist noch nicht lange her, dass ein Mann mittleren Alters mit traurigem Gesicht auf den Straßen einer unserer Küstenstädte gesehen wurde, der manchmal plötzlich während eines flotten Spaziergangs angehalten und für einige Minuten regungslos auf der belebten Hauptverkehrsstraße stehen blieb. Keine Anstrengung konnte ihn dazu bewegen, sich zu bewegen, bis seiner Meinung nach der Zauber aufgehoben wurde und sein unsichtbarer Peiniger ihm gestattete, fortzufahren. Er erklärte seine einzigartige Inhaftierung als die Tat einer ganzen Hexenfamilie, die er unglücklicherweise bei einem Besuch im Osten beleidigt hatte. Gerüchten zufolge bestand das Vergehen darin, eine eheliche Verlobung mit dem jüngsten Mitglied der Familie abzubrechen – einer Zauberin vielleicht in mehr als einem Sinne des Wortes, wie das „gewinnbringende Mädchen und die Frau " in Tam O'Shanters Hexe -Tanz bei Kirk Alloway. Seine einzige Hoffnung bestand darin, dass er seine Verfolger überleben würde; und es heißt, dass er genau in der Stunde, in der sich das Ereignis ereignete, seinen Freunden jubelnd versicherte, dass der Zauber für immer gebrochen sei und dass der letzte Angehörige der Familie seiner Peiniger nicht mehr sei.

Als Junge traf ich gelegentlich im Haus eines Verwandten in einer angrenzenden Stadt einen beleibten, rotnasigen alten Bauern aus der Nachbarschaft. Er zeichnete ein schönes Tableau eines Winterabends im roten Licht eines Birkenholzfeuers, während er stundenlang mit schläfrigen, halb geschlossenen Augen saß und dessen Fortschritt beobachtete und seine Position änderte, nur um den Apfelweinkrug auf dem Feuer zu erreichen Regal in seiner Nähe. Obwohl er seine Lippen selten öffnete, außer um einer Bemerkung seines Gastgebers zuzustimmen oder eine direkte Frage zu beantworten, unterhielt er uns doch manchmal, wenn der Apfelweinkrug seine Schweigsamkeit überwältigte, mit interessanten Einzelheiten seiner frühen Erfahrungen in „das Ohio-Land."

Es gab jedoch ein Kapitel in diesen Erfahrungen, das er normalerweise zurückhielt und in das sich „der Fremde nicht einmischte". Er war nicht bereit, das Risiko einzugehen, dass die für ihn schreckliche Realität von Spöttern und Ungläubigen lächerlich gemacht wurde. Der Inhalt ist, wie ich ihn von einem seiner Nachbarn erhalten habe, eine ebenso kluge Geschichte über Hexerei, wie sie die moderne Zeit hervorgebracht hat.

Es scheint, dass er als recht junger Mann das Gehöft verließ und sich auf einem Spaziergang nach Westen von Ort zu Ort vorarbeitete, bis er sich in einer der alten französischen Siedlungen am Ohio River wiederfand. Hier verschaffte er einer Witwe eine Anstellung auf dem Bauernhof; und da er ein kluger, aktiver Kerl war und sich in seiner Abteilung als äußerst nützlich erwies, erlangte er schnell die Gunst seines Arbeitgebers. Bald darauf schlüpfte er, entgegen dem Rat der Nachbarn und trotz einiger entmutigender Hinweise auf bestimmte eheliche Unglücke des verstorbenen Ehemanns, entschlossen in die Lage des Toten: Die Geliebte wurde zur Ehefrau, und die Dienerin wurde gesetzlich zur Frau befördert das Oberhaupt des Haushalts.—

Eine Zeit lang ging es recht gemütlich und bequem weiter. Er war jetzt Herr des Bodens; und als er seine Mais- und Kartoffelernte einbrachte, sein Schweinefleisch einsalzte und sein Holz für den Winter aufschichtete, gratulierte er sich selbstverständlich zu seinem Glück und lachte über die finsteren Vorahnungen seiner Nachbarn. Doch mit den langen Wintermonaten änderte sich der „junge Traum seiner Liebe". In seinen Angelegenheiten schien ein böser und geheimnisvoller Einfluss am Werk zu sein. Was auch immer er nach Rücksprache mit seiner Frau oder auf deren Vorschlag hin tat, hatte durchaus positive Auswirkungen; aber alle seine eigenen Pläne und Projekte wurden auf unerklärliche Weise getrübt und vereitelt. Wenn er ein Pferd kaufte, erwies es sich mit Sicherheit als spawnig oder vom Wind gebrochen. Entweder weigerten sich seine Kühe, ihre Milch abzugeben, oder sie stießen sie, indem sie sie gaben, perverserweise um. Eine schöne Sau, mit der er ausgehandelt hatte, zahlte seine Parteilichkeit zurück, indem sie, wie Saturn, ihre eigenen Kinder verschlang. Nach und nach drängte sich ein dunkler Gedanke in seinen Geist. Als er seine wiederholten Missgeschicke mit den Ehewarnungen seiner Nachbarn verglich, kam er schließlich zu dem traurigen Schluss, dass seine Frau eine Hexe war. Das Opfer in Motherwells Ballade von der Dämonendame oder der arme Kerl im arabischen Märchen, der herausfand, dass er einen Ghul in Gestalt einer jungen, blühenden Prinzessin geheiratet hatte, befand sich kaum in einer traurigeren Lage. Er wurde nervös und unruhig. Alte, düstere Kindergeschichten und all die Hexengeschichten aus der Kindheit kamen ihm wieder ins Gedächtnis; und er kroch zu seinem Bett wie ein Verbrecher zum Galgen, fast fürchtend, einzuschlafen, damit sein geheimnisvoller Begleiter nicht auf die Idee kommen könnte, ihn in ein Pferd zu verwandeln, ihn in der Schmiede beschlagen zu lassen und ihn zu einem Hexentreffen zu reiten. Und um die Sache noch schlimmer zu machen, schien die Zuneigung seiner Frau in dem Maße zu wachsen, in dem seine Sorgen immer schlimmer wurden. Sie ärgerte ihn mit allerlei Zärtlichkeiten und Zärtlichkeiten. Das war der Tropfen zu viel. Der arme Ehemann schreckte vor ihr zurück wie vor einem Albtraum im Wachzustand. Seine Gedanken wandten sich Neuengland zu; er sehnte sich danach, das alte Gehöft mit seinem hohen Brunnen und den Butternussbäumen am Straßenrand noch einmal zu sehen; und er seufzte inmitten der fruchtbaren Unterwelt seiner neuen Heimat nach der felsigen Weide seines Vaters mit ihrer Ernte von Königskerzen. Als er an einem kalten Novembertag außer Sicht- und Hörweite seiner Frau war, nahm er all seinen Mut zusammen, um einen Fluchtversuch zu unternehmen, und wandte dem Westen entschlossen den Rücken zu und stürzte sich in die Wildnis dem Sonnenaufgang entgegen. Nach einer langen und anstrengenden Reise erreichte er seinen Geburtsort und wurde von seinen alten Freunden freundlich empfangen. Er bewahrte Stillschweigen über sein unglückliches Abenteuer in Ohio, heiratete bald darauf einen seiner Schulkameraden und fand sich durch beharrlichen Fleiß und Sparsamkeit innerhalb weniger Jahre im Besitz eines komfortablen Zuhauses wieder.

Aber sein böser Stern verweilte immer noch über dem Horizont. Eines Sommerabends, als er vom Heufeld zurückkehrte, wer sollte ihn treffen, wenn nicht seine Hexenfrau aus Ohio! Sie kam auf ihrem alten Schimmel die Straße hinaufgeritten, mit einem Sozius hinter dem Sattel. Sie sprach ihn in einem freundlichen Ton an, doch nicht ohne sanften Vorwurf, weil er sie auf unschöne Weise im Stich gelassen hatte, und teilte ihm mit, dass sie den weiten Weg aus Ohio angereist sei, um ihn wieder zurückzuholen.

Es war vergebens, dass er sich auf seine späteren Verpflichtungen berief; Es war vergebens, dass seine neue Frau ihre schrillsten Vorwürfe erhob, nicht ohne Ausdruck heftiger Empörung über die Enthüllung der wahren Position ihres Mannes; die Hexenfrau war unerbittlich; Er muss gehen, und zwar schnell. Völlig beeindruckt von dem Glauben an ihre übernatürliche Macht, Gehorsam zu erzwingen, und vielleicht mehr fürchtend als vor der Hexerei selbst vor den Auswirkungen der unglücklichen Enthüllung auf das Temperament seiner Gehilfin aus Neuengland, machte er aus der Notwendigkeit des Falles eine Tugend und verabschiedete sich von ihr Letzterer inmitten eines wahren Wirbelsturms von Vorwürfen und bestieg das weiße Pferd, mit seiner alten Frau auf dem Sozius hinter ihm.

Von dieser Fahrt hätte Burger möglicherweise ein Gegenstück zu seiner Ballade geschrieben :

> *„Tramp, trampel, am Ufer entlang reiten sie,*
>
> *Platsch, planschen, am Meer entlang.*

Zwei oder drei Jahre waren vergangen und brachten keine Nachricht von dem unglücklichen Ehemann, als er erneut in seinem Heimatdorf auftauchte. Er war nicht geneigt, sehr kommunikativ zu sein; aber zumindest für eine Sache schien er bereit zu sein, seine Dankbarkeit auszudrücken. Seine Frau aus Ohio, die keinen Zauber gegen Wechselfieber hatte, hatte die Schuld der Natur bezahlt und ihn frei gelassen; In Anbetracht dessen stimmte seine überlebende Frau, nachdem sie ein gebührendes Maß an Groll an den Tag gelegt hatte, zu, ihn wieder in ihr Bett und ihre Unterkunft aufzunehmen; und ich konnte nie erfahren, dass sie Grund hatte, ihre Gnade zu bereuen.

# DIE SCHÖNE

*„Eine schöne Form ist besser als ein schönes Gesicht;*

*ein schönes Verhalten ist besser als eine schöne Form;*

*es macht mehr Freude als Statuen oder Bilder;*

*es ist die höchste der schönen Künste. "*

EMERSON'S *Essays, Zweite Reihe, iv., p. 162.*

Vor ein paar Tagen ging ich mit einem Freund spazieren, der zu seinem Unglück in der Welt der Realitäten selten auf etwas stößt, das es wert wäre, mit dem Ideal seiner Fantasie verglichen zu werden, das, wie der Vogel im arabischen Märchen, ständig vor ihm gleitet , immer nah und doch nie überholt. Er war halb humorvoll, halb ernst und beklagte sich über den Mangel an Schönheit in den Gesichtern und Formen, die auf dem überfüllten Bürgersteig an uns vorbeikamen. Bei allen fiel ein Fehler auf: Einer war zu schwer, ein anderer zu eckig; hier war eine Nase schuld, dort war es ein Mund, der die ansonsten schönen Züge aus dem Gesicht verbannte; Die hellen Teints hatten rotes Haar, und glänzende schwarze Locken waren an schmuddeligen Haaren verschwendet. Auf die eine oder andere Weise blieben alle hinter seinem unmöglichen Standard zurück.

Die Schönheit, nach der mein Freund zu suchen schien, war die der Proportionen und Farben; mechanische Genauigkeit; eine gelungene Kombination aus weichen Kurven und stumpfen Winkeln, aus warmer Nelke und Marmorreinheit. Ein solcher Mann könnte, soweit ich das beurteilen kann, ein geschnitztes Bild lieben, wie das Mädchen aus Florenz, das sich im Schatten nach dem Apollo Belvidere sehnte und sie aus seiner Nische im Vatikan mit steinernen Augen kalt ansah. Eines ist sicher: Er wird niemals sein makelloses Stück künstlerischer Perfektion finden, indem er inmitten der Realitäten aus Fleisch und Blut danach sucht. Soweit ich das beurteilen kann, arbeitet die Natur nicht mit Winkel und Zirkel und legt ihre Farben nicht nach den Regeln königlicher Künstler oder den Dummköpfen der Akademien fest. Sie verzichtet auf regelmäßige Umrisse. Sie gestaltet ihre Formen nicht nach einem gemeinsamen Vorbild. Nicht einer von Evas zahlreichen Nachkommen gleicht in jeder Hinsicht derjenigen, die als erste die Blumen Edens pflückte. Der unendlichen Vielfalt und malerischen Ungleichheit der Natur verdanken wir den großen Charme ihrer unaufdringlichen Schönheit. Schauen Sie sich ihre ursprünglichen Wälder an; vereinzelte Bäume mit feuchter Grasnarbe und leuchtendem Moos an den Wurzeln; Große Büschel grüner Schatten, in denen sich Äste mit Ästen verflechten und das Rascheln eines Blattes hundert andere bewegt – sie erstrecken sich steile Hänge hinauf, überfluten die Täler mit grüner Schönheit oder überwölben mit Blättern die scharfen Schluchten, jeder Baum und Strauch ist anders als der andere Nachbar in Größe und Proportion, – der Alte und vom Sturm zerbrochene, der sich auf den Jungen und Kräftigen stützt, – verwickelt und verwirrt, ohne Ordnung oder Methode. Wer würde dies gegen künstliche französische Gärten eintauschen, in denen jeder Baum steif und regelmäßig steht, beschnitten und in unveränderter Konformität beschnitten, wie so viele Grenadiere, die gerade überprüft werden? Wer möchte ewigen Sonnenschein oder Schatten? Wer würde das schönste Wolkenwerk eines Herbstsonnenuntergangs für immer festhalten oder ein ewiges Mondlicht über sich hängen lassen? Wenn der Bach keinen ruhigen Wirbelplatz hätte, könnten wir dann seinen Wasserfall über die Felsen bewundern? Gäbe es keine Wolken, könnten wir den Himmel so begrüßen, der in seiner stillen, ruhigen Reinheit durch sie hindurchscheint? Wer würde es wagen, unsere gütige Mutter Natur zu bitten, irgendeine ihrer Formen oder Farben aus unserem Blickfeld zu entfernen? Wer soll entscheiden, was an sich schön oder anders ist?

Es gibt zu viele, wie mein anspruchsvoller Freund, die durch die Welt „von Dan bis Beerscheba gehen und alles unfruchtbar finden" – die immer den einen oder anderen Fehler an der Natur und der Vorsehung zu finden haben und sich offenbar für besonders schlecht behandelt halten, weil die Das eine entspricht nicht immer ihrem Geschmack, das andere nicht immer ihren engen Vorstellungen von persönlicher Bequemlichkeit. In einem seiner frühen Gedichte hat Coleridge eine Wahrheit treffend zum Ausdruck gebracht, die nicht weniger wichtig ist, weil sie nicht allgemein anerkannt wird. Die Idee ist kurz gesagt: dass der Geist allen Dingen ihre Farbe, ihre Düsterkeit oder Fröhlichkeit verleiht; dass die Freude, die wir an der äußeren Natur empfinden, in erster Linie von uns selbst kommt: –

*„ aus dem Geist selbst muss hervorgehen. "*

*Ein Licht, eine Herrlichkeit, ein schöner leuchtender Nebel,*

*Die Erde umhüllen. "*

Die wahre Schwierigkeit dieser lebenslangen Jäger nach dem Schönen liegt in ihrem eigenen Geist. Sie stellen sich bestimmte Modelle der Vollkommenheit in ihrer Fantasie vor und gehen dann in der vergeblichen Erwartung um die Welt, sie tatsächlich nach Muster ausgearbeitet zu finden; Sie gehen völlig unvernünftig davon aus, dass die Natur ihre ewigen Gesetze außer Kraft setzen wird, um zu ihrer besonderen Befriedigung makellose Wunderkinder zu erschaffen.

Die Autoren von „Gayeties and Gravities" vertreten die Meinung, dass kein sichtbares Objekt von uns als eine einfache, unzusammenhängende Form betrachtet wird, sondern dass – eine augenblickliche Reflexion über

seine Geschichte, seinen Zweck oder seine Assoziationen – es in eine
konkrete Form umwandelt – a Sie bemerken scharfsinnig, dass dieser
Prozess, den kein denkendes Wesen verhindern kann und der nur durch den
bedeutungslosen und starren Blick „einer Gans auf dem Feld oder einer Kuh
auf dem Feld" vermieden werden kann. Die Sinne und die Fähigkeiten des
Verstandes sind so miteinander vermengt und voneinander abhängig, dass
keiner von ihnen sein Amt allein und ohne die Veränderung durch äußere
Eingriffe oder Suggestionen ausüben kann. Um alles, was die Sinne
wahrnehmen, drängen sich dankbare oder unangenehme Assoziationen; Die
Schönheit, die wir in einem äußeren Objekt wahrnehmen, ist oft nur die
Widerspiegelung unseres eigenen Geistes.

Was ist denn Schönheit? Fragen Sie den Liebhaber, der als Hommage an
jemanden kniet, der für andere keine Anziehungskraft hat. Der kalte
Betrachter wundert sich, dass er diese unklassische Kombination von
Merkmalen und diese ungewöhnliche Form als schön bezeichnen kann . Und
doch ist es so . Er sieht, wie Desdemona, ihr „Gesicht in ihrem Kopf" oder
ihre Zuneigung. Ein Licht von innen scheint durch die äußere Unschönheit,
mildert, erhellt und verherrlicht sie. Was anderen als alltäglich und unwürdig
erscheint, ist für ihn, um es mit den Worten von Spenser auszudrücken:

> *„Eine süße, attraktive Art von Anmut;*
>
> *Eine volle Sicherheit, die durch das Aussehen gegeben wird;*
>
> *Ständiger Trost in einem Gesicht;*
>
> *Die Linien der Evangelienbücher.*

„Hübsch ist dieser hübsche Kerl – haltet eure Köpfe hoch, Mädchen!"
war die Sprache von Primrose im Stück, als sie sich an ihre Töchter wandte.
Die würdige Matrone hatte recht. Könnten alle meine Leserinnen, die sich
töricht darüber beklagen, dass sie nicht in jeder Hinsicht wie Dubufes Eva
oder die Statue der Venus, „die die Welt verzaubert", überredet werden, ihr
zuzuhören? Was sieht gut aus, sagt Horace Smith, aber gut aussehen? Sei gut,
sei weiblich, sei sanft, großzügig in deinen Mitgefühlen und achtsam auf das
Wohlergehen aller um dich herum; und, mein Wort dafür, es wird Ihnen
nicht an freundlichen Worten der Bewunderung mangeln. Es werden sich
liebevolle und angenehme Assoziationen um Sie bilden. Kümmern Sie sich
nicht um die hässliche Reflexion, die Ihr Glas Ihnen geben könnte. Dieser
Spiegel hat kein Herz. Aber auf der Netzhaut der menschlichen Sympathie
haben Sie ein ganz anderes Bild. Dort ruht die Schönheit der Heiligkeit, der
Reinheit, dieser inneren Gnade, die sich nicht zeigen lässt, über ihm und
mildert und mildert seine Gesichtszüge, so wie das volle, ruhige Mondlicht
die einer rauen Landschaft zu harmonischer Lieblichkeit verschmilzt. „Kopf
hoch, Mädels!" Ich wiederhole nach Primrose. Warum sollten Sie nicht? Die

Tochter jeder Mutter von Ihnen kann schön sein. Sie können sich in eine Atmosphäre moralischer und intellektueller Schönheit einhüllen, in der Ihre ansonsten schlichten Gesichter wie die von Engeln hervorschauen. Wunderschön für Ledyard, der sich in der Kälte eines nördlichen Winters versteifte, erschienen die winzigen, rauchbefleckten Frauen Lapplands, die ihn in ihre Pelze hüllten und sich mit Freundlichkeit und sanften Worten des Mitgefühls um seine Bedürfnisse kümmerten. Lieblich für das heimwehkranke Herz von Park schienen die dunklen Mägde von Sego, als sie neben seinem Bett ihr leises und einfaches Willkommenslied sangen und versuchten, den weißen Fremden zu trösten, der „keine Mutter hatte, die ihm Milch brachte, und keine Frau, die er mahlen konnte". ihm Mais. Oh, so sehr wir auch von Schönheit als einem Ding reden, das aus Marmor gemeißelt oder auf Leinwand ausgearbeitet werden kann, so sehr wir auch über ihre Farben und Umrisse spekulieren, was ist das schließlich anderes als eine intellektuelle Abstraktion? Das Herz empfindet eine Schönheit ganz anderer Art; Wenn man die äußere Umgebung betrachtet, entdeckt man eine tiefere und realere Schönheit.

Dies wurde von den alten Malern gut verstanden. In ihren Bildern von Maria, der jungfräulichen Mutter, ist die Schönheit, die den Betrachter dahinschmelzen und bezwingen lässt, die der Seele und der Zuneigungen, die die Ehrfurcht und das Geheimnis der wundersamen Gabe dieser Mutter mit der unbändigen Liebe, der unaussprechlichen Zärtlichkeit der jungen Mutterschaft vereint. – Das krönende Wunder des Himmels mit dem heiligsten und süßesten Instinkt der Natur. Und ihre bleichen Magdalenen, heilig mit dem Blick vergebener Sünden – wie dringt die göttliche Schönheit ihrer Reue ins Herz! Fühlen wir nicht, dass die einzige wirkliche Missbildung die Sünde ist und dass die Güte ihren Wohnort immer mehr heiligt und heiligt? Wenn die Seele zur Ruhe kommt, wenn alle Leidenschaften und Wünsche auf die göttliche Harmonie abgestimmt sind, –

> *„Geister bewegen sich musikalisch*
>
> *Nach dem wohlgeordneten Gesetz einer Laute,*
>
> *Der Spukpalast von Edgar A. Poe.*

Lesen wir nicht die friedvolle Bedeutung davon am menschlichen Antlitz ab? „Ich habe", sagte Charles Lamb, „Gesichter gesehen, auf denen die Friedenstaube grübelnd saß." In diesem einfachen und schönen Bericht über ein heiliges Leben, dem Tagebuch von John Woolman, gibt es eine Passage, an die ich im Verkehr mit meinen Mitmenschen mehr als einmal erinnert wurde: „Einige Blicke von wirklicher Schönheit können in ihnen gesehen werden." Gesichter, die in wahrer Sanftmut leben. Es liegt eine Harmonie im Klang dieser Stimme, der die göttliche Liebe Ausdruck verleiht."

Das hässlichste Gesicht, das ich je gesehen habe, war das einer Frau, die die Welt schön nennt. Durch seinen „silbernen Schleier" blickten die bösen und unfreundlichen Leidenschaften abscheulich und hasserfüllt hervor. Auf der anderen Seite gibt es Gesichter, die die Menge auf den ersten Blick für heimelig und unattraktiv hält, und solche wie „Die Natur gestaltet sich grob", die ich immer mit warmem Herzenserreger erkenne; Um nichts in der Welt würde ich eine Funktion ändern lassen; sie gefallen mir, so wie sie sind; sie werden durch schöne Erinnerungen geheiligt; sie sind schön durch ihre Assoziationen; Sie sind auch deshalb nicht weniger willkommen, weil sich „der Fremde nicht in meine Bewunderung einmischt ".

# DAS ENDE DER WELT.



„BÜHNE bereit, meine Herren! Bühne für den Campingplatz, Derry! Lagertreffen zum zweiten Advent!"

Obwohl ich mich an die gewöhnlichen Anblicke und Geräusche dieser geschäftigen Stadt gewöhnt habe, war ich, wie ich gestehen muss, etwas erschrocken über diese sachliche Ankündigung des Kutschers einer Bühne, der neben seinen Pferden stand und mit einiger Beharrlichkeit seine Peitsche schwang Ungeduld: „Fünfundsiebzig Cent für den Zeltplatz zum Zweiten Advent!"

Die Bühne war bald gefüllt; Der Fahrer ließ seine Peitsche knallen und rannte ratternd die Straße entlang.

Der zweite Advent – das Kommen unseres Herrn persönlich auf diese Erde, mit Zeichen und Wundern und schrecklichen Gerichten – die Himmel verhüllen sich wie eine Schriftrolle, die Elemente schmelzen in glühender Hitze! Die mächtige Vollendung aller bevorstehenden Dinge, mit ihrer Zerstörung und ihren Triumphen, dem traurigen Wehklagen der Verlorenen und den jubelnden Liedern der Verherrlichten! Aus diesem überfüllten Bienenstock der Industrie – aus diesen überfüllten Tretmühlen des Gewinns – gingen Männer und Frauen in feierlichem Ernst hinaus, um sich auf den schrecklichen Moment vorzubereiten, von dem sie wahrlich annehmen, dass er nur noch wenige Monate entfernt ist, und um ihre warnenden Stimmen zu erheben inmitten von Spöttern und Zweiflern und um blinden Priestern und nachlässigen Kirchen laut zuzurufen: „Siehe, der Bräutigam kommt!"

Es war einer der schönsten Morgen dieser schönsten Jahreszeit; eine warme, sanfte Atmosphäre; Klarer Sonnenschein fällt auf die Türme und Dächer der Stadt; die Hügel von Dracut, ruhig und grün in der Ferne, mit ihren weißen Bauernhäusern und verstreuten Bäumen; um mich herum der ständige Tritt von Schritten, die den Mühen des Tages nacheilen; Händler, die ihre Waren vor den Augen der Käufer ausbreiten; Geräusche von Hämmern, das scharfe Klirren von Kellen, das Murmeln der großen Manufakturen, gedämpft durch die Entfernung. Wie war es möglich, dass die Idee vom Tod der Natur – der Taufe der Welt im Feuer – inmitten so viel

Leben, im Licht des Sonnenaufgangs und angesichts all der überwältigenden Schönheit eine so praktische Gestalt annehmen konnte? Das? Doch hier waren nüchterne, intelligente Männer, sanfte und fromme Frauen, die wahrlich glaubten, das Ende sei nahe, und ihre Zählräume, Werkstätten und häuslichen Sorgen verlassen hatten, um die große Nachricht zu veröffentlichen und, wenn möglich, zu erschrecken , eine sorglose und ungläubige Generation in Vorbereitung auf den Tag des Herrn und auf dieses gesegnete Jahrtausend – das wiederhergestellte Paradies – wenn die Erde, erneuert und erneuert durch ihre Feuerreinigung, wie einst zum Garten des Herrn werden wird, und die Heiligen allein werden es erben.

Sehr ernst und beeindruckend ist die Tatsache, dass diese Idee einer radikalen Veränderung unseres Planeten nicht nur in der Heiligen Schrift vorhergesagt wird, sondern dass die Erde selbst mit ihren primitiven Gesteinen und unterschiedlichen Formationen, auf denen die Geschichte aufeinanderfolgender Erschütterungen lithographiert ist, düster ist prophezeit andere, die kommen werden. Die alten Dichterpropheten auf der ganzen Welt haben von einer erneuerten Welt gesungen. Eine Vision davon verfolgte Platons Gedanken. Es zeigt sich in den halbinspirierten Spekulationen der alten indischen Mystiker. Die Cumäer- Sibylle sah es in ihrer Trance. Die Apostel und Märtyrer unseres Glaubens suchten ängstlich und hoffnungsvoll danach. Graue Einsiedler in den Wüsten, getragene Pilger zu den heiligen Stätten der jüdischen und christlichen Tradition, beteten für sein Kommen. Es inspirierte die großartigen Visionen der frühen Väter. In jedem Zeitalter seit der christlichen Ära, von den Höhlen und Wäldern und abgelegenen „oberen Kammern" aus der Zeit der ersten Kreuzmissionare, von den gotischen Tempeln des Mittelalters bis zu den kahlen Bergschluchten der Alpen, wo die gejagten Ketzer ihre Behauptung aufstellten: „Wie lange, o Herr, wie lange?" Bis heute und von diesem Campingplatz in Derry aus wurden die Prophezeiung und das Gebet für ihre Erfüllung geäußert.

Wie sich diese großartige Idee im Leben der Enthusiasten der Cromwell-Zeit manifestiert! Denken Sie an Sir Henry Vane, den kühlen, klugen Staatsmann, der mit Spannung auf die Vorboten des Jahrtausends wartete und selbst im Ratssaal auf den Klang der letzten Posaune lauschte! Denken Sie an die Männer der Fünften Monarchie, müde vom Warten auf die lang ersehnte Vollendung, die mit gezogenen Schwertern und geladenen Luntenschlössern durch die Straßen Londons stürmen, um sofort die Herrschaft von König Jesus zu errichten! Denken Sie an die wilden Enthusiasten in Münster, die sich wahrlich vorstellen, dass die tausendjährige Herrschaft in ihrer verrückten Stadt begonnen hat! Denken Sie noch später an Granville Sharpe, der eifrig an seiner Berufung zur Philanthropie arbeitete, Pläne für die langsame, aber wohltuende Verbesserung der Lage seines

Landes und der Welt schmiedete und diese gleichzeitig mit dem Eifer von Pater Miller selbst aufrechterhielt Die Erde stand kurz vor dem Verbrennen und das Jahrtausend würde alle seine wohlwollenden Pläne wirkungslos machen!

Und ist die Idee überhaupt vergeblich ? Soll morgen so sein wie heute? Soll der Gegensatz zwischen Gut und Böse für immer so bleiben wie bisher? Gibt es keine Hoffnung, dass diese weltweite Prophezeiung der menschlichen Seele, die in allen Gegenden und zu allen Zeiten geäußert wurde, noch erfüllt wird? Wer soll sagen, dass es nicht wahr sein könnte? Ja, wird seine Wahrheit nicht durch seine Universalität bewiesen? Die Hoffnung aller ernsthaften Seelen muss verwirklicht werden. Das, was durch ein verzerrtes und zweifelhaftes Medium sogar auf die Märtyrer-Enthusiasten der Französischen Revolution schien – sanfte Schimmer des Himmelslichts, das über der Hölle der Leidenschaften und Verbrechen der Menschen aufstieg – das glorreiche Ideal von Shelley, der, obwohl er Atheist war Durch frühe Vorurteile und mangelhafte Bildung sah er, wie sich der Horizont der Zukunft der Welt mit dem Licht eines besseren Tages entzündete – jener Hoffnung und jenem Glauben, die sozusagen das Leben der Welt ausmachen und ohne die sie dunkel und tot wäre. kann nicht umsonst sein.

Ich gestehe, ich habe kein Verständnis für die beklagenswerte Herabwürdigung meiner Mutter Erde, selbst in ihrem gegenwärtigen Zustand, mit meinen Freunden vom Zweiten Advent. Es fällt mir äußerst schwer zu verstehen, wie es sein kann, dass unser schönes, grünes, sonnendurchflutetes Zuhause unter einem Fluch ruht. Es scheint mir wirklich nicht ganz so zu sein wie die Rolle, die der Engel in der Vision des Propheten trug, „innen und außen geschrieben mit Trauer, Wehklagen und Weh." Sonnenuntergänge im September, wechselnde Wälder, Mondaufgang und Wolken, Sonne und Regen – ich für meinen Teil bin damit zufrieden. Sie erfüllen mein Herz mit einem Sinn für Schönheit. Ich sehe in ihnen das perfekte Werk unendlicher Liebe und Weisheit. Es kann jedoch sein, dass unsere Adventsfreunde mit der Meinung eines alten Prophezeiungsschriftstellers übereinstimmen, der die Hügel und Täler der Erdoberfläche und ihren Wechsel der Jahreszeiten als so viele sichtbare Manifestationen des Fluches Gottes ansah, und zwar in der Jahrtausend, wie in den Tagen der Unschuld Adams, würden all diese malerischen Ungleichheiten schön eingeebnet und die ebene Fläche schön in Gras verwandelt werden.

Wie zu erwarten war, entspricht die Wirkung dieses Glaubens an die baldige Zerstörung der Welt und das persönliche Kommen des Messias, der auf eine Klasse unkultivierter und in manchen Fällen grobschlächtiger Geister wirkt, nicht immer der Wirkung aufgeklärter Christen Ideal des besseren Tages. Man ist schockiert, wenn man einige der „Hymnen" dieser

Gläubigen liest. Sinnliche Bilder – halbmahometanische Beschreibungen des Zustands der „Heiligen" – Jubel über die Vernichtung der „Sünder" – vermischen sich mit den schönen und beruhigenden Verheißungen der Propheten. Tatsächlich findet man unter den Gläubigen gelegentlich Männer von verfeinertem und erhabenem Spiritualismus, die in ihrem Leben und in ihren Gesprächen an Tennysons christlichen fahrenden Ritter in seiner Sehnsucht nach der ihm gesetzten Hoffnung erinnern:

> *„ Mir ist gegeben*
>
> *Eine solche Hoffnung darf ich nicht fürchten;*
>
> *Ich sehne mich danach, die Luft des Himmels zu atmen,*
>
> *Was mir hier manchmal begegnet.*

> *„Ich denke über Freuden nach, die nicht aufhören können,*
>
> *Reine Räume voller lebendiger Balken,*
>
> *Weiße Lilien des ewigen Friedens,*
>
> *Deren Gerüche meine Träume verfolgen.*

Eines der lächerlichsten Beispiele der sinnlichen Phase des Millerismus, die unpassende Vermischung des Erhabenen mit dem Lächerlichen, wurde mir vor Kurzem erwähnt. Eine modische junge Frau im westlichen Teil dieses Staates wurde eine begeisterte Anhängerin der Lehre. An dem Tag, der als Abschlusstag bestimmt war, packte sie all ihre schönen Kleider und Toiletten-Wertsachen in einen großen Koffer, an dem sie lange Riemen befestigte, und indem sie sich darauf setzte, schnallte sie die Riemen über ihre Schultern und wartete geduldig die Krise – und rechnete scharfsinnig damit, dass ihr Hab und Gut zwangsläufig folgen würden, da sie selbst aufsteigen müsse.

Vor drei oder vier Jahren verbrachte ich auf meinem Weg nach Osten ein oder zwei Stunden auf einem Campingplatz des Zweiten Advents in East Kingston. Der Ort war gut gewählt. Ein hohes Gewächs aus Kiefern und Hemlocktannen warf seinen melancholischen Schatten auf die Menge, die auf groben Sitzen aus Brettern und Baumstämmen saß. Mehrere Hundert, vielleicht sogar tausend Menschen waren anwesend, und es kamen rasch weitere hinzu. In einem Kreis angeordnet, bildeten die weißen Zelte einen schneeweißen Hintergrund für die dunklen Massen von Menschen und Laub, und dahinter die Proviantstände und Garküchen. Als ich den Boden erreichte, erklang eine Hymne, deren Worte ich nicht verstehen konnte, durch die dunklen Gänge des Waldes. Ich konnte leicht erkennen, dass es eine Wirkung auf die Menge vor mir hatte und ihre bereits aufgeregte

Begeisterung noch stärker steigerte. Die Prediger saßen auf einer schlichten Kanzel aus rauen Brettern, die nur mit toten Waldblättern und Blumen bedeckt und mit Quasten verziert war , nicht mit Seide und Samt, sondern mit den grünen Zweigen der düsteren Hemlocktanne. Einer von ihnen folgte der Musik und ermahnte ihn eindringlich zu der Pflicht, sich auf das große Ereignis vorzubereiten. Gelegentlich war er wirklich eloquent, und seine Beschreibung des letzten Tages hatte die gespenstische Deutlichkeit von Anellis Gemälde vom Ende der Welt.

An der Vorderseite der schlichten Kanzel hingen zwei breite Leinwandbögen, auf deren einem die Gestalt eines Mannes abgebildet war: der Kopf aus Gold, die Brust und Arme aus Silber, der Bauch aus Messing, die Beine aus Eisen und die Füße aus Ton – der Traum Nebukadnezars. Auf der anderen Seite wurden die Wunder der apokalyptischen Vision dargestellt – die Bestien, die Drachen, die scharlachrote Frau, die der Seher von Patmos sah, orientalische Typen, Figuren und mystische Symbole, übersetzt in starre Yankee-Realitäten und ausgestellt wie die Bestien von eine reisende Menagerie. Ein schreckliches Bild mit seinen abscheulichen Köpfen und dem schuppigen Schwanzende erinnerte mich an die gewaltige Linie von Milton, der ihn, wenn er von demselben bösen Drachen spricht, als diesen beschreibt

*„Er schwingt die schuppigen Schrecken seines gefalteten Schwanzes. "*

Für einen fantasievollen Geist war die Szene voller neuartiger Interessen. Der weiße Zeltkreis; die dunklen Holzbögen; die nach oben gerichteten, ernsten Gesichter; die lauten Stimmen der Sprecher, belastet mit der schrecklichen Symbolsprache der Bibel; der Rauch der Feuer, der wie Weihrauch aufstieg, versetzte mich zurück in jene Tage des primitiven Gottesdienstes, von denen die Überlieferung nur schwach erzählt, als die Religion auf Hügelkuppen und im Schatten alter Wälder ihre ersten Altäre hatte und jeder Mann seinen Priester hatte und das ganze Universum für ihren Tempel.

Klug und wahrheitsgemäß hat Dr. Channing in seinem denkwürdigen Vortrag in Berkshire kurz vor seinem Tod über diese Lehre vom Zweiten Advent gesprochen:

„Gegenwärtig gibt es einige unter uns, die auf das baldige Kommen Christi warten. Sie erwarten, bevor ein weiteres Jahr zu Ende geht, ihn in den Wolken zu sehen, seine Stimme zu hören und vor seinem Richterstuhl zu stehen. Diese Illusionen entstehen aus einer Fehlinterpretation der Sprache der Heiligen Schrift. Im Neuen Testament heißt es, Christus komme immer dann, wenn seine Religion in neuem Glanz ausbricht oder neue Triumphe erringt. Er kam im Heiligen Geist am Pfingsttag. Er kam bei der Zerstörung Jerusalems , der, indem er das alte Ritualgesetz unterwanderte und die Macht der schlimmsten Feinde seiner Religion brach, ihr neue Siege sicherte. Er kam in der Reformation der Kirche. Er kam an diesem Tag vor vier Jahren, als er durch seine Religion Achthunderttausend Menschen wurden aus der niedrigsten Erniedrigung zu den Rechten, der Würde und der Gemeinschaft der Menschen erhoben. Die äußere Erscheinung Christi ist von geringer Bedeutung im Vergleich zu der helleren Manifestation seines Geistes. Der Christ, dessen innere Augen und Ohren berührt werden Gott erkennt das Kommen Christi, hört den Klang seiner Wagenräder und die Stimme seiner Posaune, wenn kein anderer sie wahrnimmt. Er erkennt die Ankunft des Erlösers im Heraufdämmern einer höheren Wahrheit auf der Welt, in neuen Bestrebungen der Kirche nach Vollkommenheit, in der Niederwerfung von Vorurteilen und Irrtümern, in strahlenderen Ausdrucksformen der christlichen Liebe, in einer aufgeklärteren und intensiveren Hingabe des Christen an die Welt Ursache der Menschlichkeit, Freiheit und Religion. Christus kommt in der Bekehrung, der Erneuerung, der Emanzipation der Welt."

# DIE HELDIN VON LONG POINT. (1869.)

Wenn man sich die Regierungskarte des Eriesees anschaut, sieht man die Umrisse einer langen, schmalen Insel, die sich entlang der Küste von Canada West erstreckt, gegenüber der Stelle, an der der Loudon District seinen niedrigen, bewaldeten Keil in den See stößt. Dies ist Long Point Island, bekannt und gefürchtet von den Seefahrern des Binnenmeeres, das seine nachgiebigen Küsten zerschmettert und seine Sandhaufen in fantastische Formen wirft. Das östliche Ende liegt etwa zwanzig Meilen von der Küste Kanadas entfernt, während es im Westen nur durch eine schmale Meerenge namens „The Cut" vom Festland getrennt ist. Es ist eine sandige, öde Gegend, durchzogen von kleinen Teichen, mit trostlosen Sumpfgebieten, deren Hügelkämme mit niedrigem Bewuchs von Kiefern, Eichen, Buchen und Birken bedeckt sind, in deren Mitte sich zur Jahreszeit der Hartriegel ausbreitet seine weißen Blüten. Wilde Weintrauben ziehen über die Sanddünen und schmücken die Zwergbäume. Hier und da gibt es fast undurchdringliche Sümpfe, dicht bewachsen mit weißen Zedern, durch die Seewinde verdreht und verzerrt und im Winter durch die Last von Schnee und Eis durchbrochen. Schwäne und Wildgänse paddeln in den flachen, schilfbedeckten Bayous; Waschbären und sogar Hirsche durchqueren die dünn bewaldeten Bergrücken. Die Ufer seiner Bäche und Moore werden von Nerzen und Bisamratten bewohnt. Am östlichen Ende der Insel erhebt sich der hohe Turm eines Leuchtturms, dessen Hüter heute der einzige Bewohner ist.

Vor vierzehn Jahren teilte eine andere Person die Eigentümerschaft von Long Point. Das war John Becker, der auf der Südseite der Insel, nahe ihrem westlichen Ende, in einer elenden Bretterhütte zwischen kahlen Sandhügeln wohnte. Es gelang ihm, seinen Lebensunterhalt mit dem Fangen und Aufspießen von Bisamratten zu verdienen. Die Häute davon verkaufte er an Bootsleute und kleine Kapitäne, die zufällig auf seinem verlassenen Territorium landeten. Seine Frau, eine große, sanftäugige, geduldige junge Frau von etwa sechsundzwanzig Jahren, sorgte dafür, dass ihre Hütte und ihre Kinder so sauber waren, wie es die Umstände zuließen, half ihrem Mann bei der Vorbereitung der Felle und begleitete ihn manchmal auf seinen Fangausflügen.

An dieser einsamen Küste, die im Sommer selten besucht und im Winter völlig von menschlicher Kommunikation abgeschnitten war, hätten sie ohne einen bestimmten Umstand mit ebenso wenig Anerkennung seitens der Welt leben und sterben können wie die Nerze und Wildvögel, mit denen sie gemeinsame Pächter waren die ungeahnte Qualitäten von großzügigem Mut und heldenhafter Selbstaufopferung zum Einsatz brachte.

Das dunkle, stürmische Ende des Novembers 1854 traf viele Schiffe auf dem Eriesee, aber das Schicksal eines einzelnen ist für uns von besonderem Interesse. Ungefähr zu dieser Zeit fuhr der Schoner Conductor, der John McLeod vom Provinzparlament gehörte und in Amherstburg an der Mündung des Detroit River wohnte, von diesem Fluss aus in den See ein und fuhr nach Port Dalhousie an der Mündung des Welland- Kanals.

Sie war schwer mit Getreide beladen. Ihre Besatzung bestand aus Kapitän Hackett, einem gebürtigen Highlander und einem geschickten und erfahrenen Navigator, sowie sechs Seeleuten. Bei Einbruch der Dunkelheit, kurz nachdem sie das Ende des Sees verlassen hatten, überholte sie einer dieser schrecklichen Stürme, mit denen die spätherbstlichen Seefahrer dieses „Meeres der Wälder" nur allzu vertraut sind. Das Wetter war für die Jahreszeit sehr kalt; die Luft war voller Schnee und Graupel; Das gekühlte Wasser bildete schnell Eis, das den Schoner behinderte und seine Decks und Takelage herunterlud. Als der Sturm zunahm, wurden die Spitzen der Wellen durch die heftigen Windböen abgeschabt, wodurch die gesamte Atmosphäre mit gefrorener Gischt oder dem, was die Seeleute „Löffeldrift" nennen, getrübt wurde, sodass es unmöglich war, ein paar Ruten entfernte Objekte zu sehen. Hilflos vor dem Wind und doch in Richtung seines Zielortes raste der Schoner durch die Dunkelheit. Schließlich, gegen Mitternacht, rannte sie näher an die kanadische Küste heran, als ihre Besatzung vermutet hatte, stieß vor Long Point Island auf die äußere Barke, prallte heftig darüber und versank im tieferen Wasser zwischen ihr und der inneren Barke. Der Rumpf war vollständig untergetaucht, die Wellen rollten heftig heran und stürzten über die Takelage, zu der sich die Besatzung begab. Dort festgezurrt, taub vor Kälte, durchnässt von den erbarmungslosen Wellen und gegeißelt von den vom Wind getriebenen Graupelschauern warteten sie auf den Morgen. Die langsamen, schrecklichen Stunden vergingen, und schließlich löste sich das zweifelhafte und zweifelhafte Grau eines stürmischen Morgens auf die völlige Dunkelheit der Nacht.

Abigail Becker befand sich damals zufällig mit niemandem außer ihren kleinen Kindern in ihrer Hütte. Ihr Mann war an der Küste Kanadas abwesend, und sie war die einzige erwachsene Bewohnerin der Insel, bis auf den Leuchtturmwärter am unteren Ende, etwa fünfzehn Meilen entfernt. Als sie auf den Strand vor ihrer Tür blickte, sah sie das zerschmetterte Boot der Conductor, das im Osten in den Wellen lag. Ihre Erfahrung mit Sturm und Katastrophe an dieser gefährlichen Küste brauchte nichts weiter, um sie davon zu überzeugen, dass irgendwo in ihrer Nachbarschaft menschliches Leben in Gefahr gewesen war oder immer noch war. Sie folgte ein kleines Stück dem südwestlichen Trend der Insel und erkannte, als sie durch die Dunkelheit des stürmischen Morgens spähte, die Spieren des gesunkenen Schoners, an dessen Takelage scheinbar menschliche Gestalten hingen. Das

Herz der starken Frau sank in ihr, als sie auf diese hilflosen Mitgeschöpfe blickte, so nah und doch so unnahbar. Sie hatte kein Boot und niemand hätte auf diesem wilden Wasser leben können. Nach kurzem Nachdenken ging sie zu ihrer Wohnung zurück, übertrug den kleineren Kindern die Obhut des Ältesten, nahm einen eisernen Wasserkessel, eine Blechteekanne und Streichhölzer mit und kehrte zum Strand zurück, an den Strand, der dem Schiff am nächsten lag; und indem er die immer reichlich vorhandenen Baumstämme und Treibholz an der Küste aufsammelte, entzündete er ein großes Feuer und bemühte sich, indem er ständig zwischen dem Feuer und dem Wasser hin und her ging, den Leidenden klarzumachen, dass sie zumindest nicht über menschliches Mitgefühl hinausgingen . Als die Schiffbrüchigen zum Ufer blickten und durch den dichten Dunst aus Schnee und Graupel das rote Licht des Feuers und die große Gestalt der Frau sahen, die davor hin und her ging, trat an die Stelle der völligen Verzweiflung eine schwache Hoffnung hatte sie aufgefordert, ihren Griff loszulassen und sich in die brodelnden Wasser zu stürzen, die sich um sie herum öffneten und schlossen wie die Rachen des Todes. Aber der Tag verging und ließ den Sturm nicht nach, der durch die zerbrechlichen Holme fegte, sie im Vorbeiziehen festhielt und umwarf und sie mit eiskaltem Gischt durchnässte – ein erbarmungsloser, unerbittlicher Schrecken in Anblick, Geräusch und berühren! Schließlich verriet ihnen die zunehmende Dunkelheit, dass die Nacht nahte und dass die Nacht unter solchen Umständen den Tod bedeutete .

Den ganzen Tag über hatte Abigail Becker ihr Feuer angeheizt und versucht, die Seeleute durch Signale – denn selbst ihre starke Stimme konnte sie nicht erreichen – zu bewegen, sich in die Brandung zu stürzen und auf die Vorsehung und sie um Hilfe zu vertrauen. In Erwartung dessen ließ sie ihren Wasserkocher über dem Treibholz kochen und bereitete ihren Tee vor, um den halb erfrorenen Überlebenden Wärme und Leben zurückzugeben. Aber entweder verstanden sie sie nicht, oder die Chance auf Rettung schien zu gering, um sie dazu zu bewegen, die vorübergehende Sicherheit des Wracks aufzugeben. Sie klammerten sich daran fest mit dem verzweifelten Instinkt des Lebens angesichts des Todes. Gerade bei Einbruch der Dunkelheit gab es im Westen einen leichten Bruch; Ein rotes Licht glänzte durch die dicke Luft, als würde das Auge des Sturms für einen Moment auf die Zerstörung blicken, die er angerichtet hatte, und sich dann wieder unter den Wolkendeckeln schließen. Der einsame Beobachter an Land nutzte dies aus und unternahm noch einen weiteren Versuch. Sie watete hinaus ins Wasser, von dem jeder Tropfen, als er auf den Strand traf, zu einem Eisklumpen wurde, und indem sie sich ausstreckte und ihre Arme einzog, forderte sie durch ihre Gesten die Seeleute auf, sich in die Wellen zu werfen und zu kämpfen um sie zu erreichen. Captain Hackett verstand sie. Er rief seinem Kameraden in der Takelage des anderen Masts zu: „Das ist unsere letzte Chance. Ich werde es versuchen! Wenn ich überlebe, folge mir; wenn ich ertrinke, bleib, wo du bist!" Mit großer Anstrengung zog er seinen steif gefrorenen Mantel aus, hielt einen Moment inne, um Gott seine Seele still zu loben, und stürzte sich in die Wellen und machte sich auf den Weg zum Ufer. Abigail Becker erwartete ihn, bis zur Brust in der Brandung. Er war fast in ihrer Reichweite, als der Sog ihn zurückschwemmte. Mit gewaltiger Anstrengung packte sie ihn, trug ihn mit ihren starken Armen aus dem Wasser, legte ihn an ihr Feuer und erwärmte sein eiskaltes Blut mit reichlich Zügen heißen Tees. Der Maat, der die Rettung beobachtet hatte, folgte nun, und der Kapitän, der teilweise wiederhergestellt war, bestand darauf, ihm zu helfen. Als ersterer sich dem Ufer näherte, verwirrte ihn das zurückströmende Wasser. Kapitän Hackett packte ihn, aber der Sog riss sie beide weg und schloss sich gegenseitig in die Arme. Die tapfere Frau stürzte sich hinter ihnen her und trug sie mit der Kraft einer Riesin, aneinander klammernd, zum Ufer und hinauf zu ihrem Feuer. Die fünf Matrosen folgten nacheinander und wurden alle auf die gleiche Weise gerettet.

Einige Tage später wurden Kapitän Hackett und seine Besatzung von einem vorbeifahrenden Schiff vor Long Point abgeholt; und Abigail Becker nahm ihre einfachen täglichen Pflichten wieder auf, ohne zu träumen, dass sie etwas Außergewöhnliches getan hatte, das ihr weltweite Aufmerksamkeit verschafft hätte. In ihrem täglichen Kampf um Essen und Wärme für ihre Kinder hatte sie keine Zeit, sich selbst zu beglückwünschen. Wie die Frau der Heiligen Schrift hatte sie nur „getan, was sie konnte", in der schrecklichen Not, die die trostlose Monotonie ihres Lebens unterbrochen hatte.

Es war jedoch ein Zufall, dass ein Herr aus Buffalo, EP Dorr, der in seinen frühen Tagen ein Schiff auf dem See kommandiert hatte, sich kurz darauf in einem kleinen Hafen an der Küste Kanadas, nicht weit von Long Point, befand Insel. Hier traf er einen alten Schiffskameraden, Kapitän Davis, dessen Schiff an einem günstigeren Punkt an Land gegangen war und der ihm die Umstände des Untergangs der „Conductor" erzählte. Überrascht von dem Bericht besorgte sich Kapitän Dorr einen Schlitten und fuhr über die gefrorene Bucht zur Hütte von Abigail Becker. Er fand sie mit ihren sechs Kindern, alle dünn bekleidet und barfuß in der bitteren Kälte. Sie stand da, etwa einen Meter achtzig groß oder mehr, von stattlicher Weiblichkeit – nicht in Strümpfen, denn sie hatte keine –, eine wahre Tochter von Anak, breitbusig, mit großen Gliedmaßen, mit großen, geduldigen blauen Augen, deren Lächeln schon etwas gewisses an sich hatte Pathos, als würde man darin ihre harte und ermüdende Lebenserfahrung sehen. Sie hätte für jede liebenswürdige Riesin gelten können oder für eine dieser hochentwickelten Ehrendamen, die Gulliver am Hofe von Brobdingnag von Hand zu Hand warfen. Was ihren Besucher am meisten überraschte, war die kindliche Einfachheit der Frau, ihr völliges Unbewußtsein, etwas für eine Handlung zu verdienen, die ihr lediglich als Selbstverständlichkeit erschien. Als er seine Bewunderung mit der ganzen Wärme und Großzügigkeit zum Ausdruck brachte, öffnete sie ihre großen blauen Augen nur noch weiter vor Erstaunen.

„Nun, ich weiß es nicht", sagte sie langsam, als würde sie zum ersten Mal über die Sache nachdenken, „ich weiß es nicht, da ich mehr getan habe, als ich sollte, und auch nicht mehr, als ich sollte." Ich würde es wieder tun.

Bevor Kapitän Dorr ging, maß er ihre eigenen Füße und die ihrer Kinder und schickte ihr nach seiner Rückkehr nach Buffalo eine Kiste mit Schuhen, Strümpfen und anderen bequemen Kleidungsstücken, die sie am meisten brauchten. Er veröffentlichte einen kurzen Bericht über seinen Besuch bei der Heldin von Long Point, der die Aufmerksamkeit einiger Mitglieder des Provinzparlaments auf sich zog und durch ihre Bemühungen eine Bewilligung von hundert Acres Land an der kanadischen Küste in der Nähe von Port Rowan ermöglichte ihr gemacht. Bald darauf wurde sie nach Buffalo eingeladen, wo sie natürlich großes Interesse erregte. Die Kaufleute, Reeder und Herren der Stadt leisteten einen großzügigen Beitrag von tausend Dollar, um ihre Farm zu bestücken, und sie kehrte als dankbare und ihrer Meinung nach reiche Frau zu ihrer Familie zurück.

Als die Geschichte ihres Abenteuers New York erreichte, schickte ihr die Life-Saving Benevolent Association eine Goldmedaille mit der entsprechenden Inschrift und bat sie, eine Quittung auf ihren eigenen Namen zurückzusenden. Da sie nicht schreiben konnte, entschied sich Kapitän Dorr für die Möglichkeit, sie mit der Medaille in der Hand fotografieren zu lassen, und schickte diese anstelle ihres Autogramms.

In einem kürzlich in Walsingham diktierten Brief , wo Abigail Becker jetzt lebt – eine Witwe, die mit eigenen Händen ihre kleine Farm in der Wildnis bewirtschaftet – spricht sie dankbar von der Vergangenheit und hoffentlich von der Zukunft. Sie erwähnt eine Nachricht von Kapitän Hackett, von dem sie befürchtete, er hätte sie fast vergessen, dass er ihr einen Besuch abstatten würde, und fügt mit einem Anflug von Schlauheit hinzu: „Nach seinem zweiten Schiffbruch im letzten Sommer halte ich es für wahrscheinlich, dass ich wieder zurückgekommen sein muss." sehr frisch für ihn.

Die starken Seewinde wehen jetzt unkontrolliert über die Sandhügel, wo einst die Bretterhütte von Abigail Becker stand. Aber der Sommertourist der großen Seen, der sich an ihre Geschichte erinnert, wird es nicht versäumen, ihr mit Perrys Schlachtlinie und den indianischen Heldinnen Cooper und Longfellow einen Platz in seiner Fantasie einzuräumen. Durch sie wird die einsame Insel Long Point reich mit dem Interesse beschenkt, das eine mutige und großzügige Aktion ihrem Ort verleiht.